Bedrijfseconomie
Opgaven

Bedrijfseconomie

voor het besturen van organisaties

Opgaven

Drs. A.W.W. Heezen

Zesde druk

Noordhoff Uitgevers Groningen | Houten

Ontwerp omslag: G2K Designers Groningen/Amsterdam
Omslagillustratie: Stocksy

Eventuele op- en aanmerkingen over deze of andere uitgaven kunt u richten aan: Noordhoff Uitgevers bv, Afdeling Hoger Onderwijs, Antwoordnummer 13, 9700 VB Groningen, e-mail: info@noordhoff.nl

0 / 16

Deze uitgave is gedrukt op FSC-papier.

ISBN 978-90-01-86718-8
NUR 782

Woord vooraf bij de zesde druk

Het maken van opdrachten is een belangrijk hulpmiddel bij de verwerking van de theorie uit *Bedrijfseconomie voor het besturen van organisaties*. Bij het uitwerken van de opdrachten blijkt in welke mate men in staat is de theorie in concrete situaties toe te passen. De opdrachten die in dit boek zijn opgenomen, klimmen op in moeilijkheidsgraad. In het begin van ieder hoofdstuk staan eenvoudige opdrachten. Naarmate het hoofdstuk vordert, neemt de moeilijkheidsgraad toe. Van alle opdrachten zijn, voor zover van toepassing, de numerieke antwoorden achterin het boek gegeven. De student kan zijn uitkomsten vergelijken met de standaarduitkomsten, voordat hij of zij verder gaat met de rest van de opdracht.

Bij dit opgavenboek hoort ook een website: www.bedrijfseconomieheezen.noordhoff.nl. Op de website staan de uitwerkingen van een groot aantal eenvoudige opdrachten. Deze uitwerkingen zijn zodanig vormgegeven, dat de student 'de weg wordt gewezen' naar de juiste oplossing. De uitwerkingen bevatten een stramien, op basis waarvan de student zijn opdrachten kan uitvoeren. Bij een foutief antwoord wordt aangegeven welke fout is gemaakt en/of wordt een suggestie gegeven voor een verbetering. Deze interactieve benadering stelt de student in staat een groot gedeelte van de opdrachten zelfstandig te controleren. Door deze aanpak hoeft de student(e) minder vaak een beroep te doen op de docent en is hij of zij beter in staat zijn/haar eigen werktempo te bepalen.

Ondanks de aandacht die we hebben besteed aan de totstandkoming van dit opgavenboek, is de schrijver zich ervan bewust dat verbeteringen mogelijk zijn. Wij stellen uw kritische opmerkingen daarom zeer op prijs. U kunt ze zenden aan Noordhoff Uitgevers bv, Postbus 58, 9700 MB Groningen, onder vermelding van de auteur en de titel van het boek.

Drs. A.W.W. Heezen

Elst, maart 2016

Inhoud

Studiewijzer

Dit boek bevat een groot aantal opgaven die gebruikt kunnen worden om de theorie uit *Bedrijfseconomie voor het besturen van organisaties* toe te passen. De volgorde van de opgaven sluit aan bij de theorie die in *Bedrijfseconomie voor het besturen van organisaties* wordt besproken. De opgaven klimmen op in moeilijkheidsgraad. De opgaven zijn in drie niveaus ingedeeld:

1 Geen toevoeging: eenvoudige opgave. Dit soort opgaven zijn een elementaire toepassing van de theorie.
2 Eén asterisk (*): opgave met een gemiddelde moeilijkheidsgraad. Dit soort opgaven vergen enig inzicht in (een gedeelte van) de behandelde leerstof.
3 Twee asterisken (**): opgave met een hoge moeilijkheidsgraad. Voor het maken van dit soort opgaven is grondige kennis van en inzicht in de (samenhang van de) behandelde onderwerpen vereist.

Achterin dit opgavenboek zijn de numerieke antwoorden van alle opgaven opgenomen. Dit stelt de student in staat de juistheid van zijn uitwerkingen te toetsen.
Van een aantal opgaven zijn tevens de volledige uitwerkingen opgenomen. Deze opgaven zijn gemarkeerd met een 'U' onder het opgavenummer. De uitwerkingen van de overige opgaven worden alleen aan docenten verstrekt.

Studieaanwijzingen

Voor een effectieve bestudering van de stof adviseren wij als volgt te werk te gaan:

1 Bestudeer de stof uit *Bedrijfseconomie voor het besturen van organisaties.*
2 Maak de opgaven die behoren bij de leerstof.
3 Vergelijk je uitkomst met de numerieke antwoorden achterin het opgavenboek.
4 Als je antwoord afwijkt van de gegeven numerieke antwoorden, probeer dan de fout te achterhalen. Raadpleeg zo nodig de relevante leerstof en de Excel-uitwerkingen op de website.
5 Maak in laatste instantie gebruik van de volledige uitwerkingen van de opgaven (voor zover die beschikbaar zijn).

Opgaven

1.1 Oeso somber over wereldeconomie omdat investeringen traag op gang komen

Oeso somber over wereldeconomie omdat investeringen traag op gang komen

Marcel de Boer en Arend Clahsen
Amsterdam

De Organisatie voor Economische Samenwerking en Ontwikkeling (Oeso) – de denktank van de ontwikkelde landen – heeft de verwachtingen voor de wereldwijde economische groei naar beneden bijgesteld. De reden hiervoor is dat de investeringen, door zowel bedrijven als overheden, maar langzaam aantrekken. Bedrijven zijn veel terughoudender dan anders na een recessie. Ondertussen hebben overheden veel infrastructurele investeringsplannen in de ijskast gezet om hun begrotingen sneller op orde te krijgen.

De Oeso voorziet dat de groei wereldwijd dit jaar uitkomt op 3,1%, waar eerst nog op 3,6% was gerekend. In 2016 voorziet de denktank een groei van 3,8% tegenover de in november 2014 voorspelde toename van 3,9%. Tegen eind 2016 zal de expansie weer richting de niveaus van voor de crisis kruipen.

'De wereldeconomie moddert door met een zesje', zei hoofdeconoom Catherine Mann van de Oeso gisteren bij de publicatie van de nieuwe prognoses. 'Als echter het huiswerk niet wordt gedaan en het geluk wat minder groot is dan gemiddeld, dan kan het cijfer zomaar omlaag komen.'

Mann benadrukt evenwel dat beleidsmakers weten wat nodig is om een ruime voldoende te halen: de investeringen moeten worden opgevoerd.

De Oeso verwacht dat de lagere olieprijs, het zeer ruime monetaire beleid en wegebbende bezuinigingen dit jaar en volgend jaar voor herstel zullen zorgen. Volgens de Oeso is de mondiale economie ronduit zwak aan 2015 begonnen. De denktank gaat er vooralsnog van uit dat de groeivertraging tijdelijk is, maar stelt desondanks dat de vooruitzichten niet bevredigend zijn.

3,1%
De wereldeconomie zal dit jaar met 3,1% groeien in plaats van 3,6%

2,0%
De groeiprognose voor Nederland is juist verhoogd, van 1,4% naar 2,0%

Reëel bbp, index 2008 = 100

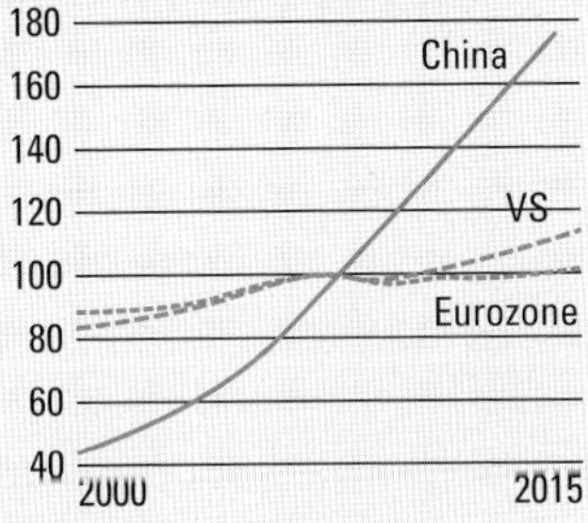

Bron: Oeso

Politieke beleidsmakers moeten volgens de Oeso kijken naar de compensatie van de laagste lonen en de opkomende ongelijkheid in het onderwijs aanpakken om verdere ondermijning van de groei te voorkomen. Dat de productiviteitsgroei teleurstelt, is volgens Mann deels het gevolg van zwakke bedrijfsinvesteringen, waardoor de opkomst en verspreiding van nieuwe technologieën worden beperkt.

Over Nederland is de Oeso optimistischer in haar halfjaarlijkse Economic Outlook. Werd er in november nog gerekend op een groei van 1,4% en 1,6% in 2015 en 2016, nu is de verwachting verhoogd naar respectievelijk 2% en 2,2%. 'De hogere reële lonen zullen de consumptieve bestedingen schragen, terwijl de verbeterde ondernemersvooruitzichten en aanhoudende verbetering op de huizenmarkt de investeringen zullen ondersteunen', aldus de Oeso.

Verder zal volgens de organisatie de export toenemen door het herstel in de eurozone en dankzij de verzwakking van de euro. Qua werkgelegenheid verwacht de Oeso 'een aanzienlijke' toename, de werkloosheid zal geleidelijk gaan dalen. 'Het voorziene lagere tempo van bezuinigingen is gepast vanwege de onzekere vooruitzichten', stelt de Oeso.

Wel benadrukt de instelling dat de ontslagbescherming verder aangepast moet worden zodat de banengroei kan toenemen en de arbeid naar meer productieve sectoren kan gaan. Op de huizenmarkt dient de hypotheekrenteaftrek verder te worden beperkt als het herstel op de woningmarkt duurzaam doorzet. Een versoepeling van de rigide ruimtelijke ordeningsvoorschriften zou de investering in de woningmarkt kunnen aanjagen.

In Nederland liggen de investeringen 20% lager dan voor de crisis. Dit komt volgens de denktank uit Parijs vooral door de lagere investeringen op de woningmarkt, terwijl de bedrijfsinvesteringen redelijk op peil bleven. ■

Bron: *Het Financieele Dagblad*, 4 juni 2015

a Wat zijn de kenmerken van een economische recessie?
b Waarom zouden bedrijven nu veel terughoudender kunnen zijn dan anders na een recessie?
c1 Leg uit welke invloed een lagere olieprijs heeft op de economische groei.
2 Leg uit welke invloed het zeer ruime monetaire beleid heeft op de economische groei.
3 Waarom is goed onderwijs belangrijk voor economische groei?
4 Leg uit welke gevolgen het compenseren van de laagste lonen heeft voor de economische groei?
d Leg uit welke invloed een zwakke euro heeft op de export van Nederland.
e Leg uit waarom 'Het voorziene lagere tempo van bezuinigingen gepast is'.
f In welke richting (soepeler of juist strenger) moet de ontslagbescherming worden aangepast om de banengroei te stimuleren? Motiveer je antwoord.
g Leg uit welke invloed de hypotheekrenteaftrek heeft op de economische groei.
h Leg uit welke rol China speelt bij de groei van de wereldeconomie (zie ook de grafiek).

1.2 Multinationals verdienen aan zwakke euro

Multinationals verdienen aan zwakke euro

Van onze verslaggever
Gerard Reijn

AMSTERDAM Philips maakte een omzetgroei van 20 procent bekend. Vorige week meldde Unilever al een omzetgroei van 12 procent. En Tomtom groeide 5 procent.
De multinationals doen het beter dan ooit, en dat zal de komende weken zo doorgaan. Hun omzetten zullen enorm stijgen, hun winsten veelal ook. Niet zozeer omdat ze meer spullen verkopen, maar omdat de euro zo hard in waarde achteruit is gegaan. Ieder bedrijf dat in euro's rapporteert maar zich laat betalen in dollars of andere 'sterke' munten, zal daarmee te maken krijgen.

Verkocht Philips vorig jaar een scheerapparaat voor 200 dollar, dan verscheen er in de boekhouding in Amsterdam na omrekening een omzet van 140 euro. Hetzelfde scheerapparaat, althans dezelfde prijs, leverde het afgelopen half jaar een omzet op van 180 euro, een groei dus van 30 procent. Bij gelijkblijvende marge steeg de winst ook met 30 procent. Terwijl er verder voor het bedrijf niets veranderde. Hetzelfde verhaal gaat op voor verkopen in bijna alle belangrijke valuta's in de wereld.

Euro is gunstig
Koers euro in dollar

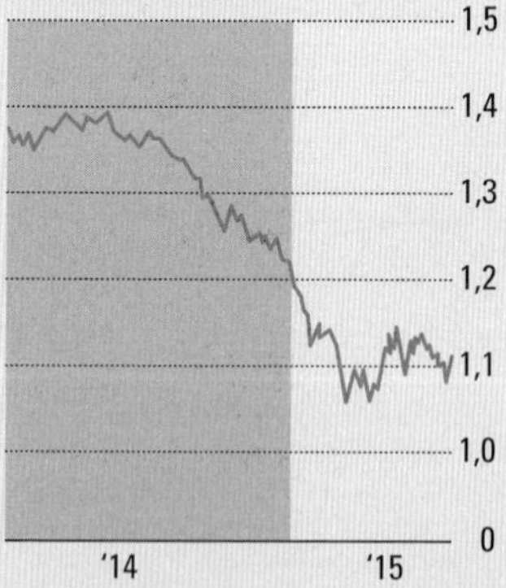

Bron: 280715 © de Volkskrant. Bron: TRE

Bij sommige bedrijven heeft de dure dollar ook een nadelig effect
Wat opgaat voor Philips, geldt voor vele andere Europese multinationals: zij moeten hun omzetten in dollars en ponden omrekenen in euro's en lijken daardoor enorm gegroeid. Hoe groter het aandeel van de omzet in sterke valuta's, hoe sterker dat effect.

De bedrijven met een grote 'dollar-exposure' zijn volgens analist Jos Versteeg van Theodor Gilissen Ahold en de uitgevers RELX (tot enkele weken geleden bekend als Reed Elsevier) en Wolters-Kluwer. Ahold haalt iets meer dan de helft van zijn omzet uit de Verenigde Staten. Voor de uitgevers zal dat iets minder zijn. 'Maar het grootste effect kun je verwachten bij Aegon', zegt Versteeg. Aegon haalt driekwart van zijn omzet en winst uit de Verenigde Staten, maar rapporteert nog steeds in euro's.

Bij sommige bedrijven heeft de dure dollar een nadelig effect. Philips wees er al op dat zijn

Healthcare-divisie relatief veel kosten in dollars heeft en omdat de dollar duur is zijn die kosten in euro's uitgedrukt erg hoog. Een bedrijf dat volgens Versteeg daarmee nog meer te maken heeft, is Air France-KLM. De meeste inkomsten in euro's, maar alle brandstofkosten zijn in dollars, en dus erg hoog.

Niet alle multinationals hebben last van de wisselkoersschommelingen. ASML bijvoorbeeld, de bijna-monopolist als het gaat om machines die computerchips kunnen maken. Die rapporteert in euro's, maar laat zich ook in euro's betalen en heeft dus geen valutarisico. Net als Shell. Olie en gas worden alom in dollars afgerekend. Maar Shell rapporteert zijn resultaten ook in dollars en heeft er dus geen last van (of baat bij).

De goedkope euro heeft nog meer effecten die indirect in de halfjaarcijfers tot uitdrukking komen, zegt Lucas Daalder, econoom bij Robeco. Amerikaanse bedrijven hebben daardoor meer moeite naar Europa te exporteren, zegt hij. 'Daar zie je dat de winsten nauwelijks zijn gestegen.'

Ook de Chinese exporteurs hebben er moeite mee. 'En dat het juist met Europa nu zo goed gaat, heeft voor een deel ook te maken met de makkelijkere exportpositie. Die speelt zeker een rol'. ■

Bron: *de Volkskrant*, 28 juli 2015

a Een scheerapparaat van Philips dat in de VS voor $200 wordt verkocht, bracht omgerekend in euro's eerst €140 op en nu (in juli 2015) €180. Welke valuta is sterker geworden en welke is zwakker geworden? Licht je antwoord toe.

b Moeten bedrijven bij het bepalen van de gevolgen van de waarde*verandering* van een valuta alleen kijken naar de omzetkant of ook naar de kostenkant? Licht je antwoord toe.

c Welke bedrijven hebben voordeel als de euro zwakker wordt? Maak bij je antwoord onderscheid tussen bedrijven binnen het eurogebied en bedrijven buiten het eurogebied.

d Welke bedrijven hebben voordeel als de euro sterker wordt? Maak bij je antwoord onderscheid tussen bedrijven binnen het eurogebied en bedrijven buiten het eurogebied.

e Leg uit welke rol de rapportage-valuta (de valuta waarin de balans en de winst- en verliesrekening van het bedrijf zijn uitgedrukt) speelt bij het bepalen van het valutarisico.

1.3 Schuldencrisis bij Europese overheden

Schuldencrisis bij Europese overheden

Eurocrisis door begrotingstekort en staatsschuld eurolanden

In de loop van 2010 nam het vertrouwen in de euro af omdat verschillende eurolanden kampen met grote tekorten op hun begroting en flinke staatsschulden. Vooral landen in Zuid-Europa en Ierland hebben grote financiële problemen. Door drastisch te bezuinigen, en in sommige gevallen met financiële steun van buitenaf, proberen deze landen hun huishoudboekje weer op orde te brengen en het vertrouwen in de euro te herstellen.

De problemen met de begrotingen zorgen voor veel onrust op de financiële markten. Landen die het niet goed doen moeten veel meer rente betalen op hun leningen, wat ze alleen maar verder in de problemen brengt. Ook brengt die onrust onzekerheid met zich mee, en dat is niet goed voor het herstel van het vertrouwen in de economie.

Alle maatregelen en bezuinigingen hebben geleid tot protesten in sommige Europese landen. Burgers gaan er soms flink op achteruit. En dat terwijl de meesten al getroffen waren door de gevolgen van de economische crisis. Om verdere onrust te beperken liet de voorzitter van de Europese Commissie, Barosso, tijdens zijn jaarlijkse toespraak over 'de staat van de unie' op 28 september 2011 weten dat de oplossing van de eurocrisis 'geen sprint is, maar een marathon' en dat Europa uiteindelijk sterker en slagvaardiger zal worden.

Het probleem

Door de economische recessie hebben veel EU-landen hun overheidstekorten de laatste jaren sterk zien groeien, tot ver boven de grenzen die in de Europese begrotingsregels zijn afgesproken. Vooral landen in Zuid-Europa, zoals Griekenland, Spanje, Portugal en Italië, maar ook Ierland, hebben een enorm begrotingstekort en een flinke staatsschuld. Sinds het bekend worden van grote financiële problemen in Griekenland, in oktober 2009, daalde de waarde van de euro, en steeg de rente die landen moesten betalen op hun leningen.

De lagere waardering van de euro werd veroorzaakt door een afnemend vertrouwen in de euromunt op de financiële markten. Beleggen in staatsobligaties van de landen in financiële problemen werd minder aantrekkelijk, omdat de kans toenam dat deze landen hun leningen niet meer kunnen terugbetalen.

De Duitse Bondskanselier Angela Merkel zei op 19 mei 2010 zelfs dat de euro in gevaar was door de financiële problemen van eurolanden. De crisis vormde volgens haar 'de grootste test voor Europa sinds decennia.'

De problemen hielden in 2010 en 2011 aan, en verergerden in sommige gevallen. Het vertrouwen in landen als Griekenland, en in mindere mate Ierland, Portugal, Spanje en Italië daalde nog verder. De andere eurolanden moesten te hulp schieten. ■

Bron: www.euobserver.com en www.europa-nu.nl

a Wat bedoelen we met een economische recessie?
b Wat bedoelen we met consumentenvertrouwen?
c Welke gevolgen heeft de schuldencrisis voor het consumentenvertrouwen? Licht je antwoord toe.
d Welke gevolgen heeft een daling in het consumentenvertrouwen voor de financiële resultaten van bedrijven? Licht je antwoord toe.
e Wie betalen uiteindelijk de 'rekening' van de schuldencrisis (die ook wel eurocrisis wordt genoemd)? Licht je antwoord toe.

Bij Shell staat de aandeelhouder op één

door: Jeroen Trommelen

Alleen als de markt wordt getroffen door een buitensporige malaise is het denkbaar dat Shell zijn dividend verlaagt. Eerst verdwijnen er banen en worden investeringen uitgesteld.

Shell ontslaat personeel, verkoopt winstgevende bedrijfsonderdelen en stelt voor miljarden euro's aan investeringen uit omdat de winst van het bedrijf daalt. Maar als vanouds zal één partij daar niet onder lijden: de aandeelhouder.

Zelfs wanneer de olieprijs volgend jaar nóg lager zou zijn en Shell dieper zou moeten snijden in personeel en investeringen om aan het benodigde geld te komen, blijft het dollars terugpompen naar de bezitters van aandelen, bezwoer algemeen directeur Ben van Beurden donderdag.

Shell heeft een reputatie hoog te houden in het plezieren van aandeelhouders. Dit jaar wordt per aandeel 1,88 dollar dividend betaald en dat bedrag zal in 2016 minstens even hoog zijn. Dat kost het bedrijf ongeveer 10 miljard dollar (9,13 miljard euro) per jaar.

'Er is geen enkel plan om dat te veranderen', zegt Van Beurden. Hetzelfde geldt voor het jaarlijks terugkopen van 4 miljard dollar aan eigen aandelen om de waarde daarvan te verstevigen. 'Een belofte waaraan niet wordt getornd.'

Voor de meeste aandeelhouders geldt het olie- en gasbedrijf als een bank die elk jaar keurig 6 procent rente of meer betaalt op de investering via aandelen. Beter dan een gewone bank en met nauwelijks extra risico.

Zeker in historisch opzicht is Shell de beste dividendbetaler van Europa. Het verkoopt nog liever het tafelzilver dan aandeelhouders teleur te stellen. En elke bestuursvoorzitter bezweert bij elke presentatie van elk kwartaalbericht dat die strategie niet zal veranderen. Ook geld lenen bij de bank om het vervolgens uit te keren als dividend, is voor het bedrijf geen taboe.

Komt er geen moment waarop dat schadelijk wordt voor de onderneming zelf? Als Shell een klein familiebedrijf was geweest hadden de aandeelhouders hun winst dit jaar ongetwijfeld een jaartje ingeleverd om de noodzakelijke investeringen te kunnen doen en het rendement te herstellen. Waarom geldt dat niet voor Shell?

Omdat de aandeelhouders van Shell zo niet denken, zegt analist Thijs Berkelder van ABN AMRO. Alleen al het idee is ver bezijden de realiteit. Juist vanwege zijn gulle dividendbeleid heeft Shell het soort aandeelhouders dat elk kwartaal een vaste opbrengst verlangt, legt hij uit. Als het daarmee ophoudt, wordt de directie weggestuurd of ontstaat een grote uittocht waardoor de waarde van het concern zou kelderen.

Olieprijs fors gedaald

Brentolie in dollars per vat

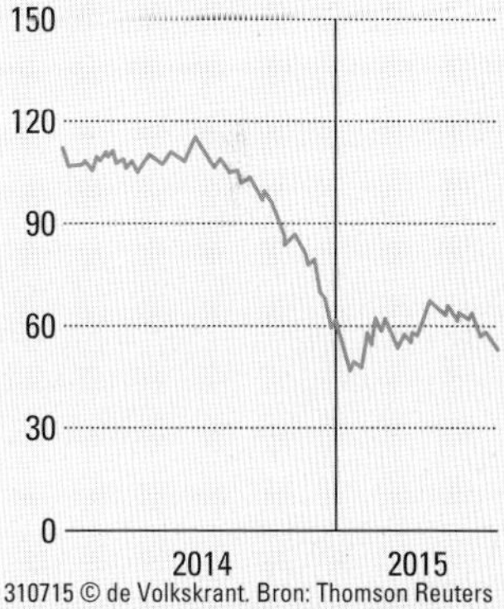

310715 © de Volkskrant. Bron: Thomson Reuters

Alleen als de marktomstandigheden zeer drastisch verslechteren, kan het dividend omlaag, denkt hij. 'Maar dan heb ik het over een markt waarop een vat olie nog maar 20 of 30 dollar kost, in plaats van de 55 dollar van nu.'

[...] ■

Bron: *de Volkskrant*, 31 juli 2015

a Welke externe relatie is erg belangrijk voor Shell? Licht je antwoord toe met argumenten uit het artikel.

b Ben je het eens met de stelling dat de aandeelhouders er niet onder lijden als er investeringen worden uitgesteld? Licht je antwoord toe.

c Leg uit welke gevolgen het inkopen van eigen aandelen heeft voor de beurswaarde van het aandeel Shell.

d Leg uit welk signaal ervan uitgaat als Shell bekend zou maken dat ze een lager dividend gaat uitkeren.

1.5 Bedrijvigheid industrie neemt toe

Bedrijvigheid industrie neemt toe

Van een onzer verslaggevers

Amsterdam – De bedrijvigheid in de Nederlandse industrie is in januari voor de eenentwintigste maand op rij toegenomen.

Bovendien was er sprake van een groeiversnelling ten opzichte van december, zo blijkt uit cijfer van de Nederlandse Vereniging van Inkoopmanagers (NEVI).

De inkoopmanagersindex van NEVI, die de bedrijvigheid weerspiegelt, steeg van 53,5 in december tot 54,1 vorige maand. Dat is volgens de brancheorganisatie de hoogste stand sinds februari vorig jaar. Een cijfer boven 50 duidt op groei, daaronder op krimp.

De groei van de industriële productie werd aangejaagd door een stijging van het aantal orders. Maar ook de binnenlandse vraag neemt steeds verder toe. 'We hadden eigenlijk verwacht dat de groei vorige maand zou afzwakken, omdat er van de zomer al sprake was van een piek', zegt een woordvoerder van de NEVI. 'Maar er is een sterk toenemende vraag naar producten en bovendien worden er ook meer nieuwe producten in de markt gezet. De werkgelegenheid nam voor de tiende maand op rij toe, maar steeg niet zo sterk als het aantal orders en de binnenlandse vraag. Veel bedrijven zijn nog erg voorzichtig met het aannemen van vaste krachten. Zij zetten vooral in op flexibele werknemers.' Volgens NEVI had de Nederlandse industrie vorige maand opnieuw te maken met dalende inkoopprijzen vanwege lagere grondstofprijzen. ■

Bron: *De Telegraaf*, 3 februari 2015

a Leg uit waarom een inkoopmanagersindex (hier van de NEVI) een belangrijke graadmeter is voor de (verwachte) economische groei.
b Welke factoren leiden tot een stijging van de inkoopmanagersindex?
c Waarom zijn bedrijven huiverig werknemers in vaste dienst aan te nemen?

1.6 Flexwerker komt niet meer aan vaste baan

Flexwerker komt niet meer aan vaste baan

De flexibilisering van de arbeidsmarkt gaat in hoog tempo voort. Waar veel tijdelijke krachten voor de crisis nog vrij makkelijk in een aanstelling rolden, komt dat haast niet meer voor. Bedrijven vinden het wel best.

Van onze verslaggeefster
Nanda Troost

AMSTERDAM – Mensen met een tijdelijk contract vinden steeds minder vaak een vaste baan. Dat komt niet alleen door de economische crisis, maar ook doordat bedrijven in de achterliggende jaren de grote voordelen van flexibele contracten hebben ontdekt. Dit blijkt uit een onderzoek van uitkeringsinstantie UWV naar flexwerk.

Een op de zeven flexwerkers in 2013 had een jaar later een vaste baan; vóór de crisis was dat een op de vijf. Wie vanuit een uitkering als uitzendkracht aan de slag gaat, heeft de minste kans op een vast contract: een op de twintig lukt dat, tegen een op de tien in 2008. Ondertussen zeggen veel flexwerkers dat ze liever een vaste baan willen.

Uit cijfers van het CBS blijkt dat de trend van losse contracten doorzet. Ruim een op de drie werkenden (34 procent) was vorig jaar flexwerker, tegen minder dan een kwart (23 procent) in 2003. In aantallen: 1,8 miljoen flexwerkers tegen 1,2 miljoen in 2003.

Daarnaast rukt het aantal kleine zelfstandigen op. In 2003 waren er 634 duizend zzp'ers, vorig jaar waren dat er 988 duizend. Iets meer dan 5 miljoen werknemers hadden vorig jaar een vast contract, in 2003 waren dat er nog 5,6 miljoen.

Volgens Rob Witjes, hoofd arbeidsmarktinformatie van het UWV, is het afwachten in hoeverre de nieuwe zogenoemde Flexwet werkenden met een onzeker contract meer zekerheid zal bieden, zoals minister Lodewijk Asscher van Sociale Zaken en Werkgelegenheid wil. 'Mede doordat de crisis zo lang heeft geduurd, is de tijdgeest veranderd. Bedrijven hebben ontdekt hoe wendbaar ze kunnen zijn met flexibel personeel. Ook omdat het economisch herstel nog zo broos is zal de trend van flexibilisering voorlopig doorzetten. In 2011 werkte bijvoorbeeld 16 procent van de bedrijven met zzp'ers, vorig jaar was dat, met 31 procent, bijna verdubbeld.'

Bedrijven hebben ontdekt hoe wendbaar ze kunnen zijn met flexibel personeel

Vorige week werd bekend dat uitzendkrachten nu op grote schaal hun baan verliezen, doordat werkgevers zoals ING hen wegsturen om hun na 1 juli geen ontslagvergoeding te hoeven meegeven. Die ontslagvergoeding voor uitzendkrachten is opgenomen in de nieuwe Wet werk en zekerheid, die de verschillen tussen flexwerkers en vaste medewerkers moet verkleinen.

Ruim de helft van de werkenden op een tijdelijk contract prefereert een vast contract. Wie daarin slaagt, moet daar doorgaans wel langer op wachten. Werknemers hadden in 2002 na zes tot tien jaar een vast contract. In 2012 lukte dat pas na tien tot vijftien jaar, blijkt uit recent onderzoek van het Sociaal en Cultureel Planbureau.

Uitzendwerk blijkt een goede opstap voor werklozen om weer aan de slag te komen, meldt het UWV. Iets meer dan een derde van hen komt via een uitzendbaan weer aan de bak. Toch is dat minder rooskleurig dan het lijkt, blijkt tegelijkertijd. Uitzendkrachten komen vaker dan andere werknemers weer terug in de WW. ■

Bron: *de Volkskrant*, 14 april 2015

a1 Wat zijn de voordelen voor de werkgever (de onderneming) van het werken met flexwerkers?
2 Wat zijn mogelijke nadelen voor de werkgever (de onderneming) van het werken met flexwerkers?
b1 Wat zijn de nadelen voor de werknemer (de flexwerker) van het werken met een flexibel/tijdelijk arbeidscontract?
2 Wat zijn mogelijke voordelen voor de werknemer (de flexwerker) van het werken met een flexibel/tijdelijk arbeidscontract?
c Wat wordt verstaan onder een zzp'er?
d Wat zijn de taken van het:
1 CBS (zie www.cbs.nl)
2 UWV (zie www.uwv.nl)
e Wat kunnen voor de werknemers de nadelen zijn als, bijvoorbeeld door nieuwe wetgeving, de positie van werknemers wordt versterkt?

Shell-topman hamert op klimaatprobleem

MJeroen Koot
Amsterdam

Bedrijven in de olie-industrie moeten actiever deelnemen aan het klimaatdebat, en erkennen dat er een klimaatprobleem is.

Dit stelde topman Ben van Beurden van Shell donderdag tijdens de International Petroleum (IP) Week, een jaarlijkse bijeenkomst op het gebied van olie en gas in Londen.

De Nederlandse topman zegt dat de uitstoot van broeikasgassen een probleem is, en dat het niet goed is als alleen milieuorganisaties hier over spreken. Oliebedrijven moeten meedoen en kritisch naar zichzelf kijken. 'Je kunt niet praten over het verlagen van de uitstoot van emissies als je bijvoorbeeld zelf traag bent in het erkennen van klimaatverandering', zegt hij. Ook werkt het volgens hem niet als je als sector steeds terugvalt op het 'werk versus milieu-argument'.

Door als olie-industrie mee te doen, kan realisme worden toegevoegd aan het debat over het milieu

Door mee te doen moet realisme worden toegevoegd aan het debat. 'In het verleden dachten we dat het beter was om low profile te blijven. Ik begrijp die tactiek, maar uiteindelijk is het geen goede tactiek.'

Van Beurden gaf al eerder aan dat sommige argumenten van milieuorganisaties hout snijden. Zo ging hij vorig jaar mei deels mee met de beweringen dat Shell een probleem heeft als alle oliereserves van Shell worden verbrand. Er komt dan te veel broeikasgas vrij.

Van Beurden erkent dat de aarde opwarmt door fossiele brandstoffen, maar hij stelt dat het naïef is om te denken dat de wereld snel zonder olie en gas kan. De wereldbevolking groeit en daarmee ook de behoefte aan energie. De aanwezigheid van energie kan vaak juist het einde van armoede betekenen.

Volgens Van Beurden is het daarom vooral zinnig de schoonste brandstoffen te verstoken, dus energiecentrales laten draaien op aardgas in plaats van kolen.

Van Beurden doet de uitspraak in aanloop naar de klimaattop in Parijs eind dit jaar. Hij stelt dat klimaatdebatten te vaak erop neerkomen dat fossiele brandstoffen verdwijnen en hernieuwbare energie ervoor in de plaats komt. 'Maar stellen dat fossiele brandstoffen ineens verdwijnen is niet plausibel. Het zal een tijd duren voordat hernieuwbare energie een gelijke rol speelt in transport en het verwarmen en het koelen van woningen.'

[...] ■

Bron: *Het Financieele Dagblad*, 13 februari 2015

a Shell was vroeger onderwerp en toeschouwer in het klimaatdebat. Nu wil Shell actiever deelnemen aan het klimaatoverleg. Wat kunnen voor Shell redenen zijn geweest van deze 'koerswijziging'?
b Leg uit wat wordt bedoeld met het 'werk versus milieu-argument'.
c Wat betekent de bewering 'als alle oliereserves van Shell worden verbrand, dan komt er te veel broeikasgas vrij' voor de waarde van deze oliereserves?
d In welke alternatieve producten zou Shell kunnen investeren in plaats van olie-gerelateerde producten?

'Duurzame bedrijfsvoering leidt tot betere resultaten'

Van onze verslaggever
Jeroen Trommelen

AMSTERDAM – Bedrijven met een actief klimaatbeleid presteren gemiddeld 20 procent beter dan bedrijven die niets doen aan duurzaam ondernemen. Dat stelt directeur Willem Lageweg van duurzaamheidsclub MVO Nederland in een tweejaarlijks trendrapport. Nederlandse voorbeelden van duurzame voorlopers zijn DSM, AkzoNobel en Philips.

MVO Nederland, waarbij 2.100 Nederlandse bedrijven zijn aangesloten, heeft niet zelf uitgerekend dat duurzame koplopers 20 procent beter presteren. Het cijfer is ontleend aan onderzoek van het Carbon Disclosure Project, een internationale milieuorganisatie die de CO^2-uitstoot van multinationals monitort. 'Bedrijven als DSM en Akzo passen goed in dit beeld, maar je kunt het moeilijk narekenen omdat onduidelijk is met welke bedrijven je hun resultaten moet vergelijken', zegt Lageweg.

Bedrijven die sterk gebonden zijn aan fossiele energie, zoals grote oliemaatschappijen, gaan de komende jaren zeker aan waarde verliezen, voorspelt het rapport. 'De onrust van beleggers over deze sector neemt toe. Investeerders zoals Rockefeller, pensioenfondsen, kerken en maatschappelijke organisaties beginnen hun kapitaal uit fossiele bedrijven terug te trekken. Oliemaatschappijen als Exxon en Shell anticiperen in hun eigen boekhouding zelf ook op hoge CO^2-prijzen.'

Lageweg rekent erop dat op de klimaattop eind dit jaar in Parijs overeenstemming wordt bereikt over een naar regio gedifferentieerde CO^2 belasting. 'Die zal de kosten van fossiele brandstof verder verhogen. We geloven in een *carbon bubble*; de opvatting dat investeringen in fossiele brandstoffen hun waarde zullen verliezen.'

[...] ■

Bron: *de Volkskrant*, 20 januari 2015

Duurzaamheid leidt tot groei en kostenbesparing bij Unilever

Amsterdam – Unilever heeft sinds 2008 meer dan €400 mln aan cumulatieve kosten bespaard vanwege eco-efficiënte maatregelen in de fabrieken. Daarnaast heeft het was- en levensmiddelenbedrijf het afgelopen jaar meer dan €200 mln kosten bespaard door efficiëntere productie, logistiek, afvoer en verwerking. Dat blijkt uit het vierde Progress Report over de wereldwijde voortgang van Unilevers zogenoemde Sustainable Living Plan, dat eind 2010 werd gelanceerd.

'We zien steeds meer dat het integreren van duurzaamheid in alles wat we doen, leidt tot groei en kostenefficiëntie en dat het ons een gezonde uitgangspositie geeft voor de toekomst', aldus het bedrijf. Veel van Unilevers merken die duurzaamheid integreren (waaronder Dove, Lifebuoy, Ben & Jerry's en Comfort) behalen volgens Unilever een bovengemiddelde groei 'met een hoge enkel- en dubbelcijferige omzetgroei in de afgelopen drie jaar'. Deze merken waren in 2014 goed voor de helft van Unilevers groei en groeiden twee keer zo snel als zijn andere merken.

Verder stelt het concern dat binnen de hele leveranciersketen 'veelbelovende vooruitgang' is geboekt, waarbij meer dan 55% van de agrarische grondstoffen nu duurzaam wordt geproduceerd. Na vier jaar zit Unilever over de helft naar de doelstelling van 100% voor 2020. Daarnaast is de CO^2-uitstoot uit energie in Unilevers fabrieken verlaagd en er wordt minder water gebruikt bij de productie. ■

Bron: *Het Financieele Dagblad*, 6 mei 2015

a De gevolgen voor het klimaat zijn een belangrijk aspect bij de uitoefening van een bedrijf. Is het klimaat een externe factor die een onderneming belemmert in haar activiteiten en nadelig is voor de financiële resultaten? Motiveer je antwoord.

b Leg uit welke invloed een hogere olieprijs heeft op het zoeken naar alternatieve energiebronnen.

c Een gevleugelde uitspraak van voetballegende Johan Cruijff is 'Elk nadeel heb zijn voordeel'. Kun je deze uitspraak ook toepassen op de vraagstukken rond duurzaamheid? Motiveer je antwoord.

1.9 Ahold offert winst op voor groter marktaandeel in Nederland en VS

Ahold offert winst op voor groter marktaandeel in Nederland en VS

Richard Smit
Amsterdam

Ahold, dat op dit moment onderhandelt over een fusie met de Belgische branchegenoot Delhaize, zag in het eerste kwartaal van 2015 de winstgevendheid onder druk staan. De operationele marge zakte van 4% vorig jaar naar 3,5%.

Topman Dick Boer schrijft de lagere winstmarge toe aan eenmalige kostenposten. Zo had Ahold een hogere verzekeringslast en moest in de buidel tasten voor de ombouw van 49 Spar-winkels in Tsjechië en spaaracties bij Albert Heijn in Nederland. Boer verwacht dat de marge in de loop van het jaar herstelt.

De topman wijst er liever op dat Ahold marktaandeel wint in Nederland en de Verenigde Staten. De omzet schoot met 14,9% omhoog naar €11,3 mrd. Vooral door de sterke dollar, maar ook zonder wisselkoerseffecten en benzineverkopen groeide de omzet met 3,1%. Volgens Boer 'mooie stappen die we kwartalen niet hebben gezien'.

Ahold wist in Nederland met bijna 6% te groeien door investeringen in spaaracties voor glazen en 'moestuintjes' en een beter productaanbod bij Albert Heijn. Ook investeringen in de ruim 20% hogere internetverkopen via Bol.com en AH.nl gaan ten koste van de winstmarge, maar zijn volgens Boer nodig voor de lange termijn.

Het bedrijfsresultaat daalde door kosten voor een reorganisatie van Ahold in de VS en de aankoop en integratie van Spar-winkels in Tsjechië. Bovendien is €10 mln afgeschreven op C1000-winkels die Ahold in 2012 van branchegenoot Jumbo heeft gekocht en die zullen worden geretourneerd of verkocht.

Ahold wist in Nederland met bijna 6% te groeien door investeringen in spaaracties

Kwartaalcijfers	
Operationele marge	**3,5%**
Omzet	**€11,3 mrd**
Bedrijfsresultaat	**€390 mln**

De winstdaling komt voor Ahold op een ongelukkig moment nu met Delhaize wordt gesproken over een fusie. Een belangrijke hobbel die in de onderhandelingen moet worden genomen, is de waardering van beide supermarktgroepen. Een hogere winstgevendheid is in dat proces zonder meer een voordeel.

Het bedrijf uit Zaandam weigerde woensdag nadere toelichting op de fusiebesprekingen. Ahold en Delhaize hebben vaker onderhandeld, maar het is de eerste keer dat ze die gesprekken hebben bevestigd. Bij de aandeelhoudersvergadering van Delhaize deze donderdag zal zeker ook naar de fusie worden gevraagd.

Ahold zegt op koers te liggen om de verwachtingen voor heel 2015 waar te maken. ■

Bron: *Het Financieele Dagblad,* 28 mei 2015

a1 Wat is volgens de theorie uit het boek één van de belangrijkste, zo niet de belangrijkste doelstelling van een onderneming?

2 Stel dat je een eigen onderneming zou hebben. Zou je als doelstelling kiezen voor een zo hoog mogelijke winst of een zo hoog mogelijke omzet?

3 Waar kiest Ahold voor: voor een zo hoog mogelijke winst of voor een zo hoog mogelijke omzet? Wat kan een verklaring zijn voor de keuze die Ahold heeft gemaakt?

b Welke factoren kunnen (zullen) een rol spelen bij de waardering van ondernemingen in het kader van een fusie, zoals tussen Ahold en Delhaize?

c Waarom en voor wie is het belangrijk dat ondernemingen de verwachtingen (die ze hebben gewekt) waarmaken?

1.10 Ook ziekenhuizen uiten kritiek op dure medicijnen

Ook ziekenhuizen uiten kritiek op dure medicijnen

Sandra Olsthoorn en Thieu Vaessen
Amsterdam

De oplopende prijzen van geneesmiddelen hebben donderdag weer een alarmbel doen afgaan. Ditmaal was het de beurt aan de Nederlandse Vereniging van Ziekenhuizen. Die stelde dat 80% van de ziekenhuizen een deel van de duurdere medicijnen niet vergoed krijgt bij de zorgverzekeraars. Per ziekenhuis gaat het om bedragen van enkele tonnen tot maximaal €4 mln.

De ziekenhuizen spreken van een 'onhoudbare situatie'. Ze wijzen erop dat hun uitgaven aan geneesmiddelen vorig jaar met 10% zijn gestegen, tot gemiddeld €15,6 mln per ziekenhuis, terwijl hun totale budget met niet meer dan 1% mag toenemen. De conclusie is dat de vergoeding van dure geneesmiddelen op andere leest moet worden geschoeid, omdat patiënten anders niet meer de best mogelijke zorg krijgen.

De druk op de budgetten is de keerzijde van een heel positieve ontwikkeling: in hoog tempo komen nieuwe geneesmiddelen beschikbaar, onder meer voor diverse vormen van kanker en reuma, die de kwaliteit van leven en de levensverwachting van patiënten aanzienlijk verbeteren. Het zijn wel dure medicijnen. Vaak gaat het om behandelingen van tienduizenden euro's per jaar, met uitschieters tot boven de €100.000 per jaar.

Een van de partijen die eerder de noodklok luidde, was het Antoni van Leeuwenhoek. Het Amsterdamse ziekenhuis, dat is gespecialiseerd in de behandeling van kanker, zei vorige maand steeds vaker patiënten te krijgen die waren doorverwezen door reguliere ziekenhuizen – vermoedelijk om financiële redenen en niet om medische. Met doorverwijzen voorkomen de regionale ziekenhuizen dat de kosten van dure medicijnen op hun begroting drukken. Het gevolg is dat, zo zei bestuurder Wim van Harten, patiënten met kanker niet altijd of niet meteen de beste behandeling krijgen.

Geneesmiddelen zouden onnodig duur zijn en de prijs niet in verhouding tot de ontwikkelingskosten

Ziekenhuizen gaven vorig jaar gemiddeld €15,6 mln uit aan geneesmiddelen

Ook de vereniging van farmaceutische bedrijven Nefarma heeft vorige maand alarm geslagen. In een brief aan de zorgverzekeraars signaleert de vereniging nu al ernstige problemen. Onder meer het nieuwe middel ibrutinib dat bestemd is voor patiënten met een bepaalde vorm van leukemie, zou minder vaak worden voorgeschreven dan wenselijk is. Conclusie van Nefarma: 'Patiënten vallen tussen wal en schip'.

Farmaceutische bedrijven zijn zelf echter ook regelmatig mikpunt van kritiek. De prijzen van de nieuwe geneesmiddelen zouden onnodig hoog zijn en niet in verhouding staan tot de ontwikkelingskosten.

Ook de zorgverzekeraars zetten vraagtekens bij de hoge prijzen van sommige nieuwe medicijnen. 'We zouden moeten verkennen of de hele hoge prijzen nog te rechtvaardigen zijn', zo zegt een woordvoerder van Zorgverzekeraars Nederland. De zorgverzekeraars erkennen dat de ziekenhuizen een punt hebben als het gaat om de vergoeding van nieuwe medicijnen die in de loop van het jaar worden geïntroduceerd en die logischerwijs niet zijn meegenomen in bestaande contracten. Dat is een probleem dat snel in omvang kan toenemen. Naar verwachting komt volgend jaar een groot aantal nieuwe medicijnen op de markt, onder meer voor de behandeling van longkanker. ■

Bron: *Het Financieele Dagblad*, 12 juni 2015

Minister Schippers wil meer helderheid over kostenopbouw medicijnen

Den Haag – De farmaceutische industrie moet snel duidelijk maken hoe de kostenopbouw van dure geneesmiddelen eruitziet. Op dit moment heeft niemand buiten de farmaceutische bedrijven daar zicht op. Dat zei minister Edith Schippers van Volksgezondheid vrijdag in de Chinese stad Dalian, waar de zomereditie plaatsvindt van het World Economic Forum.

Schippers wil meer inzicht krijgen in de kosten die de farmaceutische industrie moet maken om dure geneesmiddelen te ontwikkelen. Deze medicijnen leggen een steeds groter beslag op het totale zorgbudget. Aangezien de samenleving de zorguitgaven moet opbrengen – in Nederland via de zorgpremie – vindt de bewindsvrouw dat diezelfde samenleving het recht heeft te weten waar het geld heen gaat.

Schippers erkent wel dat de doorlooptijd tussen het tot stand komen van een innovatie en het moment dat een middel in het verzekeringspakket komt, vaak erg lang is. Ze toont dan ook begrip voor de bezwaren van de farmaceutische industrie tegen regelgeving die voor vertraging van het beschikbaar komen van geneesmiddelen zorgt. ■

Bron: *Het Financieele Dagblad*, 12 september 2015

a Noem een aantal belangrijke kostengroepen waar een ziekenhuis mee te maken heeft.
b Waaruit bestaan de inkomsten (de omzet) van een ziekenhuis?
c1 Wie betalen de kosten van medische behandelingen?
2 Welke rol spelen de ziektekostenverzekeraars daarbij?
3 Wat is de belangrijkste bron van inkomsten van een ziektekostenverzekeraar?
d Noem enkele belangrijke kosten die in de kostprijs van een medicijn voorkomen.
e Waarom bemoeit de overheid zich met de kosten van medische zorg?

1.11 Komst prijsvechters bedreigt internationaal netwerk KLM

Komst prijsvechters bedreigt internationaal netwerk KLM

Budgetvliegers als Vueling en Ryanair worden actiever in Nederland. Dit kan op termijn leiden tot kaalslag in het aanbod van verre bestemmingen, waarschuwen deskundigen

Roger Cohen
Amsterdam

Slecht nieuws voor KLM: Europese prijsvechters breiden hun aanwezigheid op de Nederlandse markt in hoog tempo uit. Vorige week werd de Nederlandse luchtvaartmaatschappij al opgeschrikt door het nieuws dat Ryanair vanaf eind oktober vier keer per dag heen en weer gaat vliegen tussen Schiphol en Dublin. Dinsdag meldde de Spaanse prijsvechter Vueling dat het concern vanaf april meerdere keren per week gaat vliegen van Eindhoven naar Barcelona, een belangrijke route voor KLM-dochter Transavia.

Ook al is het misschien onvermijdelijk, het nieuws is een domper voor KLM. De prestaties op de Europese markt staan al onder druk, zo bleek gisteren uit passagierscijfers over de maand augustus. Hoewel het passagiersvervoer op de verre vluchten groeide, kromp het aantal reizigers binnen Europa.

Een schril contrast met de cijfers die concurrent Ryanair eveneens gisteren naar buiten bracht. De Ierse prijsvechter profiteerde deze zomer volop van hogere ticketprijzen en een 'veel hoger dan verwachte piek' in het reizigersverkeer de afgelopen weken. Reden om de winstverwachting voor dit jaar met 25% te verhogen, naar een bedrag tussen €1,175 mrd en €1,225 mrd. Vorige week verhoogde ook de Britse budgetvlieger Easyjet de winstverwachting voor dit jaar, nadat het concern in augustus een recordaantal passagiers vervoerde.

[...] ■

Air France-KLM Nettowinst in € mln

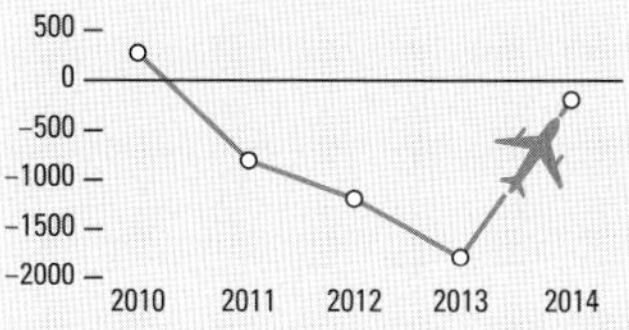

Easyjet Nettowinst in € mln

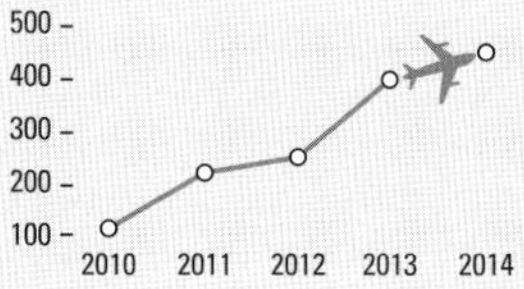

Ryanair Nettowinst in € mln

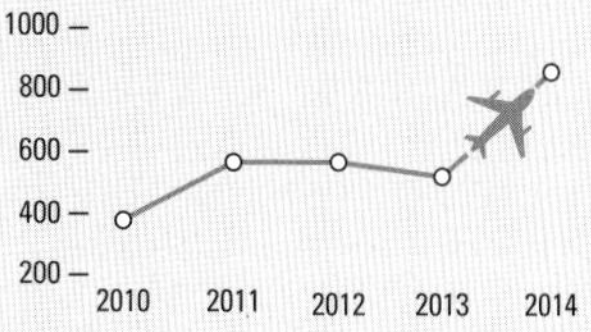

KLM-piloten uiteindelijk toch akkoord met sobere cao

Roger Cohen
Amsterdam

KLM-piloten zijn dinsdagavond laat na meerdere vergaderingen akkoord gegaan met een sobere cao.

De vliegers stemmen in met het bevriezen van hun salaris voor een periode van drie jaar en een verhoging van de pensioenleeftijd van 56 naar 58 jaar. Ook gaan de piloten meer vlieguren maken en wordt de werk- en rusttijdenregeling aangepast.

Volgens de Vereniging van Nederlandse Verkeersvliegers leveren de piloten met het nieuwe akkoord een 'structurele jaarlijkse besparing van meer dan €100 mln' voor KLM, onder meer doordat het bedrijf door de stapsgewijze verhoging van de pensioenleeftijd minder pensioenpremies hoeft af te dragen. In ruil voor hun toezeggingen krijgen de piloten een belang van 4,5% in moedermaatschappij Air France-KLM, plus een commissariszetel in het bestuur van het luchtvaartbedrijf.

Het heeft de pilotenvakbond enige moeite gekost de leden hun steun te laten verlenen aan de nieuwe cao-voorwaarden, waarover begin juli al een principeakkoord was bereikt met de KLM-directie. Vooral de verhoging van de pensioenleeftijd was een heikel punt, erkent VNV-voorzitter Steven Verhagen. 'Dat was de heetste aardappel. Het is een complexe aanpassing, die niet meteen door iedereen begrepen en omarmd werd. We hebben een lange argumentatieslag moeten aangaan om de wijzigingsvoorstellen van de leden te pareren.' Uiteindelijk stemde 90% van de ledenraad van de VNV in.

[...] ■

Bron: *Het Financieele Dagblad*, 10 september 2015

- **a** Zoals uit de figuren bij dit artikel blijkt lijdt Air France-KLM al jaren op rij verlies, terwijl de winsten van de prijsvechters zoals Easyjet en Ryanair stijgen. Geef mogelijke verklaringen voor dit verschil in winst(ontwikkelingen).
- **b1** Wat is een cao?
- **2** Wat kunnen de beweegredenen zijn geweest voor de KLM-piloten om in te stemmen met een soberder cao?
- **c** Licht toe welke kosten er bij KLM dalen door de afspraken in de nieuwe piloten-cao.
- **d** De piloten krijgen een belang van 4,5% in de moedermaatschappij Air France-KLM. Wat betekent dat en hoe zal dat worden gerealiseerd?
- **e** De piloten krijgen ook een 'commissariszetel in het bestuur van het luchtvaartbedrijf'. Wat is de rol van een commissaris bij een bedrijf?

Groen transportbedrijf zucht onder regeltjes

door **HARRY VAN GELDER**

DOESBURG – Als eerste in de branche biedt logistiek bedrijf Koninklijke Botra zijn klanten aan om net als in de luchtvaart te kiezen voor klimaatneutraal wegtransport.

'Omdat het onmogelijk is de emissie tot nul te reduceren, kunnen klanten de CO2-uitstoot compenseren door iets meer te betalen voor het wegtransport. Het extra geld wordt dan in samenwerking met Climate Neutral Group geïnvesteerd in windmolenparken, waterkracht, zonnepanelen en biogas- en compostprojecten', zegt directeur Machiel Roelofsen van het Doesburgse familiebedrijf.

Koninklijke Rotra is al jaren bezig zich te profileren als groen duurzaam bedrijf. Roelofsen doet het voor het milieu, zeker. En om zich te onderscheiden.

Maar het valt niet altijd mee. Zijn bedrijf zucht onder de Haagse regelgeving. Onbedoeld werkt de overheid regelmatig tegen. Zo sneuvelde vorig jaar het experiment met de vrachtwagen die op milieuvriendelijke ethanol reed. De truck haalde veel publiciteit en werd ingewijd door toenmalig minister Cramer van Milieu. Maar door toedoen van diezelfde overheid bleek het te duur om op ethanol te rijden.

'Behalve een toeslag op diesel moesten we ook een toeslag op alcohol betalen. Daardoor liep de kilometerprijs te zeer op en moesten we noodgedwongen stoppen, terwijl we met de truck de emissie met 90% reduceerden.'

Er zijn eveneens problemen met de zogeheten ecocombi, de supergrote vrachtwagen van 25,25 meter lengte. Volgens Roelofsen is die milieuvriendelijk, omdat tegen dezelfde milieukosten en dezelfde bedrijfskosten anderhalf keer meer kan worden vervoerd. Rotra is al sinds de jaren 90 betrokken bij de ontwikkeling van de supertruck. Sinds kort mag hij rijden in Nederland. Maar Europa toont zich weer eens verdeeld. 'De ecocombi is alleen rendabel op lange afstanden', zegt Roelofsen. 'Maar veel Duitse deelstaten houden onder druk van spoorwegbedrijf Deutsche Bahn de vrachtwagen tegen, waardoor we er nauwelijks gebruik van kunnen maken.'

Een ander voorbeeld is het eindeloos aanvragen van vergunningen voor de bouw van een loshaven in Doesburg, de residentie van Rotra. 'We willen via de milieuvriendelijkere binnenvaart goederen vervoeren, maar je krijgt te maken met het aanvragen van duizenden vergunningen.'

Na jaren van geploeter is er nu wél toestemming verleend, maar nu is het weer wachten op Rijkswaterstaat die de haven moet uitbaggeren.

Je zou er bijkans gek van worden, maar Rotra blijft voortgaan op het duurzame pad. Dus plaatst het concern zonnecellen op het bedrijfsterrein, worden chauffeurs getraind om zuiniger te rijden en presenteert het binnenkort de eerste vrachtwagen op LNG. 'We stoten vaak ons hoofd, maar we blijven doorzetten.' ■

Bron: *De Telegraaf*, *17* augustus 2011

a Hoe kan de overheid groen duurzaam ondernemen bevorderen?

b Welke afwegingen maken de Nederlandse overheid en andere Europese overheden bij het bevorderen van de – in het artikel genoemde – supertruck?

c Koninklijke Rotra is voorstander van milieuvriendelijk transport. Met welke randvoorwaarden houdt ze daarbij echter rekening?

d Tegen welke problemen loopt Rotra op bij haar streven naar milieuvriendelijker transport?

1.13 Unilever en Procter & Gamble beboet voor prijsafspraken

Unilever en Procter & Gamble beboet voor prijsafspraken

Van onze verslaggever
GERARD REIJN

AMSTERDAM - Afspraken bij de introductie van compacte wasmiddelen tussen Unilever, Procter & Gamble en Henkel zijn door de Europese Commissie afgestraft met boetes van in totaal 315 miljoen euro.

P&G moet 211 miljoen betalen, Unilever 104 miljoen. Het Duitse concern Henkel niets. Henkel had de kwestie namelijk bij de Europese Commissie aangegeven. Toenmalig EU-commissaris Neelie Kroes begon in 2008 het onderzoek naar de verboden prijsafspraken. Haar opvolger Joaquín Almunia liet woensdag weten dat 'bedrijven niet de illusie moeten hebben dat de Commissie zal stoppen met haar gevecht tegen kartels'.

Volgens het onderzoek hebben de drie bedrijven zich schuldig gemaakt aan prijsafspraken in acht Europese landen: Nederland, België, Frankrijk, Duitsland, Griekenland, Italië, Portugal en Spanje. Alle grote merken waren erbij betrokken: Omo en Radiant van Unilever, Ariel en Tide van P&G en Persil van Henkel (al wordt Persil in sommige landen door Unilever verkocht).

Het vergrijp begon in januari 2002 toen de drie zeepconcerns met elkaar spraken over de introductie van compacte wasmiddelen. Volgens een woordvoerder van Unilever ging het erom de consumenten ervan te overtuigen dat ze beter met deze wasmiddelen konden wassen, bij lagere temperatuur. 'Niemand van ons kon hierin een concurrentievoordeel halen. We zagen wel dat als we met zijn drieën zouden opereren, we de consument tien keer zo snel tot de milieuvriendelijker wasmethode zouden kunnen overhalen.'

Die samenwerking was toegestaan, maar volgens Europees commissaris Almunia gingen ze veel verder. 'Ze gebruikten dat milieu-initiatief om de marktaandelen onderling te regelen, en ze kwamen overeen de prijzen niet te verlagen ook al werden de verpakkingen kleiner.' Unilever betitelt het milder: 'We maakten afspraken over de fasering van de beprijzing en de prijspromoties.' ■

Bron: *de Volkskrant,* 14 april 2011

a Van welke marktvorm is voor de markt van compacte wasmiddelen sprake? Motiveer je antwoord.
b Welke afwegingen maakt de Europese Commissie bij het bewaken van de concurrentie binnen een bepaalde branche?
c Welke machtsmiddelen heeft de Europese Commissie in haar strijd tegen ongeoorloofde (prijs)afspraken?

Banken wijzen minder kredietaanvragen af

Van onze verslaggever
Robert Giebels

DEN HAAG – Door economisch herstel krijgen bedrijven nu makkelijker krediet dan ze in 2013 kregen. Toen werd ruim één op de drie kredietaanvragen geheel of gedeeltelijk afgewezen, vorig jaar was dat minder dan één op de vier. Vooral grote en middelgrote bedrijven hebben meer succes met hun aanvraag. Voor kleine bedrijven is het aantrekken van financiering nog steeds lastig.

Dat blijkt uit de laatste, halfjaarlijkse Financieringsmonitor onder 1.400 bedrijven van onderzoeksbureau Panteia in opdracht van minister Kamp van Economische Zaken. 'Nu de economie aantrekt', verklaart de bewindsman, 'krijgen bedrijven vaker de benodigde financiering geregeld. Zo kunnen ze groeien, extra mensen aannemen en zo onze economie verder versterken'.

Hoewel krediet krijgen iets makkelijker gaat, is er een lichte daling van het aantal midden- en kleinbedrijven dat die financiering nodig zegt te hebben. Het verleende krediet wordt ook minder dan voorheen gebruikt om verliezen af te dekken en meer voor bedrijfsmiddelen en huisvesting.

De onderzoekers merkten ook dat ondernemers minder honkvast worden als het gaat om hun huisbank als bron voor financiering. Een bedrijf stapt makkelijker naar een andere bank. Meer en meer putten ondernemers bovendien uit hun privévermogen. Eén op de tien kleine bedrijven roept de hulp in van vrienden of familie of haalt geld op met crowdfunding.

Banken iets soepeler
Afgewezen kredietaanvragen naar grootte bedrijven, in procenten

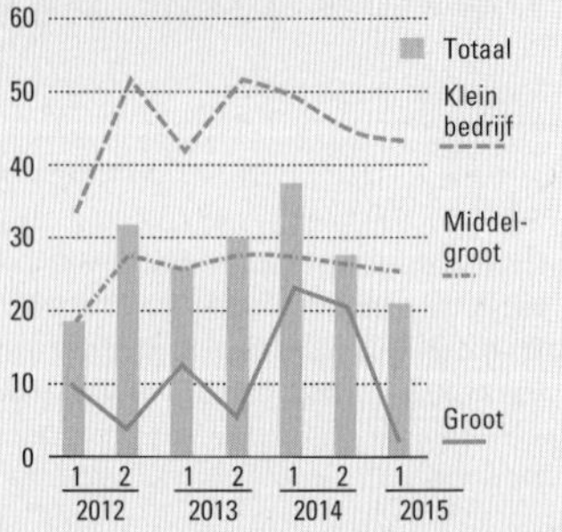

Bron: 230712 © VK. Bron: Financieringsmonitor 2015 Panteia

Hoe kleiner een bedrijf, hoe minder rooskleurig het beeld. Weliswaar is dit jaar het aantal toegewezen kredieten voor kleine bedrijven gestegen, het aantal afwijzingen blijft voor deze categorie circa de helft hoger liggen dan het gemiddelde voor het hele bedrijfsleven.

[...] ■

a Behoren de geldontvangsten van een bedrijf als gevolg van het afsluiten van een lening bij de bank tot de primaire of secundaire geldstromen? Motiveer je antwoord.
b Hoe heet de beloning die de verstrekkers van vreemd vermogen (waaronder banken) ontvangen over het door hen verstrekte vermogen?
c Waarom is het belangrijk dat het bedrijfsleven bij banken voldoende krediet kan opnemen?
d Wat is crowdfunding?
e Waarom is het voor kleinere bedrijven moeilijker om van de bank een krediet te krijgen dan voor grotere bedrijven (zie ook de grafiek)? Noem een aantal redenen.

Dit betekent Prinsjesdag 2015 voor ondernemers

Het kabinet heeft dinsdagmiddag zijn Rijksbegroting en Miljoenennota voor 2016 gepresenteerd.

Volgens minister van Financiën Jeroen Dijsselbloem heeft Nederland zich ontworsteld aan de crisis en groeit de economie nu harder dan verwacht. Toch zijn er maatregelen nodig om de werkloosheid aan te pakken en 'heeft de Nederlandse economie niet genoeg ruimte om te groeien'.

Het kabinet wil dan ook de koopkracht, de werkgelegenheid en het groeipotentieel van de Nederlandse economie stimuleren. Wat gaat er allemaal veranderen voor ondernemers?

Een overzicht van de belangrijkste maatregelen:

- De twee fiscale regelingen die onderzoek en ontwikkeling moeten stimuleren, de RDA en de WBSO, worden in 2016 samengevoegd. Dit maakt de aanvraag van fiscale voordelen voor innovatieve en startende partijen eenvoudiger. Bovendien wordt het budget hiervoor verhoogd met 100 miljoen euro volgend jaar en vanaf 2017 met 115 miljoen euro.
- Er komt bovendien een durfkapitaalregeling voor het mkb en startups, die het fiscaal aantrekkelijk moet maken voor private investeerders om geld te lenen. Hiervoor wordt vanaf 1 januari 2017 50 miljoen euro vrijgemaakt. De regeling geldt niet alleen voor directe investeringen door bijvoorbeeld familie of vrienden in een startende onderneming, maar ook voor investeringen via intermediaire fondsen.
- Er wordt een online financieringswijzer gelanceerd die het voor ondernemers makkelijker moet maken om te bekijken welke financieringsopties het meest bij hen passen.
- Er komt een loonkostensubsidie, het zogenoemde lage inkomensvoordeel (LIV). Dit is een korting op de werkgeversbijdragen voor bedrijven die laagbetaalde of laaggeschoolde mensen in dienst nemen. Dit moet extra banen gaan opleveren. Vanaf 2017 krijgen werkgevers een tegemoetkoming van maximaal 2.000 euro per jaar voor elke werknemer die rond het minimumloon zit.
- Het kraamverlof voor partners wordt uitgebreid van twee naar vijf betaalde dagen. Hier profiteren ongeveer 165.000 partners per jaar van.
- Het kabinet wil de regeldruk terugdringen om het ondernemen makkelijker te maken. Daar werd dit jaar al 1,35 miljard euro voor uitgetrokken, dit bedrag zal in 2016 verder toenemen tot ongeveer 2 miljard euro.
- De lasten op arbeid worden met 5 miljard euro verlaagd, waardoor arbeid goedkoper wordt voor de werkgever en de werknemer meer overhoudt. ■

Bron: www.nu.nl, 15 september 2015

a Noem een aantal oorzaken en gevolgen van de crisis die in de periode 2007-2014 plaatsvond. Zoek op internet op de zoekwoorden 'Financiële crisis', 'Kredietcrisis' en 'Eurocrisis'.

b Waarom zijn innovatie en startende ondernemingen belangrijk voor de groei van de economie?

c Wat wordt verstaan onder durfkapitaal? Hint: zoek op internet of raadpleeg de index achter in het theorieboek.

d Wat is de invloed van een loonkostensubsidie op:
- de kostprijs van een product;
- de werkgelegenheid?

e Wat is de invloed van de uitbreiding van het kraamverlof op:
- de kostprijs van een product;
- de werkgelegenheid?

f Wat is de invloed van het verminderen van de regeldruk op:
- de kostprijs van een product;
- het investeringsklimaat;
- de werkgelegenheid?

g Wat is de invloed van de verlaging van de (sociale) lasten op arbeid op:
- de kostprijs van een product;
- de werkgelegenheid?

1.16 Onderneming De Papierwals is op 15 januari 2015 gestart met de productie van papier voor tijdschriften. Begin januari 2015 is voor €20 mln eigen vermogen aangetrokken door het uitgeven van aandelen. Bovendien is €15 mln vreemd vermogen aangetrokken.

In januari 2015 zijn de volgende bedragen betaald:

- voor de aanschaf van gebouwen en machines €28 mln;
- voor de aanschaf van grondstoffen €3 mln.

Over de maand januari 2015 is verder gegeven:

- €2,2 mln aan grondstoffen is tot eindproduct verwerkt. Voor deze productie is bovendien €1 mln aan arbeidskosten uitbetaald.
- Eindproducten met een kostprijs van €2,8 mln zijn contant verkocht voor €3,2 mln.
- Aan belastingen over de winst is €60.000 betaald.
- Aan interest is €150.000 betaald, terwijl €100.000 vreemd vermogen is afgelost.
- Ontvangen subsidies €20.000.

Geef een gespecificeerde berekening van de:

a uitgaande primaire geldstromen;
b ingaande primaire geldstromen;
c uitgaande secundaire geldstromen;
d ingaande secundaire geldstromen.

1.17 Handelsonderneming Internettrading nv verkoopt kantoorartikelen via internet. Met betrekking tot het jaar 2015 zijn de volgende gegevens bekend:

- Het aandelenvermogen is uitgebreid met €10 mln.
- Er is €180.000 dividend uitbetaald.
- Er is voor €10 mln geïnvesteerd in gebouwen en inventaris, dit bedrag is ook betaald.
- De afschrijvingen op gebouwen en inventaris bedraagt €50.000.
- Er is voor €40 mln kantoorartikelen verkocht, waarvan €38 mln door afnemers is betaald. De inkoopwaarde van de kantoorartikelen bedraagt €30 mln.
- Er is voor €33 mln kantoorartikelen ingekocht, waarvan €32 mln is betaald.
- Het rekening-courantkrediet is afgenomen met €6 mln.
- Aan belastingen over de winst is €240.000 betaald.
- Aan interest is €90.000 betaald, terwijl €200.000 lang vreemd vermogen is afgelost.
- De ontvangen subsidies bedragen €400.000.

Geef een gespecificeerde berekening van de:

a uitgaande primaire geldstromen;
b ingaande primaire geldstromen;
c uitgaande secundaire geldstromen;
d ingaande secundaire geldstromen.

2 Ondernemingsvormen

2.1 In september 1993 heeft 'Heijmans N.V.' nieuwe (certificaten van) aandelen uitgegeven. Om de beleggers te informeren verstrekt de emitterende onderneming informatie in de vorm van een prospectus (introductiebericht) en jaarrekeningen. Uit het introductiebericht van 'Heijmans N.V.' is de volgende passage overgenomen.

> Algemene informatie
>
> Oprichting
> De activiteiten van Heijmans N.V. zijn in 1923 gestart door J. Heijmans. De in 1928 gevormde vennootschap onder firma werd op april 1932 omgezet in de N.V. Aannemers- en Wegenbouwmaatchappij v/h Firma J. Heijmans. In 1972 is de juridische structuur van de onderneming aangepast; Verenigde Heijmans Bedrijven B.V. fungeert sedertdien als houdstermaatschappij van werkmaatschappijen, ondergebracht in zes divisies.
> Haar statuten werden laatstelijk gewijzigd bij akte van 9 mei 1990 verleden voor notaris prof.mr. P.J. Dortmond te Rotterdam (beschikking van 4 mei 1990, nummer B.V. 47.428).
> Met het oog op de onderhavige beursintroductie zijn de statuten op 1 september 1993 gewijzigd, waarbij onder meer de besloten vennootschap is omgezet in een naamloze vennootschap en de naam werd gewijzigd in Heijmans N.V., bij akte verleden ten overstaan van notaris prof.mr. P.J. Dortmond te Rotterdam. Op het ontwerp van deze akte werd de ministeriële verklaring van geen bezwaar verkregen op 27 augustus 1993, onder nummer N.V. 47.428. De statuten van de vennootschap zijn afgedrukt op pagina's 42 tot en met 54 van dit Introductiebericht.
> Daarnaast zijn de statuten en administratievoorwaarden van Stichting Administratiekantoor Heijmans, statutair gevestigd te Rosmalen, gewijzigd. Aan deze Stichting zijn de aandelen van de vennootschap ten titel van beheer overgedragen. De Stichting oefent het stemrecht uit op de in beheer genomen aandelen op naam, waartegenover certificaten aan toonder zijn uitgegeven.
> De statuten en administratievoorwaarden van deze Stichting zijn afgedrukt op de pagina's 55 tot en met 62 van dit Introductiebericht. De betreffende akten zijn gelijktijdig met de akte van statutenwijziging van de vennootschap voor genoemde notaris verleden.
> Bron: *Emissiebericht Heijmans NV*, september 1993

a Welke ondernemingsvorm is waarschijnlijk voor 1928 op 'Heijmans' van toepassing geweest? Motiveer het antwoord.

b Wat kan in 1928 de reden geweest zijn om een 'vennootschap onder firma' op te richten?

c Op 6 april 1932 is de vennootschap onder firma omgezet in een naamloze vennootschap. Wat kunnen hiervoor de redenen geweest zijn?

d In 1972 is de naamloze vennootschap omgezet in een besloten vennootschap. Noem een reden die tot dit besluit geleid kan hebben.

e In 1993 is de besloten vennootschap weer omgezet in een naamloze vennootschap. Wat is hiervoor de reden geweest?

f Wat is de rol van de 'Stichting Administratiekantoor Heijmans'?

g Welke rechten hebben de houders van de certificaten van aandelen Heijmans?

VEB op oorlogspad tegen het 'Administratiekantoor'

Van een onzer verslaggevers
AMSTERDAM, vrijdag
Door de invoering van de code-Tabaksblat (een pakket richtlijnen om goed ondernemingsbestuur te bevorderen) is ook de rol van het Administratiekantoor veranderd. Dit typisch Nederlandse vehikel, dat aandelen met stemrecht beheert en certificaten zonder stemrecht uitgeeft, moet het vertrouwen van de certificaathouders genieten en onafhankelijk van de vennootschap opereren. Het bestuur van de 'Stichting Administratiekantoor' (Stak) van uitgeverijconcern De Telegraaf voegde zich gisteren in het rijtje dat tijdens een speciale - door Tabaksblat 'voorgeschreven' - vergadering dit vertrouwen expliciet vraagt. Tevergeefs.

Een meerderheid van de aanwezige certificaathouders bleek geen vertrouwen te hebben in het Stak-bestuur van het uitgeversbedrijf. Die uitkomst had alles te maken met de komst van de Vereniging van Effectenbezitters (VEB), die 12% van de certificaathouders vertegenwoordigde en daarmee het meeste gewicht in de schaal legde. De Amerikaanse vermogensbeheerder Tweedy Brown (6% van de certificaathouders) sprak zijn vertrouwen wél uit. Niet dat de Amerikanen veel ophebben met certificaten, maar, zoals een woordvoerder het uitdrukte: „De realiteit is de realiteit, en daar moeten we ons langzaam en op een redelijke manier uitwerken." VEB-directeur Peter Paul de Vries hield vast aan de harde en principiële lijn, die op 12 januari jl. ook al leidde tot het opzeggen van het vertrouwen in het Stak-bestuur van Wessanen. De weerzin van de VEB tegen certificaten en administratiekantoren dateert al van vóór de periode-Tabaksblat.

Volgens Willem Lammerts van Bueren, voorzitter van de Stak van De Telegraaf, is dit vehikel geen beschermingsconstructie, maar een middel om te voorkomen dat de besluitvorming op de aandeelhoudersvergadering door „absenteïsme" wordt beïnvloed. „Mede dankzij de inspanning van de VEB zit hier 18% van de certificaathouders, maar dat is geen percentage waarvan je zegt: we praten nu met dé aandeelhouder. Wij hebben het gevoel dat wij een goede functie vervullen door te voorkomen dat een toevallige meerderheid op de algemene aandeelhoudersvergadering (ava) de dienst uitmaakt. Het is een noodzakelijk kwaad." ■

Bron: *De Telegraaf*, 4 februari 2005

a Wat is het verband tussen de invoering van de 'Code Tabaksblat' en de strijd tegen 'Administratiekantoren'?

b Wat zijn de taken van de Vereniging van Effectenbezitters (VEB)? Voor het antwoord kun je de website www.veb.net raadplegen.

c Wat is het verschil in zeggenschap tussen 'houders van certificaten van aandelen' en 'aandeelhouders'?

2.3 Zzp'er kan minder vaak fulltime aan de slag

'Zzp'er kan minder vaak fulltime aan de slag'

HOOFDDORP - Het aantal zzp'ers in de zakelijke dienstverlening dat veertig uur per week aan het werk is neemt af. Dat blijkt uit onderzoek van marktonderzoeker ZP Facts.

Parttime
De onderzoekers bekeken ruim 10.000 zzp-contracten en constateerden dat het aantal fulltime-opdrachten afneemt. Driekwart van zelfstandigen zonder personeel zou graag een volle werkweek draaien, maar aan deze behoefte wordt steeds minder vaak voldaan. Vooral de jongere zelfstandige moet het doen met parttimewerk.

Uit het onderzoek blijkt verder dat in bijna alle sectoren minder vaak een fulltimefreelancer wordt ingezet. Alleen in de IT-sector nam het gemiddeld aantal uren toe. In die branche werken zzp'ers met 35 uur per week gemiddeld ook het meest. ■

Bron: *De Telegraaf*, 8 juli 2015

Zzp'er stuwt economie

Anna Mees

AMSTERDAM - Zelfstandigen zonder personeel (zzp'ers) zijn goed voor ruim 10% van de Nederlandse economie. Vorig jaar zetten zij gezamenlijk €62,5 miljard om, meer dan een tiende van het bruto binnenlands product (bbp), dat vorig jaar €613 miljard was.

Dat blijkt uit onderzoek van ZZP Barometer en detacheerder IT-Staffing. Zij noemen dit bedrag het 'Bruto Zzp Product' (bzp) en publiceren dat vandaag voor het eerst.

Initiatiefnemer Jeroen Sakkers: 'Veel mensen hebben het idee dat een zzp'er geen echte ondernemer is, daar zijn wij het niet mee eens. We willen laten zien hoeveel waarde zzp'ers precies toevoegen aan de Nederlandse economie.'

Miljoen zzp'ers
Nederland heeft ruim een miljoen actieve zzp'ers, zo'n 12% van de werkzame beroepsbevolking. Hun gemiddelde jaaromzet was vorig jaar €60.995, hun jaarwinst €36.961, zo blijkt uit het onderzoek dat is gebaseerd op een online enquête. Verdeeld over zeven sectoren vulden 1.496 zzp'ers de enquête in. ■

Bron: *De Telegraaf*, 4 augustus 2015

a Wat is een zzp'er?
b Wat is het voordeel van het gebruikmaken van zzp'ers voor een onderneming?
c Welke ondernemingsvorm zullen zzp'ers veelal kiezen? Motiveer je antwoord.
d Zal er in tijden van een economische recessie meer of juist minder gebruik worden gemaakt van zzp'ers? Motiveer je antwoord.
e Waarom zouden veel mensen denken dat een zzp'er geen echte ondernemer is?

2.4 De firmanten Jan en Toon (twee broers, beiden hebben geen partner) hebben samen een onderneming met de rechtsvorm van vennootschap onder firma (vof). De zaken gaan al een tijdje slecht en de schuldeisers hebben het faillissement aangevraagd. Bij het faillissement van de onderneming bleek dat de schulden van de vof €100.000 hoger zijn dan de bezittingen van de vof. Het privévermogen van Jan bedraagt €80.000 en het privévermogen van Toon bedraagt €30.000.

a Bereken het bedrag dat de schuldeisers kunnen eisen van Jan.
b Bereken het bedrag dat de schuldeisers kunnen eisen van Toon.

2.5 De firmanten Piet en Klaas Jansen hebben een gezamenlijke bakkerij onder de naam Bakkerij Jansen vof. De resultaten van de vof zijn al jaren negatief. Dit heeft geleid tot een uitholling van het eigen vermogen en een toename van het vreemd vermogen. Omdat de verschaffers van het vreemd vermogen de toekomst voor Bakkerij Jansen vof somber inzien, hebben ze het faillissement van de onderneming aangevraagd. De curator die belast is met de afwikkeling van het faillissement, schat de liquidatiewaarde van de activa van Bakkerij Jansen vof op €100.000. De totale schulden van de vof bedragen €300.000. Op grond van deze gegevens is de volgende liquidatiebalans opgesteld:

Liquidatiebalans Bakkerij Jansen vof

Bezittingen	€ 100.000	Vreemd vermogen	€ 300.000
		Eigen vermogen (negatief)	– € 200.000
Totaal activa	€ 100.000	Totaal vermogen	€ 100.000

De curator heeft ook de privésituatie van de firmanten onderzocht. Dat heeft de volgende resultaten opgeleverd:

Privé Piet Jansen

Waarde woonhuis	€ 300.000	Hypothecaire lening woonhuis	€ 200.000
Spaartegoeden	- 50.000	Privévermogen	- 170.000
Waarde roerende zaken	- 20.000		
Totaal bezittingen	€ 370.000	Totaal vermogen	€ 370.000

Privé Klaas Jansen

Spaartegoeden	€ 10.000	Schuld rekening-courant	€ 15.000
Waarde roerende zaken	- 40.000	Privévermogen	- 35.000
Totaal bezittingen	€ 50.000	Totaal vermogen	€ 50.000

a Wat houdt hoofdelijk aansprakelijk voor de firmanten van een vof in?
b Bereken welk bedrag van de schuld van de vof door Piet en welk bedrag door Klaas Jansen moet worden betaald.

2.6 Groothandel Jumbo is gespecialiseerd in kantoorartikelen. De heer Jacobs is eigenaar en tevens enige directeur van Jumbo. De omzet van de onderneming bedraagt €2,4 mln per jaar. Alle kosten (met uitzondering van de beloning voor de directeur-eigenaar) bedragen €1,7 mln per jaar. Op dit moment heeft de groothandel de juridische vorm van een eenmanszaak. De heer

Jacobs overweegt echter de eenmanszaak in een bv om te zetten. Bij omzetting van de eenmanszaak in een bv wordt aan Jacobs als directeur-grootaandeelhouder (dga) een salaris toegekend van €50.000. Over dit salaris moet 32% aan sociale lasten worden betaald. Jacobs keert de winst na aftrek van vennootschapsbelasting volledig als dividend aan zichzelf uit. De dividenden die de dga ontvangt, zijn inkomsten uit een aanmerkelijk belang en vallen in box 2. Een dga heeft een aanmerkelijk belang als de dga (samen met zijn of haar fiscale partner) minimaal 5% van de aandelen van de bv bezit. De vennootschapsbelasting bedraagt 20% over een winst tot en met €200.000 en over het gedeelte van de winst boven €200.000 is 25% vennootschapsbelasting verschuldigd.

De inkomstenbelasting is opgesplitst in drie boxen, waarvan in deze opgave alleen de boxen 1 en 2 van toepassing zijn.

Box 1
De zelfstandigenaftrek bedraagt €7.280
De belastingtarieven gespecificeerd per schijf worden in de volgende tabel weergegeven.

Tarieven voor de inkomstenbelasting

Schijf		Tarief
€0	t/m €19.822	36,5%
€19.823	t/m €33.589	42%
€33.590	t/m €57.585	42%
€57.586	en meer	52%

Box 2
In box 2 wordt 25% inkomstenbelasting geheven over dividendinkomsten uit een aanmerkelijk belang en over de vervreemdingswinst bij verkoop van de aandelen.

NB We houden alleen rekening met de gegevens die in deze opgave staan vermeld. De belastingtarieven gelden voor 2015.

a Maak een berekening van de in totaal te betalen belasting ingeval:
1 de eenmanszaak wordt gehandhaafd;
2 de eenmanszaak in een bv wordt omgezet.
b Bij een nv of bv kan er sprake zijn van dubbele belastingheffing. Leg uit wat wordt bedoeld met dubbele belastingheffing.

2.7 Bertus Haafkens is onder de naam 'Terminus Transport' als zzp'er actief in het internationale vrachtvervoer over de weg. Bertus heeft een eigen vrachtwagen (een MAN-vrachtwagen met aanhanger) waarmee hij dagelijks op weg is. Samen met zijn vrouw doet hij de administratie, waaraan we de volgende gegevens ontlenen. Over het jaar 2015 bedraagt de omzet €210.000 en de totale kosten €140.000 (waarin geen beloning is opgenomen voor Bertus en zijn vrouw). 'Terminus Transport' heeft de rechtsvorm van eenmanszaak. Bertus en zijn vrouw overwegen de eenmanszaak om te zetten in

een bv. Maar voordat ze een beslissing nemen, willen ze weten welke fiscale gevolgen dat heeft.
Als de eenmanszaak in een bv wordt omgezet, wordt aan Bertus als dga een salaris toegekend van €50.000. Daarover moet ook nog eens 30% sociale lasten worden betaald. We veronderstellen dat aan zijn vrouw geen beloning wordt toegekend (we houden geen rekening met de fiscale gevolgen van het feit dat zijn vrouw hem helpt bij de administratie). De winst na belasting wordt onmiddellijk en volledig aan de dga uitgekeerd. Deze winstuitkering is inkomen uit aanmerkelijk belang en wordt belast op basis van box 2. De vennootschapsbelasting bedraagt 20% over een winst tot en met €200.000 en 25% over het gedeelte van de winst boven €200.000.

De inkomstenbelasting is opgesplitst in drie boxen waarvan in deze opgave alleen de boxen 1 en 2 van toepassing zijn.

Box 1
De zelfstandigenaftrek bedraagt €7.280.
De belastingtarieven voor de inkomstenbelasting zijn in schijven opgesplitst:

Tarieven voor de inkomstenbelasting

Schijf		Tarief
€0	t/m €19.822	36,5%
€19.823	t/m €33.589	42%
€33.590	t/m €57.585	42%
€57.586	en meer	52%

Box 2
In box 2 wordt 25% inkomstenbelasting geheven over dividendinkomsten uit een aanmerkelijk belang.

We houden alleen rekening met de gegevens die in deze opgave zijn vermeld. De belastingtarieven gelden voor 2015.

a Maak een berekening van de in totaal te betalen belastingen in geval van
1 een eenmanszaak;
2 een bv.
b Bij een bv is er sprake van dubbele belastingheffing. Leg uit wat daarmee wordt bedoeld.
c Bij deze vraag veronderstellen we dat over het salaris van de dga geen sociale lasten betaald hoeven te worden (sociale lasten = 0%).
1 Maak een berekening van de in totaal te betalen belastingen in geval van bv.
2 Welke rechtsvorm heeft nu vanuit fiscaal (belastingtechnisch) oogpunt de voorkeur?
d Welke andere factoren naast de fiscale aspecten spelen een rol bij de keuze van de rechtsvorm van een onderneming?

3 Ondernemingsplan

3.1 VDL Nedcar wil snel uitbreiden

VDL Nedcar wil snel uitbreiden

Nieuwe opdrachtgevers melden zich en dus wil de Limburgse autofabrikant snel meer ruimte. Gemeente en provincie laten onderzoeken waar die kan worden gevonden.

Van onze verslaggever
Gerard Reijn

Amsterdam – Autofabriek Nedcar in Born, Limburg, bereidt zich voor op een snelle uitbreiding. De VDL Groep, die sinds midden vorig jaar eigenaar is van de fabriek, dringt er bij de gemeente Sittard-Geleen, waar de fabriek staat, en bij de provincie Limburg op aan haast te maken met planologische procedures die nodig zijn voor uitbreiding van de fabriek.

Concrete bouwplannen heeft het bedrijf nog niet, maar VDL Groep zegt in onderhandeling te zijn met diverse autofabrikanten. Welke dat zijn, wil het niet kwijt. 'We zijn een onafhankelijke autofabrikant en we willen liefst meerdere opdrachtgevers hebben', zegt een woordvoerder van Nedcar. In het verleden heeft het bedrijf wel vaker voor meerdere opdrachtgevers tegelijk gewerkt: voor Volvo en Mitsubishi, en later voor Mercedes (Smart) en Mitsubishi.

Het lijkt niet nodig om gemeente en provincie tot spoed aan te manen. Die overheden hebben al consultantbureau Buck opdracht gegeven tot een studie naar de mogelijke uitbreiding van de fabriek. Deze week werd het rapport gepubliceerd. Conclusie: mogelijk al in 2019 moet een stuk grond waar nu nog landbouw wordt bedreven worden bebouwd met een nieuwe lasstraat voor Nedcar. Een ander gebied, waar nu ten dele nog bos op staat, zou na 2020 mogelijk ook bij Nedcar moeten worden getrokken. Buck pleit er ook voor om een spoorlijn voor te bereiden naar het fabrieksterrein. Voor het geval Nedcar klanten krijgt die graag hun auto's per trein willen vervoeren.

Buck stelt dat die lijn door overheden moet worden betaald, want Nedcar kan hem zelf nooit terugverdienen.

Bij de presentatie van het rapport van Buck zei wethouder Pieter Meekels van Sittard-Geleen, de gemeente waartoe Born behoort, dat hij nooit meer de onzekerheid wil meemaken waarin Nedcar verzeild raakte toen opdrachtgever Mitsubishi er niet meer mee verder wilde. Het ziet er dus naar uit dat de gemeente inderdaad naarstig zal meewerken om uitbreidingsplannen van de fabriek snel te kunnen behandelen. Maar besluiten daarover zijn volgens de woordvoerder van de gemeente nog niet genomen.

Wethouder wil dat Nedcar niet meer in grote onzekerheid komt te verkeren

Nedcar, dat ooit was begonnen als de producent van de befaamde DAF 33, leek in 2013 zijn ondergang tegemoet te gaan omdat toenmalig eigenaar Mitsubishi er niet mee verder wilde. Destijds werkten er 1.500 mensen. De VDL Groep bracht redding. Die nam de fabriek over en strikte BMW als eerste klant. Inmiddels werken er alweer 2.300 mensen.

Vorig jaar boekte Nedcar een omzet van 767 miljoen euro, tegen 94 miljoen in 2013. De winst bedroeg 4,3 miljoen. Daarmee levert Nedcar een flinke bijdrage aan de 2,3 miljard omzet van VDL.

Vorige week werd ook bekend dat DAF, de truckfabrikant in Eindhoven, de productie gaat opvoeren. Dat bedrijf heeft in korte tijd driehonderd man aangenomen en zijn productie opgevoerd van 140 naar 200 trucks per dag. ■

Bron: *de Volkskrant*, 25 juni 2015

- **a** In welke fase(n) van het bestaan van een onderneming is het vooral belangrijk een ondernemingsplan te maken?
- **b** Uit welke onderdelen bestaat een ondernemingsplan?
- **c** De VDL Groep overweegt de productiecapaciteit van haar vestiging in Born uit te breiden. Met welke aspecten moet VDL daarbij rekening houden? Lees voor de beantwoording eerst het artikel aandachtig door.
- **d** Wat kan voor de overheid een reden zijn om een spoorlijn speciaal voor Nedcar aan te leggen?
- **e** Waarom is het belangrijk dat Nedcar voor verschillende opdrachtgevers gaat werken?

f Noem enkele belangrijke verschillen tussen autofabrikant BMW en de VDL Groep die ook de Mini produceert (de Mini is een auto van het BMW-concern).

g Waarom zou BMW de productie van Mini's uitbesteden aan de VDL Groep?

h Waarop zal autofabrikant BMW goed gelet hebben bij het uitbesteden van de productie van Mini's aan de VDL Groep?

3.2 Handelsonderneming Euromix bv wil een nieuwe vestiging in Nederland openen. Van een projectontwikkelaar is een stuk industrieterrein gekocht voor €400.000. Op dit terrein wordt een pand gerealiseerd, dat €600.000 kost. De kosten voor technische installaties worden geschat op €140.000, terwijl aan inventaris €100.000 zal worden besteed. In voorraden zal €300.000 worden geïnvesteerd.
Alle hiervoor genoemde bedragen zijn exclusief 21% btw.
Euromix bv denkt voor haar vestiging in Nederland €40.000 aan liquide middelen nodig te hebben.

a Stel de investeringsbegroting (het in totaal te investeren bedrag) voor de Nederlandse vestiging van Euromix bv op.

b Maak een voorstel voor de financiering van de Nederlandse vestiging van Euromix bv. Verdeel het vermogen in eigen en vreemd vermogen en splits het vreemd vermogen op in lang en kort vreemd vermogen. Geef een motivatie bij de gemaakte keuzes.

Ga bij de financiering van de onderneming uit van de volgende randvoorwaarden/gegevens:

- Het eigen vermogen moet minimaal 25% van het totale vermogen bedragen. We veronderstellen dat het eigen vermogen beschikbaar is in de vorm van aandelenvermogen.
- Er wordt een hypothecaire lening afgesloten, waarvan de omvang 70% bedraagt van de aanschafwaarde (exclusief btw) van het pand, inclusief de grond.
- Naast de hypothecaire lening is de bank bereid een lening te verstrekken van maximaal €100.000.
- Van de voorraden wordt 60% op rekening gekocht.
- Met de bank is afgesproken dat het kredietplafond van de rekening-courant €500.000 bedraagt.

c Stel de beginbalans op voor de Nederlandse vestiging van Euromix bv. Ga daarbij uit van de antwoorden op de vragen **a** en **b** en de genoemde randvoorwaarden.

3.3 Jansen en Tilanus starten een handel in merkkleding met de rechtsvorm van besloten vennootschap (Jansen & Tilanus bv). Het bedrijfspand dat ze op het oog hebben, kunnen ze kopen voor €1,2 mln. Voor de aanschaf van kantoormeubilair en magazijninrichting (inventaris) hebben ze €400.000 nodig. Jansen & Tilanus bv koopt bij de start van de onderneming €330.000 aan merkkleding in. De leveranciers van de merkkleding eisen dat 70% van hun leveringen direct wordt betaald en zijn bereid voor de rest leverancierskrediet te verstrekken. De bank is bereid voor de financiering van het bedrijfspand een hypothecaire lening met een looptijd van 20 jaar te verstrekken. De omvang van de hypothecaire lening bedraagt 75% van de aankoopwaarde van het bedrijfspand. De rente op de hypothecaire lening bedraagt 6%. Voor de financiering van de inventaris sluit de bv een banklening af met een looptijd van tien jaar tegen een rente van 8%. De omvang van de banklening is gelijk aan 80% van de aanschafwaarde van de inventaris. Daarnaast krijgt de onderneming de beschikking over een rekening-courantkrediet tot maximaal €120.000. De rente op de rekening-courant bedraagt 10%. Jansen en Tilanus stellen ieder €250.000 in de vorm van eigen vermogen (aandelenvermogen) aan de bv beschikbaar. Voor de betaling van kleine leveringen heeft de bv steeds €3.000 in Kas. Met btw houden we geen rekening.

Stel de openingsbalans van Jansen & Tilanus bv op, waarbij de bv een zo laag mogelijk saldo op de rekening-courant heeft.

3.4 Vier studenten van de hts Autotechniek (die net zijn afgestudeerd) hebben een nieuw brandstofinjectiesysteem bedacht en ontwikkeld om kleine benzinemotoren 25% zuiniger te laten lopen. Ze hebben besloten dit systeem in productie te gaan nemen en daarvoor per 1 januari 2016 een nieuwe onderneming op te gaan richten: Fuel Savers. Ze gaan daarvoor per 1 januari 2016 een productiehal op een industrieterrein *huren*. De onderhandelingen daarover zijn onlangs afgerond en daarbij is het volgende overeengekomen: de huur bedraagt €20.000 per maand en moet aan het einde van iedere maand worden betaald. De looptijd van het huurcontract bedraagt vijf jaar. Daarnaast moet Fuel Savers bij het tekenen van het huurcontract (bij de start van de onderneming) een waarborgsom van €40.000 betalen. Dit bedrag wordt aan het einde van het huurcontract terugontvangen.

Voor de opzet van het productieapparaat worden door Fuel Savers de volgende activa gekocht (bedragen exclusief btw):

Machines	€ 300.000
Inventaris	€ 200.000
Transportmiddelen	€ 60.000
Voorraad onderdelen	€ 120.000

Van de voorraad onderdelen hoeft slechts 40% contant te worden betaald. De resterende 60% moet een maand na de aankoop (de aankoop van de onderdelen is op 1 januari 2016) worden betaald.

Over de hiervoor genoemde (vier) activa moet bij aanschaf (op 1 januari 2016) 21% btw worden betaald. Deze btw wordt drie maanden na de start van de onderneming weer van de belastingdienst terugontvangen.
Bij de start van de onderneming wil Fuel Savers een bedrag van €10.000 in kas hebben.

De vier hts'ers hebben een marktonderzoek laten verrichten om de behoefte aan hun nieuwe brandstofsysteem te peilen. Verschillende producenten van kleine benzinemotoren hebben interesse getoond, maar er zijn nog geen contracten getekend. De jonge ondernemers zijn ervan overtuigd dan hun uitvinding een succes gaat worden, maar zekerheid daarover hebben ze niet. De tijd zal het uitwijzen. Een van de ouders van de vier hts'ers zit aardig in de slappe was en is bereid €150.000 aan de onderneming beschikbaar te stellen in de vorm van eigen vermogen.

a Stel de investeringbegroting op voor Fuel Savers per 1 januari 2016. Geef de activa met bijbehorende bedragen afzonderlijk weer en bereken de totale vermogensbehoefte.

b Een van de mogelijkheden om in (een gedeelte van) de vermogensbehoefte te voorzien, is het aantrekken van een rekening-courantkrediet. Stel dat je de financieel manager van Fuel Savers bent. Welk bedrag aan rekening-courantkrediet zou je voor Fuel Savers aantrekken? Geef een korte toelichting bij je keuze van het bedrag.

c De jonge ondernemers zitten nog te dubben over de rechtsvorm die ze voor hun onderneming zullen kiezen. Ze vragen jou om een advies. Daarbij moet je alleen letten op de aspecten risico en aansprakelijkheid. Geef gemotiveerd aan welke rechtsvorm je zou adviseren voor Fuel Savers.

3.5 Air France schrapt onrendabele vluchten

Air France schrapt onrendabele vluchten

Van onze redacteur
Amsterdam

Air France schrapt een aantal vluchten als onderdeel van een reeks aan kostenbesparende maatregelen. De omzet van het bedrijf staat nog steeds zwaar onder druk. Met ingang van komende winter stopt de luchtvaartmaatschappij met de verlieslatende routes naar Stavanger, Verona, Vigo en Kuala Lumpur. Dat meldt moederbedrijf Air France-KLM maandag.

Er worden meer kostenbesparingen doorgevoerd. Op de route naar Japan, Brazilië en Rusland gaat de frequentie van de vluchten omlaag. Het is ook mogelijk dat kleinere vliegtuigen op deze routes worden ingezet.

Verder kijkt Air France naar een reductie van de vloot aan vliegtuigen. Zo wordt een vervroegd afscheid van een Airbus A340 overwogen en wordt onderzoek uitgevoerd naar meerdere scenario's om de levering van vliegtuigen voor de lange afstand, waaronder de Airbus A350 en de Boeing 787, uit te stellen.

De nieuwe maatregelen leveren volgens het moederbedrijf Air France-KLM €80 mln aan kostenbesparingen op. Het Frans-Nederlandse bedrijf kampt al langer met tegenvallende vervoercijfers. Het ondervindt onder meer flinke concurrentie van budgetvliegers als EasyJet en Ryanair. Maar ook van maatschappijen uit het Midden-Oosten, die marktaandeel winnen, heeft Air France-KLM hinder.

Over geheel 2014 boekte Air France-KLM een verlies van €198 mln. Zonder de veertien dagen durende staking van Air France-piloten in september vorig jaar, die volgens het bedrijf €425 mln kostte, zou er sprake zijn geweest van een nettowinst.

De kostenbesparingen zijn ook nodig vanwege de zware schuldenlast. De afbouw van de nettoschuld heeft Air France-KLM als een van de speerpunten gemaakt van zijn beleid. En die afbouw liep vorig jaar vertraging op vanwege de pilotenstaking. ■

Bron: *Het Financieele Dagblad*, 16 juni 2015

a Voor welke onderdelen uit het ondernemingsplan hebben de door Air France aangekondigde maatregelen gevolgen? Geef daarbij duidelijk aan op welk financieel overzicht er welke post zal toe- of afnemen.

b Leg uit welke invloed het verlagen van de frequentie op bepaalde routes heeft voor de bezettingsgraad van de vliegtuigen op die routes.

c Welke (externe) factoren die van invloed zijn op de financiële resultaten van Air France-KLM, komen in het artikel aan de orde?

3.6 De debiteurenadministratie van onderneming Prospect bv maakt regelmatig een overzicht van de bedragen die de onderneming van haar debiteuren ontvangt. Alle verkopen vinden op rekening plaats, waarbij de afnemers een krediet van twee maanden ontvangen. Alle debiteuren maken daarvan volledig gebruik.

Overzicht van de verkopen per maand

Maand	Verkopen op rekening (in euro's)	Maand	Verkopen op rekening (in euro's)
Oktober 2015	100.000	Juli 2016	140.000
November 2015	106.000	Augustus 2016	150.000
December 2015	131.000	September 2016	110.000
Januari 2016	118.000	Oktober 2016	116.000
Februari 2016	114.000	November 2016	102.000
Maart 2016	90.000	December 2016	136.000
April 2016	80.000	Januari 2017	122.000
Mei 2016	85.000	Februari 2017	119.000
Juni 2016	120.000	Maart 2017	124.000

Bereken voor het 1e, 2e, 3e en 4e kwartaal van 2016 afzonderlijk de geldontvangsten van debiteuren. Met btw houden we geen rekening.

3.7 De debiteurenadministratie van onderneming Weghorst bv maakt regelmatig een overzicht van de bedragen die de onderneming van haar debiteuren ontvangt. Van alle verkopen vindt 60% op rekening plaats, waarbij de afnemers een krediet van één maand ontvangen. Alle debiteuren maken daarvan volledig gebruik.
40% van de verkopen wordt contant betaald.

Overzicht van de verkopen per kwartaal

Kwartaal	**Verkopen** (in euro's)
4e kwartaal 2015	300.000
1e kwartaal 2016	270.000
2e kwartaal 2016	360.000
3e kwartaal 2016	330.000
4e kwartaal 2016	420.000
1e kwartaal 2017	390.000

Binnen ieder kwartaal vinden de verkopen gelijkmatig plaats.
Met btw houden we geen rekening.

Bereken voor het 1e, 2e, 3e en 4e kwartaal van 2016 afzonderlijk de geldontvangsten in verband met de verkopen (som van de contante verkopen en geldontvangsten van debiteuren).

3.8 U Transportonderneming Eurotrans bv maakt voor ieder jaar een liquiditeitsbegroting die per kwartaal is gespecificeerd. Alle transporten worden achteraf in rekening gebracht en betaald. De financieel directeur van Eurotrans bv heeft de volgende gegevens verzameld, die deels op schattingen zijn gebaseerd.

Verwachte ontvangsten van debiteuren:
1e kwartaal €251.000
2e kwartaal €285.000
3e kwartaal €222.000
4e kwartaal €227.000

Verwachte betalingen aan crediteuren:
1e kwartaal €174.000
2e kwartaal €215.000
3e kwartaal €202.000
4e kwartaal €162.000

- Iedere maand wordt €6.000 aan brutolonen uitbetaald. Daarnaast wordt maandelijks 40% sociale lasten over de brutolonen betaald.
- Het vakantiegeld bedraagt 7,5% van het brutoloon en wordt in de maand mei uitbetaald.
- In mei wordt €52.000 vennootschapsbelasting betaald, terwijl in juli €40.000 winst wordt uitbetaald.
- In maart wordt een vrachtauto aangeschaft voor €50.000, waarvan 70% in maart wordt betaald en de rest in juli. Iedere maand wordt op de vrachtauto €500 afgeschreven.
- Iedere maand wordt €1.000 afgelost op het vreemd vermogen, terwijl maandelijks €400 interest wordt betaald.
- De overige bedrijfskosten bedragen €2.000 per maand en worden maandelijks betaald.
- Aan het begin van het jaar bedraagt het saldo liquide middelen €90.000.
- Met btw houden we geen rekening.

a Stel de liquiditeitsbegroting op over een jaar, die per kwartaal gespecificeerd is.
b In welk kwartaal zouden er liquiditeitsproblemen kunnen optreden? Geef daarvoor een verklaring.
c Wat verstaan we onder secundaire geldstromen?
d Geef met betrekking tot een volledig jaar een berekening van de:
1 uitgaande primaire geldstromen;
2 ingaande primaire geldstromen;
3 uitgaande secundaire geldstromen;
4 ingaande secundaire geldstromen.

3.9 Elektriciteitsmaatschappij Elektrex bv maakt voor ieder jaar een liquiditeitsbegroting die per kwartaal is gespecificeerd. Het verbruik van elektriciteit wordt achteraf in rekening gebracht en betaald. De financieel directeur van Elektrex bv heeft de volgende gegevens verzameld, die deels op schattingen berusten.

Verwachte ontvangsten van debiteuren:
1e kwartaal €431.000
2e kwartaal €384.000
3e kwartaal €320.000
4e kwartaal €460.000

Verwachte betalingen aan crediteuren:

1e kwartaal	€160.000
2e kwartaal	€115.000
3e kwartaal	€102.000
4e kwartaal	€179.000

- Iedere maand wordt €20.000 aan brutolonen uitbetaald. Daarnaast wordt maandelijks 35% sociale lasten over de brutolonen én het vakantiegeld betaald. Met ingang van 1 juli wordt een algemene loonstijging van 3% toegepast.
- Het vakantiegeld bedraagt 8% van het brutoloon (op basis van het loonniveau op 1 januari van ieder jaar) en wordt in de maand juni uitbetaald.
- In maart wordt €100.000 vennootschapsbelasting betaald, terwijl in augustus €160.000 winst wordt uitbetaald.
- In maart wordt een transformator aangeschaft voor €500.000, waarvan 70% in maart wordt betaald en de rest in september, nadat de transformator is geïnstalleerd. Iedere maand wordt op de transformator en overige vaste activa €50.000 afgeschreven.
- Ieder kwartaal wordt €30.000 afgelost op het vreemd vermogen, terwijl maandelijks €1.250 interest wordt betaald.
- De overige bedrijfskosten bedragen €10.000 per maand en worden maandelijks betaald.
- Aan het begin van het jaar bedraagt het saldo kas €120.000, terwijl het rekening-courantkrediet op dat moment nihil is. Met de bank is een kredietplafond voor het rekening-courantkrediet afgesproken van €350.000.
- Het saldo kas moet aan het begin van het 2e, 3e en 4e kwartaal exact €60.000 bedragen. Eventuele liquiditeitstekorten of -overschotten worden verrekend via het rekening-courantkrediet.
- Onder liquide middelen verstaan we kas én rekening-courant.
- Met btw houden we geen rekening.

a Stel de liquiditeitsbegroting op over een jaar, die per kwartaal gespecificeerd is.

b In welk kwartaal zouden er liquiditeitsproblemen kunnen optreden? Hoe denk je dit liquiditeitsprobleem op te lossen?

c Wat verstaan we onder primaire geldstromen?

d Geef met betrekking tot een volledig jaar een berekening van de:

1 uitgaande primaire geldstromen;
2 ingaande primaire geldstromen;
3 uitgaande secundaire geldstromen;
4 ingaande secundaire geldstromen.

3.10 Van onderneming Bobbistar bv zijn in de volgende tabel de in- en verkopen (inclusief 21% btw) gegeven:

In- en verkopen Bobbistar bv (bedragen in euro's)

	Inkopen	Verkopen
3e kwartaal 2015	133.100	205.700
4e kwartaal 2015	139.150	211.750
1e kwartaal 2016	145.200	217.800
2e kwartaal 2016	157.300	254.100
3e kwartaal 2016	108.900	242.000
4e kwartaal 2016	181.500	229.900
1e kwartaal 2017	169.400	193.600
2e kwartaal 2017	96.800	248.050

De gelduitgaven en geldontvangsten in verband met de inkopen en verkopen, vinden plaats in het kwartaal dat volgt op de inkoop of de verkoop. De btw wordt met de belastingdienst verrekend in het kwartaal dat volgt op het kwartaal waarin de gelduitgave in verband met de inkoop of geldontvangst in verband met de verkoop heeft plaatsgevonden.

a Bereken voor het jaar 2016 (per kwartaal gespecificeerd) de gelduitgaven in verband met:
1 de betaling van de inkopen;
2 de aan de belastingdienst afgedragen btw over de verkopen.
b Bereken voor het jaar 2016 (per kwartaal gespecificeerd) de geldontvangsten in verband met:
1 de verkopen;
2 de van de belastingdienst terugontvangen btw over de inkopen.

3.11 Handelsonderneming Detail bv maakt voor ieder jaar een resultatenbegroting die per kwartaal is gespecificeerd. De manager van Detail bv heeft de volgende gegevens verzameld, die deels op schattingen zijn gebaseerd.

Geschatte verkopen exclusief btw (omzet):

1e kwartaal	€320.000
2e kwartaal	€260.000
3e kwartaal	€230.000
4e kwartaal	€270.000

De brutowinst bedraagt 25% van de omzet. Iedere maand wordt €4.000 aan brutolonen uitbetaald. Daarnaast wordt maandelijks 30% sociale lasten over de brutolonen én het vakantiegeld betaald.
Het vakantiegeld bedraagt 8% van het brutoloon en wordt in de maand juni uitbetaald.
Iedere maand wordt op de inventaris €300 afgeschreven.
Iedere maand wordt €200 interest betaald.
De overige bedrijfskosten bedragen €1.000 per maand en worden maandelijks betaald.

Stel de begrote winst- en verliesrekening op over een jaar, die per kwartaal is gespecificeerd.

3.12 Een verkoper van snacks wil tijdens Sail Amsterdam in een kraam hamburgers gaan verkopen. Twee weken voor het begin van Sail Amsterdam maakt
U de hamburgerverkoper de volgende schattingen:

- Aantal bezoekers aan Sail Amsterdam: gemiddeld 25.000 per dag (Sail Amsterdam duurt zes dagen).
- 2% van het aantal bezoekers wil dagelijks bij hem hamburgers kopen.
- De verkoopprijs van een hamburger tijdens Sail Amsterdam bedraagt €2,50.
- De huur van de kraam inclusief standplaats tijdens Sail Amsterdam is €300 per dag (contant vooruit te betalen).
- De inkoopprijs van de hamburgers is €0,50 per hamburger (per kas te betalen).

Met btw houden we geen rekening.

a Bereken het resultaat dat de hamburgerverkoper tijdens Sail Amsterdam verwacht te behalen. Deze berekening vindt twee weken voor Sail Amsterdam plaats.

In het weekend voorafgaand aan Sail Amsterdam blijkt dat de weersverwachtingen zeer gunstig zijn, waardoor een groot aantal toeschouwers wordt verwacht. De hamburgerverkoper besluit om in de week die voorafgaat aan Sail Amsterdam 4.000 hamburgers in te kopen. In diezelfde week leent hij bij de bank €4.000.

b Bereken de verandering in de kas in de week die voorafgaat aan Sail Amsterdam.

Tijdens Sail Amsterdam worden 3.400 hamburgers verkocht.

c Bereken de verandering in de liquide middelen tijdens Sail Amsterdam (die zes dagen duurt).

d Bereken het resultaat over de zes dagen dat Sail Amsterdam duurt.

e Stel de balans op aan het einde van Sail Amsterdam (aan het einde van de laatste dag).

In de week na Sail Amsterdam worden de overgebleven hamburgers (600 stuks) verkocht aan dierentuin Artis. De verkoopprijs van deze hamburgers bedraagt €0,10 per stuk. In de week na Sail Amsterdam wordt ook de lening afgelost. Bovendien wordt €20 aan rente- en bankkosten betaald en worden de kosten in verband met het bereiden van de hamburgers (€800) betaald. De kosten die in de vorige zin staan vermeld, rekenen we toe aan de week na Sail Amsterdam.

f Bereken de verandering in de kas in de week na Sail Amsterdam.

g Bereken het resultaat dat wordt behaald in de week na Sail Amsterdam.

h Stel de balans op aan het einde van de week na Sail Amsterdam (nadat alle hiervoor genoemde transacties zijn afgewikkeld).

3.13 Van uitzendorganisatie Intermediair bv is de volgende balans per 31 december 2016 gegeven:

Balans per 31 december 2016 van Intermediair bv (bedragen in euro's)

Activa			*Eigen en vreemd vermogen*	
Debiteuren		142.800	Eigen vermogen:	
Kantoorinventaris	20.000		Aandelenkapitaal	40.000
	4.000–		Winstsaldo	154.164
		16.000		
Computer	7.500		Vreemd vermogen	
	2.500–		Lening o/g	36.000
		5.000	Te betalen premies soc.verz.	21.168
Kas		1.000	Crediteuren	6.500
Rekening-courant		115.832	Te betalen btw	22.800
Totaal activa		280.632	Totaal vermogen	280.632

Intermediair bv maakt ieder maand een nieuwe liquiditeitsbegroting voor de daaropvolgende drie maanden, die per maand is gespecificeerd.

Voor het opstellen van de liquiditeitsbegroting voor het eerste kwartaal van 2017 gaan we uit van de volgende basisgegevens:

- De verwachte omzet (exclusief btw) over het eerste kwartaal 2017 bedraagt €400.000, die als volgt over de maanden januari, februari en maart verdeeld is: 23%, 35% en 42%. Voor de eenvoud veronderstellen we dat de omvang en het patroon van de omzet van Intermediair bv ieder kwartaal gelijk zijn. De bedrijven betalen de detacheringsvergoeding met één maand vertraging. In maand december 2016 bedroeg de omzet €120.000.
- De gelduitgaven in verband met brutolonen bedragen 60% van de omzet en worden betaald in dezelfde maand waarin de omzet wordt gerealiseerd.
- Het salaris (brutoloon) van de directeur is €48.000 per jaar en wordt maandelijks uitbetaald. In 2016 verdiende de directeur €3.600 per maand.
- De betaling van de sociale lasten, die in 2017 30% van het brutoloon bedragen, vindt plaats een maand nadat het brutoloon is uitbetaald. In 2016 bedragen de sociale lasten 28% van het brutoloon.
- Over de omzet wordt 21% btw in rekening gebracht. Intermediair bv moet deze btw afdragen in dezelfde maand waarin de factuur door de afnemer wordt betaald.
- Met terug te vorderen btw in verband met inkopen houden we geen rekening.
- Aan kilometervergoedingen wordt €9.000 per jaar uitbetaald, deze gelduitgaven zijn gelijkmatig over het jaar verdeeld.
- De huur van het bedrijfsgebouw wordt maandelijks betaald en bedraagt €850 per maand.
- Voor kantoorbenodigdheden, porti en telefoon wordt maandelijks €1.700 betaald.
- De kosten voor de accountant en ander externe adviseurs bedragen €600 per maand en worden aan het einde van ieder kwartaal betaald.
- De gelduitgaven in verband met verzekeringen bedragen €440 per maand.

- De advertentiekosten, die €30.000 per jaar bedragen, worden gelijkmatig in de tijd uitgegeven.
- Aan het einde van iedere maand moet het saldo Kasgeld exact €1.000 bedragen. Een overschot aan kasmiddelen wordt ten gunste van het rekening-courantkrediet geboekt. Een eventueel tekort wordt aangevuld ten laste van het rekening-courantkrediet.
- In januari 2017 moet €50.000 vennootschapsbelasting worden betaald en nieuwe kantoorinventaris aangeschaft en betaald voor €30.000
- Op de inventaris wordt per jaar €6.000 afgeschreven en op de computer €2.500.
- In januari 2017 wordt €40.000 winst uitgekeerd.
- Met interest over rekening-courant houden we geen rekening.
- Op 1 januari 2017 bedraagt het tegoed in rekening-courant €115.832 (zie balans 31 december 2016).
- De rentevergoeding over de lening o.g. (opgenomen geld) bedraagt €250 per kwartaal, te voldoen aan het einde van ieder kwartaal. Op de lening o.g. wordt aan het einde van ieder kwartaal €1.000 afgelost.
- Voor de eenvoud veronderstellen we dat in 2017 geen betalingen aan Crediteuren plaatsvinden en dat er ook geen toename in de Crediteuren optreedt.

a Stel de liquiditeitsbegroting over het eerste kwartaal 2017 op, per maand gespecificeerd. Stel daarbij ook het verloop van het rekening-courantkrediet op.
b Stel de begrote winst- en verliesrekening over 2017 op.
c Uit welke drie onderdelen bestaat het financieel plan van een ondernemingsplan?
d In welke situatie kan een ondernemingsplan worden opgesteld?
e Welke rol speelt het ondernemingsplan bij de beoordeling van de aanvraag van een bankfinanciering door een startende onderneming?
f Welke gevolgen hebben de betaalde btw en de ontvangen btw op de winst- en verliesrekening van een onderneming?

***3.14** Bram Bouma heeft van 2005 tot en met 2011 architectuur gestudeerd aan de Technische Universiteit in Delft. Na zijn afstuderen is hij gaan werken bij een architectenbureau in de Randstad. Tijdens de laatste reünie met zijn studievrienden uit Delft heeft Bram het plan opgevat om samen met studievriend Jan Bartels een eigen architectenbureau op te richten. Na een lange periode van overleg en voorbereiding is per 1 januari 2017 architectenbureau Bouma en Bartels opgericht.
Het bureau zal gevestigd worden in een eigen pand, dat per 1 januari 2017 aangeschaft zal worden voor €500.000.
Voor de aanschaf van tekentafels, kantoormeubelen en overige inventaris zal waarschijnlijk €200.000 nodig zijn. De inventaris wordt op 1 januari 2017 afgeleverd. 60% van het aankoopbedrag moet contant betaald worden, de rest twee maanden na levering. Er zal altijd een voorraad liquide middelen aangehouden worden van €5.000.
Een plaatselijke bank is bereid een lening van €100.000 te verstrekken. Bovendien heeft de bank een rekening-courantkrediet met een kredietplafond van €150.000 toegestaan. De jonge ondernemers geven er de voorkeur aan dat ieder zo veel mogelijk aansprakelijk is voor zijn eigen daden.
De architecten hebben in hun nog korte werkzame leven €160.000 gespaard. Ze zijn bereid dit bedrag in de nieuwe onderneming te investeren. Verzekeringsmaatschappij Nationale Nederlanden wil op het pand een hypotheek van 70% van de aanschafwaarde verlenen.

a Stel de investeringsbegroting op voor architectenbureau Bouma en Bartels.
b Stel het financieringsplan op voor deze onderneming.
c Stel de voorgecalculeerde balans op per 1 januari 2017.
d Wat bedoelen we met 'Voorfinanciering btw'?
e Welke gevolgen heeft 'Voorfinanciering btw' voor de winst- en verliesrekening van een onderneming?

3.15 Liquiditeit: de winst in crisistijd

Liquiditeit: de winst in crisistijd

Het aantal faillissementen blijft maat stijgen Zo zijn er, volgens het CBS in juli 2013, 779 bedrijven en instellingen (excl. eenmanszaken) failliet verklaard. Nog nooit was dit aantal zo hoog. Een faillissement wordt veroorzaakt door het onvermogen om op korte termijn aan verplichtingen te voldoen. Met andere woorden: er is onvoldoende geld om de rekeningen te betalen. Om een faillissement te voorkomen, is een goede liquiditeitsprognose van levensbelang! In dit artikel laten we u graag zien hoe u daarmee aan de slag kunt.

Door **Monique Busch**, financieel interimmanager en financieringscoach bij Busch32 B.V.

Het komt regelmatig voor dat ondernemingen ad hoc een liquiditeitsprognose maken, bijvoorbeeld omdat de bank daar om vraagt. Dat is jammer, want een liquiditeitsprognose is een onmisbaar hulpmiddel voor het management om de onderneming te sturen. Daarom zou het met regelmaat voor het management moeten worden opgesteld. Zo kunnen liquiditeitstekorten tijdig worden gesignaleerd en kan er actie ondernomen worden om bij te sturen in de liquiditeit. Een liquiditeitsprognose geeft ook antwoord op vragen als:

- Hoeveel kredietruimte kunnen we onze klanten geven?
- Welke betaaltermijn spreken we met onze leveranciers af?
- In welke periode van het jaar kunnen we onze investeringen uit eigen middelen betalen?

Uit ervaring blijkt dat het regelmatig opstellen van een liquiditeitsprognose de medewerkers bewust maakt van de noodzaak efficiënt met liquiditeit om te gaan, mits dit uiteraard met de medewerkers wordt gedeeld. Alleen het opstellen van de prognose leidt dus al tot een verbetering van de liquiditeitspositie van de onderneming.

Beginnen bij de basis

Meestal wordt een liquiditeitsprognose op maandbasis opgesteld voor het komende jaar. Vooral bij grote schommelingen in inkomsten en uitgaven is een korte interval belangrijk. Veel verder dan een jaar vooruitplannen wordt al lastig op maandbasis. Vervolgens kan de liquiditeitsprognose verder uitgewerkt worden in een weekprognose voor de komende vier of vijf weken. In deze korte-termijnprognose kunnen ontvangsten en betalingen, eventueel op factuurbasis, ingeboekt worden. Een liquiditeitsprognose vraagt om een goede basis. Deze moet bestaan uit:

- de eindbalans van de afgelopen periode;
- de exploitatiebegroting
- de investeringsbegroting
- overige gegevens, zoals opname en aflossing van leningen, kapitaalstortingen, winstuitkeringen en belastingbetalingen;
- betalingstermijnen van debiteuren en crediteuren

Stel nooit een liquiditeitsprognose samen uit losse gegevens. De kans is dan groot dat belangrijke aspecten worden vergeten. Een prognose moet een samenhangend geheel zijn: van uitgangssituatie, via begrote opbrengsten en kosten, inkomsten en uitgaven, naar de begrote eindsituatie.

Een belangrijke valkuil is dat er te veel details in de prognose worden verwerkt. Besteed niet te veel aandacht aan details of kleine verschillen. Kleine verschillen ten opzichte van de werkelijkheid zullen er altijd zijn, daarom is het ook een prognose.[...] ■

Bron: *Controllers Magazine*, 8 November 2013

a Waarom moet een liquiditeitsprognose worden opgesteld over korte perioden (beter per maand dan per kwartaal)?
b In welke situaties is het met name belangrijk om een liquiditeitsbegroting over korte perioden op te stellen?
c Welke financiële overzichten en overige financiële gegevens vormen de basis voor het opstellen van een liquiditeitsbegroting?
d Waarom heeft het weinig zin bij het opstellen van een liquiditeitsbegroting te veel aandacht aan details te besteden?

***3.16** Handelsonderneming Arnhemia bv, die uitsluitend kleding verkoopt, heeft op 31 maart 2017 de volgende interne balans samengesteld:

Balans per 31 maart 2017 (bedragen × €1.000)

Gebouwen:			Aandelenvermogen	400
Aanschafprijs	800		Reserve	400
Afschrijving	300		10% hypotheek	400
		500	Crediteuren	250
Inventaris:			Te betalen interest	10
Aanschafprijs	200			
Afschrijving	80			
		120		
Voorraden		80		
Debiteuren		700		
Kas		60		
Totaal activa		1.460	Totaal vermogen	1.460

Begrote gegevens tweede kwartaal 2017:

Maand	**Omzet** (in euro's)	**Inkopen** (in euro's)
April	600.000	450.000
Mei	525.000	450.000
Juni	675.000	500.000

- De in- en verkopen zijn regelmatig binnen de maanden verdeeld.
- De termijn van het verleende leverancierskrediet is één maand en van het genoten leverancierskrediet een halve maand. Alle debiteuren houden zich aan de toegestane krediettermijn.
- Alle aan- en verkopen vinden op rekening plaats.
- De verkoopprijs wordt berekend door de inkoopprijs met 25% te verhogen (brutowinst = 25%).
- Op de hypotheek wordt op 30 juni en op 31 december €10.000 afgelost, terwijl op die data ook steeds de interest over het voorafgaande halfjaar betaald moet worden.
- Overige gegevens:
  - Lonen €30.000 per maand.
  - Overige kosten die per maand betaald worden €50.000.
  - De jaarlijkse afschrijvingen bedragen voor gebouwen 10% van de aanschafprijs en voor inventaris 18% van de aanschafprijs.

Gemakshalve veronderstellen we dat in het eerste kwartaal van 2017 noch winst werd behaald noch verlies werd geleden.
Met omzetbelasting (btw) hoeft geen rekening te worden gehouden.

a1 Wat wordt verstaan onder een liquiditeitsbegroting?
2 Waarom wordt een liquiditeitsbegroting opgesteld?
3 Waarom wordt een liquiditeitsbegroting bij voorkeur over korte perioden samengesteld?
b Stel voor het tweede kwartaal 2017 de liquiditeitsbegroting samen (niet per maand specificeren).

c Stel de begrote winst- en verliesrekening over het tweede kwartaal 2017 op.
d Stel de begrote balans per 30 juni 2017 samen.
e Welke mogelijkheden heeft Arnhemia bv om het gemiddeld geïnvesteerde vermogen te verminderen?

***3.17**
U
Onderneming de Toekomst maakt aan het einde van ieder kwartaal een liquiditeitsbegroting voor het eerstvolgende kwartaal. In juni 2016 worden de ingaande en uitgaande geldstromen over de maanden juli, augustus en september 2016 geschat.
De plaatselijke bank staat toe dat de Toekomst op haar rekening-courant tot een maximum van €150.000 rood staat. De onderneming heeft als beleid dat het kassaldo aan het einde van iedere maand €5.000 moet bedragen. Als het kassaldo meer of minder bedraagt dan €5.000, wordt het verschil verrekend met de rekening-courant bij de bank. We nemen aan dat de onderneming per 1 juli 2016 een schuld in rekening-courant heeft van €40.000. De liquiditeitsbegroting wordt gebaseerd op de volgende informatie, die ten dele op schattingen berust:

- Verkopen:
  juni 2016 €100.000,
  juli t.e.m. september 2016 €160.000 per maand,
  oktober t.e.m. december 2016 €180.000 per maand.
  60% van de verkopen vindt op rekening plaats, de rest wordt contant betaald.
- De debiteuren betalen één maand na de verkoopdatum.
- De inkopen vinden plaats drie maanden vóór de verkopen. De inkoopprijs bedraagt 70% van de verkoopwaarde van de goederen. Alle inkopen vinden op rekening plaats en worden één maand na de inkoopdatum per bank betaald.
- Op 28 juli 2016 moet een nieuwe machine met een aanschafwaarde van €120.000 betaald worden. Deze betaling komt ten laste van de rekening-courant bij de bank. Op deze machine, die per 1 augustus 2016 in gebruik wordt genomen, zal €2.000 per maand afgeschreven worden.
- Iedere maand moet een voorschotnota voor het elektriciteitsverbruik betaald worden. Het maandelijkse voorschot bedraagt €1.000.
- Met omzetbelasting (btw) hoeft geen rekening te worden gehouden.

Stel voor onderneming de Toekomst de liquiditeitsbegroting over het derde kwartaal 2016 op. Deze begroting dient per maand gespecificeerd te worden. Splits het saldo liquide middelen op in een kassaldo en een saldo op de rekening-courant.

3.18 Van onderneming Tampi bv zijn over 2016 de volgende gegevens beschikbaar:

• omzet (inclusief 21% btw)	€2.178.000
• inkoopwaarde van de omzet:	60% van de omzet
• personeelskosten productiemedewerkers	€280.000
• verkoopkosten	€60.000
• interestkosten	€40.000
• kosten van energie	€25.000
• afschrijvingskosten	€30.000
• administratiekosten	€10.000

Over het resultaat voor belastingen is 25% vennootschapsbelasting verschuldigd. Met andere dan in deze opgave vermelde gegevens hoeft geen rekening te worden gehouden.

a Bereken de brutomarge (in euro's).
b Bereken het resultaat voor aftrek van interest, belastingen, afschrijvingen en amortisatie goodwill (EBITDA).
c Bereken het bedrijfsresultaat (EBIT).
d Bereken het resultaat na aftrek van vennootschapsbelasting.
e Bereken de cashflow.
f Wat is het voordeel van het gebruik van EBITDA ten opzichte van EBIT (bedrijfsresultaat) om de financiële prestaties van een onderneming te beoordelen?
g Geef twee voorbeelden van kosten die afhankelijk zijn van de omzet.
h Geef twee voorbeelden van kosten die niet afhankelijk zijn van de omzet.

***3.19** Van onderneming Robinson is de volgende winst- en verliesrekening (in euro's) gegeven:

Omzet	600.000		
Inkoopwaarde van de omzet	240.000 –		
Brutomarge			360.000
Overige omzetafhankelijke kosten:			
• Verkoopkosten	18.000		
• Transportkosten	12.000 +		
		30.000	
Semi-omzetafhankelijke kosten:			
• Loonkosten	100.000		
• Sociale lasten	28.000		
• Energiekosten	40.000 +		
		168.000	
Niet-omzetafhankelijke kosten:			
• Onderhoud	15.000		
• Accountantskosten	5.000 +		
		20.000 +	
Kosten met uitzondering van afschrijvingen en interest			218.000 –
Resultaat voor aftrek van afschrijvingen, interest en belastingen = EBITDA			142.000
Afschrijvingskosten			22.000 –
Resultaat voor aftrek interest en belasting = bedrijfsresultaat = EBIT			120.000
Interestkosten			10.000 –
Resultaat voor belastingen			110.000

Specificatie van de semi-omzetafhankelijke kosten (in euro's)

Kosten	Vast	Omzetafhankelijk	Totaal
Loonkosten	40.000	60.000	100.000
Sociale lasten	10.000	18.000	28.000
Energiekosten	16.000	24.000	40.000

a Splits de kosten op in kosten die afhankelijk zijn van de omzet en kosten die niet afhankelijk zijn van de omzet. Druk daarbij de kosten die (gedeeltelijk) afhankelijk zijn van de omzet uit in een percentage van de omzet. Vul de volgende tabel in.

Kosten	Vast gedeelte	% van de omzet
Inkoopwaarde		
Verkoopkosten		
Transportkosten		
Loonkosten		
Sociale lasten		
Energiekosten		
Onderhoudskosten		
Accountantskosten		
Afschrijvingskosten		
Interestkosten		
Totaal		

b Bereken bij welke omzet het break-evenpunt wordt bereikt.
c Bereken bij welke omzet een winst van €240.000 wordt behaald.
d Stel dat de directie van Robinson haar resultaten wil verbeteren door kostenbeheersing.
Aan welke kostenposten zal de directie met name aandacht schenken? Motiveer je antwoord.

***3.20** Van onderneming Megastore is de volgende winst- en verliesrekening (in euro's) gegeven:

Omzet	1.000.000		
Inkoopwaarde van de omzet	400.000 –		
Brutomarge			600.000
Overige omzetafhankelijke kosten:			
• Verkoopkosten	32.000		
• Transportkosten	24.000 +		
		56.000	
Semi-omzetafhankelijke kosten:			
• Loonkosten	160.000		
• Sociale lasten	48.000		
• Energiekosten	38.000 +		
		246.000	
Niet-omzetafhankelijke kosten:			
• Onderhoud	20.000		
• Accountantskosten	10.000 +		
		30.000 +	
Kosten met uitzondering van afschrijvingen en interest			332.000 –
Resultaat voor aftrek van afschrijvingen, interest en belastingen = EBITDA			268.000
Afschrijvingskosten			40.000 –
Resultaat voor aftrek interest en belasting = bedrijfsresultaat = EBIT			228.000
Interestkosten			28.000 –
Resultaat voor belastingen			200.000

Specificatie van de semi-omzetafhankelijke kosten (in euro's)

Kosten	Vast	Omzetafhankelijk	Totaal
Loonkosten	100.000	60 000	160.000
Sociale lasten	30.000	18.000	48.000
Energiekosten	26.000	12.000	38.000

a Splits de kosten op in kosten die afhankelijk zijn van de omzet en kosten die niet afhankelijk zijn van de omzet. Druk daarbij de kosten die (gedeeltelijk) afhankelijk zijn van de omzet uit in een percentage van de omzet en vul de volgende tabel in.

Kosten	Vast gedeelte	% van de omzet
Inkoopwaarde		
Verkoopkosten		
Transportkosten		
Loonkosten		
Sociale lasten		
Energiekosten		
Onderhoudskosten		
Accountantskosten		
Afschrijvingskosten		
Interestkosten		
Totaal		

b Bereken bij welke omzet het break-evenpunt wordt bereikt.
c Bereken bij welke omzet een winst van €240.000 wordt behaald.
d Bereken de gevolgen voor de omvang van het break-evenpunt, als:
1 het vast gedeelte van de loonkosten stijgt met €30.000 (totale loonkosten worden €190.000);
2 de inkoopwaarde stijgt van 40% naar 50% van de omzet.

4 Kosten en kostensoorten

4.1 Economische krimp en oplopende inflatie

Een heel vervelende combinatie.

Economische krimp en oplopende inflatie vormen een heel vervelende combinatie. De centrale banken zitten in een spagaat. Dat zegt RTL-Z beurscommentator Hans de Geus.

Energieprijzen zijn te hoog

De centrale banken zouden eigenlijk de rente willen verlagen om de groei te stimuleren, maar dat kan niet, omdat de inflatie zo hoog is. Nóg vervelender is dat beide fenomenen worden veroorzaakt doordat de energieprijzen zo hoog zijn. Bij het sterk gedaalde sentiment in de afgelopen maanden is de olieprijs op peil gebleven. De energieprijzen zijn te hoog, deze vormt een snelheidsbegrenzer op de groei en zorgt bovendien voor een hele nare inflatie die niet te bestrijden is.

Inflatie

We kunnen niet harder groeien dan in een bepaald tempo, daarboven ontstaat inflatie. Olie is meer dan alleen benzine, veel industrie draait erop, het is van groot belang voor transport en het bepaalt in hoge mate de prijs van kunstmest. Als olie duurder wordt, wordt ook kunstmest duurder, dat zie je in China.

Oliecrisis

In China heb je al een soort stagflatie, dat kennen wij van de jaren zeventig met de oliecrisis van toen. We zitten nu in een oliecrisis die niet meer weggaat. Er is maar één echte structurele oplossing en dat is de structuur van de economie te veranderen, om minder afhankelijk te zijn van olie. Die keuze maken politici echter niet, die willen gewoon herkozen worden. ■

Bron: www.rtl.nl, 14 oktober 2011

a Leg uit waarom de groei wordt gestimuleerd als de rente lager wordt.
b Leg uit waarom de rente niet kan worden verlaagd als de inflatie hoog is.
c Waarom is de inflatie die het gevolg is van een hogere olieprijs niet of moeilijk te bestrijden?
d Waarom neemt de inflatie toe als de economie harder groeit dan in een bepaald tempo?
e Tot welke kostensoort behoren de kosten van ruwe olie of olieproducten?
f Op de prijs van welke eindproducten heeft de hoogte van de olieprijs invloed?
g Wat bedoelden we met stagflatie?
h Welk gevolgen heeft een hogere rente voor de resultaten van ondernemingen die voor een deel met vreemd vermogen zijn gefinancierd?

4.2 Luchtvaart gaat kapot aan veiligheidskosten

'Luchtvaart gaat kapot aan veiligheidskosten'

SCHIPHOL – De luchtvaart en de reisbranche zien de torenhoge kosten van vliegveiligheid niet meer zitten. Die drukken zwaar op de bedrijfsexploitatie, ook al wordt het grootste deel noodgedwongen doorberekend aan de passagier in de ticketprijs. Dat loopt in de tientallen euro's. Tien jaar na 9/11 maakt de sector de balans op. 'Het ziet er weinig hoopvol uit. Maar de rek is er wel zo'n beetje uit', laten reisondernemers weten.

Alleen al op Schiphol kost security een slordige €350 miljoen per jaar. President-directeur Jos Nijhuis denkt niet dat de overheid snel voor verlichting zal zorgen. 'Er zijn geen signalen dat Den Haag voornemens is een deel van die kosten over te nemen. Alleen de marechaussee komt voor rekening van de staat.'

De wereldorganisatie van luchtvaartmaatschappijen IATA heeft becijferd dat met veiligheid jaarlijks een kostenpost van zo'n $7,5 miljard is gemoeid. 'Het kan toch niet zo zijn dat regeringen hun verantwoordelijkheid niet nemen? Wij en onze passagiers worden er onterecht mee opgescheept. Dat moet echt veranderen', zegt de nieuwe directeur-generaal Tony Tyler van IATA.

Nederlandse prijsvechters als Transavia vinden dat er meer druk nodig is op de politiek. 'Er moet nog eens indringend gekeken worden wat er nou precies nodig is om veilig vliegen te waarborgen. Want dat staat uiteraard voorop', vindt topman Bram Gräber. Hij noemt het huidige overheidsbeleid zelfs 'symboolpolitiek'. Het ongemak voor reizigers moet volgens hem dringend aan banden worden gelegd.

De wettelijk opgelegde reizigerscontroles in de luchtvaart lopen volgens het toeristisch en zakelijk bedrijfsleven de spuigaten uit. 'Die zijn over de datum. Er moet veel meer vooraf gescreend worden op mogelijk verdachte personen', is de overheersende mening. ■

Bron: *De Telegraaf*, 9 september 2011

a Tot welke kostensoort behoort het inhuren van beveiligingsmedewerkers van specialiseerde beveiligingsbedrijven?

b Wie betaalt/betalen uiteindelijk de kosten van de beveiliging in de luchtvaart?

c Welke alternatieven zijn er om de beveiligingskosten voor de luchtvaart te beperken?

4.3 Door onderneming Boter Bij De Vis zijn de volgende betalingen verricht:
U

- 1 november 2015: betaling van de brandverzekering van het bedrijfspand voor de komende 12 maanden. De premie per jaar bedraagt €14.400.
- 1 november 2016: betaling van de brandverzekering van het bedrijfspand voor de komende 12 maanden. De premie per jaar bedraagt €15.600.
- 1 februari 2016 €400 (telefoonnota over 4e kwartaal 2015).
- 1 mei 2016 €380 (telefoonnota over 1e kwartaal 2016).
- 1 augustus 2016 €430 (telefoonnota over 2e kwartaal 2016).
- 1 november 2016 €450 (telefoonnota over 3e kwartaal 2016).
- 1 februari 2017 €360 (telefoonnota over 4e kwartaal 2016).

a Bereken de totale kosten die ten laste van het jaar 2016 moeten worden gebracht.

b Bereken het totale bedrag aan betalingen gedurende 2016 en vergelijk dit totaal met de totale kosten over 2016.

4.4 Door onderneming Contant bv zijn de volgende betalingen verricht:

- 1 oktober 2015: betaling van de brandverzekering van het bedrijfspand voor de komende 12 maanden. De premie per jaar bedraagt €15.600.
- 1 oktober 2016: betaling van de brandverzekering van het bedrijfspand voor de komende 12 maanden. De premie per jaar bedraagt €16.800.
- 1 januari 2016 €280 (telefoonnota over 4e kwartaal 2011).
- 1 maart 2016 €6.000 in verband met verricht schilderwerk.
- 1 april 2016 €180 (telefoonnota over 1e kwartaal 2012).
- 1 juli 2016 €220 (telefoonnota over 2e kwartaal 2012).
- 1 oktober 2016 €190 (telefoonnota over 3e kwartaal 2012).
- 1 januari 2017 €210 (telefoonnota over 4e kwartaal 2012).

Boeking onderhoudskosten:
In 2016 wordt €1.200 geboekt ten gunste van de voorziening groot onderhoud.

a Bereken de totale kosten die op grond van voorgaande gegevens ten laste van het jaar 2016 moeten worden gebracht.
b Bereken het totale bedrag aan betalingen gedurende 2016 en vergelijk dit totaal met de totale kosten over 2016. Geef een verklaring voor het verschil.

4.5
U In de zomer van 2016 heeft een onderneming groot onderhoud (schilderwerkzaamheden) aan haar bedrijfsgebouwen laten verrichten. Deze werkzaamheden vinden eens per vijf jaar plaats. Op 1 september 2016 is de rekening in verband met deze schilderwerkzaamheden (€30.000) per giro betaald. Ieder jaar wordt een gelijk bedrag als kosten voor schilderwerk ten laste van de winst- en verliesrekening gebracht. We veronderstellen dat de uitgaven voor de schilder vooraf met zekerheid bekend zijn en steeds €30.000 zijn. Omzetbelasting (btw) blijft buiten beschouwing.

a Welk bedrag wordt jaarlijks als kosten ten laste van de winst- en verliesrekening gebracht in verband met groot onderhoud?
b Welke journaalpost wordt jaarlijks gemaakt van de onder vraag **a** bedoelde kosten?
c Welke journaalpost wordt gemaakt van de betaling op 1 september 2016?

4.6 In 2016 heeft modezaak Fashion bv zijn winkel laten moderniseren. De ervaring leert dat ongeveer eens per zes jaar het interieur van de winkel aangepast moet worden. Op 1 september 2016 is de rekening in verband met de renovatie (€120.000) per bank betaald.
Ieder jaar wordt een gelijk bedrag als kosten voor renovatiewerkzaamheden ten laste van de winst- en verliesrekening gebracht. We veronderstellen dat de uitgaven voor de renovatiewerkzaamheden vooraf met zekerheid bekend zijn en steeds €120.000 zijn.
Omzetbelasting (btw) blijft buiten beschouwing.

a Welk bedrag wordt jaarlijks als kosten ten laste van de winst- en verliesrekening gebracht in verband met renovatie?
b Welke journaalpost wordt jaarlijks gemaakt van de onder vraag **a** bedoelde kosten?
c Welke journaalpost wordt gemaakt van de betaling op 1 september 2016?

4.7 Winkelketen V&D zwakt voorstel loonsverlaging af van 6% naar 2%

Winkelketen V&D zwakt voorstel loonsverlaging af van 6% naar 2%

V&D heeft een nieuw voorstel gedaan aan het personeel om het bedrijf blijvend financieel gezond te maken. De oorspronkelijke salarisverlaging van 6% is in het nieuwe voorstel verlaagd naar twee loonsverlagingen van 2% op rij. De eerste verlaging zou dit jaar plaatsvinden, de tweede volgend jaar. Dat schrijft RTL Z, dat een aan het personeel gestuurde brief over de kwestie in handen heeft.

In ruil voor een kleinere loonsverlaging, wil het concern in tegenstelling tot het aanvankelijke plan, nu wel banen schrappen. Anders zal de benodigde kostenbesparing van €10 mln volgens het bedrijf niet bereikt worden. Hoeveel banen er in het nieuwe plan sneuvelen, laat de nieuwe topman John van der Ent in zijn brief niet weten. Van afvloeien van werknemers werd in het oorspronkelijke plan afgezien omdat dit te veel zou kosten en bovendien ten koste zou gaan van het serviceniveau in de winkels.

Tegenover de website NU.nl verklaarden de vakbonden dinsdag dat zij niet meer met V&D willen praten over de loonmaatregelen, omdat de alternatieven die het bedrijf aandraagt onder de streep toch steeds op hetzelfde neerkomen. De bonden wegen daarbij ook mee dat V&D nog altijd zijn beroep doorzet tegen een recente uitspraak van de rechter in een kort geding. Hij bepaalde dat de eenzijdig opgelegde loonkorting van 6% in ieder geval voor vakbondsleden niet rechtsgeldig is. Wanneer het beroep dient, is nog niet bekend. ■

Bron: *Het Financieele Dagblad*, 18 maart 2015

Nog geen akkoord V&D met verhuurders

Richard Smit
Amsterdam

V&D is er nog niet uit met zijn verhuurders. De onderhandelingen over de eenmalige en de structurele verlagingen van de huursom hadden begin juli tot een akkoord moeten leiden, maar de partijen hebben afgesproken nog twee maanden de tijd te nemen.

Volgens V&D wordt voortgang geboekt, maar is voor de afronding van het proces meer tijd nodig dan eerder werd ingeschat. De winkelketen zou eruit zijn met de verhuurders van 38 van de 62 winkelpanden.

V&D probeert met de eigenaren van het vastgoed een lagere huur overeen te komen

V&D, dat eerder dit jaar in acute financiële problemen raakte, probeert met vastgoedeigenaren een lagere huur overeen te komen en is met de vakbonden nog in gesprek over loonsverlagingen.

In het conflict over de lonen heeft de rechter beide partijen terug naar de onderhandelingstafel gestuurd, met de suggestie om een mediator aan te stellen. Dat werd Peter Ingelse, oud-voorzitter van de Ondernemingskamer.

Ingelse probeert de directie van het warenhuis, die eenzijdig de lonen wilde verlagen, en de vakbonden uit hun loopgraven te halen. Eind deze week zullen V&D en de bonden laten weten of dat is gelukt en of de 8 juli geplande rechtszaak over het loongeschil nog door moet gaan. ■

Bron: *Het Financieele Dagblad*, 2 juni 2015

Toelichting bij de artikelen
De financiële resultaten van het winkelconcern V&D laten al jaren te wensen over. Eerdere reorganisaties hebben niet de gewenste effecten opgeleverd. V&D wil nu fors ingrijpen in de kosten.

a Waarom gaf V&D er in eerste instantie de voorkeur aan om 6% op de lonen van haar medewerkers te korten in plaats van medewerkers te ontslaan?
b Welke afwegingen maken de vakbonden bij het al dan niet accepteren van de loonmaatregelen die V&D voorstelt?
c Wat is de rol van een mediator?
d De hoogte van de huren is in een contract tussen de huurder en verhuurder over een langere tijd vastgelegd. Is het verdedigbaar dat V&D de afspraken die in die contracten zijn gemaakt wil aanpassen? Motiveer je antwoord.
e Welke afwegingen maken de verhuurders bij het al dan niet accepteren van de huurprijsverlagingen die V&D voorstelt?

4.8 De schepen van scheepvaartmaatschappij Kaap De Goede Hoop gaan iedere drie jaar in dok voor groot onderhoud. Op 1 juli 2016 is de rekening in verband met het groot onderhoud (€900.000) per bank betaald. De schepen hebben vanaf 1 januari 2016 tot en met 1 maart 2016 in dok gelegen.
Ieder jaar wordt een gelijk bedrag als kosten voor groot onderhoud ten laste van de winst- en verliesrekening gebracht. We veronderstellen dat de uitgaven voor groot onderhoud vooraf met zekerheid bekend zijn en steeds €900.000 zijn.
Omzetbelasting (btw) blijft buiten beschouwing.

a Welk bedrag wordt jaarlijks als kosten ten laste van de winst- en verliesrekering gebracht in verband met groot onderhoud?
b Welke journaalpost wordt jaarlijks gemaakt van de onder vraag a bedoelde kosten?
c Welke journaalpost wordt gemaakt van de betaling op 1 juli 2016?

4.9
U Een winkel in kantoormeubelen heeft op 20 december 2015 aan de gemeente Uithoorn 20 kantoorstoelen op rekening verkocht voor €300 per stuk. De verkochte kantoorstoelen zijn destijds ingekocht voor €190 per stoel. De gemeente betaalt de factuur op 30 januari 2016 per bank.
Omzetbelasting (btw) blijft buiten beschouwing.

a Welke journaalpost wordt gemaakt van:
1 de verkoop op rekening;
2 de aflevering van de kantoorstoelen;
3 de betaling van de factuur door de gemeente Uithoorn?
b Bereken de winst die op de verkoop van deze stoelen wordt gemaakt.
c 1 In welk jaar wordt de winst gerealiseerd?
2 In welk jaar vindt de ontvangst in verband met de verkoop plaats?

4.10 Een machinefabrikant heeft op 5 december 2015 aan onderneming OGEM drie machines op rekening verkocht voor €80.000 per stuk. De kostprijs van de machines is €66.000 per stuk. OGEM betaalt de factuur op 9 februari 2016 per bank.
Omzetbelasting (btw) blijft buiten beschouwing.

a Welke journaalpost wordt gemaakt van:
1 de verkoop op rekening;
2 de aflevering van de machines;
3 de betaling van de factuur door OGEM?
b Bereken de winst die op de verkoop van deze machines wordt gemaakt.

4.11 Een fabrikant van auto-onderdelen maakt onder andere uitlaten voor verschillende autotypes. De kostprijs van een uitlaat bestaat uit grondstofkosten, arbeidskosten en machinekosten. Voor een uitlaat is 15 kg plaatstaal nodig. Het plaatstaal is in het verleden ingekocht voor €1,50 per kilogram. Op dit moment bedraagt de inkoopprijs echter €2 per kilogram. Aan iedere uitlaat wordt 20 minuten arbeid verricht. De arbeidskosten bedragen €36 per uur. De machinekosten worden aan de verschillende uitlaten doorberekend op basis van een tarief per machine-uur. Het tarief bedraagt €30 per machine-uur. Voor één uitlaat is een half machine-uur vereist. De arbeids- en machinekosten zijn niet veranderd.

U

a Wat wordt verstaan onder:
1 de historische uitgaafprijs;
2 de vervangingswaarde?
b Bereken de kostprijs van een uitlaat:
1 op basis van historische kosten;
2 op basis van de vervangingswaarde.

4.12 Loonkosten amper gestegen

Loonkosten amper gestegen

Amsterdam – Werkgevers hadden in het eerste kwartaal van dit jaar 0,4% hogere loonkosten dan een jaar eerder. Dat is de kleinste stijging in vijftien jaar, meldt het Centraal Bureau voor de Statistiek (CBS) donderdag.

De lonen zijn volgens de cao's in dezelfde periode harder gestegen: met 1,2%. Dat de kosten voor werkgevers beperkt stijgen komt volgens het cbs doordat zij minder hoeven af te dragen voor premies, zoals pensioenen en WW. In 2006 deed deze situatie zich ook voor. En ook toen had dat te maken met lagere werkgeverspremies.

De gemiddelde cao-loonstijging ligt sinds 2011 tussen 0,9% en 1,5%. Tot halverwege vorig jaar betekende dit dat deze gemiddeld lager lag dan de inflatie. ■

Bron: *Het Financieele Dagblad*, 3 april 2015

Jaguar Land Rover gaat nieuwe fabriek bouwen in Slowakije

Amsterdam – Het Britse autoconcern Jaguar Land Rover – een volle dochter van het Indiase Tata Motors – gaat in Slowakije een nieuwe fabriek bouwen. Een haalbaarheidsstudie moet uitwijzen of de West-Slowaakse stad Nitra inderdaad de beste plek is voor een fabriek met een capaciteit van 300.000 auto's.

Als de studie naar wens verloopt, kunnen in 2018 de eerste auto's van de band rollen. In Slowakije hebben Volkswagen, PSA Peugeot Citroën en Hyundai/Kia ook grote fabrieken. Samen produceerden zij in 2014 meer dan 970.000 auto's op een bevolking van slechts 5,4 miljoen mensen. Dat maakt Slowakije tot het land met de wereldwijd meest geproduceerde auto's per hoofd van de bevolking. ■

Bron: *Het Financieele Dagblad*, 12 augustus 2015

a Welke factoren bepalen de loonkosten per product?
b Waarom is het belangrijk dat de loonkosten in Nederland niet te hard stijgen?
c Wat betekent het feit dat de gemiddelde cao-stijging lager is dan de inflatie voor de koopkracht van de werknemers?
d Welke argumenten spelen een rol bij de beslissing van Jaguar - Land Rover om een nieuwe fabriek in Slowakije te openen?

4.13 Meubelfabrikant Relax bv maakt bankstellen in diverse modellen. De kostprijs van bankstel Bianca bestaat uit grondstofkosten, arbeidskosten en machinekosten. Voor één bankstel Bianca is 0,3 m^3 hout nodig. Het hout is in het verleden ingekocht voor €95 per m^3. Op dit moment bedraagt de inkoopprijs echter €110 per m^3. Aan ieder bankstel wordt 120 minuten arbeid verricht. De arbeidskosten bedragen €37 per uur. De machinekosten worden aan de verschillende bankstellen doorberekend op basis van een tarief per machine-uur. Dit tarief is op basis van historische kosten €60 per machine-uur. Voor één bankstel zijn vijf machine-uren nodig. De machinekosten op basis van de vervangingswaarde zijn 10% hoger dan op basis van historische kosten. De arbeidskosten zijn niet veranderd.

a Wat wordt verstaan onder:
1 de historische uitgaafprijs;
2 de vervangingswaarde?
b Bereken de kostprijs van een bankstel Bianca:
1 op basis van historische kosten;
2 op basis van de vervangingswaarde.

4.14 Van onderneming Admiraal zijn de volgende omzetgegevens bekend:

September 2016	€ 80.000
Oktober 2016	€ 110.000
November 2016	€ 140.000
December 2016	€ 150.000
Januari 2017	€ 180.000

Verder is gegeven:
- De verkopen zijn voor 60% contant en 40% op rekening.
- De inkopen worden volledig contant betaald.
- De inkopen en verkopen zijn binnen een maand gelijkmatig verdeeld.
- De debiteurentermijn bedraagt één maand waarvan volledig gebruik wordt gemaakt.
- De brutowinst bedraagt 70% van de omzet.
- De inkopen vinden één maand voor de maand van verkoop plaats.
- Met btw houden we geen rekening.

a Bereken de geldontvangsten voor Admiraal in het vierde kwartaal van 2016.
b Bereken het saldo debiteuren op 31 december 2016.
c Bereken de totale gelduitgaven in het vierde kwartaal van 2016 als gevolg van de inkopen.

***4.15**
U

Onderneming Kort & Krachtig is op 1 januari 2014 gestart met de productie van slechts 1 model handtassen. Op 31 december 2016 is de onderneming gestaakt.

De openingsbalans van Kort & Krachtig is gegeven.

Balans Kort & Krachtig 1 januari 2014 (bedragen × €1.000)

Bedrijfspand	600	Eigen vermogen	740
Inventaris	100	Hypotheek	420
Machines	400	Crediteuren	20
Voorraad leer	20		
Kas	60		
Totaal activa	1.180	Totaal vermogen	1.180

De op de beginbalans vermelde activa zijn gekocht op 31 december 2013. De post Crediteuren houdt verband met de inkoop van leer.

Begin 2017 worden de laatste financiële zaken afgewikkeld. In januari 2017 worden de vaste activa tegen de boekwaarde verkocht. De opbrengsten in verband met de verkochte vaste activa zijn in het eerste kwartaal 2017 per kas ontvangen. In het eerste kwartaal 2017 zijn alle schulden afgelost.

We veronderstellen dat de onderstaande gegevens van toepassing zijn op de jaren 2014 t.e.m. 2016:

- Op de vaste activa wordt afgeschreven met een vast percentage van de aanschafwaarde:
  Gebouwen 2% per jaar
  Inventaris 10% per jaar
  Machines 20% per jaar
- In de tweede week van iedere maand wordt voor €20.000 leer ingekocht (12 inkopen per jaar). Dit leer wordt in de maand erop verwerkt tot handtassen. De laatste inkoop vindt plaats in november 2016 (in 2016 vinden 11 inkopen plaats). Van de leveranciers wordt twee maanden leverancierskrediet ontvangen. De laatste inkoop (in november 2016) wordt betaald in januari 2017.
- Iedere maand worden 1.000 handtassen gefabriceerd en verkocht voor €60 per handtas. De afnemers betalen contant (per kas).
- De arbeidskosten per tas zijn €15. De arbeidskosten worden betaald in de maand waarin ze ontstaan.
- Op de hypothecaire lening wordt €30.000 per jaar afgelost.
- Alle gelduitgaven en geldontvangsten zijn per kas.
- Met (omzet-)belasting en hypotheekrente hoeft geen rekening te worden gehouden.
- Er treden geen andere kosten op dan de hiervoor genoemde kosten. De kosten per product worden berekend door de totale kosten per jaar te delen door de jaarlijkse productie.

a Bereken de kostprijs van een handtas.
b Bereken de jaarlijkse winst op de verkoop van handtassen.
c1 Bereken de ingaande en uitgaande geldstromen voor de jaren 2014 t.e.m. 2017 (per jaar gespecificeerd).
2 Bereken het saldo crediteuren aan het einde van de jaren 2014 t.e.m. 2016.
3 Vergelijk de jaarlijkse mutatie in de kas met de jaarlijkse winst. Geef door middel van een berekening (per jaar gespecificeerd) aan hoe de mutatie in het kassaldo berekend kan worden door uit te gaan van de gerealiseerde winst.
d1 Stel de balans per 31 maart 2017 op.
2 Laat door een berekening zien dat het eigen vermogen per 31 maart 2017 overeenkomt met de som van het eigen vermogen per 1 januari 2014 en de winsten over de jaren 2014 t.e.m. 2016.
3 Welke conclusie kun je trekken uit de bij vraag **d2** bedoelde berekening?

***4.16** Onderneming Kunstpels bv is op 1 januari 2014 gestart met de productie van namaak bontmantels in slechts één model. Op 31 december 2016 is de onderneming gestaakt.

De openingsbalans van Kunstpels bv is gegeven.

Balans Kunstpels BV 1 januari 2014 (bedragen × €1.000)

Bedrijfspand	700	Eigen vermogen	~~680~~ 860
Inventaris	120	Hypothecaire lening	500
Machines	500	Crediteuren	~~270~~ 90
Voorraad kunstbont	90		
Kas	40		
Totaal activa	1.450	Totaal vermogen	1.450

De op de beginbalans vermelde activa zijn gekocht op 31 december 2013. De post Crediteuren houdt verband met de inkoop van kunstbont.

Begin 2017 worden de laatste financiële zaken afgewikkeld. In januari worden de vaste activa tegen de boekwaarde verkocht. De opbrengsten in verband met de verkochte vaste activa zijn in het eerste kwartaal 2017 ontvangen per kas. In het eerste kwartaal 2017 zijn alle schulden afgelost.
We veronderstellen dat de volgende gegevens van toepassing zijn op de jaren 2014 t.e.m. 2016:

- Op de vaste activa wordt afgeschreven met een vast percentage van de aanschafwaarde:
  Gebouwen 3% per jaar
  Inventaris 10% per jaar
  Machines 15% per jaar
- In de eerste week van iedere maand wordt €90.000 kunstbont ingekocht (12 inkopen per jaar, de eerste inkoop in december 2013). Dit kunstbont wordt in de maand erop verwerkt tot bontmantels. De laatste inkoop vindt plaats in november 2016 (in 2016 wordt 11 keer ingekocht). Van de leveranciers wordt 3 maanden leverancierskrediet ontvangen. De laatste inkoop (in november 2016) wordt betaald in januari 2017.
- Iedere maand worden 300 bontmantels gefabriceerd en verkocht voor €700 per bontmantel. De eerste verkoop vindt plaats in januari 2014. De afnemers betalen contant (per kas).

- De arbeidskosten per bontmantel zijn €200. De arbeidskosten worden betaald in de maand waarin ze ontstaan.
- Op de hypothecaire lening wordt €40.000 per jaar afgelost.
- Alle gelduitgaven en geldontvangsten zijn per kas.
- Met (omzet-)belasting en hypotheekrente hoeft geen rekening te worden gehouden.
- Er treden geen andere kosten op dan de hiervoor genoemde kosten. De kosten per product worden berekend door de totale kosten per jaar te delen door de jaarlijkse productie.

a Bereken de kostprijs van een bontmantel.
b Bereken de jaarlijkse winst op de verkoop van bontmantels.
c1 Bereken de ingaande en uitgaande geldstromen voor de jaren 2014 t.e.m. 2017.
2 Bereken het saldo crediteuren aan het einde van de jaren 2014 t.e.m. 2016.
3 Vergelijk de jaarlijkse mutatie in de kas met de jaarlijkse winst. Geef door middel van een berekening (per jaar gespecificeerd) aan hoe de mutatie in het kassaldo berekend kan worden door uit te gaan van de gerealiseerde winst.
d1 Stel de balans per 31 maart 2017 op.
2 Laat door een berekening zien dat het eigen vermogen per 31 maart 2017 overeenkomt met de som van het eigen vermogen per 1 januari 2014 en de winst over de jaren 2014 t.e.m. 2016.
3 Welke conclusie kun je trekken uit de bij vraag **d2** bedoelde berekening?

4.17 Handelsonderneming Crystal Palace bv verkoopt serviesgoed van Iers kristal. Van deze onderneming is de balans per 31 december 2016 gegeven.

Balans 31 december 2016 (bedragen × €1.000)

Vaste activa	800	Eigen vermogen	569
Voorraad kristalservies	120	Vreemd vermogen:	
Debiteuren	220	10% Hypothecaire lening	540
Kas	30	Crediteuren	61
Totaal activa	1.170	Totaal vermogen	1.170

De financieel manager van Crystal Palace bv heeft de volgende gegevens verzameld, die deels op schattingen zijn gebaseerd.

Geschatte verkopen exclusief btw (omzet):

1e kwartaal 2017	€480.000
2e kwartaal 2017	€720.000
3e kwartaal 2017	€600.000
4e kwartaal 2017	€360.000
1e kwartaal 2018	€528.000

- In ieder kwartaal zijn de omzetten gelijkmatig over de maanden van het kwartaal verdeeld (één maand is dertig dagen). Alle in- en verkopen vinden op rekening plaats. De brutowinst bedraagt 25% van de verkoopprijs exclusief btw.

- Er wordt steeds een voorraad aangehouden die gelijk is aan de afzet in de volgende maand.
- De voorraad wordt gewaardeerd tegen de inkoopprijs.
- De afnemers betalen hun rekening twee maanden na het tijdstip waarop de goederen zijn geleverd.
- Crystal Palace bv betaalt haar leveranciers 15 dagen na de ontvangst van de ingekochte goederen.
- In 2017 wordt €60.000 afgeschreven op de vaste activa. De overige exploitatiekosten bestaan uit een variabel en een vast gedeelte. De variabele exploitatiekosten bedragen 5% van de omzet, terwijl de overige vaste exploitatiekosten €17.500 per maand bedragen.
- Aan het einde van ieder jaar wordt €30.000 op de hypothecaire lening afgelost. Op dat moment wordt ook de interest betaald die over dat jaar is verschuldigd. Met andere rentekosten dan de rente over de hypothecaire lening houden we geen rekening.
- Met btw houden we geen rekening.

a Bereken per 31 december 2017:
1 het saldo debiteuren;
2 de voorraad kristal;
3 het saldo crediteuren.
b Bereken over het jaar 2017
2 de begrote geldontvangsten van debiteuren.
c Stel de voorgecalculeerde winst- en verliesrekening over 2017 op.

4.18 Handelsonderneming Novina bv verkoopt materialen voor keukens en badkamers. Van deze onderneming is de balans per 31 december 2016 gegeven.

Balans 31 december 2016 (bedragen × €1.000)

Vaste activa	2.700	Eigen vermogen	2.600
Voorraden	500	Banklening	500
Debiteuren	300	Voorziening groot onderhoud	200
Kas	200	Crediteuren	50
		Nog te betalen bedragen	150
		Winstsaldo 2016	200
Totaal activa	3.700	Totaal vermogen	3.700

De directeur van Novina bv heeft met betrekking tot 2017 de volgende gegevens verzameld, die deels op schattingen zijn gebaseerd:
- Investeringen in vaste activa in 2017 ter grootte van €600.000 worden in 2017 betaald.
- Afschrijvingen op vaste activa €100.000.
- Inkoop van materialen €800.000.
- Omzet exclusief btw €1,6 mln. De brutowinst bedraagt 25% van de inkoopprijs exclusief btw.
- Alle in- en verkopen vinden op rekening plaats.
- De vorderingen op Debiteuren zullen naar verwachting met €100.000 afnemen ten opzichte van het debiteurensaldo op 31 december 2016.
- De schuld aan Crediteuren zal naar verwachting met €80.000 toenemen ten opzichte van het crediteurensaldo op 31 december 2016.
- In 2017 wordt €20.000 als onderhoudskosten ten gunste van de Voorziening groot onderhoud geboekt.

- In 2017 worden voor verrichte onderhoudswerkzaamheden rekeningen met een totaal bedrag van €50.000 betaald.
- Betalingen van lonen en overige kosten €110.000.
- In 2017 wordt €360.000 nieuw eigen vermogen van de vermogensmarkt aangetrokken.
- In 2017 wordt op de banklening €100.000 afgelost.
- Betaling van €60.000 interest.
- In het saldo Nog te betalen bedragen zal naar verwachting geen verandering optreden.
- Van het winstsaldo over 2017 zal in 2018 €140.000 worden uitbetaald.
- Met btw houden we geen rekening.

a Stel een liquiditeitsbegroting over het gehele jaar 2017 op (geen specificatie per kwartaal of maand).
b Stel een begrote winst- en verliesrekening over 2017 op.
c Stel de voorgecalculeerde balans per 31 december 2017 op.
d Geef met betrekking tot 2017 een berekening van de:
1 uitgaande primaire geldstromen;
2 ingaande primaire geldstromen;
3 uitgaande secundaire geldstromen;
4 ingaande secundaire geldstromen.
e Wat is het nadeel van een liquiditeitsbegroting per jaar in plaats van per kwartaal of per maand?

4.19 **U** Mandenmakerij Het Vlechthuis maakt manden waarin 2 kg riet is verwerkt (netto). Het riet kost €2 per kilogram. Bij het vlechten gaat 5% van het bruto rietverbruik verloren. Het afval is waardeloos.

Bereken de kosten van het rietverbruik per mand.

4.20 **U** Modeontwerper Hans Tovenaar heeft berekend dat een maatkostuum 1,9 m^2 stof bevat. Bij het maken van een kostuum treedt snijverlies op. Het snijverlies is 10% van het brutomateriaalverbruik. De stof kost €40 per m^2.

Bereken de materiaalkosten per maatkostuum.

4.21 **U** Tegelzetterij Straatman bv heeft een project aangenomen, waarin 1.000 m^2 aan tegelwerkzaamheden (netto-oppervlakte) is opgenomen. De tegels kosten €20 per m^2. Het snijverlies bedraagt 6% van de brutotegelverbruik. De afvoer van het tegelafval kost €500.

Bereken de kosten van de tegels voor dit karwei.

4.22 **U** Pottenbakkerij Merapi houdt bij het vaststellen van de kostprijs van haar potten rekening met 3% breuk. Tien procent van de ongebroken potten zijn door het bakken zodanig kromgetrokken dat ze als tweede keus verkocht worden voor €2 per pot. Deze opbrengst wordt in mindering gebracht op de grondstofkosten van de potten van de eerste keus.
Voor een bepaald soort pot wordt tijdens een productierun 1.200 kg klei verwerkt. De grondstofkosten zijn €2 per kilogram klei. Iedere productierun levert 1.000 potten op, inclusief de gebroken en kromgetrokken potten.

Bereken de grondstofkosten per pot van de eerste keus.

4.23 Uitgeverij Bouquet bv heeft van een roman 100.000 exemplaren gedrukt. Voor een roman is 800 gram papier nodig (netto papierverbruik). Een kilogram papier kost €2. Voor de productie van 100.000 exemplaren zijn 80 arbeidsuren en 30 machine-uren nodig. Tijdens het productieproces ontstaat op het papierverbruik 5% afval. Het afval heeft geen waarde en wordt kosteloos door een plaatselijke oudpapierhandelaar opgehaald. Aan het einde van het productieproces blijkt dat 2% van de boeken wordt afgekeurd. De afgekeurde boeken kunnen voor €3,00 per exemplaar verkocht worden. De kosten van arbeid en machines zijn respectievelijk €35 en €40 per uur.

Bereken de kostprijs van een goedgekeurd boek.

4.24 Onderneming Tuindecor bv fabriceert tuinornamenten. Voor een bepaald soort tuinversiering is een standaardkostprijs per 100 goedgekeurde eenheden opgesteld:

Grondstoffen:	netto (hoeveelheid grondstof in het product) 50 kg per 100 eenheden. Tijdens het productieproces gaat 1/6 deel van het bruto grondstoffenverbruik verloren. De vaste (verreken)prijs voor grondstoffen is €7,50 per kilogram. Het afval brengt €0,50 per kilogram op.
Loonkosten:	een medewerker maakt in een gemiddelde werkweek van 36 uur 240 ongekeurde eenheden. Het standaarduurloon bedraagt €24 per uur.
Overige fabricagekosten:	deze bedragen €480 per 100 ongekeurde eenheden

Bij keuring van de tuinversiering wordt normaal 25% afgekeurd. De afgekeurde artikelen kunnen worden verkocht voor €0,25 per stuk.

a Wat is het verschil tussen afval en uitval?
b Bereken de *grondstof*kosten per 100 ongekeurde eenheden.
c Bereken de fabricagekostprijs van 100 *ongekeurde* eenheden.
d Bereken de fabricagekostprijs van 100 *gekeurde* eenheden.

4.25 Onderneming Cleopatra maakt slechts één product. Aan het einde van het productieproces vindt er een kwaliteitscontrole plaats. Voor de berekening van de fabricagekostprijs per 100 goedgekeurde producten beschikt onderneming Cleopatra over de volgende gegevens:

- Grondstofverbruik: netto 45 kg per 100 ongekeurde producten. Tijdens het fabricageproces gaat 10% van het bruto grondstoffenverbruik verloren. De grondstoffen worden ingekocht voor €5 per kilogram. Het afval kan verkocht worden en brengt €1 per kilogram op.
- Voor de berekening van de standaardkostprijs gaan we ervan uit dat een medewerker per uur 25 ongekeurde producten kan vervaardigen. Het standaarduurloon is gemiddeld €37,50 per uur.
- Alle overige fabricagekosten (naast de grondstofkosten) bedragen €57,50 per 100 ongekeurde producten.
- Bij de keuring aan het einde van het productieproces wordt normaal 5% afgekeurd. De afgekeurde producten kunnen worden verkocht voor €5 per eenheid.

a Bereken de fabricagekostprijs van één goedgekeurd product. (Hint: Maak in het begin de berekening op basis van 100 eenheden ongekeurd product.)

b Bereken het resultaat op uitval indien er deze periode 600 producten zijn voortgebracht waarvan er 575 producten zijn goedgekeurd. Geef daarbij aan of dit resultaat positief of negatief is.

4.26 Industriële onderneming Acosta bv vervaardigt onder andere tuinmeubelen. De productie vindt plaats in twee afdelingen. De afdeling Constructie vervaardigt halffabricaten. Het eindproduct wordt in de afdeling Montage gemaakt.

In de afdeling Constructie worden per halffabricaat de volgende kosten gemaakt:
Staal (netto): 4 kg à €2,00 per kilogram;
Plastic (netto): 1,5 kg à €1,00 per kilogram;
Arbeid: 1 uur à €20,00 per uur.

Het afval op de grondstoffen staal en plastic is 5% van het brutoverbruik. Afval treedt alleen in de constructieafdeling op en heeft geen waarde. Voordat de halffabricaten de afdeling Constructie verlaten, worden ze gekeurd. Normaal wordt 4% van de halffabricaten afgekeurd en verkocht voor €10 per halffabricaat.
In de afdeling Montage wordt een halffabricaat tot eindproduct verwerkt. De montagekosten bedragen €10 per halffabricaat. Bij de keuring in de afdeling Montage wordt 2% van de tuinstoelen afgekeurd. De afgekeurde tuinstoelen worden verkocht voor 50% van de kostprijs van een goedgekeurde tuinstoel.

a Bereken de kosten per goedgekeurd halffabricaat.
b Bereken de kostprijs van een goedgekeurde tuinstoel.

4.27
U Een onderneming vervaardigt een product waarvoor per ongekeurd product de volgende kosten worden gemaakt:

Grondstofkosten
Per eenheid product is het nettoverbruik 1,7 kg.
Een afval van 15% is normaal.
De materiaalprijs is €5,50 per kilogram.
De netto-opbrengst van het afval is €2,50 per kilogram.

Arbeidskosten
Deze bedragen per eenheid €4,20.

Overige kosten
Deze bedragen per eenheid €0,80.

Uitval- en herbewerkingskosten
De eindproducten worden tweemaal gekeurd. Bij de eerste keuring bedraagt de uitval 20% van het aantal in bewerking genomen producten. Nadat de aanvankelijk afgekeurde eindproducten een herbewerking hebben ondergaan, vindt een tweede keuring plaats.
Er resteert een uitval van 10% van de oorspronkelijke, in bewerking genomen producten. De uitval heeft geen waarde. De herbewerkingskosten bedragen €4,75 per afgekeurd product dat in herbewerking is genomen.

a Noem ten minste drie soorten kosten die kunnen behoren tot de overige kosten.

b Bereken de kosten per ongekeurd eindproduct.
c Bereken de kostprijs van een goedgekeurd eindproduct.

***4.28** Dakpannenfabrikant Van Elst bv maakt onder andere dakpannen van het type Chalet. In 100 dakpannen zit 60 kg cement, 220 kg klei en 2 kg kleurstof verwerkt (netto grondstofverbruik). Cement kost €25 per zak van 50 kg, 1.000 kg klei kost €200. Kleurstoffen worden ingekocht voor €20 per 5 kg. Tijdens de productie gaat 5% grondstof verloren. Dit afval heeft geen waarde.
De uitval op dakpannen is 10%. Daarvan is 40% veroorzaakt door breuk. De overige 60% betreft pannen die tijdens het bakken krom zijn getrokken. De kromgetrokken pannen worden verkocht voor 50% van de kostprijs van een goedgekeurde pan. De gebroken dakpannen worden vermalen en als gravel verkocht aan houders van tennisbanen. Het gravel brengt €1 per kilogram op. Het vermalen van dakpannen kost €0,25 per kilogram.

Bereken de grondstofkosten van 100 goedgekeurde dakpannen van het type Chalet. Berekeningen in twee decimalen.

4.29 Banketbakkerij De Patisserie maakt luxe Belgische bonbons. Een doos Bruxelles bevat 0,9 kg bonbons. De inkoopprijs van grondstoffen is €10 per kilogram. Bij het maken van de bonbons ontstaat 20% afval van het brutoverbruik aan grondstoffen. De afval kan verkocht worden voor 50% van de inkoopprijs van de grondstofkosten.

a Bereken de grondstofkosten per doos bonbons Bruxelles.

Bakkerij De Patisserie overweegt het werktempo van de banketbakkers te verlagen. Hierdoor wordt het afval slechts 5% van het brutoverbruik. De arbeidskosten nemen daardoor echter toe met €2 per doos bonbons Bruxelles.
b Bereken of verlaging van het werktempo tot lagere kosten per doos bonbons leidt.

4.30 Waarom voorraden?

Waarom voorraden?

Door: Rob Geilleit

[...]

We zien in de praktijk dat er twee hoofdredenen zijn waarom we voorraden nodig hebben om als productie- of handelsbedrijf succesvol te kunnen opereren.

Klant wil korte levertijden
Wanneer de klanten om een kortere levertijd vragen dan de doorlooptijd in de keten, zal voorraad de brug moeten slaan. Dit speelt in het bijzonder wanneer men inkoopt in het Verre Oosten (lange pijplijn), terwijl aan de andere kant de dynamiek in de vraag alleen maar toeneemt. Dit is alleen op te lossen door de juiste buffervoorraden aan te leggen.
Methoden om dit type van voorraden binnen de perken te houden zijn het zo goed mogelijk zicht krijgen op de klantvraag middels forecasting, al dan niet in samenspraak met de klant en 'postponement'. Met dit laatste wordt bedoeld dat bepaalde customizing van producten die van ver komen, in West-Europa plaatsvindt, waardoor het aantal productvarianten dat op voorraad gehouden hoeft te worden drastisch kan worden teruggebracht en men op artikelniveau minder ver vooruit een voorspelling nodig heeft. Denk aan klantspecifieke verpakkingen, toevoegen van accessoires etc. Een derde methode is om het productassortiment regelmatig tegen het licht te houden met als doel de productvariëteit in de hand te houden: hoe smaller het assortiment, hoe beter de voorspelbaarheid, hoe lager de benodigde voorraad.

Efficiency
Een tweede reden van voorraden is het feit dat bedrijven soms gedwongen zijn om in grotere hoeveelheden in te kopen of te pro-

duceren dan op dat moment voor de daadwerkelijke orders nodig is; we noemen dit 'efficiencyvoorraad'. Dit speelt in situaties waarin grote kostenoordelen te behalen zijn om in bepaalde minimale hoeveelheden te transporteren (zoals een volle container) of dat er sprake is van lange omsteltijden in productie. Initiatieven zoals 'lean' proberen de keten flexibeler te maken, zodat deze effecten minder een rol spelen. Wat we ook zien is dat grote hoeveelheden worden ingekocht vanwege kwantumkortingen. Een oplossing om het voorraadeffect tegen te gaan kan zijn om de commerciële afspraak los te koppelen van de logistieke bewegingen: afroepen in kleinere hoeveelheden tegen een commerciële volumeafspraak.

Voorraadreductie als doel op zich?
Het streven naar voorraadreductie is een goede zaak, mits het met verstand gebeurt. Wanneer men te sterk gaat snijden in de voorraden, die vanwege de eerste van bovengenoemde redenen worden aangehouden, dan zal dit tot neeverkopen gaan leiden. Er is dan weliswaar weinig voorraad, maar helaas ook weinig omzet.

Het te sterk doorzetten van de lean-gedachte, waarbij alleen op klantorder wordt geproduceerd, kan leiden tot zeer sterke fluctuaties in de vraag naar capaciteit met als gevolg dat men op sommige momenten capaciteit over heeft en op andere moment dure capaciteit moet inhuren. Alles wordt spoed. Er is dan weliswaar veel minder voorraad, maar de operationele kosten gaan omhoog, wat ten koste gaat van het financiële resultaat.

[...] ■

Bron: *Controllers Magazine*, mei-juni 2014

- a Welke twee hoofdredenen worden in het artikel genoemd om voorraden aan te houden?
- b Welk motief om voorraden aan te houden komt in het artikel niet aan de orde?
- c Wat wordt bedoeld met "de doorlooptijd in de keten"?
- d Wat is een buffervoorraad?
- e Wat wordt bedoeld met "postponement"?
- f Leg uit welke invloed het toepassen van "postponement" heeft op de omvang van de voorraden.
- g Noem en aantal redenen waarom het vanuit kostenoogpunt wenselijk is grote hoeveelheden ineens in te kopen of te produceren.
- h Welke mogelijkheden worden in het artikel genoemd om de voorraden te beperken?
- i Wat kunnen de nadelen zijn als een te lage voorraad wordt aangehouden?

4.31 U Bouwmaterialenhandel De Griend bv heeft op 1 april 2016 op zijn terrein 100.000 stenen staan. De afdeling Administratie heeft de volgende aanvullende gegevens beschikbaar gesteld.
In april 2016 zijn 70.000 stenen geleverd aan aannemers en 90.000 stenen ontvangen van steenfabrieken.
Op 30 april zijn aan aannemers 30.000 stenen verkocht, maar nog niet afgeleverd. Op die datum zijn bij steenfabrieken 40.000 stenen besteld, maar nog niet ontvangen.

- a Bereken de technische voorraad op 30 april 2016
- b Bereken de economische voorraad op 30 april 2016.

4.32 U Bandenhandel Profiel bv heeft op 1 januari 2016 300 banden in het magazijn liggen. Op dat moment zijn 80 banden besteld maar nog niet ontvangen en 28 banden verkocht maar nog niet geleverd. In januari 2016 zijn 200 banden afgeleverd en 220 banden ontvangen. Op 31 januari 2016 zijn 60 banden besteld maar nog niet ontvangen en 36 banden verkocht maar nog niet afgeleverd.

- a Bereken de economische voorraad op 1 januari 2016.
- b Bereken de technische voorraad op 31 januari 2016.
- c Bereken de economische voorraad op 31 januari 2016.

4.33 Een groothandel in kantoorstoelen verkoopt slechts één soort stoel. De afzet van deze stoel bedraagt 24.000 per jaar en is gelijkmatig over het jaar verdeeld. De bestelkosten bestaan uit vaste kosten (€1.500 per bestelling, inclusief vrachtkosten) en variabele bestelkosten (€0,20 per bestelde stoel). De vaste opslagkosten bestaan uit de kosten van de huur van het magazijn en van de magazijnchef. Deze kosten bedragen €5.000 per maand. De variabele opslagkosten (exclusief de vermogenskosten) bedragen €10 per stoel per jaar. De inkoopwaarde van een stoel bedraagt €400. De vermogenskosten bedragen 10% per jaar. Er wordt een veiligheidsvoorraad aangehouden van 500 stuks. Deze veiligheidsvoorraad is al aanwezig.
Op dit moment bestelt de groothandel 2.000 stoelen per bestelling.

a Welke motieven kan een onderneming hebben om voorraden aan te houden? Ook een speculatiemotief noemen.
b Bereken de totale kosten van het bestellen en van het aanhouden van voorraden bij de huidige bestelpolitiek.
c Bereken de optimale bestelgrootte.
d Bereken de kosten van het bestellen en het aanhouden van voorraden bij de optimale bestelgrootte.
e Welke invloed hebben de volgende gebeurtenissen op de optimale bestelgrootte?

Gebeurtenis	Geen invloed op de optimale bestelgrootte	Toename optimale bestelgrootte	Afname optimale bestelgrootte
1 Stijging in de inkoopprijs			
2 Stijging van de vermogenskosten			
3 Stijging van de huur van magazijnruimte			
4 Stijging van de transportkosten (kosten van een vracht nemen toe)			
5 Stijging van de kosten van het plaatsen van een bestelling			
6 Afname van de levertijd			
7 Toename van de afzet			

4.34 Drankenhandel Koelewijn bv is een regelmatige afnemer van het wijnmerk Château Pompidou, waarvan hij altijd een minimumvoorraad van 20 flessen in voorraad heeft. Op het moment dat dit niveau is bereikt, wordt een nieuwe bestelling wijn ontvangen. Koelewijn bv kan de wijn in twee hoeveelheden bestellen:

- 100 flessen per bestelling: bestelkosten inclusief transportkosten €10;
- 400 flessen per bestelling: bestelkosten inclusief transportkosten €30.

De inkoopprijs van een fles wijn is €3. De vermogenskosten zijn 10% over het gemiddeld geïnvesteerde vermogen. De jaarlijkse afzet van 1.200 flessen wijn is gelijkmatig over het jaar gespreid. De opslagkosten exclusief vermogenskosten zijn €0,20 per fles per maand. Voor verzekering wordt €600 per jaar betaald, ongeacht de hoeveelheid wijn die in voorraad ligt.

a1 Teken het verloop van het in voorraden geïnvesteerde vermogen als per bestelling 100 flessen besteld worden.

2 Bereken de bestel- en opslagkosten per jaar als per keer 100 flessen besteld worden.

b1 Teken het verloop van het in voorraden geïnvesteerde vermogen als per bestelling 400 flessen besteld worden.

2 Bereken de bestel- en opslagkosten per jaar als per keer 400 flessen besteld worden.

c Welke factoren spelen naast de kosten een rol bij de beslissing over de bestelgrootte?

4.35 Citroëngarage De Snoek bv heeft vijf monteurs in dienst, die een gemiddeld loon ontvangen van €2.000 bruto per periode van vier weken. Bij het vaststellen van het werkplaatstarief per arbeidsuur wordt rekening gehouden met de volgende gegevens:

- Een werkweek is 5 dagen, per week wordt 38 uur gewerkt.
- Per jaar worden 40 werkdagen toegekend voor vakantie, vrije dagen en ATV-dagen.
- De afwezigheid in verband met ziekte is 3%. De kosten hiervan komen voor 90% ten laste van de onderneming.
- De onderneming betaalt naast het brutoloon 30% aan sociale lasten en 8,25% vakantiegeld. Beide percentages te berekenen van het brutoloon.

Bereken het bedrag aan loonkosten per uur dat in het werkplaatstarief van de monteurs moet worden opgenomen.

4.36
U Onderneming High Performance maakt hoogwaardige onderdelen voor motorfietsen, waaronder een bepaald soort carburateur. Uit arbeidsstudies blijkt dat normaal per carburateur 2 uur arbeid nodig is (economisch onvermijdbaar). Het normale uurtarief voor een werknemer bedraagt €15 per gewerkt uur. Werknemer Johnson heeft gemiddeld echter slechts 90 minuten nodig om één carburateur te maken. Bij toepassing van stukloon wordt €30 per carburateur betaald.

Bereken het werkelijk uurloon voor de heer Johnson, als:

a stukloon wordt toegepast;

b tijdloon wordt toegepast.

4.37 Onderneming Vesuvius bv maakt keramische kookplaten voor keukenapparatuur. Onderzoek heeft uitgewezen dat normaal per keramische kookplaat 30 minuten arbeid nodig is (economisch onvermijdbaar). Het normale uurtarief voor een werknemer bedraagt €18 per gewerkt uur. Werknemer Hendriks heeft gemiddeld 20 minuten nodig om één keramische kookplaat te maken. Bij toepassing van stukloon wordt €9 per kookplaat betaald. Bij toepassing van het premieloonstelsel ontvangt de werknemer een premie van 65% van de bespaarde tijd.

Bereken het werkelijk uurloon voor de heer Hendriks, als:

a stukloon wordt toegepast;

b tijdloon wordt toegepast;

c het premieloonstelsel wordt toegepast.

d Noem de voordelen van respectievelijk stukloon, tijdloon en premieloonstelsels voor:
1 de werknemer;
2 de werkgever.
e Noem de nadelen van respectievelijk stukloon, tijdloon en premieloonstelsels voor:
1 de werknemer;
2 de werkgever.

***4.38** Sigarenfabrikant Willem III heeft op de afdeling waar de sigaren Señoritas gemaakt worden drie inpaksters op contractbasis in dienst. Sigaren Señoritas worden verpakt in blikjes van 25 stuks. Voor de beloning van de inpaksters zijn verschillende methoden denkbaar. Sociale lasten, ziekteverzuim en andere factoren worden buiten beschouwing gelaten. Een werkweek is 5 dagen. Per week wordt 38 uur gewerkt. De inpaksters kunnen de snelheid van de band die de sigaren aanvoert, zelf regelen.
Tijdloon: brutoloon per periode van 4 weken is €1.200.
Stukloon: vergoeding €0,04 per blikje.

Mevrouw Jansen heeft in de afgelopen vier weken 40.128 blikjes ingepakt.

a Bereken voor mevrouw Jansen het loon per periode van vier weken bij toepassing van stukloon.
b Onder welke voorwaarden is het premieloonstelsel toepasbaar?
c Welke nadelen zijn verbonden aan toepassing van stukloon?

Onderneming Willem III overweegt een inpakmachine aan te schaffen ter vervanging van de inpaksters. We veronderstellen dat alle inpaksters een tijdloon ontvangen en dat 28.000 blikjes per week ingepakt moeten worden. De inpakmachine kan 900 blikjes Señoritas per uur verwerken. De machine wordt bediend door één persoon, die €1.400 per vier weken verdient. De vaste machinekosten zijn €2.000 per vier weken. Daarnaast moet bij machinaal inpakken rekening worden gehouden met €0,01 inpakkosten per blikje.
d1 Vergelijk voor een periode van vier weken de kosten van de inpaksters met de kosten van de productiemethode waarbij een inpakmachine wordt gebruikt.
2 Welke factoren spelen naast de berekende kosten een rol bij de keuze tussen het gebruik van inpaksters en de aanschaf van een inpakmachine?

****4.39** Medewerker Lucassen is accountant bij Janssen & Teunissen accountants. Voor zijn accountantswerkzaamheden wordt aan klanten een uurtarief doorberekend. Dit uurtarief is gebaseerd op de kostprijs, verhoogd met 40% voor overheadkosten en winst.
Medewerker Lucassen heeft een fulltime dienstverband en heeft een salaris van €3.040 per periode van 4 weken (periodesalaris van €3.040, gebaseerd op €20 per uur). Voor de berekening van het uurtarief is verder nog gegeven:

- Naast het vaste salaris wordt jaarlijks in de maand mei een vakantietoeslag uitbetaald van $8\frac{1}{2}$% van het afgesproken normale brutoloon op jaarbasis. Er is tevens sprake van een eindejaarsuitkering ter grootte van 80% van een periodesalaris.
- Het accountantskantoor kent een dienstverband van 38 uren per week (verdeeld over 5 werkdagen per week). We nemen aan dat een kalenderjaar bestaat uit exact 52 weken.

- Koffie- en theepauzes (tweemaal vijftien minuten per dag) komen voor rekening van de werkgever, de lunchpauze is voor eigen rekening.
- Per jaar heeft de werknemer recht op 26 vakantiedagen.
- Iedere medewerker heeft recht op buitengewoon verlof (zes werkdagen per jaar). Daarnaast wordt rekening gehouden met acht dagen waarop niet kan worden gewerkt als gevolg van nationaal erkende feestdagen.
- In drukke perioden werken de accountants over. Op basis van gegevens uit het verleden heeft men berekend dat het overwerk gemiddeld 100 klokuren per adviseur per jaar bedraagt. Voor overuren geldt een toeslag op het bruto-uurloon van gemiddeld 25%. Deze uren worden alleen uitbetaald als er daadwerkelijk is overgewerkt.
- Het accountantskantoor streeft naar een ziekteverzuim van 4%. De werknemers worden tijdens ziekte voor 100% doorbetaald. Binnen het bedrijf wordt 30% van het ziekteverzuim opgevangen door ervaren uitzendkrachten. Daarvoor rekent het uitzendbureau een uurtarief van €54,45 (inclusief 21% btw).
- Binnen het bedrijf houdt men rekening met een leegloop van 25% van de aanwezige uren.
- Het accountantskantoor betaalt 30% aan premies sociale verzekeringen. Dit percentage wordt berekend over alle brutolooncomponenten. Daarnaast wordt gemiddeld €6.000 per medewerker per jaar betaald aan overige personeelskosten (kinderopvang, catering, reiskosten enzovoort).

a Bereken het aantal direct productieve uren per jaar.
b Bereken de jaarlijkse arbeidskosten, die zijn verbonden aan het in dienst hebben van medewerker Lucassen.
c Bereken het uurtarief (inclusief 21% btw) dat voor de diensten van medewerker Lucassen aan de klanten van het accountantskantoor in rekening wordt gebracht.
d Bereken het uurtarief als de premics sociale verzekeringen stijgen van 30% naar 35%.
e Bereken het uurtarief als het aantal werkuren per week wordt verhoogd van 38 naar 40 uur.
f Bereken het uurtarief als het aantal vakantiedagen wordt verlaagd van 26 naar 24.

4.40 ASR kiest voor uitbesteding administratie pensioenen

ASR kiest voor uitbesteding administratie pensioenen

Verzekeraar wil zich opmaken voor krimp traditionele pensioenmarkt

Cor de Horde en Nelleke Trappenburg Amsterdam

Verzekeraar ASR brengt de hele administratie van klanten met een traditioneel pensioen onder bij een extern bedrijf. Deze partij, Infosys BPO, zal het werk op termijn overbrengen naar India, meldt ASR donderdag.

ASR is de eerste grote pensioenverzekeraar die deze drastische stap zet. Levensverzekeraars staan onder druk de kosten sterk te verlagen en te flexibiliseren omdat de markt krimpt en de rente laag is.

Alle 87 werknemers van ASR in de 'backoffice' van het traditionele pensioenbedrijf gaan per 1 april over naar Infosys. Ze behouden hun arbeidsvoorwaarden. De ondernemingsraad van ASR heeft positief geadviseerd over de overgang.

Fleur Rieter, directeur Pensioenen bij ASR, zegt lang te hebben gestudeerd op de vraag of deze vorm van administratie (onder meer het doorgeven van salaris- en adreswijzigingen in het systeem) uit te besteden was. 'We hebben gekeken of een partij als Infosys echt iets kon toevoegen. De conclusie was dat zo'n partij het hetzelfde of zelfs beter doet tegen lagere kosten.'

Een belangrijk argument voor de uitbesteding, die ongewoon is in een sector die tot voor kort alles zelf placht te doen, is dat ASR een krimp voorziet in traditionele pensioenen waarbij de uitkering gegarandeerd is. Steeds meer werkgevers kiezen immers voor een pensioenregeling met een vaste premie waarbij het beleggingsrisico bij de werknemer ligt.

De or van ASR heeft positief geadviseerd over de overgang naar Infosys BPO

Infosys, een aan de beurs van New York genoteerde onderneming met een omzet van $8,5 mrd, heeft ASR laten weten dat de administratie geleidelijk aan ofwel wordt geautomatiseerd, ofwel wordt overgebracht naar India. Bedoeling is dat de 87 mensen van ASR vervolgens ander werk kunnen doen binnen Infosys. Rieter: 'Zij hebben een groeistrategie. Het is bij hen nooit gebeurd dat er geen werk meer was.'

Infosys heeft twee jaar geleden al een klein deel van de administratie van individuele levenspolissen van ASR overgenomen. Dankzij de uitbesteding betaalt ASR voortaan per deelnemer en per mutatie. Bij een krimp van de portefeuille dalen daardoor direct de kosten. De uitbesteding, waar een tienjarig contract voor is gesloten, heeft alleen betrekking op pensioenen met een gegarandeerde uitkering die onder het ASR-merk zijn verkocht. Het gaat om 400.000 deelnemers. Zaken als klantcontact, het aanpassen van polissen aan nieuwe wetgeving en het vermogensbeheer blijven bij ASR.

[...] ■

Bron: *Het Financieele Dagblad*, 5 februari 2015

- **a** Wat kan de reden zijn dat Infosys BPO haar werkzaamheden op termijn overbrengt naar India?
- **b** Welke omstandigheden maken het eenvoudiger om administratief werk van Europa naar bijvoorbeeld India over te hevelen?
- **c** Welke argumenten gebruikt ASR om haar besluit om de administratieve werkzaamheden over te hevelen naar Infosys BPO te onderbouwen?
- **d** Infosys BPO wil de administratie verder automatiseren of overbrengen naar India. Leg uit waarom het overbrengen naar India minder noodzakelijk/aantrekkelijk wordt als er meer wordt geautomatiseerd.
- **e** Welk soort kosten (vast of variabel) dalen er en welke stijgen er bij ASR als ASR administratieve werkzaamheden uitbesteedt aan Infosys BPO?
- **f** Waarom worden andere werkzaamheden zoals klantcontact en het aanpassen van polissen niet uitbesteed?

***4.41** Transportonderneming Globemaster bv is van plan een nieuwe vrachtauto type 'Favoriet' aan te schaffen. De volgende gegevens van dit type vrachtauto zijn bekend:

- De aanschafprijs van de vrachtauto bedraagt €120.000.
- De technische gebruiksduur van de vrachtauto is vijf jaar.
- De complementaire kosten bedragen in het eerste gebruiksjaar €92.000 en vervolgens elk volgend jaar (in verband met een jaarlijks dalend aantal kilometers) €4.000 minder dan in het voorgaande jaar.
- De verwachte restwaarde van de vrachtauto aan het einde van elk gebruiksjaar bedraagt:

na 1 jaar	€80.000
na 2 jaar	€62.200
na 3 jaar	€48.000
na 4 jaar	€37.400
na 5 jaar	€20.000.

- De verwachting is dat in het eerste gebruiksjaar met de vrachtauto 150.000 kilometer kan worden gereden, elk volgend jaar 10.000 kilometer minder.
- We houden geen rekening met vermogenskosten.
- De economische levensduur van de vrachtauto bedraagt een geheel aantal jaren (alleen aan het eind van het jaar kan de vrachtwagen worden afgestoten).
- Globemaster bv streeft naar zo laag mogelijke gemiddelde kosten per kilometer.

a Bereken de economische levensduur van de vrachtauto type Favoriet.

b Bepaal het afschrijvingsschema van de vrachtauto type Favoriet voor de eerste twee jaar met behulp van de geldswaarde van het aantal kilometers.

Aan het einde van het tweede gebruiksjaar komt er een nieuwe vrachtauto met de typeaanduiding 'Super' op de markt. Van deze vrachtwagen zijn de volgende gegevens bekend:

- De kosten per kilometer bedragen €0,75 per kilometer.
- Door de komst van de vrachtauto type Super zal de restwaarde van de vrachtauto type Favoriet aan het einde van ieder jaar €10.000 minder zijn dan aanvankelijk werd aangenomen.

c Aan het einde van welk gebruiksjaar wordt de vrachtauto type Favoriet (die nu in gebruik is) vervangen? Motiveer het antwoord met een berekening.

d Bereken het verlies dat aan het einde van het tweede gebruiksjaar ontstaat door het op de markt komen van de vrachtauto type Super.

4.42 Onderneming Optimaal heeft een nieuwe machine aangeschaft en moet nu om de standaardkostprijs vast te kunnen stellen de machinekosten per product berekenen.

Over de nieuwe machine zijn de volgende gegevens bekend:

- De productiecapaciteit van de machine bedraagt 60.000 stuks per jaar.
- De aanschafwaarde van de nieuwe machine is €120.000.
- De restwaarde aan het einde van het eerste jaar bedraagt €70.000, aan het einde van het tweede jaar €40.000 en aan het einde van het derde jaar €10.000.
- Aan het einde van het derde jaar is de machine zowel economisch als technisch versleten.
- De jaarlijkse complementaire kosten zijn in het eerste jaar €35.000, in jaar 2 €50.000 en in jaar 3 €80.000.
- De vermogenskosten bedragen 10% over het gemiddeld in de machine geïnvesteerde vermogen. Het gemiddeld geïnvesteerd vermogen per jaar berekenen we op basis van de boekwaarde van de machine aan het begin en aan het einde van elk gebruiksjaar. We veronderstellen dat de boekwaarde binnen ieder jaar gelijkmatig daalt.
- De machinekosten bestaan uit uitsluitend uit vermogenskosten, waardedaling van de machine en complementaire kosten.

a Bereken voor jaar 1, jaar 2 en jaar 3 afzonderlijk het gemiddeld geïnvesteerde vermogen.

b Bereken de vermogenskosten afzonderlijk voor jaar 1, jaar 2 en jaar 3.

c Bereken de machinekosten per eenheid product als de machine:

1 een jaar zou worden gebruikt;

2 twee jaar zou worden gebruik;

3 drie jaar zou worden gebruikt.

d Stel de economische levensduur van de machine vast. Motiveer je antwoord.
e Bereken welk bedrag in het tweede jaar voor afschrijvingen beschikbaar zal komen.

***4.43**
U
Treintaxi bv is van plan een nieuwe Mercedes voor het stadsvervoer aan te schaffen.
De technische levensduur van deze auto is zes jaar. De aanschafprijs is €40.000.
De proportioneel variabele kosten voor brandstof bedragen €0,14 per kilometer.

Verder zijn de volgende gegevens over deze auto bekend:

Jaar	**Restwaarde aan het einde van het jaar** (in euro's)	**Complementaire kosten per jaar** (in euro's)	**Aantal te rijden kilometers per jaar**
1	27.500	16.000	80.000
2	20.000	17.500	72.000
3	15.000	19.200	70.000
4	12.500	23.000	60.000
5	10.000	27.000	50.000
6	8.500	32.000	40.000

a Bereken de economische levensduur van deze auto.
b Bereken de bedragen die jaarlijks vrijkomen voor afschrijvingen.
c Welk afschrijvingssysteem verdient de voorkeur? Motiveer je antwoord met berekeningen.
d Waarom is bij de berekening van de economische levensduur de kostprijs per werkeenheid altijd een schatting?

Aan het einde van het eerste jaar is een vergelijkbare taxi op de markt gekomen, waarvan de kosten per kilometer (exclusief brandstofkosten) €0,30 zijn. De restwaarde van de taxi daalt hierdoor ineens naar €8.500 en verandert daarna niet meer.
e Bereken de afschrijvingen die in jaar 1 t/m 4 beschikbaar komen voor de Mercedes-taxi.
f Bereken de gevolgen van de lagere kostprijs per kilometer voor de economische levensduur van de Mercedes-taxi.
g Bereken het verlies dat ontstaat door het op de markt komen van de nieuwe taxi.

***4.44** Schoenfabrikant Gevea nv maakt sportschoenen voor een keten van sportwinkels. Wegens de gunstige afzetverwachtingen overweegt Gevea nv de productiecapaciteit uit te breiden. Hiervoor is een nieuwe machine nodig met een aanschafprijs van €800.000 en een technische levensduur van vijf jaar. De restwaarde van de machine is, ongeacht het moment van buitengebruikstelling, €100.000. De proportioneel variabele kosten bedragen €20 per paar.

Jaar	Productie per jaar (in paren)	Complementaire kosten per jaar (in euro's)
1	20.000	200.000
2	18.000	249.800
3	16.000	300.100
4	13.000	401.460
5	10.000	502.500

a Wat wordt verstaan onder de absolute technische levensduur?
b Wat wordt verstaan onder de economische levensduur van een machine?
c Bereken voor deze machine de economische levensduur.
d1 Bereken de bedragen die jaarlijks vrijkomen voor afschrijving.
2 Welk afschrijvingssysteem verdient de voorkeur? Motiveer je antwoord met berekeningen.

Aan het einde van het tweede jaar komt een nieuwe, efficiëntere machine op de markt die eenzelfde product voortbrengt als de machine die reeds in gebruik is. Er is slechts één verschil met de oude machine: de complementaire kosten van de nieuwe machine bedragen 50% van de oude (ten gevolge van kleinere hoeveelheden).
e1 Bereken de economische levensduur van de nieuwe machine.
2 Wat wordt de economische levensduur van de oude machine?
3 Bereken het verlies ten gevolge van het beschikbaar komen van de nieuwe machine.

***4.45**
U

Toscana nv maakt voor de productie van Italiaanse wijn gebruik van een machine met een aanschafwaarde van €200.000. De technische levensduur van de machine is vijf jaar.
De proportioneel variabele kosten zijn €2 per liter.

Jaar	Restwaarde aan het einde van het jaar (in euro's)	Complementaire kosten (in euro's)	Productie in liters
1	100.000	60.000	20.000
2	90.000	64.100	20.000
3	80.000	70.100	20.000
4	70.000	80.100	20.000
5	50.000	98.100	20.000

De vermogenskosten zijn 10% van het gemiddeld in een jaar geïnvesteerde vermogen. Het gemiddeld geïnvesteerde vermogen is gelijk aan de som van de restwaarden aan het begin en aan het einde van ieder jaar, gedeeld door 2.

a Wat wordt verstaan onder de economische levensduur?
b Bereken de economische levensduur van deze machine.
c Bereken de afschrijvingsbedragen die jaarlijks beschikbaar komen door de verkoop van wijn.

d Welk afschrijvingssysteem verdient in deze situatie de voorkeur? Motiveer je antwoord met berekeningen.

e Teken in een figuur het verloop van de geldswaarde van de productie, de complementaire kosten, de vermogenskosten en de afschrijvingen.

***4.46** Landsmeer bv maakt plastic bloempotten. Voor de productie van deze bloempotten maakt zij gebruik van een machine die onlangs gekocht is voor €180.000. De technische levensduur is zes jaar. De proportioneel variabele kosten zijn €2 per bloempot.

Jaar	**Restwaarde aan het einde van het jaar** (in euro's)	**Uitgaven voor complementaire kosten** (in euro's)	**Productie in eenheden**
1	140.000	20.000	100.000
2	110.000	25.200	100.000
3	95.000	30.200	90.000
4	75.000	35.400	80.000
5	60.000	40.400	70.000
6	50.000	45.800	60.000

De vermogenskosten zijn 8% van het gemiddeld in een jaar geïnvesteerde vermogen. Het gemiddeld geïnvesteerde vermogen is de som van de restwaarden aan het begin en aan het einde van ieder jaar, gedeeld door 2.

a Bereken de economische levensduur van de machine.

Aan het einde van het eerste gebruiksjaar komt er een nieuwe machine op de markt, waarmee het product gemaakt kan worden tegen een kostprijs van €0,45 per product. Door de komst van de nieuwe machine daalt de restwaarde van de oude machine aan het einde van het eerste jaar naar €50.000 en verandert daarna niet meer.
De overige gegevens veranderen niet.

b Bereken opnieuw de economische levensduur van de in gebruik zijnde machine.

c Bereken de bedragen die na het eerste jaar beschikbaar komen voor afschrijvingen (per jaar specificeren).

d Bereken het verlies dat ontstaat door het op de markt komen van de nieuwe machine.

****4.47** Multitoys bv maakt onder andere driewielers voor kleuters. Multitoys wil de kostprijs per goedgekeurd product berekenen om de verkoopprijs vast te kunnen stellen. Per ongekeurd product zijn de volgende gegevens bekend.

Materiaalkosten
De netto-hoeveelheid per product is 4 kg.
De prijs per kilogram is €9.
De normale afval is 20% van de bruto-hoeveelheid.
De netto-opbrengst van de afval is €2 per kilogram.

Machinekosten
Per ongekeurd product is 0,5 uur machinetijd nodig. Voor de machine die kort geleden is aangeschaft, gelden de volgende gegevens:

- Aanschaffingswaarde: €140.000.
- Restwaarde op elk moment gedurende de levensduur is €20.000. We veronderstellen dat de waardedaling gelijkmatig in de tijd ontstaat.
- De productie is 2.000 machine-uren per jaar.
- Complementaire machinekosten:
  jaar 1: €40.000 jaar 4: €110.000
  jaar 2: €60.000 jaar 5: €150.000
  jaar 3: €80.000

De vermogenskosten zijn 10% van het gemiddeld geïnvesteerde vermogen per jaar.

a Bereken de materiaalkosten per ongekeurd product.
b Geef twee voorbeelden van complementaire machinekosten.
c Bereken de economische levensduur van de machine en het bijbehorende machine-uurtarief.
d Bereken de machinekosten per ongekeurd product.

De overige kosten inclusief arbeidskosten zijn €22 per ongekeurd product.
e Bereken de kostprijs per ongekeurd product.

Uitval
Aan het einde van de productielijn worden de kinderfietsjes aan een strenge controle onderworpen. De uitval is normaal 10% van de ongekeurde productie. 60% van de uitval kan hersteld worden, waardoor ze alsnog aan de eisen voldoet. De herstelkosten bedragen €20 per herstelde kinderfiets. De overige 40% van de uitval kan niet hersteld worden en wordt als schroot verkocht voor €2 per kilogram.
f Bereken de kostprijs per goedgekeurde driewieler.

****4.48** Polyplastics bv is van plan een verbeterde soort kinderzitje op de markt te brengen. Op de vakbeurs in Utrecht heeft de directeur van de onderneming allerlei informatie verzameld over een machine, waarvan de aanschaffingsprijs €280.000 is. De technische levensduur van de machine is zeven jaar. In het eerste jaar zal de machine 2.000 uur in bedrijf zijn. Daarna neemt door reparaties en onderhoud het aantal machine-uren jaarlijks met 150 uur af. Per machine-uur worden steeds 15 kinderzitjes gemaakt. De exploitatiekosten van de machine nemen jaarlijks toe. Uit de volgende tabel blijkt dat de directe opbrengstwaarde van de machine afneemt naarmate de machine ouder wordt.

Jaar	Restwaarde aan het einde van het jaar (in euro's)	Complementaire kosten per jaar (in euro's)
1	190.000	60.000
2	150.000	70.000
3	120.000	85.000
4	100.000	90.000
5	50.000	115.000
6	20.000	125.000
7	0	150.000

Bij de berekening van de economische levensduur houdt Polyplastics bv rekening met vermogenskosten. De gemiddelde jaarlijkse vermogenskosten zijn 10% over het gemiddeld in een jaar geïnvesteerd vermogen. Het gemiddeld geïnvesteerde vermogen is de som van de restwaarden aan het begin en aan het einde van ieder jaar, gedeeld door 2.

a Geef de definitie van de economische levensduur.
b Bereken de economische levensduur van de machine.
c Bereken het bedrag aan machinekosten dat in de kostprijs van de kinderzitjes wordt opgenomen. Uitkomst in centen nauwkeurig.
d1 Bereken de bedragen die jaarlijks voor afschrijving van de machine ter beschikking komen.
2 Welke afschrijvingsmethode verdient in deze situatie de voorkeur? Motiveer je antwoord.
3 Bereken de verwachte boekwaarde van de machine aan het einde van de economische levensduur en vergelijk deze met de verwachte restwaarde aan het einde van de economische levensduur. Bij de beantwoording van deze vraag veronderstellen we dat de jaarlijkse afschrijvingen gelijk zijn aan de bedragen die jaarlijks vrijkomen door de verkoop van kinderzitjes (vrijgekomen afschrijvingen).
4 Geef een verklaring voor het verschil tussen de verwachte boekwaarde en de verwachte restwaarde aan het einde van de economische levensduur.
e Waarom is bij de bepaling van de economische levensduur de berekende kostprijs per kinderzitje een schatting?

Aan het einde van het tweede jaar komt er een verbeterde machine op de markt. In de kostprijs van een kinderzitje dat met de nieuwe machine wordt gemaakt, wordt €4,35 per kinderzitje opgenomen ter dekking van de kosten van het duurzaam productiemiddel. Als gevolg van het verschijnen van de verbeterde machine daalt de restwaarde van de oude machine aan het einde van jaar 2 ineens tot €20.000 en verandert daarna niet meer.
f Zal de directie van Polypastics bv de oude machine direct vervangen door de verbeterde machine? Motiveer je antwoord met een berekening.
g Bereken het verlies dat ontstaat door het op de markt komen van de nieuwe machine (het verlies door economische veroudering).

***4.49 U** Een machine met een aanschafwaarde van €100.000 heeft een economische levensduur van vier jaar. De leiding van de onderneming verwacht dat de machine aan het einde van het vierde jaar €20.000 zal opbrengen. De onderneming berekent 8% vermogenskosten over de boekwaarde aan het begin van ieder jaar.

Bereken de jaarlijkse afschrijvings- en vermogenskosten als men afschrijft met:
a Een vast percentage van de aanschafwaarde.
b Een vast percentage van de boekwaarde.
c Bedragen die jaarlijks met €4.000 afnemen. (Hint: stel de afschrijvingen in het eerste jaar op X.)
d1 Gelijke annuïteiten per jaar.
2 Laat door een berekening zien dat bij toepassing van de annuïteitenmethode de boekwaarde aan het einde van het vierde jaar €20.000 bedraagt.

***4.50** Een machine met een aanschafwaarde van €200.000 heeft een economische levensduur van vijf jaar. De leiding van de onderneming verwacht dat de machine aan het einde van het vijfde jaar €20.000 zal opbrengen. De onderneming berekent 10% vermogenskosten over de boekwaarde aan het begin van ieder jaar.

Bereken de jaarlijkse afschrijvings- en vermogenskosten als men afschrijft met:

a Een vast percentage van de aanschafwaarde.
b Een vast percentage van de boekwaarde.
c Bedragen die jaarlijks met €5.000 afnemen. (Hint: stel de afschrijvingen in het eerste jaar op X.)
d Gelijke annuïteiten per jaar.
e Wanneer heeft afschrijven met een vast percentage van de boekwaarde de voorkeur?

4.51
U Metaalbewerking Van Maanen bv heeft een machine in gebruik met een aanschafwaarde van €280.000 en een restwaarde van nihil. Deze machine wordt in drie jaar afgeschreven door middel van gelijke jaarlijkse annuïteiten. Van Maanen bv berekent 8% vermogenskosten over de boekwaarde aan het begin van ieder jaar.

a Bereken de jaarlijkse annuïteit.
b Splits de jaarlijkse annuïteit in een interest- en een afschrijvingsbestanddeel.

***4.52** Onderneming Maxim bv heeft een machine met een aanschafwaarde van €300.000 en een restwaarde van €40.000. Deze machine wordt in vier jaar afgeschreven door middel van gelijke jaarlijkse annuïteiten. Onderneming Maxim berekent 10% vermogenskosten over de boekwaarde aan het begin van ieder jaar.

a Bereken de jaarlijkse annuïteit.
b Splits de jaarlijkse annuïteit in een interest- en een afschrijvingsbestanddeel.
c Wanneer heeft afschrijven door gelijke jaarlijkse annuïteiten de voorkeur?

4.53 Van onderneming Depreciation bv zijn over de maand februari 2016 de volgende gegevens bekend:

- Op 1 februari 2016 is er een bedrijfsauto aangeschaft en per bank betaald (de aanschafwaarde is €40.000).
- Over de bedrijfsauto wordt het eerste jaar 30% van de aanschafprijs afgeschreven. De jaarlijkse afschrijving wordt gelijkmatig over het betreffende jaar verdeeld.
- Voor de financiering van de bedrijfsauto is per 1 februari 2016 een lening van €40.000 bij de bank afgesloten. De leningsvoorwaarden luiden als volgt: de rente moet achteraf per halfjaar worden betaald (voor het eerst op 31 juli 2016) en bedraagt 9% op jaarbasis. De aflossing vindt eenmaal per jaar plaats (voor het eerst op 1 februari 2017). Op deze lening wordt jaarlijks €8.000 afgelost. Dit is de enige vorm van vreemd vermogen waar de onderneming gebruik van maakt.
- De verzekeringspremie voor de auto bedroeg €600 per jaar en is op 1 februari 2016 voor het gehele jaar vooruitbetaald.
- Het benzineverbruik in februari 2016 bedroeg €700 en is direct per bank betaald.
- Er is voor februari 2016 €1.200 per bank aan overige bedrijfskosten betaald.

- De omzet is uitsluitend a contant en bedroeg in de maand februari 2016 €96.000.
- De brutowinst is 60% van de inkoopwaarde van de omzet.
- De inkopen op rekening bedroegen in februari 2016 €50.000 en in maart 2016 €55.000. Met de leveranciers is een krediettermijn van één maand overeengekomen, waarvan volledig gebruik wordt gemaakt.
- De inkopen en verkopen vinden gelijkmatig over de maand plaats.
- De vennootschapsbelasting bedraagt 20%.
- Met omzetbelasting (btw) houden we geen rekening.
- Met andere dan de hiervoor genoemde gegevens houden we geen rekening.

a Leg uit wat wordt bedoeld met:
1 primaire geldstromen;
2 secundaire geldstromen.
b Stel de winst- en verliesrekening op over de maand *februari* 2016.
Deel de winst- en verliesrekening zodanig in dat de volgende begrippen duidelijk zichtbaar zijn: EBITDA (earnings before interest, taxes, depreciation and amortization), EBIT (earnings before interest and taxes), EBT (earnings before taxes) en EAT (earnings after taxes).

5.1 Bloemenveiling FloraHolland moet €100 mln aan kosten wegsnijden

Bloemenveiling FloraHolland moet €100 mln aan kosten wegsnijden

Marktveranderingen nopen tot zware ingreep bij concern in Aalsmeer

Jan Verbeek
Aalsmeer

FloraHolland, de grootste bloemenveiling ter wereld, gaat diep in de structuur en de organisatie snijden. Over vijf jaar moeten de vaste kosten structureel €100 mln lager zijn dan de huidige €300 mln.

De zware ingreep is nodig vanwege de snel veranderende marktomstandigheden. Volgens de directie worden er steeds minder bloemen en planten via de klok van FloraHolland verkocht. Nederlandse en buitenlandse telers, handelshuizen en supermarktketens doen in toenemende mate direct zaken en passeren de veiling. Voor de administratieve en financiële afhandeling doen zij nog wel vaak een beroep op de veiling, de vraag naar logistieke diensten neemt af.

De afslankingsoperatie staat in de nieuwe strategie, FloraHolland 2020, die de coöperatie afgelopen jaar heeft geformuleerd. Het betekent dat de veiling in de nabije toekomst met veel minder personeel zal gaan werken, dat er voor €1 mrd virtueel zal worden geveild, dat gebouwen en grond zullen worden verkocht en dat het veilproces efficiënter moet verlopen.

Op een persbijeenkomst dinsdag in Aalsmeer vertelde directievoorzitter Lucas Vos over de voortgang van het transformatieproces en maakte hij de jaarcijfers over 2014 bekend. Vos trad begin vorig jaar in dienst en kreeg de opdracht te bouwen aan een 'nieuw' FloraHolland.

Telers, handelshuizen en supermarktketens doen in toenemende mate direct zaken en passeren de veiling

Van de totale kosten van de veiling heeft grofweg de helft betrekking op personeelsinzet. De nu aangekondigde maatregelen zullen dus veel werknemers treffen. Voor het lopende jaar is geen reorganisatie voorzien. Wel zullen er ruim 120 banen verdwijnen als gevolg van natuurlijk verloop.

Vorig jaar werden al meer dan 320 functies (fte) geschrapt, bijna 12% van het totale personeelsbestand. Daarbij ging het deels om gedwongen ontslagen. Getroffen werden onder meer veilingmeesters, managers en logistiek medewerkers. De ingreep zorgde voor arbeidsonrust, stakingen en een opvallend hoog ziekteverzuim (5,8%).

[...] ■

Bron, *Het Financieele Dagblad*, 20 mei 2015

a Waarom proberen ondernemingen die met een forse omzetdaling te maken krijgen vooral de vaste kosten te verminderen?
b Welke technologische vernieuwingen maken het mogelijk direct zaken te doen, buiten een veiling om?
c Wat wordt verstaan onder een virtuele veiling?
d Door welke maatregelen wil FloraHolland haar vaste kosten verminderen?

CSM staat niet alleen met problemen

Hoge inkoopprijs zit sector dwars

Ranka Rolvink
Amsterdam

De problemen die voedingsconcern CSM gisteren noopten tot een winstwaarschuwing staan niet op zichzelf. Andere voedingsbedrijven, speciaalzaken en supermarkten kampen met hetzelfde soort problemen, zo is de mening van marktkenners. 'Het risico zit duidelijk in de hele sector', zegt Richard Withagen, sectoranalist bij SNS Securities.

Het Britse Premier Foods kwam vrijdag ook met een winstwaarschuwing. Hoge grondstofprijzen en consumenten die minder kopen, zitten de sector dwars, vat Torn Muller van Theodoor Gilissen samen. Alle bedrijven die hiermee te maken hebben, zullen volgens hem bij de komende cijferronde laten 'horen dat de druk groter is dan verwacht'.

CSM, dat bakkerijproducten en melkzuur (voor het langer houdbaar houden van vlees bijvoorbeeld) levert, maakte gisterochtend bekend dat het verwachte herstel in het tweede halfjaar niet wordt gehaald. De verwachte €50 mln ebita voor het derde kwartaal wordt €30 mln. En ook het vierde kwartaal is beïnvloed door het negatieve sentiment. Over de winst maakt het bedrijf niets bekend. Meer informatie volgt op 27 oktober, de dag waarop de derde kwartaalresultaten naar buiten komen.

Om de resultaten te verbeteren, kondigt het bedrijf een reorganisatie aan die in 2012 €30 mln en daarna €50 mln moet opleveren. Inzicht in deze reorganisatie geeft CSM ook niet. Withagen, die benadrukt dat CSM net een reorganisatie achter de rug heeft, denkt dat er mensen moeten afvloeien. 'Daar zit de grootste kostenpost.'

Verschil met andere voedingsbedrijven is dat CSM zijn omzet uit Europa en de Verenigde Staten haalt. Unilever en Heineken bijvoorbeeld halen meer dan de helft van hun omzet uit opkomende markten, waar de consumentjuist meer uitgeeft aan voedsel. Daardoor zullen zij minder hard worden geraakt door het afnemende consumentenvertrouwen.

Begin juli kwam CSM ook met een winstwaarschuwing. Toen zei het bedrijf de hogere kosten van de stijgende grondstofprijzen te gaan verrekenen in de verkoopprijs. Maar door de lange contracten die het met afnemers sluit, gaat dat minder snel dan nodig.

In 2007, het begin van de kredietcrisis, maakte het voedingsconcern moeilijke tijden door. 'Ook toen was er sprake van een volumedaling van 2 tot 3%, net als nu', zegt Withagen van SNS. ■

Bron: *Het Financieele Dagblad*, 11 oktober 2011

a Wat bedoelen we met de standaard integrale kostprijs?
b Waarom willen ondernemingen inzicht hebben in de omvang van de standaard integrale kostprijs?
c Wat wordt bedoeld met 'het negatieve sentiment' waar in het artikel over wordt gesproken?
d Wat zijn volgens het artikel de belangrijkste kosten bij CSM?
e Waarom kan CSM de stijging van de grondstofkosten niet onbeperkt doorberekenen in de verkoopprijs van haar producten?
f Welke maatregelen gaat CSM treffen om de winstgevendheid te verbeteren?
g Waarom zijn Unilever en Heineken beter dan CSM in staat de stijging van de grondstofkosten in hun verkoopprijzen door te berekenen?

5.3 Van een onderneming die één homogeen product maakt, is het volgende gegeven:

- De constante kosten voor het jaar 2016 worden begroot op €28.000.
- Bij een verwachte productieomvang van 9.000 eenheden zijn de proportioneel variabele kosten €76.500.
  De normale productieomvang is 8.000 eenheden.

a Bereken de kostprijs voor het jaar 2016.
b Wat verstaan we onder de normale productie?
c Wat is het belang van het berekenen van een nauwkeurige kostprijs?
d Welke andere vormen van variabele kosten kunnen (naast proportioneel variabel) voorkomen?

5.4 Industriële onderneming Gerzon bv maakt slechts één (homogeen) product. Voor het komende jaar heeft Gerzon bv de volgende cijfers begroot. Met btw houden we in deze opgave geen rekening.

Productiegegevens:	
Begrote productieomvang	18.200 stuks
Normale productieomvang	18.000 stuks
Variabele productiekosten per stuk	€3,60
Totale constante productiekosten	€49.500
Verkoopgegevens:	
Begrote verkoopomvang	18.500 stuks
Normale verkoopomvang	18.000 stuks
Variabele verkoopkosten per stuk	€0,40
Totale constante verkoopkosten	€4.500

Winstmarge
De winstopslag is 30% van de verkoopprijs.

a Bereken de fabricagekostprijs.
b Bereken de commerciële kostprijs.
c Bereken de verkoopprijs.
d Van welke marktvorm is (als we letten op de wijze waarop de verkoopprijs wordt vastgesteld) blijkbaar sprake? Licht je antwoord toe.

5.5 Onderneming Expansie bv, die slechts één (homogeen) product maakt, verwacht dat de vraag naar haar producten in de komende jaren zal toenemen. Om aan deze stijgende vraag te kunnen voldoen, gaat Expansie bv volgend jaar haar productiecapaciteit uitbreiden.
In dit verband heeft de administrateur van Expansie bv de volgende cijfers verzameld:

- Het afgelopen jaar (2016) bedroegen de totale kosten €160.000 bij een productieomvang van 12.000 eenheden.
- In het komende jaar (2017) gaat Expansie bv haar productiecapaciteit uitbreiden tot 16.000 eenheden. Zij verwacht dat de totale constante kosten door deze uitbreiding met €12.000 zullen toenemen.
- De variabele kosten zijn proportioneel variabel.
- Volgens de begroting voor 2017 zullen de totale kosten na uitbreiding stijgen naar €200.000.

a Bereken de proportioneel variabele kosten per product.
b Bereken de totale constante kosten na de uitbreiding.
c Bereken de kostprijs voor komend jaar als de normale productieomvang 14.000 eenheden is.

5.6 Een medewerker van advocatenkantoor Recht door Zee heeft een juridisch medewerker in dienst met een brutomaandsalaris van €2.600. De vakantietoeslag bedraagt 9%, terwijl een eindejaarsuitkering van 6% wordt toegekend. De sociale lasten bedragen 30%. De reis- en verblijfkosten (8%) en de overige kosten (5,5%) worden berekend over het brutosalaris.
De gemiddelde werkdag van een medewerker bedraagt 7,2 uur per dag. Een jaar heeft 30 niet-werkbare dagen (feestdagen en verlofdagen) en het ziekteverzuim bedraagt 5%.
Van de gewerkte uren is een gedeelte indirect (stel 150 uur).
We gaan ervan uit dat de opslag voor winst en de overige kosten (zoals huisvestingskosten, kantoorkosten en afschrijvingen) 40% bedraagt van de kostprijs van een direct uur (declarabel uur).

a Bereken het aantal gewerkte uren per jaar.
b Bereken de loonkosten per declarabel uur.
c Bereken het uurtarief dat voor deze medewerker aan de cliënten van advocatenkantoor Recht door Zee in rekening wordt gebracht.
d Wat zijn de gevolgen als een medewerker te weinig uren rechtstreeks ten laste van een cliënt brengt? Wat wordt in dit verband met 'te weinig' bedoeld?

5.7 Een medewerker van notariskantoor Waarvan Akte heeft een kandidaat-notaris in dienst met een brutomaandsalaris van €3.000 per 1 januari. Bij het beoordelingsgesprek dat ieder jaar in december wordt gehouden, is overeengekomen dat deze medewerker per 1 juli een salarisverhoging krijgt van 5%. De vakantietoeslag bedraagt 7,5%, terwijl een eindejaarsuitkering van 7% wordt toegekend. De sociale lasten bedragen 30%. De reis- en verblijfkosten (6%) en de overige kosten (6,5%) worden berekend over het brutosalaris.
De gemiddelde werkdag van een medewerker bedraagt 7,4 uur per dag. Een jaar heeft 30 niet-werkbare dagen (feestdagen en verlofdagen) en het ziekteverzuim bedraagt 4%.
Van de gewerkte uren is een gedeelte indirect (stel 134 uur).
We gaan ervan uit dat de opslag voor winst en de overige kosten (zoals huisvestingskosten, kantoorkosten en afschrijvingen) 35% bedraagt van de kostprijs van een direct uur.

a Bereken het aantal gewerkte uren per jaar.
b Bereken de loonkosten per declarabel uur.
c Bereken het uurtarief dat voor deze medewerker aan de cliënten van notariskantoor Waarvan Akte in rekening wordt gebracht.
d Wat zijn de gevolgen als een medewerker zijn inefficiënt gewerkte uren toch rechtstreeks ten laste van een cliënt brengt?

5.8 U Uniform nv maakt al een aantal jaren fietstassen van het model Duo. Dit model fietstassen en de productiewijze zijn in die jaren niet veranderd. De productiekosten bestaan uit variabele en vaste kosten. Deze kosten variëren met de productieomvang.

Productiecapaciteit in eenheden	Variabele kosten per eenheid product (in euro's)	Vaste kosten (in euro's)
1.000 tot 2.000	6,00	20.000
2.000 tot 3.000	5,90	30.000
3.000 tot 4.000	5,80	39.000
4.000 tot 5.000	5,85	47.000
5.000 tot 6.000	5,95	54.000
7.000 tot 8.000	6,05	60.000

Voor komend jaar wordt een productie verwacht van 4.800 fietstassen model Duo. De normale productie is 5.400 fietstassen.

a Wat wordt verstaan onder de integrale kostprijs?
b Bereken de integrale kostprijs van een fietstas model Duo.

5.9
U MSD Helmets bv heeft sinds vier jaar de integraalhelm Safety in het productieprogramma opgenomen. Het model en de productiewijze van deze helmen zijn sinds de introductie ervan niet veranderd. De productiekosten bestaan uit variabele en vaste kosten. Deze kosten variëren met de productieomvang.

Productiecapaciteit in eenheden	Variabele kosten per helm (in euro's)	Vaste kosten (in euro's)
0 tot 200	50,00	22.000
200 tot 400	49,40	40.000
400 tot 600	48,90	56.000
600 tot 800	48,50	70.000
800 tot 1.000	48,20	82.000
1.000 tot 1.200	48,00	92.000
1.200 tot 1.400	47,90	100.000

Voor komend jaar wordt een productie verwacht van 900 helmen van het type Safety. De normale productie is 1.100 helmen.

a Van welke soort variabele kosten is hier blijkbaar sprake?
b Bereken de integrale kostprijs van een helm type Safety.

*5.10 Onderneming Logica bv maakt een homogeen product. De standaardkostprijs van dit product bestaat uit directe en indirecte fabricagekosten en directe en indirecte verkoopkosten. De indirecte *fabricagekosten* worden aan de producten toegerekend door de directe fabricagekosten te verhogen met 5%. De indirecte *verkoopkosten* worden aan de producten toegerekend door de directe verkoopkosten te verhogen met 3%.

De standaardkostprijs (de toegestane kosten per product) voor het jaar 2016 is als volgt opgebouwd (op basis van een normale productie van 10.000 stuks):

Grondstofkosten	4 kg × €3,00/kg	=	€ 12,00
Arbeid	2 uur × €40/uur	=	€ 80,00 +
Totale directe fabricagekosten			€ 92,00
Opslag indirecte fabricagekosten (5%)			€ 4,60 +
Integrale fabricagekostprijs			€ 96,60
Directe verkoopkosten	€10,00 per product		€ 10,00
Opslag indirecte verkoopkosten (3%)			€ 3,00 +
Integrale commerciële kostprijs			€ 109,60

De begrote verkoopprijs voor 2016 bedraagt €145,00 per stuk, bij een begroverkoopomvang van 10.000 stuks. Met btw houden we geen rekening.

Op 12 januari 2017 zijn over 2016 de volgende (werkelijke) gegevens bekend geworden:

- Er zijn 10.000 producten geproduceerd en verkocht.
- De gerealiseerde verkoopprijs per product bedraagt €150,00.
- De werkelijke kosten zijn als volgt opgebouwd:

Grondstofkosten	€ 135.000
Arbeid	€ 780.000
Indirecte fabricagekosten	€ 50.000
Directe verkoopkosten	€ 106.000
Indirecte verkoopkosten	€ 34.000 +
Totale werkelijke kosten	€ 1.105.000

a Wat verstaan we onder het enge en het ruime kostenbegrip?

b Is bij de berekening van de integrale commerciële kostprijs het enge of het ruime kostenbegrip toegepast? Licht je antwoord toe.

c Bereken wat het resultaat zou zijn geweest als de werkelijke verkoopprijs gelijk geweest zou zijn aan de begrote verkoopprijs en de kosten gelijk aan de werkelijke verkoopomvang vermenigvuldigd met de standaard commerciële kostprijs.

d Bereken het werkelijke resultaat over 2016.

e Bereken het verschil tussen het werkelijke resultaat (antwoord op vraag **d**) en het resultaat op basis van de voorgecalculeerde (standaard) opbrengsten en de standaardkosten (antwoord op vraag **c**).

5.11
U
Industriële onderneming Bonjol bv maakt een massaproduct. De normale jaarproductie is 60.000 eenheden. Deze normale jaarproductie is verdeeld over de vier kwartalen in de verhouding 2 : 3 : 4 : 1. Voorraadvorming en uitbesteding van de productie zijn niet mogelijk.

De onderneming wenst steeds te beschikken over een reservecapaciteit van 15% van de normale productie per kwartaal.

De machines die de onderneming nodig heeft, zijn verkrijgbaar in de volgende jaarlijkse capaciteit (de jaarlijkse vaste kosten van de machines staan tussen haakjes vermeld):

- 90.000 eenheden per jaar (€170.000);
- 125.000 eenheden per jaar (€210.000);
- 170.000 eenheden per jaar (€260.000).

a Bereken de productie per kwartaal.
b Bereken de rationele capaciteit.

Op grond van een foutieve afzetschatting is er een machine met een jaarcapaciteit van 170.000 eenheden aangeschaft.
Er zijn geen andere vaste kosten dan de machinekosten. De variabele kosten zijn proportioneel variabel en zijn voor het komende jaar €2,50 per eenheid.
c Bereken de totale overcapaciteit op jaarbasis.
d1 Splits de totale overcapaciteit in de rationele en de irrationele overcapaciteit.
2 Deel de rationele overcapaciteit in naar de verschillende oorzaken.
e Bereken de standaardkostprijs per eenheid product.
f Bereken het jaarlijkse verlies als gevolg van de irrationele overcapaciteit.

5.12 De productie van Vlonos nv is geconcentreerd in het derde en vierde kwartaal van het jaar. In het derde kwartaal wordt 30% en in het vierde kwartaal 70% van de jaarlijkse productie gemaakt. Binnen deze kwartalen verloopt de productie gelijkmatig. De normale productie bedraagt 300.000 eenheden per jaar. In verband met stilstand van de machines wegens noodzakelijk onderhoud en eventuele technische storingen is een reservecapaciteit van 20% van de normale productie per kwartaal vereist. Op dit moment heeft Vlonos nv de beschikking over een machine met een capaciteit per kwartaal van 1 mln eenheden. Bij de start van dit productieproces had de onderneming de keuze uit de volgende machines:

Type machine	Capaciteit in eenheden per kwartaal	Vaste kosten per jaar (in euro's)
A	200.000	300.000
B	350.000	450.000
C	600.000	600.000
D	1.000.000	750.000
E	5.000.000	1.250.000

De proportioneel variabele kosten zijn €3,50 per product.

a Bereken de rationele capaciteit in eenheden per kwartaal.
b Welk type machine had de onderneming moeten kiezen?
c Bereken de jaarlijkse rationele overcapaciteit (in eenheden) en splits deze naar oorzaken.
d Bereken de kostprijs per product.

5.13 Een onderneming vervaardigt een massaproduct. De normale afzet is als
U volgt over de kwartalen verdeeld:

- eerste kwartaal: 16.000 producten;
- tweede kwartaal: 16.000 producten;
- derde kwartaal: 20.000 producten;
- vierde kwartaal: 12.000 producten.

Als gevolg van de aard van het productieproces kan er niet op voorraad worden geproduceerd. In verband met stilstand van de machines wegens noodzakelijk onderhoud en eventuele technische storingen is een reservecapaciteit van 10% van de normale afzet per kwartaal vereist. De volgende machines zijn verkrijgbaar:

Type machine	Capaciteit in eenheden product per jaar	Vaste kosten per jaar (in euro's)
A	20.000	100.000
B	40.000	150.000

De onderneming beschikt over drie machines type B met een jaarcapaciteit van 40.000 eenheden elk.

a1 Bereken welke machine of combinatie van machines de onderneming had moeten kiezen.
2 Bereken de grootte van de rationele capaciteit in eenheden per jaar.
b Bereken de jaarlijkse rationele overcapaciteit (in eenheden) en splits deze naar oorzaken.
c Bereken het verlies als gevolg van de irrationele overcapaciteit.
d Bereken de kostprijs per product als verder gegeven is dat de proportionele variabele kosten €3,75 per product zijn.

5.14 IJsproducent Gelati bv heeft een afzet die voornamelijk geconcentreerd is in de zomer, zoals blijkt uit de volgende gegevens.
Afzet voor het komende jaar:

Eerste kwartaal	8.000 liter
Tweede kwartaal	11.500 liter
Derde kwartaal	21.000 liter
Vierde kwartaal	6.000 liter
Totaal	46.500 liter

De afzet is gelijkmatig verdeeld binnen de kwartalen en kan als normaal worden beschouwd. Wegens producttechnische redenen is het niet mogelijk op voorraad te produceren. Er moet rekening worden gehouden met een reservecapaciteit van 10% van de normale productie per kwartaal. Op dit moment beschikt men over één machine A met een capaciteit van 7.500 liter per kwartaal en twee machines B met een capaciteit van 10.000 eenheden per kwartaal.

Het is verder bekend dat de directie de keuze had uit de volgende machines:

Type machine	Capaciteit in liters per kwartaal	Vaste kosten per kwartaal (in euro's)
A	7.500	4.300
B	10.000	5.500
C	15.000	8.000
D	20.000	10.500

a Bereken de capaciteit die Gelati bv op jaarbasis nodig heeft.
b Bereken welke machine of combinatie van machines men uit economische overwegingen had moeten aanschaffen.
c Bereken de rationele overcapaciteit op jaarbasis en splits deze naar oorzaken.
d Wat wordt verstaan onder het begrip irrationele overcapaciteit?
e Bereken of er sprake is van irrationele overcapaciteit. Zo ja, geef aan tot welk jaarlijks verlies deze irrationele overcapaciteit leidt.
f Bereken de integrale kostprijs indien de proportioneel variabele kosten €1,30 per liter zijn.

***5.15** Klokhuis bv produceert relatiegeschenken. Voor de productie van een staand digitaalklokje zijn twee machines nodig: een voor het beletteren (machine 1) van de wijzerplaat en een voor de assemblage (machine 2) van de ingekochte halffabricaten.
De normale afzet van de klokjes bedraagt 24.000 stuks per jaar. Klokhuis bv heeft een seizoensgebonden afzet. De onderneming houdt geen voorraden aan.
De normale afzet (in eenheden) is als volgt over de kwartalen verdeeld:

Eerste kwartaal	6.000
Tweede kwartaal	4.200
Derde kwartaal	6.600
Vierde kwartaal	7.200
Totaal	24.000

Voor het beletteren (machine 1) is per product 5 minuten machinetijd nodig. Voor de assemblage (machine 2) is per product 6 minuten machinetijd nodig. Klokhuis bv wil ten behoeve van stilstand in verband met reparatie en onderhoud en voor mogelijke extra orders altijd beschikken over een reservecapaciteit van 10%. Op de inkoopmarkt van de machines zijn de volgende capaciteiten (in uren per jaar) beschikbaar:

Jaarcapaciteit in uren	Vaste kosten per jaar (in euro's)	
	Machine 1	Machine 2
2.400	31.200	21.500
2.600	34.400	24.600
2.800	38.000	27.868
3.000	44.000	31.660
3.200	52.000	36.432

Andere dan de vermelde jaarcapaciteiten zijn niet verkrijgbaar.

Variabele kosten
De variabele machinekosten van machine 1 zijn in de volgende tabel weergegeven.

Bezettingsgraad in machine-uren	Variabele kosten per machine-uur (in euro's)
0 tot 1.800 uur	11,00
1.800 tot 2.300 uur	12,50
2.300 tot 2.800 uur	14,50
2.800 tot 3.300 uur	17,00

Machine 2 heeft €17 proportioneel variabele machinekosten per machine-uur.

NB Indien nodig de uitkomsten op centen afronden.

a Noem twee oorzaken van een progressief verloop van variabele kosten.
b Bereken de rationele jaarcapaciteit (gemeten in machine-uren) van:
1 machine 1;
2 machine 2.
c Splits de jaarlijkse rationele overcapaciteit (in machine-uren) op naar oorzaken voor:
1 machine 1;
2 machine 2.
d Bereken het standaard-uurtarief voor machine 1 en voor machine 2.
e Bereken de machinekosten die in de kostprijs van het klokje moeten worden opgenomen.

5.16 U Cementbouw nv maakt terrastegels in diverse afmetingen: type 1 (20 × 20 cm), type 2 (30 ×40 cm) en type 3 (50 × 50 cm). Alle tegels hebben een dikte van 6 cm. De grondstofkosten zijn €10 per m² tegeloppervlakte. Voor de productie van de verschillende tegels worden dezelfde machines gebruikt. Bij een normale productie zijn de kosten van deze machines €4.500 per maand. De normale maandelijkse productie is:

- 4.000 stuks type 1;
- 3.000 stuks type 2;
- 2.000 stuks type 3.

De machinekosten per tegel verhouden zich als volgt:
type 1 : type 2 : type 3 = 1 : 2 : 4
Cementbouw nv past de equivalentiecijfermethode toe.

a Bereken voor ieder type tegel de grondstofkosten per eenheid.
b Bereken voor ieder type tegel de machinekosten per eenheid.

5.17 Rondhout bv maakt houten palen voor afrasteringen in weilanden en tuinen. Deze palen worden in verschillende dikten en lengtes gemaakt. De normale jaarproductie is als volgt verdeeld:

Soort paal	Doorsnee	Lengte	Normale productie in eenheden per jaar
Type A	6 cm	160 cm	40.000
Type B	6 cm	190 cm	25.000
Type C	9 cm	170 cm	15.000
Type D	9 cm	200 cm	5.000

De palen worden geïmpregneerd en geschaafd. Voor het impregneren en schaven zijn machines in gebruik. De kosten van deze machines bij de normale productieomvang zijn €51.500 per jaar. Tussen de machinekosten van de verschillende palen is de volgende verhouding vastgesteld:
type A : type B : type C : type D = 5 : 6 : 8 : 9.
Rondhout bv past de equivalentiecijfermethode toe.

a Bereken de machinekosten per type paal.
b Bereken per type paal de totale doorberekende machinekosten. Controleer of het totaal van deze bedragen gelijk is aan €51.500.

5.18 Chemische wasserij Clean bv maakt voor het reinigen van kledingstukken gebruik van machines. Deze machines, waarvan de kosten bij de normale productieomvang €13.650 per jaar zijn, worden gebruikt voor het reinigen van pantalons, kostuums, blouses en jurken. De verhouding tussen de machinekosten per kledingstuk is als volgt:
pantalons : kostuums : blouses : jurken = 2 : 5 : 3 : 4. De normale productie per jaar is 3.000 pantalons, 900 kostuums, 3.600 blouses en 1.500 jurken. Clean bv past de equivalentiecijfermethode toe.

a Bereken de machinekosten per kledingstuk.
b Bereken per soort kledingstuk de totale doorberekende machinekosten. Controleer of het totaal van deze bedragen gelijk is aan €13.650.

5.19 Uitgeverij Boekmarkt bv geeft studie- en leesboeken uit.
U Voor de normale productie van 30.000 studieboeken en 50.000 leesboeken zijn voor komend jaar de volgende kosten begroot:

- materiaalkosten: 80.000 kg × €2 = €160.000;
- arbeidskosten: 20.000 uur × €35 = €700.000;
- indirecte kosten €252.000.

Boekmarkt bv past de enkelvoudige opslagmethode toe. Als opslagbasis gebruikt de onderneming de directe arbeidskosten.

a Bereken het opslagpercentage voor de indirecte kosten.
b Bereken de kostprijs van een boek waarvoor 1.100 gram materiaal en 12 minuten directe arbeid nodig zijn.

We veronderstellen nu dat Boekmarkt bv de indirecte kosten verdeelt op basis van *het aantal* geproduceerde boeken.
c Bereken de kostprijs van een boek waarvoor 1.100 gram materiaal en 12 minuten directe arbeid nodig zijn.
d1 Is een nauwkeurige verbijzondering van de indirecte kosten voor deze onderneming belangrijk? Motiveer je antwoord.
2 Hoe bepaalt een onderneming welke opslagbasis gekozen moet worden?
e Waarom wil een onderneming aan het begin van een periode op basis van begrote cijfers de kostprijs van een product berekenen?

5.20 Minimoke bv maakt modellen van auto's, vliegtuigen en schepen op schaal. Deze modellen worden in verschillende uitvoeringen geleverd.
De onderneming past voor de verbijzondering van de indirecte kosten de enkelvoudige opslagmethode toe.
De kosten bij een normale productieomvang zijn voor volgend jaar als volgt begroot:
- direct grondstofverbruik: 20.000 kg × €6/kg = €120.000;
- directe arbeidskosten: 10.000 uur × €30/uur = €300.000;
- totale indirecte kosten € 30.000.

Als opslagbasis gebruikt de onderneming de directe grondstofkosten.

a Bereken het opslagpercentage voor de indirecte kosten.
b Bereken de kostprijs van een model waarvoor 800 gram grondstof en 10 minuten directe arbeid nodig zijn.

Nader onderzoek van de indirecte kosten toont aan dat €16.800 samenhangt met de totale directe grondstofkosten, €9.000 samenhangt met de totale directe arbeidskosten en €4.200 samenhangt met de totale directe kosten.
Op basis van de resultaten van het onderzoek besluit de onderneming de meervoudige opslagmethode toe te gaan passen.
c Bereken de opslagpercentages voor de indirecte kosten.
d Bereken opnieuw de kostprijs van een model waarvoor 800 gram grondstof en 10 minuten directe arbeid nodig zijn.
e Is toepassing van de meervoudige opslagmethode in dit geval aan te bevelen? Motiveer je antwoord.

***5.21** Onderneming Green Power bv maakt professionele motormaaiers met de typeaanduiding Golf en Lawn. Voor Type Golf zijn 200 kg materiaal en acht arbeidsuren nodig. Voor het type Lawn 160 kg materiaal en zes arbeidsuren. De normale jaarproductie is 200 type Golf en 600 type Lawn. De verwachte prijzen van de productiemiddelen zijn voor het komende jaar: €5 per kilogram voor materialen en €27,50 per arbeidsuur.

Bij de gegeven normale productie zijn de indirecte kosten €272.000 per jaar. De indirecte kosten worden aan de grasmaaiers toegerekend door een opslag op de directe materiaalkosten.

a1 Bereken het opslagpercentage voor indirecte kosten.
2 Hoe wordt deze opslagmethode genoemd?
b Bereken de fabricagekostprijs van een grasmaaier van het type Golf.

Green Power bv houdt rekening met verkoopkosten van 5% van de verkoopprijs exclusief btw. Bovendien wenst zij een winstopslag van 35% van de verkoopprijs exclusief btw. De btw is 21%.
c Bereken de verkoopprijs van een grasmaaier van het type Golf inclusief btw.

Uit gegevens die de afdeling Administratie beschikbaar heeft gesteld, blijkt dat de indirecte kosten bestaan uit €68.000 indirecte materialen en €204.000 indirecte arbeidskosten. De indirecte materialen hangen samen met de directe materiaalkosten, de indirecte arbeid met de directe arbeidskosten. Op grond van deze gegevens besluit de leiding van Green Power bv de meervoudige opslagmethode toe te gaan passen.
d Bereken de opslagpercentages voor indirecte kosten. Percentages in 2 decimalen nauwkeurig.
e Bereken de fabricagekostprijs van een grasmaaier van het type Golf.

5.22 U Houtbewerkingsbedrijf Corian maakt deuren, ramen en kozijnen voor de sociale woningbouw.
De normale productie is 6.000 deuren, 14.000 ramen en 20.000 kozijnen. Voor komend jaar zijn de begrote kosten voor deze productie:
- directe materialen €600.000;
- directe loonkosten €960.000;
- indirecte kosten €400.000.

De opbouw van de indirecte kosten is als volgt: 30% materiaalkosten, 20% loonkosten en 50% overige kosten.
De indirecte materialen hangen samen met de directe materialen, de indirecte loonkosten met de directe loonkosten en de overige indirecte kosten met de totale directe kosten.

a Welke opslagmethode komt in deze situatie in aanmerking?
b Bereken de opslagpercentages (in twee decimalen nauwkeurig) voor de indirecte kosten.

Voor een deur van het type Louvre zijn €20 directe materialen en €30 directe arbeid nodig.
c Bereken de fabricagekostprijs van een Louvre-deur.

Corian houdt rekening met verkoopkosten van 8% van de verkoopprijs exclusief btw. Bovendien wenst zij een winstopslag van 37% van de verkoopprijs exclusief btw. De btw is 21%.
d Bereken de verkoopprijs van een Louvre-deur inclusief btw.

***5.23** Schoenfabriek De Batavier maakt herenschoenen in diverse modellen en maten. De onderneming past voor de verbijzondering van de indirecte kosten de primitieve opslagmethode toe.

De kosten bij een normale productieomvang zijn voor het komend jaar als volgt begroot:
- directe materiaalkosten: € 800.000 (80.000 kg à €10/kg);
- directe arbeidskosten: €1.200.000 (30.000 uur à €40/uur);
- totale indirecte kosten € 400.000.

Als opslagbasis gebruikt de onderneming de directe materiaalkosten.

a Bereken het opslagpercentage voor de indirecte kosten.
b Bereken de kostprijs van een paar schoenen waarvoor 1,5 kg grondstof en 30 minuten directe arbeid nodig zijn.
c Waarom wordt bij de kostprijsberekening uitgegaan van de normale productieomvang?

Nader onderzoek van de indirecte kosten toont aan dat €120.000 indirecte materiaalkosten samenhangen met de totale directe materiaalkosten, €240.000 samenhangt met de totale directe arbeidskosten en €40.000 indirecte arbeidskosten samenhangen met de totale directe kosten.
Op basis van de resultaten van het onderzoek besluit de onderneming de verfijnde opslagmethode toe te gaan passen.

d Bereken de opslagpercentages voor de indirecte kosten.
e Bereken opnieuw de kostprijs van een paar schoenen waarvoor 1,5 kg grondstof en 30 minuten directe arbeid nodig zijn.
f Welke opslagmethode heeft de voorkeur, de primitieve of de verfijnde? Motiveer je antwoord.
g Noem twee soorten productieprocessen waarbij het probleem van de verbijzondering van indirecte kosten zich voordoet.
h1 Geef één voorbeeld van indirecte materiaalkosten.
2 Geef één voorbeeld van indirecte arbeidskosten.

**5.24 Rijwielfabrikant Favoriet maakt racefietsen in twee modellen: Mont Ventoux en Alpe d'Huez. Frame, stuur, wielen en zadel worden door Favoriet gemaakt. De racefietsen worden afgemonteerd met Shimano-onderdelen en Vredestein-banden.
Voor het komende jaar wordt een productie verwacht van 150 racefietsen model Mont Ventoux en 300 racefietsen model Alpe d'Huez. Dit is 75% van de normale productie.
De directe kosten zijn proportioneel variabel en bestaan uit materiaalkosten, arbeid en kosten van toeleveranciers zoals Shimano en Vredestein.

Directe kosten	Mont Ventoux	Alpe d'Huez
Materialen	9 kg × €20 per kg	8 kg × €20 per kg
Arbeid	2 uur × €37,50 per uur	2,4 uur × €37,50 per uur
Toeleveranciers	€150 per fiets	€200 per fiets

Voor het komende jaar zijn de totale indirecte kosten geschat op €150.000. Hiervan zijn 60% vaste kosten, de overige 40% zijn proportioneel variabele kosten.
Onderzoek heeft aangetoond dat de vaste indirecte kosten samenhangen met de totale directe kosten en de variabele indirecte kosten met de directe arbeidskosten.

a Bereken de indirecte vaste en de indirecte variabele kosten bij de normale productieomvang.
b Bereken de directe kosten bij de normale productieomvang.
c Bereken de opslagpercentages (in 2 decimalen nauwkeurig) voor de indirecte kosten.
d Bereken de kostprijs van racefiets model:
1 Mont Ventoux;
2 Alpe d'Huez.

Favoriet houdt rekening met verkoopkosten van 7% van de verkoopprijs exclusief btw. Bovendien wenst zij een winstopslag van 23% van de verkoopprijs exclusief btw. De btw is 21%. De verkoopprijs is hier de prijs waarvoor Favoriet de racefietsen verkoopt aan de rijwielhandel.

e Bereken de verkoopprijs van een racefiets type Mont Ventoux inclusief btw.

**5.25 Motorenfabrikant David Harleyson maakt onder andere de modellen Road Queen, Dragster, Sunny Glide en High Rider. We veronderstellen dat de verhoudingen tussen de aantallen die van ieder type gemaakt worden, niet veranderen. Door de grote vraag naar motoren is de productie voor het komende jaar 125% van de normale productie. De begrote kosten voor het komende jaar zijn:

- directe materialen €27 mln;
- directe arbeid € 5 mln;
- indirecte kosten €18 mln.

De materiaalkosten zijn proportioneel variabel.
De directe arbeidskosten bestaan voor 60% uit vaste kosten, de overige directe arbeidskosten zijn proportioneel variabel.
De begrote indirecte kosten zijn als volgt opgebouwd:

- 20% indirecte materialen. Hiervan is €2,5 mln vast, de rest is proportioneel variabel.
- 50% indirecte arbeid. Hiervan is €5 mln vast, de rest is proportioneel variabel.
- 30% overige indirecte kosten. Hiervan is €3 mln vast, de rest is proportioneel variabel.

Het indirecte materiaalverbruik hangt samen met de directe materiaalkosten, de indirecte arbeid met de directe arbeid en de overige indirecte kosten met de totale directe kosten.

Voor het model Road Queen is vereist:

- materialen 300 kg × €17,50/kg = €5.250;
- directe arbeid 30 uur × €40/uur = €1.200.

a Bereken de indirecte vaste en de indirecte variabele kosten bij de normale productieomvang.
b Bereken de directe kosten bij de normale productieomvang.
c Bereken de opslagpercentages (in 2 decimalen nauwkeurig) voor de indirecte kosten.
d Bereken de kostprijs van een Road Queen.

David Harleyson houdt rekening met directe verkoopkosten van 10% van de verkoopprijs exclusief btw. Bovendien wenst hij een winstopslag van 25% van de verkoopprijs exclusief btw. De btw is 21%. Met de verkoopprijs wordt hier de prijs bedoeld waarvoor de motorfietsen verkocht worden aan de dealers.

e Bereken de verkoopprijs van een Road Queen.

f Noem twee soorten productieprocessen waarbij het probleem van de verbijzondering van indirecte kosten zich voordoet.

g1 Geef één voorbeeld van indirecte materiaalkosten.

2 Geef één voorbeeld van indirecte arbeidskosten.

*5.26 U Schaatsfabrikant De Elf Steden maakt noren en ijshockeyschaatsen. Voor de verbijzondering van de indirecte kosten maakt de onderneming gebruik van de kostenplaatsenmethode. Voor komend jaar is per kostenplaats een budget opgesteld voor de indirecte kosten bij een normaal productieniveau. De indirecte kosten die in eerste instantie aan de kostenplaatsen worden toegerekend, (eerstverdeelde kosten) zijn:

Hulpkostenplaatsen:		
Energie	€ 120.000	
Huisvesting	€ 200.000	
Magazijn	€ 140.000 +	
		€460.000
Hoofdkostenplaatsen:		
Productie	€ 80.000	
Verkoop	€ 100.000 +	
		€180.000 +
		€640.000

De Elf Steden houdt bij de verbijzondering van de indirecte fabricagekosten rekening met onderlinge doorbelastingen tussen de hulpkostenplaatsen. Er wordt geen rekening gehouden met het doorbelasten aan de eigen kostenplaats of het doorbelasten aan een voorafgaande kostenplaats.
Voor het vaststellen van de tarieven per kostenplaats heeft de administratie de volgende informatie verzameld:

Kostenplaats	Energieverbruik	Totale oppervlakte
Energie		
Huisvesting		
Magazijn	10.000 kWh	3.000 m^2
Productie	70.000 kWh	6.000 m^2
Verkoop	40.000 kWh	1.000 m^2
Totaal	120.000 kWh	10.000 m^2

De Elf Steden houdt de in voorgaande tabel gegeven volgorde van kostenplaatsen aan.
De verdeelsleutels voor de kostenplaatsen zijn:
Energie: aantal kilowattuur (kWh)
Huisvesting: aantal m^2 in gebruik
Magazijn: de magazijnkosten komen volledig ten laste van de kostenplaats productie

Productie:	45% ten laste van de noren
	55% ten laste van de ijshockeyschaatsen
Verkoop:	35% ten laste van de noren
	65% ten laste van de ijshockeyschaatsen

De normale productie voor komend jaar is 5.000 paar noren en 7.500 paar ijshockeyschaatsen. De verwachte productie voor komend jaar ligt 10% beneden de normale productie.

De proportioneel variabele kosten per paar schaatsen zijn voor:

Noren	**IJshockeyschaatsen**
1 kg staal × €10 per kg	1,5 kg staal × € 9 per kg
0,6 kg leer × €15 per kg	0,8 kg leer × €10 per kg
1,25 uur arbeid × €30 per uur	1 uur arbeid × €30 per uur

a1 Stel de voorcalculatorische kostenverdeelstaat en kostendekkingsstaat op. Geef daarbij ook de berekening van de doorbelastingstarieven per kostenplaats.

2 Controleer of het totaal van de indirecte kosten overeenkomt met het totaal van de indirecte kosten ten laste van de hoofdkostenplaatsen.

b Bereken de integrale commerciële kostprijs van een paar noren. (De integrale commerciële kostprijs is de kostprijs van een product inclusief de verkoopkosten.)

c Bereken de integrale commerciële kostprijs van een paar ijshockeyschaatsen.

5.27 Industriële onderneming De Jong bv past voor het doorberekenen van de indirecte kosten de kostenplaatsenmethode toe. Voor volgend jaar is per kostenplaats een budget opgesteld voor de indirecte kosten bij een normaal productieniveau. De indirecte kosten die in eerste instantie aan de kostenplaatsen worden toegerekend (eerstverdeelde kosten), zijn:

Hulpkostenplaatsen:		
I : Gebouwen en grond	€ 100.000	
II : Lonen en sociale lasten	€ 49.920	
III : Kantine	€ 20.005	
IV : Administratie	€ 120.240	
V : Magazijn	€ 60.140 +	
		€350.305
Hoofdkostenplaatsen:		
Machine-afdeling	€ 34.000	
Verkoopafdeling	€ 49.000 +	
		€ 83.000 +
		€433.305

De Jong bv houdt bij de verbijzondering van de indirecte fabricagekosten rekening met onderlinge doorbelastingen tussen de hulpkostenplaatsen.

Er wordt geen rekening gehouden met het doorbelasten aan de eigen kostenplaats of doorbelasten aan een voorafgaande kostenplaats.
Voor het vaststellen van de tarieven per kostenplaats heeft de administratie de volgende informatie verzameld:

Kostenplaats	Aantal m^2 in gebruik	Totaal aantal arbeidsuren	Aantal werknemers	Aantal boekingsstukken	Aantal magazijnafgiften
Gebouwen en grond (I)					
Sociale lasten (II)				300	
Kantine (III)	700	1.000	3	200	
Administratie (IV)	400	4.000	35	2.000	
Magazijn (V)	700	2.000	12	90.000	
Machineafdeling	3.000	8.000	50	30.230	20.000
Verkoopafdeling	5.200	17.000	100	15.325	10.000
Totaal	10.000	32.000	200	138.055	30.000

De Jong bv houdt de in voorgaande tabel gegeven volgorde van kostenplaatsen aan.
De verdeelsleutels voor de kostenplaatsen zijn:

Gebouwen en grond:	aantal m^2 in gebruik
Lonen en sociale lasten:	aantal arbeidsuren
Kantine:	aantal werknemers
Administratie:	aantal boekingsstukken
Magazijn:	aantal magazijnafgiften

a Maak de volgende tabel af door het verwerken van de doorbelastingen. Geef daarbij ook de berekening van de doorbelastingstarieven (bedragen in euro's).

Kostensoorten	Hulpkostenplaatsen					Hoofdkostenplaatsen	
	I	II	III	IV	V	Machineafdeling	Verkoopafdeling
Diverse indirecte kosten	100.000	49.920	20.005	120.240	60.140	34.000	49.000
Eindtotaal							

b Controleer of het totaal van de indirecte kosten overeenkomt met de totale indirecte kosten ten laste van de hoofdkostenplaatsen.

c1 Wat is een zelfstandige kostenplaats?
2 Geef daarvan twee voorbeelden.
d1 Wat is een onzelfstandige kostenplaats?
2 Geef daarvan twee voorbeelden.
e1 Wat is een hulpkostenplaats?
2 Geef daarvan twee voorbeelden.
f Noem de voor- en nadelen van de kostenplaatsenmethode.

****5.28** Sportwagenfabrikant Speed bv maakt slechts twee modellen. Het model Corniche is een cabriolet, het model Alaska heeft een vaste kap. Speed bv past voor het doorberekenen van de indirecte kosten de kostenplaatsenmethode toe. Voor het komende jaar is per kostenplaats een budget opgesteld voor de indirecte kosten op basis van een normaal productieniveau. De indirecte kosten die in eerste instantie aan de kostenplaatsen worden toegerekend (eerstverdeelde kosten), zijn:

Hulpkostenplaatsen:		
I : Gebouwen	€ 192.000	
II : Lonen en sociale lasten	€ 87.000	
III : Energie	€ 297.900	
IV: Administratie	€ 120.500	
V : Magazijn	€ 100.000 +	
		€ 797.400
Hoofdkostenplaatsen:		
Plaatwerkerij	€ 80.000	
Assemblageafdeling	€ 100.000	
Verkoopafdeling	€ 40.000 +	
		€ 220.000 +
		€1.017.400

Speed bv houdt bij de verbijzondering van de indirecte fabricagekosten rekening met onderlinge doorbelastingen tussen de hulpkostenplaatsen. Er wordt geen rekening gehouden met het doorbelasten aan de eigen kostenplaats of het doorbelasten aan een voorafgaande kostenplaats.
Voor het vaststellen van de tarieven per kostenplaats heeft de administratie de volgende informatie verzameld:

Kostenplaats	Aantal m² in gebruik	Aantal werknemers	Aantal boekingsstukken
Gebouwen en grond			
Lonen en sociale lasten			400
Energie	300	5	500
Administratie	1.000	25	100
Magazijn	2.000	20	30.000
Plaatwerkerij	3.000	100	20.000
Assemblageafdeling	5.000	120	25.000
Verkoopafdeling	700	20	10.000
Totaal	12.000	290	86.000

Speed bv houdt de in voorgaande tabel gegeven volgorde van kostenplaatsen aan.
De verdeelsleutels voor de kostenplaatsen zijn:

Gebouwen en grond:	aantal m² in gebruik
Lonen en sociale lasten:	aantal werknemers
Energie:	aantal m² in gebruik
Administratie:	aantal boekingsstukken
Magazijn:	de kosten van de kostenplaats Magazijn worden verdeeld over Plaatwerkerij, Assemblage en Verkoop in de verhouding 2 : 2 : 1
Plaatwerkerij:	30% ten laste van Corniche 70% ten laste van Alaska
Assemblage:	35% ten laste van Corniche 65% ten laste van Alaska
Verkoop:	40% ten laste van Corniche 60% ten laste van Alaska

De normale productie is 20 stuks van het model Corniche en 60 stuks van het model Alaska. De verwachte productie voor komend jaar is 18 stuks Corniche en 64 stuks Alaska.

De directe kosten per eenheid zijn:
- voor model Corniche €30.000;
- voor model Alaska €25.000.

Speed bv houdt rekening met *directe* verkoopkosten van 8% van de verkoopprijs exclusief btw. Bovendien wenst zij een winstopslag van 17% van de verkoopprijs exclusief btw. De btw is 21%. Met de verkoopprijs wordt de prijs bedoeld waarvoor de auto's verkocht worden aan de dealers.

a Maak de volgende tabel af door het verwerken van de doorbelastingen. Geef daarbij ook de berekening van de doorbelastingstarieven (bedragen in euro's).

Kosten-soorten	**Hulpkostenplaatsen**					**Hoofdkostenplaatsen**		
	I	II	III	IV	V	Plaat-werkerij	Assem-blage	Verkoop-afdeling
Diverse indirecte kosten	192.000	87.000	297.900	120.500	100.000	80.000	100.000	40.000
Eindtotaal								

b Controleer of het totaal van de indirecte kosten overeenkomt met de totale indirecte kosten ten laste van de hoofdkostenplaatsen.
c Wat zijn in deze opgave de kostendragers?
d Bereken de indirecte kosten die ten laste komen van:
1 model Corniche;
2 model Alaska.
e Bereken de verkoopprijs inclusief btw van:
1 model Corniche;
2 model Alaska.
f1 Wat is een zelfstandige kostenplaats?
2 Geef daarvan twee voorbeelden.
g1 Wat is een hulpkostenplaats?
2 Geef daarvan twee voorbeelden.
h Noem de voor- en nadelen van de kostenplaatsenmethode.

****5.29** Joyrider bv is producent van skelters met een vermogen van 3,5 pk, 5 pk en 9 pk. De kostenplaatsenmethode wordt gebruikt om de indirecte kosten door te berekenen. Huisvesting, directie/administratie en werkplaats zijn hulpkostenplaatsen. De motorenafdeling, assemblageafdeling en verkoopafdeling zijn hoofdkostenplaatsen.

Voor 2017 zijn de volgende indirecte kosten begroot:

• afschrijving gebouwen		€ 5.000
• afschrijving machines		
• waarvan ten laste van:		
directie/administratie	€ 1.000	
werkplaats	€ 2.000	
motorenafdeling	€ 9.000	
assemblageafdeling	€ 8.000 +	
		€ 20.000
• salaris en provisie vertegenwoordigers		€ 8.000
• reclame		€ 1.000
• overige indirecte kosten		
waarvan ten laste van:		
huisvesting	€ 20.000	
directie/administratie	€ 23.000	
werkplaats	€ 17.000	
motorenafdeling	€ 101.000	
assemblageafdeling	€ 62.000	
verkoopafdeling	€ 43.000 +	
		€ 266.000 +
Totale indirecte kosten:		€ 300.000

Joyrider bv houdt bij de verbijzondering van de indirecte fabricagekosten rekening met onderlinge doorbelastingen tussen de hulpkostenplaatsen. De volgorde van de kostenplaatsen is huisvesting, directie/administratie, werkplaats, motorenafdeling, assemblageafdeling en verkoopafdeling. Joyrider bv houdt geen rekening met het doorbelasten aan de eigen kostenplaats of aan een voorafgaande kostenplaats.
Voor het vaststellen van de tarieven per kostenplaats heeft de administratie de volgende informatie verzameld.

De kostenplaats Huisvesting berekent de indirecte kosten door op basis van de vloeroppervlakte.
De totale nuttige vloeroppervlakte van 500 m² is als volgt over de kostenplaatsen verdeeld:

- directie/administratie 80 m²
- werkplaats 70 m²
- motorenafdeling 150 m²
- assemblageafdeling 110 m²
- verkoopafdeling 90 m²

De kostenplaats directie/administratie berekent haar indirecte kosten door aan de volgende kostenplaatsen in de verhouding 1 : 5 : 4 : 4.

De kostenplaats werkplaats berekent haar indirecte kosten door op basis van een tarief per monteursuur. De normale bezetting van de werkplaats is 1.225 monteursuren, waarvan

- voor de motorenafdeling 700 uur;
- voor de assemblageafdeling 500 uur;
- voor de verkoopafdeling 25 uur.

a1 Neem de volgende voorcalculatorische kostenverdeel- en kostendekkingsstaat over en vul deze in. Geef daarbij ook de berekening van de doorbelastingstarieven per kostenplaats.

Kosten-soorten	**Indirecte kosten**	**Hulpkostenplaatsen**			**Hoofdkostenplaatsen**		
		Huisv.	Dir/adm.	Werkplaats	Motoren	Assemblage	Verkoop
Eerst-verdeelde kosten							
Doorbelaste kosten							
Totaal							

2 Bereken of het totaal van de indirecte kosten overeenkomt met het totaal van de indirecte kosten ten laste van de hoofdkostenplaatsen.

De doorbelasting van de indirecte kosten van de hoofdkostenplaatsen aan de kostendragers vindt plaats op basis van de volgende verdeelsleutels:

- motorenafdeling: 10.000 manuren;
- assemblageafdeling: 5.000 machine-uren;
- verkoopafdeling: € 1.000.000 omzet exclusief btw.

b Bereken de tarieven voor de doorbelasting aan de kostendragers.

De directe kosten voor een skelter van 3,5 pk zijn €500. Daarnaast worden in de motorenafdeling acht manuren en in de assemblageafdeling tien machine-uren aan de skelter besteed.
Joyrider bv houdt rekening met een winstopslag van 20% van de verkoopprijs exclusief btw. De btw is 21%.

c Bereken de fabricagekostprijs van een skelter van 3,5 pk.

d1 Bereken de verkoopprijs inclusief btw van een skelter van 3,5 pk.

2 Bereken de winst per skelter van 3,5 pk door de opbrengst per skelter te verminderen met de kosten per skelter.

**5.30 Chemische industrie Polymeer bv is producent van kunststoffen, die als grondstof voor de plasticindustrie worden gebruikt. Polymeer bv maakt polystyreen en polypropeen. De kostenplaatsenmethode wordt gebruikt om de indirecte kosten door te berekenen. Huisvesting en energievoorziening zijn hulpkostenplaatsen. Fabricage en verkoop zijn hoofdkostenplaatsen.

Voor het komende jaar wordt voor alle kostenplaatsen een bezetting verwacht van 80% van de normale bezetting. De normale bezetting is voor:

Huisvesting:	6.000 m^2
Energievoorziening:	10.000 m^3 gasverbruik
Fabricage:	4 mln kg
Verkoop:	€2 mln omzet exclusief btw

Voor het komende jaar zijn de volgende indirecte kosten begroot:

Kostenplaats	**Totale indirecte kosten** (in euro's)	**Vaste kosten** (in euro's)	**Proportioneel variabele kosten**[1] (in euro's)
Huisvesting	67.200	48.000	19.200
Energievoorziening	26.000	20.000	6.000
Fabricage	485.500	360.000	125.500
Verkoop	266.900	200.000	66.900
Totaal kostenplaatsen	845.600	628.000	217.600

1 De proportioneel variabele indirecte kosten zijn gebaseerd op de verwachte bezetting voor het komende jaar.

Polymeer bv houdt bij de verbijzondering van de indirecte fabricagekosten rekening met onderlinge doorbelastingen tussen de hulpkostenplaatsen. De volgorde van de kostenplaatsen is Huisvesting, Energievoorziening, Fabricage en Verkoop. Polymeer bv houdt geen rekening met het doorbelasten aan de eigen kostenplaats of aan een voorafgaande kostenplaats.

De kostenplaats Huisvesting berekent de indirecte kosten door op basis van de vloeroppervlakte.
Het begrote gebruik van de beschikbare vloeroppervlakte van 6.000 m^2 is als volgt over de kostenplaatsen verdeeld:

- Energievoorziening: 500 m^2
- Fabricage: 3.500 m^2
- Verkoop: 800 m^2

De kostenplaats Energievoorziening berekent haar indirecte kosten door op basis van het begrote gasverbruik:

- Fabricage: 7.000 m^3 gasverbruik
- Verkoop: 1.000 m^3 gasverbruik

De doorbelaste kosten zijn proportioneel variabele kosten voor de kostenplaats waaraan de kosten worden doorbelast.

a1 Neem de volgende voorcalculatorische kostenverdeel- en de kostendekkingsstaat over en vul deze in. Geef daarbij ook de berekening van de doorbelastingstarieven per kostenplaats.

Indirecte kosten	**Hulpkostenplaatsen**		**Hoofdkostenplaatsen**	
	Huisvesting	Energievoorziening	Fabricage	Verkoop
Eerst-verdeelde kosten				
Doorbe-laste kosten				
Totaal				

2 Bereken of het totaal van de indirecte kosten overeenkomt met het totaal van de indirecte kosten ten laste van de hoofdkostenplaatsen.

De doorbelasting van de indirecte kosten van de hoofdkostenplaatsen aan de kostendragers vindt plaats op basis van de volgende verdeelsleutels (begrote productie- en verkoopomvang):

- Fabricage:
  verdeelsleutel kg: polystyreen 2.400.000 kg
  polypropeen 800.000 kg
- Verkoopafdeling:
  verdeelsleutel omzet exclusief btw: polystyreen € 400.000
  polypropeen €1.200.000

b Bereken de tarieven voor de doorbelasting aan de kostendragers.

De directe kosten voor 100 kg polystyreen zijn €25.
Polymeer bv houdt rekening met een winstopslag van 20% van de verkoopprijs exclusief btw. Het btw-percentage is 21%.

c Controleer door een berekening of het totaal van de indirecte kosten van de hoofdkostenplaatsen overeenkomt met de totale indirecte kosten die ten laste van de kostendragers worden gebracht.

d Bereken de fabricagekostprijs van 100 kg polystyreen.

e1 Bereken de verkoopprijs inclusief btw van 100 kg polystyreen.
2 Bereken de winst per 100 kg polystyreen door de opbrengst van 100 kg polystyreen te verminderen met de kosten ervan.
f Geef voor iedere kostenplaats een verklaring voor de voorgecalculeerde verschillen tussen de doorbelaste kosten en de kosten die ten laste van de kostenplaats zijn gebracht. Licht de verklaring toe met een berekening.

*5.31 Euroflight bv brengt verschillende types sportvliegtuigen op de markt, die in serie gebouwd worden. Het ontwerpen en bouwen van vliegtuigen is in de volgende zes activiteiten verdeeld:
1 het ontwerpen van vliegtuigen;
2 het bouwen en testen van prototypes;
3 het opstarten van de (serie)productie;
4 het bouwen van de romp;
5 het monteren van onderdelen;
6 het maken van testvluchten.

Ten aanzien van deze activiteiten zijn voor een bepaalde periode de volgende gegevens verzameld:

Activiteit	Indirecte kosten per activiteit (indirecte costpool) (× €1.000)	Verdeelsleutel (cost driver)	Aantallen van de verdeelsleutel
1	5.000	Aantal vliegtuigen	500
2	10.000	Aantal vliegtuigen	500
3	1.000	Aantal productieseries	20
4	6.000	Aantal rompsegmenten	30.000
5	1.500	Aantal onderdelen	3.000.000
6	1.800	Aantal testvluchten	1.500

Euroflight bv heeft een order van 10 sportvliegtuigen van het type Starfighter ontvangen.
De Starfighters worden in series van 25 toestellen gebouwd.
De directe kosten voor deze order bedragen:
- directe materialen: €922.000;
- directe arbeid: €916.000.

Bovendien zijn voor deze order de volgende activiteiten verricht:
- aantal verwerkte rompsegmenten = 550;
- aantal verwerkte onderdelen = 58.000;
- aantal testvluchten = 25.

a Bereken de tarieven per cost driver.
b Bereken de productiekosten van deze order.
c Noem de voor- en nadelen van activity based costing ten opzichte van de kostenplaatsenmethode.

5.32 Onderdelenfabrikant Spare Parts maakt uitlaten voor verschillende automerken. Van ieder type uitlaat wordt een groot aantal tegelijk gemaakt (productie in series). Tussen iedere serie moeten de machines opnieuw worden ingesteld. De totale instelkosten (dit zijn indirecte kosten) bedragen €63.000 per jaar. In een jaar worden de machines 350 keer omgesteld (er worden 350 verschillende types uitlaten per jaar gemaakt). Naast de (indirecte) instelkosten zijn er ook nog indirecte machinekosten. Die bedragen €180.000 per jaar. Deze kosten worden aan de uitlaten doorberekend op basis van een tarief per machine-uur. Het totale aantal machine-uren per jaar (voor alle uitlaten samen) bedraagt 40.000 uur.
Aan een bepaalde serie uitlaten van het type Mustang, waarvan er 600 zijn gemaakt, zijn 60 machine-uren besteed (0,1 machine-uur per uitlaat).

Bereken de instelkosten en de indirecte machinekosten per uitlaat van het type Mustang op basis van activity based costing.

**5.33 Een industriële onderneming gaat een nieuw product maken en verkopen. Gedurende de eerste maanden van het productieproces worden er technische initiële kosten gemaakt, veroorzaakt door een meer dan normale uitval van het eindproduct en door een arbeidstempo dat lager ligt dan normaal. De normale uitval (vanaf de zesde productiemaand) is 10% van de ongekeurde productie. Gedurende de eerste vijf maanden van het productieproces zal de uitval als volgt zijn:
1e maand: 50%
2e maand: 40%
3e maand: 30%
4e maand: 20%
5e maand: 15%
Het arbeidstempo zal de eerste drie maanden van het productieproces lager zijn dan normaal. Het werkelijk arbeidstempo in:
1e maand = 40% van het normale arbeidstempo;
2e maand = 50% van het normale arbeidstempo;
3e maand = 80% van het normale arbeidstempo.

Verder is gegeven:
- Bij een normaal arbeidstempo is per eenheid product 30 minuten arbeid nodig. De proportioneel variabele arbeidskosten zijn €30 per uur.
- De kostprijs per eenheid product exclusief initiële kosten is €50.
- De verwachte afzet gedurende de eerste 24 maanden is:

1e maand:	1.000 stuks
2e maand:	1.200 stuks
3e maand:	1.400 stuks
4e maand:	1.600 stuks
5e maand:	1.700 stuks
6e t/m 24e maand:	1.800 stuks.

- Er worden geen voorraden aangehouden.

a Bereken de technische initiële kosten als gevolg van de extra uitval gedurende de eerste vijf maanden van het productieproces.
b Bereken de technische initiële kosten als gevolg van het lager dan normale arbeidstempo gedurende de eerste drie maanden van het productieproces.

Naast de technische initiële kosten heeft de onderneming ook te maken met €160.000 commerciële initiële kosten.

c Geef twee voorbeelden van commerciële initiële kosten.

De onderneming wenst alle technische en commerciële initiële kosten toe te rekenen aan de goedgekeurde producten gedurende de eerste 24 maanden.

d Bereken de kostprijs per eenheid product inclusief technische en commerciele initiële kosten.

6 Integralekostprijsmethode en variabelekostencalculatie

6.1 Eurovisie bv maakt slechts één type tv-toestel. De vaste productiekosten zijn €8,4 mln per jaar. De proportioneel variabele productiekosten kosten zijn €350 per tv-toestel. De normale productie is 40 000 toestellen per jaar. Vorig jaar zijn 42 000 tv's geproduceerd, waarvan er 39 000 verkocht zijn voor €680 per stuk. Er zijn geen verkoopkosten.

a Bereken de integrale kostprijs van een tv (absorption costing = AC).
b Bereken het resultaat over vorig jaar volgens de integralekostprijsmethode. Splits dit resultaat in een transactieresultaat en een bezettingsresultaat.
c Bereken het resultaat over vorig jaar volgens de variabelekostencalculatie (variable costing = VC).
d Geef een theoretische verklaring voor het verschil in resultaat tussen de integralekostprijsmethode (AC) en de variabelekostencalculatie (VC).
e Geef een verklaring voor een eventueel verschil in het resultaat volgens VC en AC met behulp van een berekening.

6.2 Onderneming Grego maakt een product dat onder de naam Ysbrand op de markt wordt gebracht. Voor dit product zijn de volgende gegevens bekend:
- De beginvoorraad van het product Ysbrand = 1.000.
- De normale productie in eenheden product Ysbrand = 9.000.
- De constante fabricagekosten op jaarbasis = €180.000.
- De begrote productie van product Ysbrand voor komend jaar = 8.000.
- De begrote afzet van product Ysbrand voor komend jaar = 8.600.
- De proportioneel variabele fabricagekosten op jaarbasis bij de begrote productie = €240.000.
- Er zijn geen verkoopkosten.
- Het product Ysbrand kan worden verkocht voor €80 per eenheid.
- Met btw houden we geen rekening.

a Bereken de kostprijs van het product Ysbrand.
b Bereken de winst volgens variable costing (VC).
c Bereken de winst volgens absorption costing AC).
d Geef een verklaring voor een eventueel verschil in het resultaat volgens VC en AC.

6.3 Van een onderneming die één homogeen product maakt, is het volgende bekend:
- De constante kosten voor het jaar 2017 worden begroot op €28.000.
- Bij een productieomvang van 9.000 eenheden zijn de proportioneel variabele kosten €76.500.
- De normale productieomvang is 8.000 eenheden.
- Voor het volgende jaar (2017) verwacht deze onderneming een productie én afzet van 8.200 eenheden.
- Er zijn geen verkoopkosten.

a Bereken de integrale kostprijs voor het jaar 2017.
b Bereken de verwachte totale kosten voor het jaar 2017.
c Bereken de verkoopprijs als de winstopslag 25% van de kostprijs is.
d Bereken de verwachte totale opbrengst voor het jaar 2017.
e Bereken de verwachte winst voor het jaar 2017.

f Splits de verwachte winst over 2017 in een transactieresultaat en een bezettingsresultaat.
g Van welke marktvorm is in deze opgave blijkbaar sprake? Motiveer je antwoord.

6.4
U Metaalbewerkingsbedrijf Gigant maakt handgrasmaaiers voor de doe-het-zelfmarkt. De vaste productiekosten zijn €240.000 per jaar. De proportioneel variabele productiekosten zijn €60 per grasmaaier. De normale productie is 12.000 stuks per jaar. Voor het komende jaar wordt een productie verwacht van 14.000 grasmaaiers, waarvan er 13.000 verkocht zullen worden voor €125 per stuk. We houden geen rekening met verkoopkosten.

a Bereken de integrale kostprijs van een handgrasmaaier.
b Bereken het resultaat dat over het komende jaar verwacht wordt volgens de integralekostprijsmethode. Splits dit resultaat uit in een transactieresultaat en een bezettingsresultaat.
c Bereken het resultaat dat over het komende jaar verwacht wordt volgens de variabelekostencalculatie.
d1 Geef een theoretische verklaring voor het verschil in resultaat tussen de integralekostprijsmethode en de variabelekostenberekening.
2 Verklaar door een berekening het verschil in resultaat.

6.5 Onderneming Groeneveld bv maakt één product, namelijk tuinbanken. Deze tuinbanken worden zowel in eigen land als in het buitenland verkocht. 60% van de afzet wordt in eigen land gerealiseerd, de rest in het buitenland. Deze afzetverhouding bestaat al jaren en de directie verwacht dat de afzetverhouding ook in de toekomst hetzelfde zal blijven.
In 2017 verwacht Groeneveld bv 50.000 tuinbanken te maken. De verkoop in dat jaar zal naar verwachting 60.000 tuinbanken bedragen.
De huur bedraagt €500.000 per jaar, de afschrijving op machines €100.000 per jaar en de overige vaste productiekosten €96.000 per jaar.
De variabele kosten zijn €100 per tuinbank (binnenland en buitenland). De verkoopprijs bedraagt €140 in het binnenland en €160 in het buitenland. De normale productie en afzet bedraagt 50.000 tuinbanken. Met verkoopkosten houden we geen rekening.

a Bereken de verwachte winst volgens absorption costing.
b Bereken de verwachte winst volgens variable costing.
c Verklaar het verschil in verwachte winst tussen beide methoden van winstberekening.
d Bereken de break-evenafzet. Splits deze afzet in afzet binnenland en afzet buitenland.

***6.6**
U Motorhuis bv is producent van slechts één type motorfiets. De standaardfabricagekostprijs van een motorfiets bestaat uit variabele en vaste kosten.

Proportioneel variabele fabricagekosten:	
Grondstoffen	€ 4.000
Energie	€ 300
Vaste fabricagekosten:	
Machinekosten	€ 2.000
Arbeid	€ 1.500
	€ 7.800

De variabele verkoopkosten zijn €200 per motorfiets. De vaste verkoopkosten (waaronder reclamekosten) zijn €1,6 mln.
De normale productie en verkopen zijn 4.000 stuks. De werkelijke productie is 4.500 motorfietsen. Aan het begin van het jaar zijn er geen motorfietsen in voorraad.

Winst- en verliesrekening 2016 (absorption costing)

Omzet: 4.200 × €9.800 =		€41.160.000
Standaardfabricagekosten: 4.200 × €7.800 =		€32.760.000 –
Brutowinst		€ 8.400.000
Verkoopkosten:		
variabel: 4.200 × €200 =	€ 840.000	
vast: 4.200 × €400 =	€1.680.000	
		€ 2.520.000 –
		€ 5.880.000
Overbezettingswinst:		
Productie: 500 × €3.500 =	€1.750.000	
Verkoop: 200 × €400 =	€ 80.000	
		€ 1.830.000 +
Winst volgens absorption costing		€ 7.710.000

a1 Bereken de winst volgens de variable-costingmethode.
2 Verklaar met een berekening het verschil in resultaat volgens absorption costing en variable costing.
b Bereken de variable en vaste verkoopkosten die ten laste van 2016 komen bij toepassing van de absorption-costingmethode.
c Vergelijk de doorberekende verkoopkosten volgens de AC-methode met de doorberekende verkoopkosten volgens de VC-methode. Welke conclusie kun je uit deze vergelijking trekken?
d Bespreek de voor- en nadelen van beide methoden van winstberekening.

***6.7** Een onderneming maakt verkoopkosten (bijvoorbeeld in verband met de showroom en vertegenwoordigers) om haar producten aan de man te brengen. De verkoopkosten houden verband met de verkochte hoeveelheid (afzet), terwijl de fabricagekosten samenhangen met de geproduceerde hoeveelheid (productie). Als de productie afwijkt van de afzet, treedt er voorraadmutatie op.

Als er ook verkoopkosten zijn, kunnen we naast de *fabricagekostprijs* ook de *commerciële kostprijs* berekenen.

Gegevens :

Variabele fabricagekosten per eenheid (proportioneel variabel)	€12
Constante fabricagekosten per jaar	€100.000
Variabele verkoopkosten per eenheid (proportioneel variabel)	€2,50
Constante verkoopkosten per jaar	€10.000
Normale productie en afzet in eenheden per jaar	10.000
Begrote (verwachte) productie in eenheden voor komend jaar	7.500
Begrote afzet in eenheden voor komend jaar	8.000
Verkoopprijs per eenheid product	€30

Als de afzet groter is dan de productie, neemt de voorraad af. De voorraden worden op de balans gewaardeerd tegen uitsluitend de fabricagekosten.

Bereken:

a de fabricagekostprijs;
b de commerciële kostprijs;
c het transactieresultaat (= verkoopresultaat) voor het komend jaar;
d de bezettingsresultaten voor de fabricage-afdeling én voor de verkoopafdeling;
e1 de winst op basis van absorption costing (AC);
2 de winst op basis van variable costing (VC).
f1 Welke methode (AC of VC) leidt in deze opgave tot een hoger resultaat en waarom?
2 Geef aan de hand van een berekening een verklaring voor een eventueel verschil in het resultaat volgens VC en AC.
g Bereken de break-evenafzet in eenheden.

***6.8** Pickwick bv produceert en verkoopt ceylonthee in doosjes met 20 theezakjes van 4 gram per zakje. De normale productie bedraagt 2 mln doosjes thee. Dit is tevens de normale verkoopomvang. De vaste bewerkingskosten zijn €700.000 en de vaste verkoopkosten €800.000. De proportioneel variabele productiekosten per doosje thee zijn €0,33 grondstof en €0,20 bewerkingskosten. De variabele verkoopkosten zijn €0,10 per doosje thee. De commerciële kostprijs is de fabricagekostprijs vermeerderd met de verkoopkosten. De concurrentiepositie van Pickwick bv is zodanig dat ze een winst van 20% van de commerciële kostprijs kan realiseren. De btw is 6% van de verkoopprijs exclusief btw, die wordt bepaald door de commerciële kostprijs te verhogen met een winstopslag van 20%.

Op 1 januari 2017 zijn 400.000 doosjes thee in voorraad. In 2017 zijn 1,9 mln doosjes thee geproduceerd en 2,2 mln doosjes verkocht.
NB Berekeningen afronden op hele eurocenten.

a Bereken de integrale fabricagekostprijs.
b Bereken de integrale commerciële kostprijs.
c Bereken de verkoopprijs inclusief btw van een doosje thee.
d Bereken het resultaat over 2017 volgens de integralekostprijsmethode. Splits dit resultaat in een transactieresultaat en een bezettingsresultaat.
e Bereken het resultaat over 2017 volgens de variabelekostencalculatie.
f Bereken de waarde van de voorraad thee op 1 januari 2017 en 31 december 2017 volgens:
1 de integralekostprijsmethode (absorption costing)
2 variabelekostencalculatie (variable costing)
g Verklaar, uitgaande van de antwoorden op vraag **f**, het verschil tussen de winst volgens de integralekostprijsmethode en de variabelekostencalculatie.
h Bereken de totale verkoopkosten die ten laste van 2017 komen bij toepassing van de integralekostprijsmethode.
i1 Bereken de totale verkoopkosten die ten laste van 2017 komen bij toepassing van de variabelekostencalculatie.
2 Vergelijk je antwoord op vraag **i1** met het antwoord op vraag **h** en trek je conclusie.

j Welke factoren zijn van invloed op de hoogte van de winstopslag? Besteed in je antwoord ook aandacht aan het vijfkrachtenmodel van Porter (zie hoofdstuk 1).

***6.9** Onderneming Brasil bv produceert en verkoopt cafeïnevrije koffie in verpakkingen van 1.000 gram. Voor 2017 geldt de volgende integralekostprijsberekening per verpakking van 1.000 gram koffie.
De variabele kosten zijn proportioneel variabel.

Grondstoffen		€ 2,50
Bewerkingskosten:		
variabel €1.140.000 : 1.200.000 =	€0,95	
vast €1.562.500 : 1.250.000 =	€1,25 +	
		€ 2,20 +
Fabricagekostprijs		€ 4,70
Verkoopkosten:		
variabel €762.000 : 1.270.000 =	€0,60	
vast €250.000 : 1.250.000 =	€0,20 +	
		€ 0,80 +
Commerciële kostprijs		€ 5,50

Op 1 januari 2017 zijn 90.000 pakken koffie van 1.000 gram in voorraad.
Brasil bv berekent een winstopslag van 16% van de commerciële kostprijs.
Koffie valt onder het btw-tarief van 6%.
NB Berekeningen afronden op hele eurocenten.

a Bereken de verkoopprijs inclusief btw per pak koffie van 1.000 gram.
b Leid uit de voorgaande kostprijsberekeningen de normale en werkelijke productie- en verkoopomvang af.
c Bereken het resultaat over 2017 volgens de integralekostprijsmethode. Splits dit resultaat in een transactieresultaat en een bezettingsresultaat.
d Bereken het resultaat over 2017 volgens de variabelekostencalculatie.
e Bereken de waarde van de voorraad koffie op 1 januari en 31 december 2017 volgens:
1 de integralekostprijsmethode;
2 de variabelekostencalcualtie.
f Verklaar, uitgaande van de antwoorden op vraag **e**, het verschil tussen de winst volgens de integralekostprijsmethode en de variabelekostencalculatie.
g Bereken de totale verkoopkosten die ten laste van 2017 komen bij toepassing van de integralekostprijsmethode.
h1 Bereken de totale verkoopkosten die ten laste van 2017 komen bij toepassing van de variabelekostencalculatie.
2 Vergelijk je antwoord op vraag **h1** met het antwoord op vraag **g** en trek je conclusie.

6.10 Onderneming Robindael bv maakt slechts één type elektrische speelgoedtrein, die onder naam Robin op de markt wordt gebracht. Over de productie en verkoop van deze speelgoedtrein is voor komend jaar het volgende gegeven:
- De begrote proportioneel variabele productiekosten bedragen €200.000.
- De verwachte productie bedraagt 10.000 stuks.

- De vaste productiekosten bedragen €480.000 per jaar.
- De normale productie en normale verkoopomvang bedraagt 12.000 stuks per jaar.
- De begrote proportioneel variabele verkoopkosten bedragen €50.000.
- De verwachte verkoopomvang bedraagt 10.000 stuks.
- De vaste verkoopkosten bedragen €360.000 per jaar.
- Verwachte verkoopprijs (inclusief 21% btw) = €157,30.

We veronderstellen dat er dit jaar geen mutaties in de voorraden optreden (productieomvang = verkoopomvang).

a Bereken de integrale standaard fabricagekostprijs.
b Bereken de integrale commerciële kostprijs.
c Bereken het break-evenpunt (BEP).

We veronderstellen dat Robindael bv voor komend jaar een winst wil maken van minimaal €105.000.
d Bereken de productieomvang (= verkoopomvang) waarbij een winst wordt gerealiseerd van €105.000.

6.11 Koffiebranderij De Brandaris produceert en verkoopt slechts één soort koffie. De vaste kosten per jaar bedragen €40.000. De proportioneel variabele kosten bedragen €1,00 per pak koffie van 500 gram. De normale productie bedraagt 30.000 kg per jaar. De koffie kan verkocht worden voor €3 per pak van 500 gram. Het komende jaar wordt een verkoopomvang van 25.000 kg verwacht (= 50.000 pakken koffie).
U

a Bereken het break-evenpunt.
b Bereken de veiligheidsmarge in procenten.
c Geef een interpretatie van het bij vraag **b** berekende percentage.

***6.12** Onderneming Euro maakt speciale edities van munten voor verzamelaars. De vaste kosten van de onderneming zijn €800.000 per kwartaal. De variabele loonkosten zijn 40% van de omzet, de overige variabele kosten 20% van de omzet. Bij het nemen van haar beslissingen maakt de onderneming onder andere gebruik van de break-evenanalyse.
Voor het komende jaar wordt een omzet verwacht van €12 mln.

a Welke rol speelt het break-evenpunt bij het nemen van beleidsbeslissingen?
b Bereken de break-evenomzet op jaarbasis.
c Bereken de veiligheidsmarge.
d Bereken de break-evenomzet als de overige variabele kosten stijgen naar 28% van de omzet.

6.13 Textielfabriek Armanis bv produceert en verkoopt slechts één soort spijkerbroek. De vaste kosten per jaar bedragen €800.000. De proportioneel variabele kosten per spijkerbroek zijn:

grondstoffen: 1 m^2 × €14/m^2 =	€14
arbeid: 0,2 uur × €30/uur =	€ 6
	€20

Armanis bv past de integralekostprijsmethode toe. De normale productie bedraagt 160.000 spijkerbroeken per jaar. De broeken worden verkocht voor €36,30 inclusief 21% btw per broek. Het komende jaar worden 130.000 broeken geproduceerd, waarvan er naar verwachting 120.000 zullen worden verkocht. Er is geen beginvoorraad spijkerbroeken.

a Bereken het break-evenpunt.
b Bereken de veiligheidsmarge in procenten.
c Geef een interpretatie van het bij vraag **b** berekende percentage.
d Geef het break-evenpunt (BEP) weer in een tekening.
e Welke veronderstellingen worden gemaakt bij de berekening van het break-evenpunt?
f Bereken de productie- en verkoopomvang waarbij een winst van €400.000 wordt gerealiseerd.

6.14 Industriële onderneming Felix bv te Best produceert slechts één product. De integrale standaardkostprijs is hierna weergegeven. De variabele kosten zijn proportioneel variabel. De werkelijke productie is 120.000 stuks en de werkelijke verkopen 127.000 stuks.

Grondstofkosten		€ 4,00
Bewerkingskosten:		
variabel €114.000 : 120.000 =	€0,95	
vast €156.250 : 125.000 =	€1,25 +	
		€ 2,20 +
Integrale standaardfabricagekostprijs		€ 6,20
Verkoopkosten:		
variabel €76.200 : 127.000 =	€0,60	
vast €25.000 : 125.000 =	€0,20 +	
		€ 0,80 +
Integrale standaard commerciële kostprijs		€ 7,00

Op 1 januari 2016 is de voorraad 15.000 eenheden.
De verkoopprijs voor geheel 2016 is €12 per eenheid.
Met btw houden we geen rekening.

a Bereken voor Felix bv het resultaat over 2016 op basis van de integralekostprijsmethode.
b Bereken voor Felix bv het resultaat over 2016 op basis van de variabelekostencalculatie.
c Bereken voor Felix bv de waarde van de voorraad op 1 januari en op 31 december 2016 op basis van:
1 de integralekostprijsmethode;
2 de variabelekostencalculatie.
d Bereken de variabele en vaste verkoopkosten ten laste van 2016 bij de integralekostprijsmethode.
e Bereken de variabele en vaste verkoopkosten ten laste van 2016 bij de variabelekostencalculatie.
f Vergelijk de uitkomst van vraag **e** met die van vraag **d** en trek je conclusie.
g Geef met behulp van een berekening een verklaring voor het verschil in resultaat volgens de integralekostprijsmethode en de variabelekostencalculatie.

6.15 Onderneming Bobtail produceert slechts één type motorfiets.
U Bij de opstelling van de volgende voorgecalculeerde winst- en verliesrekening voor 2017 is onder andere uitgegaan van de volgende berekeningen per motorfiets:

Proportioneel variabele productiekosten:		
Grondstoffen		€ 4.000
Energie		€ 300
Vaste productiekosten:		
Machinekosten		€ 2.000
Arbeid		€ 1.500 +
Standaardfabricagekostprijs		€ 7.800
Variabele verkoopkosten	€ 200	
Vaste verkoopkosten	€ 400 +	
		€ 600 +
Commerciële kostprijs		€ 8.400

De normale productie en verkoop is 4.000 stuks. Voor 2017 wordt uitgegaan van een productie van 4.500 eenheden. Begin 2017 zijn er geen motorfietsen in voorraad.

Voorgecalculeerde winst- en verliesrekening 2017

Omzet:	4.200 × €9.700 =	€ 40.740.000	
Standaardkosten:	4.200 × €8.400 =	€ 35.280.000 −	
Ruilwinst			€5.460.000
Overbezettingswinst op vaste kosten:			
• productie	= (4.500 − 4.000) × €3.500 =	€1.750.000	
• verkoop	= (4.200 − 4.000) × € 400 =	€ 80.000 +	
			€1.830.000 +
Winst volgens integralekostprijsmethode			€7.290.000

a Bereken de winst volgens de variabelekostencalculatie.
b Verklaar door een berekening het verschil in resultaat volgens de integralekostprijsmethode en de variabelekostencalculatie.
c1 Bereken het break-evenpunt.
2 Bereken de totale dekkingsbijdrage bij het break-evenpunt en vergelijk deze met de omvang van de totale vaste kosten.
d Bereken de productie- én verkoopomvang waarbij een winst van €5,2 mln wordt gerealiseerd.

6.16 Railrunner bv heeft het exclusieve recht het railtransport over de Lorelei Route te exploiteren. De treinen die van de Lorelei Route gebruikmaken, leggen allemaal hetzelfde traject af. Dit is de enige dienst (het enige product) dat Railrunner aanbiedt. De productieomvang op de Lorelei Route wordt gemeten in aantal treinpaden. Aan iedere vervoerder die gebruikmaakt van de Lorelei Route brengt Railrunner bv €420 per treinpad (per vertrekkende

trein) in rekening. De variabele kosten per treinpad bedragen €160 per treinpad. De vaste kosten van onderneming Railrunner bv bedragen €18 mln per jaar.
De maximale capaciteit van de Lorelei Route bedraagt 90.000 treinpaden per jaar.

a Bereken de break-evenbezettingsgraad van de Lorelei Route.
b Bereken de bezettingsgraad waarbij Railrunner bv een winst behaalt van €1 mln.

Stel dat Railrunner bv in staat is door een investering in de infrastructuur de variabele kosten per treinpad te verlagen van €160 naar €140. Door deze investering nemen de vaste kosten van Railrunner bv toe met €400.000 per jaar.
c Bereken de break-evenbezettingsgraad in deze nieuwe situatie.
d Waarom is het voor de leiding van een onderneming zoals Railrunner bv belangrijk de break-evenbezettingsgraad te berekenen?

6.17 Luchtvaartmaatschappij De Rode Ahrend vervoert zowel goederen als personen. De Rode Ahrend heeft jaarlijks €20 mln aan vaste kosten. Bij een maximale beladingsgraad van 100% bedraagt de omzet €40 mln. De variabele kosten, zoals afhandeling van de vracht, dagelijks onderhoud van de vliegtuigen, overvlieg- en landingsrechten en brandstofverbruik, bedragen 36% van de omzet.
Voor luchtvaartmaatschappij De Rode Ahrend is het belangrijk te weten bij welke beladingsgraad van de vliegtuigen de kosten volledig gedekt zijn (break-evenbeladingsgraad = kritische beladingsgraad). We veronderstellen dat de omzet rechtevenredig met de beladingsgraad verandert.

a Bereken de break-evenbeladingsgraad.
b De Rode Ahrend verwacht voor komend jaar een beladingsgraad van 75%. Omdat deze beladingsgraad onder de break-evenbeladingsgraad ligt, wordt voor komend jaar een verlies verwacht. Bereken dit verwachte verlies.
c Geef het verloop van de omzet en de kosten weer in een grafiek, waarin ook de break-evenbeladingsgraad moet worden weergegeven.

Om de omzet te stimuleren overweegt de luchtvaartmaatschappij haar tarieven te verlagen met 5%. De prijselasticiteit van de gevraagde hoeveelheid bedraagt min 2. We veronderstellen dat de variabele kosten 36% van de omzet blijven en dat de vaste kosten ook niet veranderen.
d Bereken opnieuw het verwachte resultaat, als besloten zou worden de tariefverlaging door te voeren.

6.18 Transportbedrijf Road Runner nv vervoert zowel goederen in vaste als in vloeibare vorm. Road Runner nv heeft jaarlijks €2.604.000 aan vaste kosten. Bij een maximale beladingsgraad van 100% bedraagt de omzet €6 mln. De variabele kosten, zoals afhandeling van de vracht, dagelijks onderhoud van de vrachtauto's en brandstofverbruik, bedragen 38% van de omzet.
De directie van transportbedrijf Road Runner wil weten bij welke beladingsgraad van de vrachtauto's de kosten volledig zijn gedekt (break-evenbeladingsgraad = kritische beladingsgraad). We veronderstellen dat de omzet rechtevenredig met de beladingsgraad verandert.

a Bereken de break-evenbeladingsgraad.

b De directie van Road Runner verwacht voor komend jaar een beladingsgraad van 65%. Omdat deze beladingsgraad onder de break-evenbeladingsgraad ligt, wordt voor komend jaar een verlies verwacht. Bereken dit verwachte verlies.

c Geef het verloop van de omzet en de kosten weer in een grafiek, waarin ook de break-evenbeladingsgraad moet worden weergegeven.

De directie van Road Runner wil voor komend jaar een winst realiseren van €400.000.

d Bereken de beladingsgraad die nodig is om deze gewenste winst te realiseren.

***6.19** TNT Express schrapt banen

TNT Express schrapt 181 van de 800 banen op het hoofdkantoor

Van onze verslaggeefster
Loes spit

AMSTERDAM – Door tegenvallende cijfers en herstructurering schrapt koeriersbedrijf TNT Express ruim eenvijfde van de banen op haar hoofdkantoor. Hoeveel gedwongen ontslagen er zullen vallen, is nog niet bekend.

Het hoofdkantoor van TNT Express heeft in totaal 800 medewerkers in Nederland, Duitsland, Engeland en Frankrijk. Daarvan zullen er 181 verdwijnen. Waar precies is nog niet bekend, maar het zwaartepunt ligt in Hoofddorp, waar 575 mensen werken. Dit heeft te maken met dubbele functies die ontstonden door de opsplitsing van TNT Post op 26 mei. Het beursgenoteerde TNT Post bestond voor de opsplitsing uit twee divisies, Post NL en TNT Express. Medewerkers van het hoofdkantoor van TNT kwamen na het uiteengaan van de divisies op het hoofdkantoor van TNT Express in Hoofddorp terecht.

'De dubbele functies, op onder meer de financiële afdeling en op de communicatie- en marketingafdeling, zullen nu verdwijnen', zegt een woordvoerder. 'Vijftig medewerkers worden in een mobiliteitstraject geplaatst en zullen op die manier hopelijk een nieuwe baan vinden. Een aanzienlijk deel van de geschrapte functies was nog niet vervuld, het gaat hier om openstaande vacatures.'

Het schrappen van banen moet een jaarlijkse kostenbesparing van 50 miljoen euro opleveren. In het tweede kwartaal werd al 5 miljoen bezuinigd. Bij het koeriersbedrijf werken wereldwijd 75.000 mensen.

TNT Express liet het tweede kwartaal een lagere winst zien dan een jaar eerder. De operationele winst daalde met 8 procent tot 79 miljoen euro. De tegenvallende cijfers hebben te maken met extra kosten in Brazilië. TNT Express nam daar de expressbedrijven Mercurio (2007) en Expresso Aracatuba (2009) over en besloot deze samen te voegen. 'Hierbij werden fouten gemaakt, waardoor klanten wegliepen', zegt de woordvoerder. 'We zijn vol energie op de problemen gedoken en bezig met het treffen van maatregelen. In de tweede helft van 2012 moeten de rode cijfers verdwenen zijn.' ■

Bron: *de Volkskrant*, 15 september 2011

a Geef voorbeelden van de goederen-/dienstenstromen en de geldstromen van een koeriersbedrijf, dat de rechtsvorm van nv heeft, weer. Houd daarbij de volgende onderverdeling van de goederen- en dienstenstromen en de geldstromen aan:
- ingaande goederen- en dienstenstromen;
- uitgaande goederen- en dienstenstromen;

- ingaande primaire geldstromen;
- uitgaande primaire geldstromen;
- ingaande secundaire geldstromen;
- uitgaande secundaire geldstromen.

Geef ook duidelijk aan welke marktpartijen daarbij een rol spelen.

b Nemen de vaste en/of de variabele kosten af door een vermindering van het aantal personeelsleden op het hoofdkantoor van TNT Express? Motiveer je antwoord.

c Door gebruik te maken van oursourcing treedt er een verschuiving op tussen de vaste en de variabele kosten. Nemen de vaste kosten en de variabele kosten toe of af? Licht je antwoord toe.

d Neemt het break-evenpunt toe of juist af door een vermindering van de overheadkosten? Licht je antwoord toe.

e Zal door de herstructurering van TNT Express de winstgevendheid van de onderneming toenemen? Licht je antwoord toe met passages uit het artikel.

f Welke argumenten zullen de bonden (vertegenwoordigers van werknemersorganisaties) betrekken in de beoordeling van de herstructureringsplannen van TNT Express?

g Welke effecten kunnen wisselkoersen hebben op de omzet van TNT Express? Licht je antwoord toe aan de hand van de overname van de expressbedrijven Mercurio en Expresso Aracatuba en geef daarbij duidelijk aan wat met wisselkoersen wordt bedoeld.

h Wat wordt bedoeld met de operationele winst? Bekijk eventueel ook het jaarverslag van TNT Express (http://jaarverslag.info/annualreports/tnt).

6.20 TNT neemt Accenture in de arm voor reorganisatie

TNT neemt Accenture in de arm voor reorganisatie

Accenture neemt de komende vijf jaar de backoffice van TNT Express voor zijn rekening. De outsourcing van de pakketbezorger is onderdeel van een grotere reorganisatie die erop gericht is om zijn winstgevendheid en groei te verhogen, vooral door middel van kostenbesparing. De samenwerking met Accenture is onderdeel van deze strategie. Outsourcing is voor organisaties een belangrijke manier om de efficiency van de bedrijfsvoering naar een hoger niveau te tillen, in combinatie met het realiseren van kostenbesparingen. Ook TNT Express, de op een na grootste pakketbezorger in Europa, kiest ervoor om taken te outsourcen. Begin juli maakte het koeriersbedrijf in een persbericht bekend dat het Accenture heeft ingeschakeld om de komende vijf jaar een groot deel van zijn backoffice-taken over te nemen. De activiteiten die worden overgenomen worden nu nog uitgevoerd door TNT zelf, en omvatten onder meer financiën, boekhouding, inkoop en dataverwerking.

Door deze processen te outsourcen kan TNT zich beter focussen op zijn kernactiviteiten (pakketjes bezorgen). Daarnaast is de outsourcing onderdeel van een grotere reorganisatie om de kosten te drukken. Vanaf 2018 wil TNT jaarlijks €100 tot €150 miljoen besparen om op die manier zijn winstgevendheid te verhogen en groei te stimuleren. Via de samenwerking met Accenture kiest het bedrijf voor het niet langer zelf uitvoeren van eerder genoemde activiteiten, maar om deze op een meer kostefficiënte manier te laten uitvoeren door het adviesbureau. Hoeveel Accenture betaald krijgt voor de transactie is niet bekendgemaakt. Dat het banen gaat kosten bij TNT Express, dat is wel zeker. De reductie zal de komende jaren geleidelijk worden doorgevoerd in overleg met de ondernemingsraden.

In april (2015) werd bekendgemaakt dat FedEx, de bekende Amerikaanse pakketbezorger, TNT Express wil overnemen voor €4,4 miljard. ■

Bron: www.Consultancy.nl, 16 juli 2015

a Welke taken worden door TNT overgedragen aan Accenture?
b Welke kosten nemen af door outsourcing van de backofficetaken?
c Welke kosten stijgen door outsourcing van de backofficetaken?
d Geef een verklaring voor het feit dat FedEx TNT Express voor €4,4 miljard wil overnemen, terwijl TNT Express al een aantal jaren verlies lijdt.

6.21 Ceveha bv produceert en verkoopt het bekende energieverhogende product Go-go. De afzet is sterk afhankelijk van de weersomstandigheden. Door de energiedrank te koelen is het mogelijk om voorraden aan te houden. De variabele productiekosten voor een liter Go-go zijn grondstofkosten (mineraalwater, fruitextract, kleur- en smaakstoffen), die €0,98 per liter bedragen, en directe loonkosten, die €0,12 per liter zijn. Bij de productie worden twee machines gebruikt: een mengmachine en een verpakkingsmachine. De vaste kosten van deze machines bedragen respectievelijk €100.000 en €140.000 per jaar. Tevens heeft de onderneming verkoopkosten, bestaande uit distributie- en reclamekosten. Deze kosten zijn jaarlijks €270.000. Dit bedrag is onafhankelijk van de geproduceerde of verkochte hoeveelheid.
De normale productie en verkopen zijn 250.000 literpakken Go-go per maand. De beginvoorraad op 1 mei 2016 is 75.000 literpakken Go-go. In mei 2016 zijn 260.000 literpakken geproduceerd, terwijl er 280.000 verkocht zijn. De verkoopprijs van een literpak Go-go is €2,00. Met btw houden we geen rekening.

a Bereken de winst over mei 2016 volgens de integralekostprijsmethode.
b Bereken de winst over mei 2016 volgens de variabelekostencalculatie.
c Verklaar met behulp van een berekening het verschil in winst volgens de integralekostprijsmethode en de winst volgens de variabelekostencalculatie.

Ceveha bv verwacht voor juni 2016 een productie van 260.000 literpakken Go-go, die verkocht zullen worden voor €2 per literpak.
d Bereken de break-evenomzet voor juni 2016.
e Bereken de veiligheidsmarge voor juni 2016 in twee decimalen nauwkeurig.

Stel dat door een veranderende productiewijze de variabele kosten met 4% zouden kunnen afnemen, terwijl de constante kosten met 9% toenemen.
f Bereken de break-evenafzet voor deze nieuwe situatie.
g Noem drie oorzaken die kunnen leiden tot een toeneming van de break-evenomvang van de productie en verkoop.

***6.22** Han bv produceert en verkoopt werklaarzen. De verkoopprijs per paar laarzen is €36. Met btw houden we geen rekening.

De variabele kosten per paar laarzen bestaan uit:

• grondstoffen	€ 5
• arbeid	€ 8
• machinekosten	€ 4
• verkoopkosten	€ 7
Totale variabele kosten	€24

De vaste fabricagekosten zijn begroot op €720.000 per jaar en de jaarlijkse vaste verkoopkosten op €480.000 per jaar. De normale productie en afzet is 120.000 paar per jaar. De productie en verkoop zijn gelijkmatig over het jaar verdeeld. De verwachte productie voor 2017 is 130.000 paar, de verwachte afzet bedraagt 110.000 paar. Aan het begin van 2017 zijn er geen voorraden.

a Bereken de break-evenomzet per jaar.
b Bereken de integrale standaardfabricagekostprijs én de integrale standaard commerciële kostprijs. (De commerciële kostprijs is de fabricagekostprijs verhoogd met de verkoopkosten per eenheid.)
c Bereken het transactieresultaat bij het break-evenpunt.
d Bereken het bezettingsresultaat bij het break-evenpunt.
e Breng de antwoorden op de vragen **c** en **d** in verband met het antwoord op vraag **a**.
f Bereken de voorgecalculeerde winst volgens de integralekostprijsmethode voor 2017.
g Bereken de voorgecalculeerde winst volgens de variabelekostencalculatie voor 2017.
h Bereken de begrote waarde van de voorraad aan het einde van 2017 volgens de integralekostprijsmethode.
i Bereken de begrote waarde van de voorraad aan het einde van 2017 volgens de variabelekostencalculatie.
j Verklaar het verschil in voorgecalculeerde winst volgens de integralekostprijsmethode en de variabelekostencalculatie.
k Bereken de veiligheidsmarge voor 2017.
l Wat is de betekenis van de veiligheidsmarge?

***6.23** Hannes bv produceert en verkoopt een homogeen massaproduct. De voorgecalculeerde winst- en verliesrekening van deze onderneming over 2016, op basis van standaardkosten, ziet er als volgt uit:

Voorgecalculeerde winst- en verliesrekening 2016

Omzet: 100.000 producten × €200 =		€20.000.000
Variabele fabricagekosten van de omzet:		
• materialen (inclusief onderdelen)	€ 3.500.000	
• arbeid	€ 1.500.000	
• indirecte kosten	€ 500.000 +	
		€ 5.500.000 –
		€ 14.500.000
Omzetprovisie 15% van de omzet		€ 3.000.000 –
Contributiemarge (brutowinst)		€ 11.500.000
Vaste fabricagekosten ten laste van de omzet		€ 5.000.000 –
Verkoopresultaat		€ 6.500.000
Bezettingsresultaat		€ 1.250.000 +
Winst		€ 7.750.000

- De variabele kosten zijn proportioneel variabel.
- De omzetprovisie bedraagt steeds 15% van de verkoopprijs van elk verkocht product.
- De verwachte productie in 2017 is 120.000 producten.

- De onderneming heeft op 1 januari 2017 geen voorraden.
- Er zijn geen verkoopkosten.

NB Berekeningen in twee decimalen nauwkeurig.

a1 Bereken de integrale standaardfabricagekostprijs van het massaproduct.

2 Bereken voor 2016 de normale productieomvang.

b1 Bereken de break-evenomzet over 2016 als de productie en verkoop even groot zijn.

2 Als over 2016 de break-evenafzet 100.000 producten zou bedragen, bereken dan voor 2016 de gemiddelde verkoopprijs van het massaproduct (productie en verkoop zijn aan elkaar gelijk).

We veronderstellen nu dat de onderneming in 2016 niet 100.000 maar 103.000 producten zal verkopen tegen een verkoopprijs van €200 en dat 150.000 in plaats van 120.000 producten worden geproduceerd.

c Bereken met welk bedrag de voorgecalculeerde nettowinst over 2016 zal toe- of afnemen, als de winst wordt berekend volgens de variabelekostencalculatie.

d Bereken met welk bedrag de voorgecalculeerde nettowinst over 2016 zal toe- of afnemen, als de winst wordt berekend volgens de integralekostprijsmethode.

***6.24** Een onderneming vervaardigt één soort product. De normale productie en verkoop zijn 20.000 eenheden per jaar. Voor het komende jaar wordt verwacht:

Beginvoorraad:	5.000 stuks
Productie:	18.000 stuks
Afzet:	22.000 stuks

Overige gegevens:

- vaste productiekosten per jaar: €110.000;
- proportioneel variabele productiekosten per eenheid: €2,25;
- vaste verkoopkosten per jaar: €77.000;
- proportioneel variabele verkoopkosten per eenheid: €1,35;
- de verkoopprijs is €16 per eenheid (exclusief btw).

NB Berekeningen in twee decimalen nauwkeurig.

a Bereken de integrale standaardfabricagekostprijs.

b Bereken de integrale standaard commerciële kostprijs.

c Bereken voor het komende jaar het verwachte perioderesultaat, uitgaande van de integralekostprijsmethode. Splits dit resultaat in een verkoop- en een bezettingsresultaat. Maak bij de beantwoording gebruik van de uitkomsten bij vraag **a** en **b**.

d Bereken het voor het komende jaar verwachte perioderesultaat volgens de variabelekostencalculatiemethode.

e Verklaar, onder andere met een berekening, het verschil tussen de uitkomsten van de vragen **c** en **d**.

f Bereken voor het komende jaar de break-evenafzet (antwoord naar boven afronden).

g Bereken de productieomvang (= verkoopomvang) waarbij een winst van €24.800 wordt gerealiseerd.

h Bereken voor het komende jaar de veiligheidsmarge.

i Wat is de betekenis van de veiligheidsmarge?

***6.25** Grootwinkelbedrijf Superstore verkoopt zeer verschillende artikelen. In
U plaats van een break-evenafzet (in eenheden) berekent deze onderneming een break-evenomzet (in geld). De inkoopprijs van de artikelen is *gemiddeld* 50% van de omzet. Daarnaast moet rekening gehouden worden met vaste bedrijfskosten van €200.000 per jaar en overige bedrijfskosten, die 10% van de omzet bedragen.

a Bereken de break-evenomzet.

b Bereken de omzet waarbij Superstore een winst van €300.000 per jaar behaalt.

***6.26** 'Health Care Nepal' (HCN) is een non-profitorganisatie die als doelstelling heeft de gezondheidszorg in Nepal op een hoger niveau te brengen. Een van de activiteiten van HCN is het opzetten van een vaccinatieprogramma. Het hoofdkantoor van HCN is gevestigd in Kathmandu. Voor de uitvoering van het vaccinatieprogramma heeft HCN een klein ziekenhuis opgericht (Ziekenhuis Anapurna). De jaarlijkse vaste kosten van het ziekenhuis bedragen €140.000. De variabele kosten van het ziekenhuis bedragen €10 per behandelde patiënt per jaar. De variabele kosten houden verband met de kosten van de vaccinaties en verbandmiddelen. In het afgelopen jaar heeft HCN een bedrag van €1 mln aan het ziekenhuis beschikbaar gesteld.

a Bereken het aantal patiënten dat Ziekenhuis Anapurna het afgelopen jaar heeft kunnen behandelen.

Voor het komende jaar is slechts een subsidie beschikbaar van €600.000. Als reactie hierop heeft HCN besloten de patiënten op te splitsen in twee groepen:
Groep 1: ernstig zieke patiënten, die dringend medische zorg nodig hebben (6.000 patiënten).
Groep 2: patiënten die voor preventieve (niet spoedeisende) hulp in aanmerking komen.
Het management van HCN heeft als doelstelling in 2016 in ieder geval 6.000 patiënten uit de eerste groep te behandelen met een volledige therapie van €10 per patiënt per jaar. Daarnaast wil het management uit de tweede groep 80.000 patiënten helpen.

b Bereken hoeveel Ziekenhuis Anapurna maximaal aan variabele kosten per patiënt mag besteden om zijn doelstellingen te realiseren.

Uit medisch onderzoek blijkt dat het aantal patiënten dat tot de tweede groep behoort, 160.000 bedraagt. HCN is daarom op zoek gegaan naar nieuwe sponsoren en naar methoden om de variabele kosten per patiënt verder terug te dringen. In de Verenigde Staten van Amerika is een medicatie gevonden die €4 per patiënt kost en aan de eisen voldoet die gelden voor de tweede groep.
Bovendien is HCN in contact gekomen met een zakenman die een gedeelte van zijn fortuin heeft ondergebracht in een in Zwitserland gevestigde liefdadigheidsinstelling met de naam 'Een betere wereld'. De liefdadigheidsinstelling moet 20% belasting betalen over de donaties die zij aan buitenlandse instellingen verricht.

c Bereken de omvang van de donatie (voor aftrek van belastingen) om alle patiënten uit de tweede groep in 2016 te kunnen behandelen.

6.27 Handelsonderneming Duet verkoopt slechts twee producten. Hiervan is gegeven:

	Product 1	Product 2
Inkoopprijs	60% van de omzet	75% van de omzet
Overige kosten	18% van de omzet	6% van de omzet
Verwachte omzet	€1,2 mln	€2,4 mln

We veronderstellen dat de verhouding tussen de omzet van product 1 en 2 altijd overeenkomt met de verhouding tussen de verwachte omzetten van product 1 en 2.
De vaste kosten van onderneming Duet zijn €1,2 mln per jaar.

a1 Bereken de gemiddelde inkoopprijs als % van de totale omzet.
2 Bereken de gemiddelde overige kosten als % van de totale omzet.
b1 Bereken de break-evenomzet en splits deze in omzet product 1 en omzet product 2.
2 Controleer door een berekening of de omzetsamenstelling die bij vraag **b1** berekend is, inderdaad geen winst en geen verlies oplevert.

7.1 Financiering van ziekenhuizen

Financiering van ziekenhuizen

De financiering van de gezondheidszorg is door de overheid geregeld. De manier waarop ziekenhuizen worden gefinancierd is door de jaren heen sterk veranderd. Niet alleen de manier van financiering van de ziekenhuissector, ook wet- en regelgeving en taakinhoudelijke uitvoering is de afgelopen decennia onderhevig geweest aan ingrijpende veranderingen. Deze veranderingen zijn een direct gevolg van de vergrijzing van de bevolking, ontwikkeling van medische wetenschap en overheidsbeleid.

Van DBC naar DOT(DBC = Diagnose-Behandel-Combinatie)
Vanaf 2012 is het declaratiesysteem veranderd, het DBC-systeem heeft plaatsgemaakt voor het DOT-systeem. DOT staat voor '**D**bc's **O**p weg naar **T**ransparantie' en bestaat uit DBC-zorgproducten die door het ziekenhuis gedeclareerd kunnen worden. Het ziekenhuis registreert net als bij het oude DBC-systeem de geleverde zorg, vervolgens bepaalt een computerprogramma welk DBC-zorgproduct gedeclareerd kan worden. Met de invoering van het DOT-systeem zijn circa 30.000 DBC's vervangen door 4.400 DBC-zorgproducten.

De ziekenhuizen onderhandelen met de zorgverzekeraars over de prijs, volume en kwaliteit van de zorgproducten. De zorgverzekeraars zijn niet verplicht om contracten aan te gaan met alle ziekenhuizen of in alle gevallen de zorg te vergoeden. Indien een zorgverzekeraar geen contract heeft met een ziekenhuis of indien een patiënt geen zorgverzekering heeft dan brengt het ziekenhuis het zorgproduct in rekening bij de patiënt.

Financiering academische ziekenhuizen
Academische ziekenhuizen vallen in dezelfde bekostigingssystematiek als algemene ziekenhuizen ofwel declaratie via de DBC-zorgproducten. Voor de kosten van de academische taken van de ziekenhuizen krijgen de academische ziekenhuizen een extra vergoeding. Deze vergoeding dekt de kosten voor top preferente patiënten, ontwikkeling & innovatie en opleiding. In totaal verdelen de academische ziekenhuizen ongeveer 580 miljoen euro.■

Bron: www.learningsupport.nl, september 2015

a Wat zijn de gevolgen van de vergrijzing van Nederland en de ontwikkeling in de medische wetenschap voor de kosten van de medische zorg in Nederland?
b Wat zijn de nadelen van een zeer verfijnde verdeling van de medische zorg in 30.000 DBC's?
c Wat zijn de voordelen van een wat grovere indeling van zorgproducten in 4.400 DBC-zorgproducten?
d Waarom krijgen academische ziekenhuizen een extra vergoeding?
e Wie draagt het tekort als de daadwerkelijk geleverde zorgproducten meer bedragen dan het aantal dat met de zorgverzekeraar is afgesproken?
f Leg uit wat het belang is van een goede budgettering bij ziekenhuizen.

7.2 Een fabrikant van kartonnen verhuisdozen maakt uitsluitend dozen in een
U bepaalde afmeting en kwaliteit (homogene massaproductie).De standaardkosten per 100 dozen zijn:

Grondstoffen:	3 kg × €20/kg =	€60
Loonkosten:	1 uur × €36/uur =	€36 +
Integrale fabricagekostprijs		€96

Voor de maand mei bedraagt de begrote productie 24.000 eenheden, terwijl er in werkelijkheid 25.000 dozen zijn gefabriceerd. De werkelijke productiekosten waren:

Grondstoffen:	780 kg, inkoopwaarde	€ 15.210
Loonkosten:	240 uur, loonkosten	€ 8.880 +
Totale werkelijke fabricagekosten		€ 24.090

a Stel het ex-ante budget op.
b Stel het ex-post budget op.
c Bereken het totale resultaat op de productiekosten en splits dit per kostenfactor in een hoeveelheidsverschil en een prijsverschil. Geef daarbij aan of het om een positief of een negatief verschil gaat.
d Zou er een verband kunnen bestaan tussen de verschillen op de loonkosten en de verschillen in de grondstofkosten? Licht je antwoord kort toe.
e Wat zijn de mogelijke oorzaken van een prijsverschil op grondstoffen? Wie is daarvoor verantwoordelijk?
f Leg uit waarom het vergelijken van de werkelijke productiekosten met het ex-ante productiebudget niet zinvol is.
g Leg uit wat het nut is van budgettering in het kader van het besturen van een organisatie.

7.3 Een fabrikant van houten kozijnen voor de sociale woningbouw maakt voor het begin van ieder kalenderjaar een begroting van de productiekosten, die bestaan uit loonkosten, machinekosten en materiaalkosten. Voor het komende jaar wordt een productie van 20.000 kozijnen verwacht. De opbouw van de standaardkostprijs van een kozijn ziet er als volgt uit:

Arbeid:	1 uur × €30/uur	= € 30
Machinekosten:	$\frac{1}{2}$ uur × €40/uur	= € 20
Materiaal:	0,2 dm^3 × €90/dm^3	= € 18
Standaardkostprijs		€ 68

De kosten van materiaal zijn gebaseerd op de prijzen die op de wereldmarkt voor hout (naar verwachting) tot stand komen. Bij de berekening van de standaardmateriaalkosten is uitgegaan van de volgende wisselkoers: €1= USD 1,14.

Ter illustratie geven we de noteringen van enkele grondstoffen, die op de verschillende beurzen tot stand komen (zie *Het Financieele Dagblad*, onderdeel Beursplein onder de kop Grondstoffen):

		Slot	Vorige dag	Hoog	Laag
				12 maanden	
Cacao NY		3.267,00	3.238,00	3.371,00	2.672,00
Katoen	$cts/lb	62,71	62,52	67,91	57,30
Sinaasappelsap	$cts/lb	122,75	122,30	150,95	106,10
Suiker NY		11,47	11,40	17,03	10,39
Hout	$/1000bdft	242,50	239,30	350,20	231,70
Haver	$cts/bushel	233,75	235,75	360,50	215,75
Mais	$cts/bushel	386,00	390,50	451,75	320,75
Rijst	$cts/lb	12,87	12,97	13,00	9,42
Rundvlees	$cts/lb	140,60	140,60	172,15	140,38
Palmolie		508,25	508,25	706,75	437,50
Sojabonen	$cts/bushel	887,25	889,00	1.064,00	865,00

Opmerkingen:
- 1000 bdft = 2,36 dm^3
- USD betekent US dollar ($)

Bron: *Het Financieele Dagblad*, 17 september 2015

Na afloop van het jaar blijkt dat er 18.000 kozijnen zijn gemaakt, waarvoor de volgende kosten zijn gemaakt:

Arbeid: 19.000 uur voor €589.000
Machinekosten: 9.400 uur voor €385.400
Materiaal: 3.400 dm^3 voor €312.800

a Stel het ex-ante budget op.
b Stel het ex-post budget op
c Bereken het totale resultaat op de productiekosten en splits dit per kostensoort in een hoeveelheidsverschil en een prijsverschil.
d Zou er een verband kunnen bestaan tussen de efficiencyverschillen op de arbeidskosten en de verschillen in het materiaalverbruik? Licht je antwoord kort toe.
e Wat zijn de mogelijke oorzaken van een prijsverschil op materialen (uitgedrukt in €)? Wie is daarvoor verantwoordelijk?
f Leg uit waarom het vergelijken van de werkelijke productiekosten met het ex-ante productiebudget niet zinvol is.
g Leg uit wat het nut is van budgettering in het kader van het besturen van een organisatie.

7.4 Technicom bv maakt thermostaten voor hoogrendementsketels (HR-ketels).
U Voor de planning over het tweede halfjaar van 2016 zijn de volgende gegevens verzameld:

Maand	Verkopen in eenheden
Mei	6.400
Juni	7.000
Juli	7.200
Augustus	7.800
September	8.000
Oktober	7.600
November	7.400

Aan het begin van iedere maand moet de voorraad thermostaten voldoende zijn om 30% van de verkopen van de volgende maand te kunnen realiseren. De proportioneel variabele productiekosten van een thermostaat bestaan uit:
materialen: 20 onderdelen × €5 per onderdeel = €100;
arbeid: $\frac{1}{2}$ uur × €30 per uur = €15.

De vaste machinekosten zijn $\frac{3}{4}$ uur × €80[1] = €60.

1 De normale productie in machine-uren = normale productie van 90.000 thermostaten × $\frac{3}{4}$ machine-uur per thermostaat = 67.500 machine-uren.
Het tarief voor vaste machinekosten = €5.400.000 : 67.500 uur = €80 per machine-uur.

De machine-uren worden geleverd door de machineafdeling. Er zijn alleen vaste machinekosten. De machineafdeling berekent een tarief van €80/machine-uur door aan de fabricageafdeling.

a Welk soort budget (vast, variabel, gemengd of flexibel) heeft de voorkeur voor:
1 de machineafdeling;
2 de fabricageafdeling?
b Stel het budget over het derde kwartaal 2016 op voor:
1 de machineafdeling;
2 de fabricageafdeling.

**7.5 U Alumina bv levert lichtmetalen velgen voor de auto-industrie. Voor de planning over het eerste halfjaar van 2017 zijn de volgende gegevens verzameld:

Maand	Verkopen in stuks
Januari	12.300
Februari	14.000
Maart	13.000
April	11.000
Mei	12.000
Juni	10.000
Juli	9.000
Augustus	12.500

De materialen worden twee maanden voor de productie ingekocht. Aan het begin van iedere maand moet de voorraad velgen voldoende zijn om 60% van de verkopen van die maand te kunnen realiseren.
De normale productie en verkoop zijn 140.000 velgen per jaar. De vaste productiekosten zijn €3 mln per jaar. De vaste verkoopkosten bedragen €720.000 per jaar.

De variabele kosten van een velg bestaan uit:
- materialen: 5 kg × €30 per kilogram = €150;
- arbeid: 1 uur × €60 per uur = € 60;
- variabele verkoopkosten: €15 per velg.

De velgen worden verkocht voor €300 per velg.
Alle inkopen van materialen zijn op rekening. Van de leveranciers wordt één maand krediet ontvangen. De arbeidskosten worden betaald in de maand waarin ze ontstaan. De variabele verkoopkosten worden op het moment van de verkoop betaald. De vaste kosten worden gelijkmatig over de kwartalen verdeeld en per maand betaald.
De verkopen zijn voor 20% contant. De rest wordt op rekening verkocht. Aan de afnemers wordt één maand krediet toegestaan.
Het kassaldo aan het begin van het tweede kwartaal is €400.000.

Met betrekking tot de maand april 2017 wordt gevraagd:
a1 Welk soort budget is voor de productieafdeling het meest geschikt?
2 Stel het productiebudget voor april 2017 op.
b Stel het inkoopbudget voor materialen voor april 2017 op.
c1 Stel de liquiditeitsbegroting over de maand april op.
2 Bereken het kassaldo aan het einde van april 2017.

**7.6 Megapower bv maakt geluidsboxen voor professionele popgroepen. Voor de planning over het eerste halfjaar van 2017 zijn de volgende gegevens verzameld:

Maand	Verkopen in eenheden
April	300
Mei	320
Juni	360
Juli	400
Augustus	420
September	370
Oktober	350
November	330

De materialen worden één maand voor de productie ingekocht.
Aan het begin van iedere maand moet de voorraad geluidsboxen voldoende zijn om 30% van de verkopen van die maand te kunnen realiseren.
De normale productie en verkoop zijn 4.500 geluidsboxen per jaar. De vaste productiekosten zijn €900.000 per jaar. De vaste verkoopkosten zijn €225.000 per jaar.
De variabele kosten van een geluidsbox bestaan uit:

- materialen: 8 kg × €25 per kilogram = €200;
- arbeid: 4 uur × €35 per uur = €140;
- variabele verkoopkosten: €30 per geluidsbox.

De geluidsboxen worden verkocht voor €1.400 per stuk.

Alle inkopen van materialen zijn op rekening. Van de leveranciers wordt twee maanden krediet ontvangen. De arbeidskosten worden betaald in de maand waarin ze ontstaan. De variabele verkoopkosten worden op het moment van de verkoop betaald. De vaste kosten worden gelijkmatig over de maanden verdeeld en per maand betaald.
De verkopen zijn voor 40% contant. De rest wordt op rekening verkocht. Aan de afnemers wordt één maand krediet toegestaan.
Het kassaldo aan het begin van het tweede kwartaal is €200.000.

Met betrekking tot juli 2017 wordt gevraagd:

a1 Welk soort budget is voor de productieafdeling het meest geschikt?
2 Stel het productiebudget over juli 2017 op.
b Stel het inkoopbudget voor materialen over juli 2017 op.
c1 Stel de liquiditeitsbegroting over juli 2017 op.
2 Bereken het kassaldo aan het einde van juli 2017.

7.7 De standaardfabricagekostprijs van een product is €500.
U Op basis daarvan heeft de onderneming voor komend jaar een verkoopprijs begroot van €800. De begrote verkopen voor komend jaar zijn 100.000 stuks. In werkelijkheid blijken in het betreffende jaar 110.000 producten verkocht te zijn tegen een verkoopprijs van €760 per product. We veronderstellen dat er geen verkoopkosten zijn.

- **a** Bereken het verschil tussen het begrote transactieresultaat en het werkelijke transactieresultaat.
- **b** Splits het bij vraag **a** berekende verschil in een:
  - **1** verkoopprijsverschil;
  - **2** verkoopomvangverschil m.b.t. brutomarge.
- **c** Kan er een verband bestaan tussen de omvang van het verkoopprijsverschil en het verkoopomvangverschil m.b.t. brutomarge? Licht je antwoord toe.
- **d** Leg uit wat het nut is van budgettering in het kader van het besturen van een verkooporganisatie.

***7.8** Relax bv maakt en verkoopt houten tuinstoelen. De standaardfabricagekostprijs van een houten tuinstoel is €200. Voor 2016 verwacht Relax bv een productieomvang die gelijk is aan de normale productieomvang. De fabricageafdeling van Relax bv belast per afgeleverde (= verkochte) stoel €200 door aan de verkoopafdeling van Relax bv. De verkoopafdeling houdt geen voorraden aan. De tuinstoelen worden verkocht aan tuincentra voor €350 per stoel.

De voorgecalculeerde winst- en verliesrekening over 2016 (absorption costing ten aanzien van de fabricagekosten en variable costing met betrekking tot de verkoopkosten) luidt:

Verwachte omzet:	4.000 × €350 =	€1.400.000	
Standaardfabricagekosten van de omzet:	4.000 × €200 =	€ 800.000	–
Begrote brutomarge		€ 600.000	
Toegestane verkoopkosten:			
variabel	4.000 × €5 = €20.000		
vast	€50.000 +		
		€ 70.000	–
Verwachte (= begrote) winst over 2016		€ 530.000	

Werkelijke gegevens Relax bv over 2016
In 2016 zijn door Relax bv 4.200 tuinstoelen geproduceerd, waarvan er 3.800 verkocht zijn voor €370 per stuk.

Werkelijke kosten
Uit de financiële administratie blijkt dat in verband met de verkopen de volgende kosten zijn gemaakt:

Variabel: 3.800 × €6 =	€ 22.800	
Vast	€ 55.000	+
Werkelijke verkoopkosten	€ 77.800	

- **a** Bereken het werkelijk resultaat van Relax bv over 2016.
- **b** Bereken het verschil tussen het begrote resultaat en het werkelijke resultaat en geef aan of het een voordelig of een nadelig verschil is.
- **c** Splits het bij vraag **b** berekende verschil op in een:
  - **1** verkoopprijsverschil
  - **2** verkoopomvangverschil m.b.t. brutomarge
  - **3** prijsverschil op variabele verkoopkosten

4 verkoopomvangverschil m.b.t. variabele verkoopkosten
5 budgetverschil op vaste verkoopkosten

d Controleer of het totaal van de verschillen bij vraag **c** overeenkomt met het verschil dat bij vraag b is berekend.

e Waarom treedt er geen bezettingsverschil op vaste verkoopkosten op?

f1 Welke maatregelen kan de verkoopleiding nemen om de omzet nog te stimuleren? Besteed in je antwoord ook aandacht aan de prijselasticiteit van de gevraagde hoeveelheid.

2 Wat zijn de gevolgen van de bij **d1** voorgestelde maatregelen voor het verkoopprijsverschil en het verkoopomvangverschil?

7.9 Handelsonderneming Solair bv is gespecialiseerd in de verkoop van één soort zonnebank. De zonnebank wordt ingekocht voor €696 per stuk. Deze prijs is voor het gehele jaar 2016 met de leverancier overeengekomen. Over 2016 verwacht Solair bv 3.000 zonnebanken te kunnen verkopen voor €950 per stuk. De directeur van Solair bv houdt zich naast de algemene leiding bezig met de verkoop van zonnebanken. Voor de verkoop wordt bovendien gebruikgemaakt van een vertegenwoordiger. De directeur en de vertegenwoordiger beschikken over een eigen werkruimte en een auto van de zaak. Alle kosten van Solair bv worden als verkoopkosten aangemerkt. De vaste verkoopkosten voor 2016 worden op €300.000 geschat. De verwachte variabele verkoopkosten zijn €75 per verkochte zonnebank. Solair bv past de variabelekostencalculatie toe.

Werkelijke gegevens Solair bv over 2016
In 2016 zijn door Solair bv 3.400 zonnebanken verkocht voor €925 per stuk.

Werkelijke kosten
Uit de financiële administratie blijkt dat in verband met de verkopen de volgende kosten zijn gemaakt:

Variabel: 3.400 × €78 =	€265.200	
Vast	€320.000	+
Werkelijke verkoopkosten	€585.200	

a Bereken het resultaat dat over 2016 werd verwacht (begroot).

b Bereken het werkelijk resultaat over 2016.

c Bereken het verschil tussen het verwachte en werkelijke resultaat over 2016 en geef aan of het een voordelig of een nadelig verschil is.

d Splits het bij vraag **c** berekende verschil op in een:
1 verkoopprijsverschil;
2 verkoopomvangverschil m.b.t. brutomarge;
3 prijsverschil op variabele verkoopkosten;
4 verkoopomvangverschil m.b.t. variabele verkoopkosten;
5 budgetverschil op vaste verkoopkosten.

e Waarom treedt er geen bezettingsverschil op vaste verkoopkosten op.

f1 Welke maatregelen kan de verkoopleiding nemen om de omzet nog te stimuleren? Besteed in je antwoord ook aandacht aan de prijselasticiteit van de gevraagde hoeveelheid.

2 Wat zijn de gevolgen van de bij **e1** voorgestelde maatregelen voor het verkoopprijsverschil en het verkoopomvangverschil?

7.10 De productiekosten van een massaproduct bestaan alleen uit proportioneel
U variabele grondstofkosten en vaste productiekosten. Het toegestane grondstofverbruik is 2 kg per product. De standaardprijs per kilogram grondstof is €3. De vaste productiekosten zijn €300.000 per jaar. De normale productie is 5.000 eenheden per maand.
In de maand januari zijn 5.200 eenheden van het massaproduct gemaakt. Daarvoor is 10.800 kg grondstof gebruikt, die ingekocht is voor €31.320. Van het massaproduct zijn 4.700 eenheden verkocht voor €17 per eenheid. De voorraden worden gewaardeerd tegen de integrale standaardfabricagekosten. De werkelijke vaste productiekosten komen overeen met de begroting.

a Bereken de integrale standaardfabricagekostprijs van het massaproduct.
b Bereken het werkelijke resultaat over de maand januari volgens de integralekostprijsmethode.
c Splits het bij vraag **b** berekende resultaat in een:
1 transactieresultaat;
2 hoeveelheidsverschil (efficiencyverschil);
3 prijsverschil;
4 bezettingsresultaat.

7.11 Eurosports bv maakt slechts één soort voetbal (homogeen product). Deze onderneming bestaat uit een productieafdeling en een verkoopafdeling. Bij beide afdelingen wordt de variabelekostencalculatie (variable costing) toegepast. De productieafdeling van Eurosports heeft altijd voldoende voetballen in voorraad om aan de vraag van de verkoopafdeling te kunnen voldoen. De verkoopafdeling houdt geen voorraden aan.

Gegevens met betrekking tot de productieafdeling:
Voorcalculatie (toegestane kosten).
Voor de productie van een voetbal is 0,2 kg leer nodig waarvan de standaardprijs €30 per kg bedraagt. Daarnaast zijn er vaste productiekosten van €100.000 per jaar. De normale productie bedraagt 20.000 voetballen per jaar. Voor komend jaar wordt een productie verwacht van 19.000 stuks.
De verwachte leveringen van de productieafdeling aan de verkoopafdeling (verwachte interne levering) zijn gelijk aan de verwachte afzet van de verkoopafdeling.

Nacalculatie (werkelijke productiekosten).
In werkelijkheid zijn er het afgelopen jaar 19.800 voetballen geproduceerd. Daarvoor is 4.158 kg leer gebruikt. Het leer is ingekocht voor €29 per kg. De werkelijke vaste productiekosten over het afgelopen jaar bedroegen €98.000. De werkelijke leveringen van de productieafdeling aan de verkoopafdeling (werkelijke interne levering) zijn gelijk aan de werkelijke afzet van de verkoopafdeling.

Gegevens met betrekking tot de verkoopafdeling:
Voorcalculatie (verwachte omzet en verwachte verkoopkosten).
Eurosports bv verkoopt de voetballen aan sportzaken. Voor komend jaar wordt een afzet verwacht van 18.000 voetballen tegen een verwachte verkoopprijs van €25 per voetbal. De toegestane variabele verkoopkosten bedragen €2 per voetbal en de verwachte vaste verkoopkosten bedragen €60.000 per jaar.

De verkoopafdeling betrekt de voetballen van de productieafdeling. De verkoopafdeling betaalt daarvoor €6 per voetbal (= toegestane variabele productiekosten per voetbal) en vergoedt tevens de begrote vaste productiekosten van €100.000 per jaar.

Nacalculatie (werkelijke omzet en werkelijke verkoopkosten).
In werkelijkheid zijn er het afgelopen jaar 19.500 voetballen verkocht voor €24,50 per voetbal. Daarnaast is €2,10 betaald aan variabele verkoopkosten en €65.000 aan vaste verkoopkosten. Alle verkochte ballen zijn geleverd door de fabricageafdeling.

Algemene opmerking: geef bij de berekeningen van verschillen duidelijk aan of het een positief (+) of een negatief (–) verschil is.

a Bereken voor de verkoopafdeling:
1 de verwachte (= begrote) begrote brutomarge;
2 de verwachte (= begrote) dekkingsbijdrage;
3 het verwachte (= begrote) resultaat.
b Bereken voor de verkoopafdeling:
1 de werkelijke brutomarge;
2 de werkelijke dekkingsbijdrage;
3 het werkelijke resultaat.
c Bereken het verschil tussen de werkelijke en de verwachte (begrote) winst van de verkoopafdeling.
d Bereken:
1 het verkoopprijsverschil van de verkoopafdeling;
2 het verkoopomvangverschil m.b.t. brutomarge van de verkoopafdeling.
e Bereken:
1 het prijsverschil op variabele verkoopkosten;
2 het verkoopomvangverschil m.b.t. variabele verkoopkosten;
3 het budget (prijs-)verschil op vaste verkoopkosten.
f Laat door een berekening zien dat de som van de verschillen zoals berekend bij de vragen **d** en **e** gelijk is aan het verschil zoals bij vraag **c** is berekend.
g Bereken:
1 het verwachte resultaat van de productieafdeling;
2 het werkelijke resultaat van de productieafdeling.
h Bereken het verschil tussen het werkelijke en het verwachte resultaat van de productieafdeling (zie vraag **g**).
i Splits het bij vraag **h** berekende verschil op in een:
1 prijsverschil op materialen (leer),
2 efficiencyverschil op materialen;
3 budget (prijs-)verschil op vaste productiekosten
j Waarom treden er in deze opgave geen bezettingsresultaten op?

***7.12** Deze opgave is een vervolg op opgave 7.11. Nu veronderstellen we dat de productieafdeling de voetballen levert aan de verkoopafdeling tegen de volgende condities:
- €9 per voetbal (€6 variabele kosten per bal + €3 winstopslag) én
- €100.000 (doorbelasting van verwachte vaste productiekosten, zoals in opgave 7.11).

Beantwoord opnieuw de vragen zoals die bij vraag 7.11 zijn gesteld.
Bij vraag **i** moet nu – naast de daar gestelde vragen – ook worden berekend:

- het verkoopprijsverschil van de productieafdeling (i4);
- het verkoopomvangverschil van de productieafdeling (i5).

Algemene opmerking: geef bij de berekeningen van verschillen duidelijk aan of het een positief (+) of een negatief (–) verschil is.

****7.13** Deze opgave is een vervolg op de opgaven **7.11** en **7.12**.
Nu veronderstellen we echter dat de productieafdeling de integralekostprijsmethode toepast (AC) en de verkoopafdeling de variabelekostencalculatie (VC). De productieafdeling levert in deze opgave de voetballen aan de verkoopafdeling tegen de volgende conditie: per voetbal wordt de integrale fabricagekostprijs in rekening gebracht verhoogd met een winstopslag van €4 per voetbal. Er worden geen vaste productiekosten aan de verkoopafdeling doorbelast (deze kosten zitten immers al in de integrale fabricagekostprijs).

Algemene opmerking: geef bij de berekeningen van verschillen duidelijk aan of het een positief (+) of een negatief (–) verschil is.

a1 Bereken de integrale fabricagekostprijs en splits deze duidelijk op in variabele kosten en vaste kosten per eenheid.
2 Bereken de prijs die de verkoopafdeling per voetbal aan de fabricageafdeling moet betalen (interne verrekenprijs).
Bereken voor de verkoopafdeling:
b1 de verwachte (begrote) brutomarge;
2 de verwachte (begrote) dekkingsbijdrage;
3 het verwachte (begrote) resultaat;
Bereken voor de verkoopafdeling:
c1 de werkelijke brutomarge;
2 de werkelijke dekkingsbijdrage;
3 het werkelijke resultaat.
d Bereken het verschil tussen het werkelijke en het verwachte resultaat van de verkoopafdeling.
e Bereken:
1 het verkoopprijsverschil;
2 het verkoopomvangverschil m.b.t. brutomarge.
f Bereken:
1 het prijsverschil op variabele verkoopkosten;
2 het verkoopomvangverschil m.b.t. variabele verkoopkosten;
3 het budget (prijs-)verschil op vaste verkoopkosten.
g Laat door een berekening zien dat de som van de verschillen zoals berekend bij de vragen **e** en **f** gelijk is aan het verschil zoals bij vraag **d** is berekend.
h1 Bereken het verwachte resultaat van de productieafdeling. Splits dit resultaat op in een verwacht transactieresultaat en een verwacht bezettingsresultaat.
2 Bereken het werkelijke resultaat van de productieafdeling. Laat daarbij ook expliciet het werkelijke transactieresultaat zien.
i Bereken het verschil tussen het verwachte en het werkelijke resultaat van de productieafdeling (zie vraag **h**).

j Splits het bij vraag **i** berekende verschil op in een:
1 prijsverschil op materialen (leer);
2 efficiencyverschil op materialen;
3 prijsverschil op vaste productiekosten;
4 verkoopprijsverschil van de productieafdeling;
5 verkoopomvangverschil van de productieafdeling;
6 verschil tussen het begrote en het werkelijke bezettingsresultaat.

*7.14 Onderneming WiKu bv heeft voor komend jaar de volgende standaardcalculatie opgesteld.
De gegevens zijn gebaseerd op een verwachte productie en afzet van 5.000 eenheden per jaar.

Opbrengst verkopen: 5.000 stuks × €11 =			€ 55.000
Variabele kosten:			
Grondstof:	2.000 kg × €3/kg =	€ 6.000	
Energiekosten:	3.000 kWh × €0,10/kWh =	€ 300	
Vaste kosten:			
Afschrijvingskosten		€18.000	
Overige kosten		€11.250 +	
			€ 35.550 −
Verwachte winst			€ 19.450

De normale productie en afzet is 4.500 eenheden per jaar. Het grondstof- en energieverbruik is proportioneel variabel met de productie. De afschrijvingen en overige kosten hebben een constant karakter. Na afloop van het betreffende jaar werden de volgende werkelijke cijfers vastgesteld:

- productie 4.750 eenheden;
- grondstofverbruik 1.900 kg, kosten €5.890;
- energieverbruik 3.400 kWh, kosten €323;
- afschrijvingen en overige kosten zijn overeenkomstig de begroting;
- verkocht 4.400 eenheden, opbrengst verkopen €48.400;
- de voorraad wordt gewaardeerd tegen de standaardkostprijs.

a Bereken de standaardkostprijs van één product.
b Bereken op basis van voorgaande gegevens het werkelijk behaalde jaarresultaat.
c Splits het hiervoor bedoelde resultaat in een transactieresultaat en een fabricageresultaat.
d Analyseer het fabricageresultaat in prijsverschil(len), efficiencyverschil(len) en bezettingsverschil(len).
e1 Welke functionaris is verantwoordelijk voor het prijsverschil op grondstoffen?
2 Welke functionaris is verantwoordelijk voor het efficiencyverschil op grondstoffen?

7.15 Groei van economie zet behoorlijk door

Groei van economie zet behoorlijk door

***ABN AMRO* positiever over Nederland**

door **Theo Besteman**

Amsterdam – Dat de Nederlandse economie voor het eerst in al haar sectoren gas geeft, is wel het beste teken van gedegen groei, vindt ABN AMRO. De bank is opnieuw wat positiever geworden in zijn vooruitblik voor ons land.

Nederland kende volgens ABN AMRO-econoom Nico Klene ten opzichte van de top van Europese landen recent enig verval, nadat het decennia bovenin stond.

"Het is pure winst dat het herstel nu toch blijkt door te zetten, en dat over een breed terrein. Dat voedt het vertrouwen, zowel bij particulieren als ondernemers", zegt Klene over de nieuwste berekeningen.

Bedrijven durven orders te plaatsen en krijgen klanten: de export stijgt dit jaar met 4,4% en volgend jaar met 5,4%, tegenover een fors gegroeide invoer van bijna 6% in 2016. Dat invoercijfer was in 2013 nog 1%.

De nieuwste berekeningen van ABN AMRO zijn een wat zonniger doordrukje van de eerdere ramingen van het Centraal Planbureau (CPB) en De Nederlandsche Bank (DNB). De rekenmeesters van het CPB zagen de economie dit jaar met 2,0 en volgend jaar met 2,1% uitdijen. ABN AMRO komt nu uit op 2,3 en 2,2% voor respectievelijk dit en volgend jaar. Met die groei zit Nederland boven het Europese gemiddelde.

Consument geeft weer geld uit

De bank bevestigt bovendien het herstel in de bouwsector. "Zij het dat het herstel van een laag niveau komt", aldus Klene over de aannemerswereld die honderden faillissementen kende. De groei in de woningmarkt neemt in 2016 weer wat af, en de overheid steekt dan iets minder geld in infrastructuur. Dan nog resteert 3,5% groei.

Ook de Nederlandse industrie en dienstverlening aan bedrijven – de uitzendbureaus, detacheerders en de organisatieadviesbureaus – maken in 2015 en 2016 een opmars door van 3 tot 4% gemeten op jaarbasis.

Een ander duidelijk signaal dat het prille herstel van afgelopen kwartalen nu lijkt te beklijven is de teruggang in faillissementen onder Nederlandse bedrijven. "Dat aantal ligt weer op het niveau van voor de crisis", aldus econoom Klene, verwijzend naar het jaar 2007.

Bij alle voorspoed wil de werkloosheid niet drastisch afnemen, erkent ABN AMRO. Dat cijfer zakt volgens deze raming vanaf 2014 gestaag, met elk jaar 0,4%.

Bedrijfsleven op stoom

Verandering per sector

	2013	2014	2015	2016
Agrarisch	1,4	3,4	0,5	1
Voeding	–4,8	0,6	1	1,5
Industrie (ex. voeding)	1,4	1,8	3	3,5
Bouw	–4,8	3,2	4,5	3,5
Retail	–3,2	2,3	2	1,75
Sport & ontspanning	0,7	4,6	2	1,5
Transport & logistiek	–0,4	1,9	2,25	2,25
Telecom, media & technologie	–1,4	4,4	2,5	2,5
Zakelijk dienstverlening	–0,7	3,3	4,5	4

Procentuele veranderingen in volumes, naar sector

Bron: *De Telegraaf*, 11 augustus 2015

a Welke informatiebronnen zal een onderneming gebruiken bij het opstellen van het ex ante-budget?

b De groei in 2015 en 2016 valt hoger uit dan aanvankelijk werd verwacht. Zal dan het ex post-budget hoger uitvallen dan het ex ante-budget of juist andersom? Licht je antwoord toe.

c Moeten we de werkelijke resultaten van een onderneming vergelijken met het ex ante-budget of met het ex post-budget om de prijsverschillen en efficiencyverschillen in de productiesfeer te bepalen?

d Waarom is de economische groei als eerste merkbaar bij uitzendbureaus en detacheerders?

**7.16 Industriële onderneming Valkenburg bv heeft zich gespecialiseerd in de productie en verkoop van slechts één product, dat onder de naam Quality op de markt wordt gebracht.

Voor 2017 is het volgende gegeven:

- De verwachte productie en afzet is 2.800 eenheden (geen voorraadmutatie).
- De verwachte verkoopprijs is onafhankelijk van de grootte van de afzet en bedraagt €395 per eenheid.
- De normale productie en afzet zijn 3.000 eenheden.
- Per eenheid wordt standaard 5 kg grondstof verbruikt met een standaardprijs van €15 per kg.
- Het aantal arbeidsuren per eenheid is 4 uur. Het standaard uurtarief van het personeel is €30 per uur. De grondstof- en arbeidskosten zijn proportioneel variabel.
- De constante productiekosten zijn begroot op €150.000 per jaar.
- De constante verkoopkosten zijn begroot op €90.000 per jaar.
- Er zijn geen variabele verkoopkosten.
- Met belastingen houden we geen rekening.

a Bereken de standaard variabele productiekosten per eenheid Quality voor 2017.

b Bereken de integrale standaard fabricagekostprijs per eenheid Quality voor 2017.

c Bereken de integrale standaard commerciële kostprijs per eenheid Quality voor 2017.

d Bereken de begrote break-evenomzet voor product Quality voor 2017.

e Bereken de omzet voor product Quality voor 2017 waarbij Valkenburg bv een winst zou kunnen realiseren van €300.000.

f Bereken het begrote resultaat over 2017 van Valkenburg bv bij toepassing van integralekostencalculatie (Absorption Costing). Geef duidelijk aan of het om winst of verlies gaat.

Eind 2017 levert de administratie van Valkenburg bv de volgende gegevens over 2017 aan:

- De werkelijke productie bedroeg 2.900 eenheden.
- De werkelijke afzet bedroeg 2.700 eenheden.
- De werkelijke grondstofkosten (voor de geproduceerde eenheden) = €210.000 (15.000 kg × €14 per kg).
- De werkelijke arbeidskosten bedroegen €354.000 (bij een gewerkt aantal uren van 12.000).
- De werkelijke constante productiekosten bedroegen €180.000.
- De werkelijke constante verkoopkosten waren gelijk aan de begrote constante verkoopkosten.
- De werkelijke verkoopprijs per eenheid Quality bedroeg €400.

g Bereken het werkelijke resultaat over 2017 van Valkenburg bv bij toepassing van integralekostencalculatie (Absorption Costing). Geef duidelijk aan of het om winst of verlies gaat.

h Bereken *uitgaande van het antwoord op vraag g* het werkelijke resultaat over 2017 van Valkenburg bv bij toepassing van variabelekostencalculatie (Variable Costing). Geef duidelijk aan of het om winst of verlies gaat.

i Bereken het verschil tussen het *begroot* resultaat volgens AC en het *werkelijk* resultaat volgens AC van Valkenburg bv over 2017.

j Bereken voor 2017 het:

1 prijsverschil op grondstoffen. Geef aan of het verschil voor- of nadelig is.

2 efficiencyverschil op grondstoffen. Geef aan of het verschil voor- of nadelig is.

3 prijsverschil op arbeidsuren. Geef aan of het verschil voor- of nadelig is.

4 efficiencyverschil op arbeidsuren. Geef aan of het verschil voor- of nadelig is.

5 verschil tussen voor- en nacalculatie met betrekking tot het bezettingsverschil op constante productiekosten. Geef aan of het verschil voor- of nadelig is.

6 bestedingsverschil op constante productiekosten. Geef aan of het verschil voor- of nadelig is.

7 bestedingsverschil op constante verkoopkosten. Geef aan of het verschil voor- of nadelig is.

8 verkoopomvangverschil m.b.t. brutomarge. Geef aan of het verschil voor- of nadelig is.

9 verkoopprijsverschil. Geef aan of het verschil voor- of nadelig is.

10 Bereken het totaal van de antwoorden op de vragen **j1** t.e.m. **j9** en vergelijk dit totaal met het antwoord op vraag **i** (de uitkomsten moeten aan elkaar gelijk zijn).

***7.17** Een industriële onderneming maakt voor de fabricage van haar product gebruik van machines. Uit de kostprijscalculatie van het product blijkt dat per product vier machine-uren nodig zijn. Deze machine-uren worden geleverd door de machineafdeling. Deze afdeling brengt per machine-uur €50 in rekening aan de montageafdeling. Dit tarief bestaat uit €30 proportioneel variabele kosten en €20 vaste kosten. Bij de vaststelling van het tarief voor vaste machinekosten per uur is uitgegaan van een normale productie van 2.000 eenheden.
Na afloop van een bepaalde productieperiode zijn de volgende gegevens verzameld:
De productie is 1.800 eenheden, waarvoor 7.560 machine-uren gebruikt zijn. Voor proportioneel variabele machinekosten is €219.240 betaald. De vaste machinekosten bedroegen €165.000.

a Bereken het bedrag aan vaste kosten waarop het tarief per machine-uur gebaseerd is.

b1 Bereken de toegestane machinekosten voor de gerealiseerde productieomvang.

2 Bereken het verschil tussen het antwoord op vraag **b1** en de werkelijke machinekosten. Geef aan of dit verschil nadelig of voordelig is.

c Bereken het efficiencyverschil op machine-uren van de montageafdeling.

d Bereken voor de machineafdeling:

1 het budgetverschil op vaste kosten;

2 het bezettingsresultaat op vaste kosten;

3 het prijsverschil op proportioneel variabele kosten.

e Controleer door middel van een berekening of het totaal van de verschillen bij de vragen **c** én **d** overeenkomt met het bij vraag **b2** gegeven antwoord.

***7.18** Industriële onderneming Cappuccino bv maakt voor de fabricage van haar koffiezetapparaat gebruik van machines. In de standaardkostprijs van het koffiezetapparaat is 0,5 machine-uur opgenomen. De machine-uren worden geleverd door de machineafdeling. Deze afdeling brengt per machine-uur €60 in rekening aan de montageafdeling. Dit tarief bestaat uit €20 proportioneel variabele kosten en €40 vaste kosten. Bij de vaststelling van het tarief voor vaste machinekosten per uur is uitgegaan van een normale productie van 6.000 koffiezetapparaten.
Na afloop van een bepaalde productieperiode zijn de volgende gegevens verzameld:
De productie is 6.200 koffiezetapparaten, waarvoor 2.900 machine-uren gebruikt zijn. Voor proportioneel variabele machinekosten is €63.800 betaald. De vaste machinekosten bedroegen €115.000.

a Bereken het bedrag aan vaste kosten waarop het tarief per machine-uur gebaseerd is.
b1 Bereken de toegestane machinekosten voor de gerealiseerde productieomvang.
2 Bereken het verschil tussen het antwoord op vraag **b1** en de werkelijke machinekosten. Geef aan of dit verschil nadelig of voordelig is.
c Bereken het efficiencyverschil op machine-uren van de montageafdeling.
d Bereken voor de machineafdeling:
1 het budgetverschil op vaste kosten;
2 het bezettingsresultaat op vaste kosten;
3 het prijsverschil op proportioneel variabele kosten.
e Controleer door middel van een berekening of het totaal van de verschillen bij de vragen **c** én **d** overeenkomt met het bij vraag **b2** gegeven antwoord.

***7.19**
U
Een onderneming vervaardigt één soort product. De normale productie is 40.000 stuks per jaar. De productieafdeling is gesplitst in een assemblageafdeling en een machineafdeling. De machineafdeling levert de machine-uren aan de assemblageafdeling tegen een tarief van €35 per machine-uur. Ter bewaking van de kosten van de assemblageafdeling past de onderneming het systeem van variabelekostenbudgettering toe. Voor de machineafdeling wordt een gemengd budget toegepast.

De standaardkostprijs per eenheid product is als volgt samengesteld:

materiaal:	1 kg à €6/kg =	€ 6
arbeid:	0,2 uur à €40/uur =	€ 8
variabele machinekosten:	0,2 uur à €10/uur =	€ 2
vaste machinekosten:	0,2 uur à €25/uur =	€ 5
		€21

Over een bepaald jaar levert de administratie de volgende gegevens:
- werkelijke productie: 38.000 stuks;
- werkelijk aantal machine-uren: 7.800;
- werkelijk materiaalverbruik: 37.500 kg à €5,65 per kilogram;
- werkelijke arbeidskosten: 7.560 uur à €41 per uur;
- werkelijke variabele machinekosten: €70.200;
- werkelijke vaste machinekosten: €210.000.

a Noem twee andere systemen van kostenbudgettering.
b Bereken het variabele (ex-post) kostenbudget voor de assemblageafdeling.
c Bereken het budgetresultaat voor de assemblageafdeling.

d Verdeel het budgetresultaat van de assemblageafdeling in:
1 efficiencyverschillen op:
- materialen
- arbeid
- machine-uren;

2 prijsverschillen op:
- materialen
- arbeid.

e Bereken het gemengd (ex-post) budget voor de machineafdeling.
f Bereken het budgetresultaat voor de machineafdeling en splits dit resultaat in een:
- prijsverschil op variabele machinekosten;
- budgetverschil op vaste machinekosten.

g Bereken het bezettingsresultaat voor de machineafdeling.
h1 Bereken de toegestane kosten voor de werkelijke productie.
2 Bereken de werkelijke kosten voor de werkelijke productie.
3 Bereken het verschil tussen de antwoorden op de vragen **h1** en **h2**.
4 Controleer door een berekening of het bij vraag **h3** berekende verschil overeenkomt met de verschillen die bij de vragen **d**, **f** en **g** berekend zijn.
i Welke functionaris is verantwoordelijk voor:
1 een efficiencyverschil op materialen;
2 een prijsverschil op materialen;
3 een efficiencyverschil op machine-uren;
4 een prijsverschil op variabele machinekosten?

****7.20** Babette Degraeve is in 2016 afgestudeerd aan de Hogeschool voor de Kunsten in Arnhem. Binnen haar afstudeerproject heeft zij een speciale stoel ontworpen. Het bijzondere van deze stoel is dat door het gebruik van speciale inkt en de warmte die ontstaat bij het zitten, bij het opstaan de bilafdruk van diegene die op de stoel gezeten heeft, geruime tijd zichtbaar blijft. Er blijkt nogal wat belangstelling te bestaan voor deze stoel. Zij besluit deze stoel in 2017 te gaan produceren en te verkopen via een galerie ('Het Brouwershuis'). Hiervoor heeft zij de eenmanszaak BaDegra opgericht.

Voor geheel 2017 gaat Babette Degraeve uit van de volgende gegevens:

Begrote productie	120 stoelen
Begrote verkoop via galerie	100 stoelen à €600 per stoel
Normale productie en verkoop	160 stoelen
Variabele productiekosten (hout, thermo-inkt)	€60 per stoel
Constante productiekosten (huur atelier, leasetermijnen apparatuur)	€8.000 per jaar
Variabele verkoopkosten (bij galerieverkoop betaalde provisie aan de galeriehouder)	40% van de galerieverkoopprijs
Constante verkoopkosten (huur transportauto)	€2.400 per jaar

Overige gegevens:
- Er wordt van uitgegaan dat de verkoop én productie van stoelen gelijkmatig over het jaar is gespreid.
- Met omzetbelasting (btw) houden we geen rekening.

- BaDegra past integralekostprijscalculatie (absorption costing) toe, zowel voor de productie- als voor de verkoopafdeling.
- De voorraden worden gewaardeerd tegen de standaardfabricagekostprijs.

a Bereken de integrale commerciële kostprijs van een stoel die wordt verkocht via een galerie.
b Bereken de begrote break-evenafzet van BaDegra voor 2017.
c Bereken de begrote veiligheidsmarge van BaDegra voor 2017.
d Bereken het begrote resultaat van BaDegra over 2017. Geef duidelijk aan of het om winst (+) of verlies (–) gaat.
e Leid uit het antwoord van vraag **d** af wat het begrote resultaat van BaDegra over 2017 zou zijn geweest als de variabelekostencalculatie (variable costing) zou zijn toegepast. Geef duidelijk aan of het om winst (+) of verlies (–) gaat.
f Bereken het begrote resultaat van BaDegra over het eerste kwartaal 2017 op basis van Absortion Costing. We veronderstellen dat de productie en verkopen gelijkmatig over de kwartalen zijn verdeeld.

Op 1 april 2017 zijn de werkelijke cijfers over het *1e kwartaal* 2017 van BaDegra bekend:

• productieomvang	30 stoelen
• verkoopomvang via galerie	20 stoelen tegen een prijs van €575 per stuk
• variabele productiekosten	€65 per stoel
• constante productiekosten	€2.000 over 1e kwartaal
• variabele verkoopkosten	40% van de galerieverkoopprijs
• constante verkoopkosten	€500

g1 Bereken het werkelijk resultaat over het *eerste kwartaal 2017*. Geef duidelijk aan of het om winst (+) of verlies (–) gaat.
2 Bereken het verschil tussen het begroot en het werkelijk resultaat van BaDegra over het *eerste kwartaal 2017*. Geef steeds duidelijk aan of het om positief (+) of negatief (–) verschil gaat.
h1 Bereken zowel het begroot verkoopresultaat (= begroot transactieresultaat) als het werkelijk verkoopresultaat over het *eerste kwartaal 2017*.
2 Bereken het verschil tussen het begroot verkoopresultaat en het werkelijk verkoopresultaat over het *eerste kwartaal 2017*. Geef duidelijk aan of het om positief (+) of negatief (–) verschil gaat.
i1 Bereken het verkoopprijsverschil over het *eerste kwartaal 2017*.
2 Bereken het verkoopomvangverschil (m.b.t. *transactieresultaat*) over het *eerste kwartaal 2017*. Hint: het begrote transactieresultaat per eenheid = begrote verkoopprijs – commerciële kostprijs.
3 Toon door een berekening aan dat de som van het verkoopprijsverschil en het verkoopomvangverschil (m.b.t. *transactieresultaat*) gelijk is aan het verschil tussen het begrote transactieresultaat en het werkelijke transactieresultaat.
j1 Bereken het verschil tussen de toegestane variabele productiekosten (op basis van het ex post-budget) en de werkelijke variabele productiekosten.
2 Berekenen het verschil tussen het begroot en het werkelijk bezettingsresultaat op vaste productiekosten.
3 Bereken het budgetverschil (prijsverschil) op vaste productiekosten.
k1 Bereken het prijsverschil op variabele verkoopkosten over het *eerste kwartaal 2017*. Geef duidelijk aan of het om positief (+) of negatief (–) verschil gaat.

2 Berekenen het verschil tussen het begroot en het werkelijk bezettingsresultaat op vaste verkoopkosten.
3 Bereken het budgetverschil (prijsverschil) op vaste verkoopkosten.

l Toon door een berekening aan dat het verschil zoals berekend bij vraag **g2** gelijk is aan het totaal van de verschillen zoals berekend bij de vragen **h2**, **j1**, **j2**, **j3**, **k1**, **k2** en **k3**.

m1 Geef een omschrijving in woorden (dus niet in formulevorm) voor het verkoopprijsverschil.
2 Geef een omschrijving in woorden (dus niet in formulevorm) voor het verkoopomvangverschil (hier m.b.t. transactieresultaat).

Babette Degraeve vindt het bijzonder jammer dat zij bij de verkoop via de galerie 40% provisie aan de galeriehouder moet betalen. Zij overweegt stoelen rechtstreeks vanuit haar eigen atelier aan de consument te gaan verkopen voor €350 per stuk.
Zij vraagt zich af hoeveel stoelen zij zou moeten produceren en verkopen om in haar levensonderhoud te kunnen voorzien (als zij *uitsluitend* stoelen vanuit haar eigen atelier zou verkopen). Zij begroot haar kosten van levensonderhoud voor 2017 op €1.200 (netto) per maand. Zij gaat bij haar berekening uit van een gemiddeld tarief voor de inkomstenbelasting van 40%.
Indien zij uitsluitend stoelen via verkoop vanuit haar eigen atelier zou gaan afzetten, zal zij haar naamsbekendheid moeten vergroten. Dit doet zij via een advertentiecontract bij 'De Gelderlander' voor €3.300 per jaar. De overige gegevens veranderen niet.

n Bereken hoeveel stoelen BaDegra via (uitsluitend) verkoop vanuit haar eigen atelier in 2017 zou moeten produceren en verkopen zodat Babette Degraeve in haar levensonderhoud kan voorzien.

7.21 Onderneming Jobe bv maakt uitsluitend één soort sportschoen, die onder de naam Runner op de markt wordt gebracht. Om deze sportschoen te kunnen maken koopt Jobe bv halffabricaten in, die met behulp van een machinale bewerking door Jobe bv tot eindproduct worden verwerkt. Het eindproduct wordt tot nu toe uitsluitend in Nederland verkocht. Voor 2016 is door Jobe bv de volgende kostenbegroting opgesteld:

Directe variabele fabricagekosten per eenheid Runner:
- energieverbruik 10 kWh à €0,25 per kWh;
- kosten halffabricaat: €3,50 per stuk. Eén eenheid Runner vergt één halffabricaat.

Directe vaste fabricagekosten:

• salaris productiepersoneel	€740.000
• afschrijving en rentekosten machines	€260.000

De normale productie bedraagt 100.000 eenheden Runner per jaar, waarbij de productie en afzet gelijkmatig over het jaar zijn verdeeld.
Voor 2016 wordt verwacht dat de verkoopprijs €26 per eenheid zal zijn. De afzet voor 2016 wordt geschat op 96.000 eenheden. Omdat er nog een omvangrijke voorraad aanwezig is, wordt de productie voor 2016 begroot op 90.000 eenheden.
We veronderstellen dat bij Jobe bv geen sprake is van verkoopkosten en belastingen. Jobe bv past variable costing (VC) toe.

a Bereken de begrote dekkingsbijdrage van één sportschoen van het type Runner.
b Bereken de break-evenafzet voor Jobe bv voor 2016.
c Bereken het verwachte resultaat over 2016 volgens de variable-costingmethode (VC).
Geef duidelijk aan of het resultaat positief (+) of negatief (–) is.
d Bereken op *basis van het antwoord op vraag* **c** hoe groot het verwachte resultaat over 2016 zou zijn volgens de absorption-costingmethode (AC).
Geef duidelijk aan of het resultaat positief (+) of negatief (–) is.

Begin 2017 worden de werkelijke cijfers over 2016 bekend. Er werden in 2016 95.000 eenheden Runner verkocht voor in totaal €2,47 mln. Er werden 88.000 eenheden Runner geproduceerd, waaraan de volgende kosten zijn besteed:

Directe variabele fabricagekosten:	
• energieverbruik 920.000 kWh	€211.600
• 88.000 halffabricaten	€299.200
Directe vaste fabricagekosten:	
• salaris productiepersoneel	€750.000
• afschrijving en rentekosten machines	€260.000

e Bereken het gerealiseerd resultaat over 2016 volgens de variable-costingmethode (VC).
f Bereken het verschil tussen het begroot resultaat volgens VC en het werkelijke resultaat volgens VC. Geef duidelijk aan of het verschil voordelig (+) of nadelig (–) is.
g Bereken
1 het verkoopprijsverschil;
2 het verkoopomvangverschil (met dekkingsbijdrage);
3 het efficiencyverschil op het elektriciteitsverbruik;
4 het prijsverschil op elektriciteit;
5 het prijsverschil op halffabricaten;
6 het budgetverschil op directe vaste fabricagekosten.
Geef bij deze verschillen duidelijk aan of deze voordelig (+) of nadelig (–) zijn.
h Bereken het totaal van de verschillen bij vraag **g** en controleer of dit overeenkomt met het bij vraag **f** berekende verschil.

****7.22** Maas & Waal bv vervaardigt uitsluitend het massaproduct Robo. Voorraadvorming van dit product is niet mogelijk. Maas & Waal bv wil daarom een zodanige productiecapaciteit dat op elk moment aan de vraag kan worden voldaan.
De normale productie- en verkoopomvang van Maas & Waal bv bedraagt 900.000 eenheden Robo per jaar. De normale productie (en verkoopomvang) van Robo is als volgt over de kwartalen verdeeld:

1e kwartaal	145.000 eenheden
2e kwartaal	170.000 eenheden
3e kwartaal	360.000 eenheden
4e kwartaal	225.000 eenheden

Maas & Waal bv wil over een reservecapaciteit beschikken van 25% van de normale productie- en verkoopomvang, rekening houdend met het seizoenpatroon.

Maas & Waal bv beschikt over een machine met een capaciteit van 2,5 mln eenheden Robo per jaar. De machine is uitsluitend verkrijgbaar in de volgende capaciteiten:

Capaciteit per jaar	Constante kosten per jaar
1.250.000 eenheden	€1.600.000
1.500.000 eenheden	€1.800.000
1.750.000 eenheden	€2.000.000
2.000.000 eenheden	€2.250.000
2.250.000 eenheden	€2.500.000
2.500.000 eenheden	€2.700.000

Voor het jaar 2016 verwacht Maas & Waal bv een productie- en verkoopomvang van 1 mln eenheden Robo. Maas & Waal bv past de integralekostprijscalculatie (absorption costing) toe.
De proportioneel variabele kosten per eenheid Robo bedragen voor 2016:

Grondstofkosten	2 kg à €2,50 per kg
Loonkosten	10 minuten à €75 per uur

In deze opgave houden we heen rekening met verkoopkosten.
De verwachte verkoopprijs voor 2016 is €30 per eenheid Robo.

a Bereken de rationele capaciteit in eenheden Robo per jaar.
b Bereken de irrationele overcapaciteit in eenheden Robo per jaar.
c Splits de omvang van de rationele overcapaciteit uit naar oorzaken en vermeld per oorzaak het aantal eenheden Robo.
d Bereken de standaardkostprijs per eenheid Robo voor 2016.
e Bereken het verwachte resultaat over 2016 voor Maas & Waal bv volgens de integralekostprijscalculatie. Geef aan of het resultaat voor- of nadelig is.
f Bereken het verwachte resultaat over 2016 voor Maas & Waal bv als ze de variabelekostencalculatie (variable costing) zou hebben toegepast. Geef aan of het resultaat voor- of nadelig is.

Begin 2017 zijn de werkelijke cijfers van Maas & Waal bv over 2016 bekend:
- Geproduceerd en verkocht 950.000 eenheden Robo à €29,50 per stuk.
- Het grondstofverbruik bedroeg 2 mln kg à €2,40 per kg.
- De loonkosten bedroegen €11,5 mln voor 150.000 uur.
- De constante machinekosten bedroegen €2,7 mln.

g Bereken het prijsverschil op grondstoffen. Geef aan of het verschil voor- of nadelig is.
h Wie is er verantwoordelijk voor het prijsverschil op grondstoffen? Licht je antwoord toe.
i Bereken het efficiencyverschil op grondstoffen. Geef aan of het verschil voor- of nadelig is.
j1 Bereken het werkelijke transactieresultaat over 2016.
2 Bereken het verschil tussen het begroot en werkelijk transactieresultaat. Geef duidelijk aan of het verschil voordelig (+) of nadelig (–) is.
k Bereken het verkoopprijsverschil. Geef aan of het verschil voor- of nadelig is.

l Bereken het verkoopomvangverschil (m.b.t. transactieresultaat). Geef aan of het verschil voor- of nadelig is.
m Bereken het totaal van de verschillen bij vraag **k** en vraag **l** en controleer of dit overeenkomst met het bij vraag **j2** berekende verschil.
n Wie is er verantwoordelijk voor het verkoopprijsverschil en het verkoopomvangverschil? Licht je antwoord toe.

***7.23** Een industriële onderneming produceert één soort massa-artikel. Voorraadvorming van het product is niet mogelijk. De normale verkoop- en productieomvang is 10.000 producten per periode van twee maanden. De productie vindt plaats in een machine- en een assemblageafdeling. Het product wordt in de assemblageafdeling in elkaar gezet. De machine-uren worden tegen een vooraf vastgesteld tarief van €50 per machine-uur doorberekend aan de assemblageafdeling.

Voor de machineafdeling wordt een gemengd budget toegepast. Ter bewaking van de kosten van de assemblageafdeling wordt een systeem van variabelekostenbudgettering toegepast.

De standaardkostprijs per eenheid product is als volgt:

direct materiaalverbruik:	2 eenheden à €20 =	€40	
directe arbeid:	$\frac{1}{2}$ uur à €30 =	€15	
machinekosten:			
variabel:	$\frac{1}{2}$ machine-uur à €10 =	€ 5	
vast:	$\frac{1}{2}$ machine-uur à €40 =	<u>€20</u>	+
		€80	

Over de afgelopen periode van twee maanden levert de administratie de volgende informatie:
productie: 9.000 stuks
aantal machine-uren: 4.700
werkelijke kosten:

• direct materiaalverbruik: 17.600 eenheden =	€ 367.000	
• directe arbeid: 4.400 uur =	€ 134.000	
• variabele machinekosten =	€ 41.400	
• vaste machinekosten =	<u>€ 202.000</u>	+
	€ 744.400	

De variabele kosten zijn proportioneel variabel.

a Beschrijf in het kort wat we verstaan onder variabelekostenbudgettering.
b Bereken voor de hiervoor genoemde onderneming het variabele (ex-post) kostenbudget voor de assemblageafdeling.
c Bereken de omvang van het budgetresultaat voor de assemblageafdeling. Geef daarbij tevens aan of het een voordelig of nadelig resultaat betreft.
d Splits het bij vraag **c** berekende resultaat in:
1 efficiencyverschillen op directe materialen, directe arbeid en machine-uren;
2 prijsverschillen op directe materialen, directe arbeid en machine-uren.
e Bereken het gemengd (ex-post) budget voor de machineafdeling.
f Bereken het budgetresultaat voor de machineafdeling en splits dit resultaat in een prijsverschil op variabele machinekosten en op vaste machinekosten.

(We veronderstellen dat een verschil op vaste machinekosten alleen uit een prijsverschil bestaat.)

g Bereken het bezettingsresultaat voor de machineafdeling.

h1 Bereken de toegestane kosten voor de werkelijke productie.

2 Bereken het verschil tussen de toegestane en werkelijke kosten van de productie.

3 Controleer door een berekening of het bij vraag **h2** berekende verschil overeenkomt met de verschillen die bij de vragen **d**, **f** en **g** berekend zijn.

i Waarom ontstaat er geen prijsverschil op machine-uren voor de assemblage-afdeling?

*7.24 U Unicalc bv produceert en verkoopt uitsluitend één soort zakrekenmachine. In het volgende schema zijn voor Unicalc bv voor het jaar 2016 een drietal kostenbudgetten en de werkelijk gemaakte kosten gegeven. (Alle kostenbedragen × €1.000.)

Kosten-categorie	**Kostenbudgetten voor een productieniveau van respectievelijk**			**Werkelijke kosten**
	60.000 machine-uren	62.000 machine-uren	64.000 machine-uren	
Materiaal	660	682	704	706
Arbeid	1.014	1.047,8	1.081,6	1.074
Indirecte machinekosten:				
variabel	606	626,2	646,4	766
vast	500	500	500	500
	2. 780	2.856	2.932	3.046

Alle budgetbedragen zijn standaardkosten. Gegeven is bovendien dat het standaardtarief voor de vaste kosten is gebaseerd op de normale productieomvang van 12.000 zakrekenmachines per jaar. Voor deze normale productieomvang zijn volgens de standaarden 60.000 machine-uren nodig. In 2016 zijn 12.400 zakrekenmachines geproduceerd. Voor deze productie zijn 64.000 machine-uren gebruikt. Alle variabele kosten zijn proportioneel variabel.

NB Berekeningen in twee decimalen nauwkeurig.

a Bereken over 2016 per eenheid product:

1 de werkelijk gemaakte materiaalkosten;

2 de standaardmateriaalkosten.

Het werkelijke aantal arbeidsuren varieert rechtevenredig met het werkelijke aantal machine-uren.

b Bereken over 2016:

1 het efficiencyverschil op arbeid;

2 het prijsverschil op arbeid.

c Bereken over 2016 het standaardtarief per machine-uur voor:

1 de variabele indirecte kosten;

2 de vaste indirecte kosten.

d Bereken voor 2016 het ex-post kostenbudget voor een productieomvang van 12.400 zakrekenmachines.
e Bereken het bezettingsresultaat over 2016 op basis van machine-uren.
f Welk soort budget (vast, variabel, gemengd of flexibel) wordt in deze opgave toegepast? Motiveer je antwoord.

7.25 Halifax bv is producent van kunststof diplomatenkoffers. De montage van de koffers vindt in de fabricageafdeling plaats. De kosten van de machines komen in eerste instantie ten laste van de machineafdeling. De machineafdeling berekent de machinekosten door middel van een vooraf vastgesteld tarief door aan de fabricageafdeling. De standaardfabricagekostprijs van een diplomatenkoffer bestaat uit variabele en vaste kosten.

Proportioneel variabele kosten:		
materialen:	2 kg × €20/kg =	€ 40
arbeid:	0,2 uur × €30/uur =	€ 6
machinekosten:	0,4 uur × €10/uur =	€ 4
Vaste kosten:		
machinekosten:	0,4 uur × €80/uur[1] =	€ 32 +
Integrale standaardfabricagekostprijs =		€ 82

Werkelijke productiegegevens
In het afgelopen jaar zijn 62.000 koffers gemaakt, waarvoor gebruikt zijn:

materialen:	130.000 kg × €19,50 =	€ 2.535.000
arbeid:	12.000 uur × €32/uur =	€ 384.000
machinekosten:		
variabel:	26.000 uur × €9,80/uur =	€ 254.800
vast		€ 2.000.000
		€ 5.173.800

Door de fabricageafdeling zijn 26.000 machine-uren gebruikt. De machineafdeling heeft hiervoor 26.000 × €90 = €2.340.000 doorberekend aan de fabricageafdeling.

a Bereken het ex-post budget voor de fabricageafdeling.
b Bereken:
1 de kosten die in werkelijkheid ten laste van de fabricageafdeling worden gebracht,
2 het verschil tussen het ex-post budget en de bij vraag **b1** berekende werkelijke kosten van de fabricageafdeling
c Splits het bij vraag **b2** berekende verschil op in:
1 efficiencyverschillen op: materialen, arbeid en machine-uren;
2 prijsverschillen op: materialen en arbeid.
d1 Bereken het ex-post budget van de machineafdeling en vergelijk dit budget met de werkelijke kosten van de machineafdeling. Geef daarbij aan of het een voor- of nadelig budgetverschil betreft.

1 De normale productie in machine-uren = normale productie van 60.000 koffers × 0,4 uur/koffer = 24.000 machine-uren. Het tarief voor vaste machinekosten = €1.920.000 : 24.000 uur = €80 per machine-uur.
Voor variabele én vaste machinekosten berekent de machineafdeling in totaal €90 per machine-uur door aan de fabricageafdeling.

2 Splits het bij vraag **d1** berekende budgetverschil op in een budgetverschil op vaste machinekosten en een prijsverschil op variabele machinekosten.

e Bereken het bezettingsverschil op de machineafdeling.

f Waarom ontstaat er binnen de fabricageafdeling geen prijsverschil op machine-uren?

g1 Bereken het verschil tussen de werkelijke fabricagekosten en de standaardfabricagekosten van 62.000 diplomatenkoffers.

2 Controleer door een berekening of de som van de verschillen op de fabricageafdeling, het budgetverschil en het bezettingsresultaat op de machineafdeling overeenkomt met het bij vraag **g1** berekende verschil.

h1 Welke functionaris is verantwoordelijk voor het efficiencyverschil op machine-uren?

2 Welke functionaris is verantwoordelijk voor het prijsverschil op variabele machinekosten?

****7.26** Industriële onderneming Mecabo bv heeft zich toegelegd op de productie van machine-onderdelen. Per onderdeel is de standaardkostprijs per stuk vastgesteld op €80. Deze kostprijs kan als volgt worden gespecificeerd:

• directe materiaalkosten:		
verbruik materiaal: 20 kg à €2,30/kg =	€46,00	
opbrengst afval: 2 kg à €1,25/kg =	€ 2,50	–
	€43,50	
• directe loonkosten: $\frac{1}{4}$ uur à €26/uur =	€ 6,50	
• indirecte fabricagekosten (machinekosten):		
$\frac{1}{2}$ uur à €44/uur =	€ 22,00	+
Kosten van een ongekeurd product	€72,00	= 0,9 goed product
Uitval 10%	€ 8,00	+
Standaardfabricagekostprijs	€80,00	

Bij de bepaling van het machine-uurtarief is uitgegaan van €87.000 vaste kosten en €43.500 proportioneel variabele kosten. De verwachte bezetting voor de komende productieperiode is 2.900 machine-uren.
Een productieperiode omvat steeds drie maanden.
10% van de productie wordt afgekeurd. De verkregen uitval is waardeloos.

a Toon door middel van een berekening aan hoe de standaardkostprijs is vastgesteld.

b Bereken de normale bezetting in machine-uren per productieperiode.

De onderneming wenst haar kosten zo goed mogelijk te bewaken. Na afloop van een bepaalde productieperiode worden aan de administratie de volgende gegevens ontleend:

- werkelijke kosten aan materiaal: €261.143,75 à €2,35 per kilogram;
- werkelijk afval: 11.200 kg, opbrengst: €1,25 per kilogram;
- werkelijke directe loonkosten (totaal: €39.508 voor in totaal 1.411 arbeids-uren;
- werkelijk aantal machine-uren: 2.800;

- productie:
  aantal goedgekeurde machine-onderdelen: 4.850 stuks
  aantal afgekeurde machine-onderdelen: 650 stuks;
- werkelijke proportioneel variabele machinekosten €39.200;
- werkelijke vaste machinekosten €85.000.

c Bereken het verschil tussen de toegestane productiekosten en de werkelijke productiekosten. De toegestane productiekosten zijn gebaseerd op een variabel budget.

d Bereken de efficiencyverschillen voor:
- materialen
- direct loon
- machinekosten.

(Hint: om de standaardhoeveelheden te berekenen moet uitgegaan worden van de totale werkelijke productie = goedgekeurde én afgekeurde producten.)

e Bereken de prijsverschillen voor:
- materialen
- direct loon
- variabele machinekosten.

f Bereken op basis van het aantal machine-uren het bezettingsresultaat binnen de machineafdeling.

g Bereken het budgetverschil op vaste machinekosten.

h Bereken het afvalresultaat.

i Bereken het uitvalresultaat.

j Controleer door een berekening of het totaal van de verschillen bij de vragen **d** t.e.m **g** overeenkomt met het verschil berekend bij vraag **c**.

k We veronderstellen nu dat in werkelijkheid 2.900 (in plaats van de gegeven 2.800) machine-uren zijn gebruikt. De werkelijke proportioneel variabele machinekosten blijven €14 per machine-uur. De overige gegevens zijn ongewijzigd. Geef met berekeningen aan welke wijzigingen optreden in de antwoorden op de vragen **b** t.e.m. **i**.

****7.27** La Ligna bv maakt designmeubelen, die door een Italiaanse ontwerper worden ontwikkeld. Voor de productie van een bepaald type stoel, model Padua, is een aparte productie-unit opgezet. De montage van de stoelen vindt in de fabricageafdeling plaats. De kosten van de machines komen in eerste instantie ten laste van de machineafdeling. De machineafdeling berekent de machinekosten door middel van een vooraf vastgesteld tarief door aan de fabricageafdeling. De standaardfabricagekostprijs van een stoel van het model Padua bestaat uit variabele en vaste kosten.

Proportioneel variabele kosten:		
materialen:	4 kg × €22/kg =	€ 88
arbeid:	1 uur × €40/uur =	€ 40
machinekosten:	0,8 uur × €15/uur =	€ 12
Vaste kosten:		
machinekosten:	0,8 uur × €60*/uur =	€ 48 +
Integrale standaardfabricagekostprijs =		€188

*De normale productie in machine-uren = normale productie van 10.000 stoelen × 0,8 uur/stoel = 8.000 machine-uren. Het tarief voor vaste machinekosten = €480.000 : 8.000 uur = €60 per machine-uur.
Voor variabele én vaste machinekosten berekent de machineafdeling in totaal €75 per machine-uur door aan de fabricageafdeling.

Werkelijke productiegegevens
In het afgelopen jaar zijn 9 600 stoelen gemaakt, waarvoor gebruikt zijn:

materialen:	39.600 kg		€ 910.800
arbeid:	9.000 uur		€ 342.000
machinekosten:	variabel:	8 600 uur	€ 133.300
	vast		€ 460.000
			€1.846.100

Door de fabricageafdeling zijn 8.600 machine-uren gebruikt. De machineafdeling heeft hiervoor 8.600 × €75 = €645.000 doorberekend aan de fabricageafdeling.
Voor de fabricageafdeling wordt een variabel budget toegepast en voor de machineafdeling een gemengd budget.

a Bereken het verschil tussen de werkelijke fabricagekosten en de standaardfabricagekosten van 9.600 stoelen van het model Padua.
b1 Bereken het ex-post budget van de machineafdeling en vergelijk dit budget met de werkelijke kosten van de machineafdeling. Geef daarbij aan of het een voor- of nadelig budgetverschil betreft.
2 Splits het bij vraag **b1** berekende budgetverschil op in:
- een budgetverschil op vaste machinekosten;
- een prijsverschil op variabele machinekosten.

c1 Bereken het ex-post budget voor de fabricageafdeling.
2 Bereken het bedrag dat in werkelijkheid aan de fabricageafdeling wordt doorberekend (= werkelijke fabricagekosten).
3 Bereken het verschil tussen het ex-post budget voor de fabricageafdeling en de werkelijke fabricagekosten.
d Splits het bij vraag **c3** berekende verschil op in:
1 efficiencyverschillen op:
- materialen
- arbeid
- machine-uren;

2 prijsverschillen op:
- materialen
- arbeid.

e Bereken het bezettingsverschil op de machineafdeling.
f Waarom ontstaat er binnen de fabricageafdeling geen prijsverschil op machine-uren?
g Controleer door een berekening of de som van de verschillen op de fabricageafdeling, het budgetverschil en het bezettingsresultaat op de machineafdeling overeenkomt met het bij vraag **a** berekende verschil.

7.28 U Papierfabriek Multicopy nv produceert in grote aantallen pakken kopieerpapier. De voorcalculatorische standaardkostprijs van één pak à 5.000 vel is voor komend jaar als volgt opgebouwd:

Grondstof:	verbruik 7,2 kg à €2,50/kg =	€18,00	
	opbrengst afval 0,36 kg à €1,25/kg =	€ 0,45	–
		€17,55	
Arbeid:	0,1 uur à €22,00/uur	€ 2,20	
Machine:	0,125 uur à €50,00/uur	€ 6,25	+
Standaardkostprijs één ongekeurd pak à 5.000 vel		€26,00	

Normaal wordt 20% van de producten afgekeurd. Uitval leidt niet tot opbrengsten, maar er zijn ook geen kosten aan verbonden.
Het machine-uurtarief bestaat voor 60% uit constante en voor 40% uit variabele kosten. De totale constante kosten werden begroot op €180.000 per kwartaal. De normale bezetting is 6.000 machine-uren per kwartaal.

Over het eerste kwartaal van het volgende jaar zijn met betrekking tot de fabricage de volgende gegevens verzameld:

- productie: 45.000 goedgekeurde en 11.250 afgekeurde pakken;
- verkocht: 45.000 pakken, verkoopprijs van €38 per pak;
- afval 21.375 kg, opbrengst €27.787,50;
- grondstofverbruik: 410.000 kg, totale kosten €1.057.800;
- arbeid: 6.050 uur, loonkosten in totaal €121.000;
- vaste machinekosten: €182.000;
- variabele machinekosten €132.930;
- aantal machine-uren: 6.300 uur;
- de verschillen op constante kosten werden veroorzaakt door prijsverschillen.

a Bereken de standaardkostprijs van een goedgekeurd pak kopieerpapier.

b Bereken:

1 het verkoopresultaat over het 1e kwartaal en geef aan of het resultaat voor- of nadelig is;

2 het fabricageresultaat over het 1e kwartaal en geef aan of het resultaat voor- of nadelig is.

c Bereken de volgende verschillen en geef aan of er sprake is van een voor- of nadeel:

1 prijsverschillen op:
- grondstoffen
- arbeid
- variabele machinekosten;

2 efficiencyverschillen op:
- grondstoffen
- arbeid
- machine-uren;

3 budgetverschil (= prijsverschil) op vaste machinekosten;

4 bezettingsresultaat op vaste machinekosten;

5 afvalresultaat;

6 uitvalresultaat.

d Controleer door middel van een berekening of het fabricageresultaat bij vraag **b** overeenkomt met de som van de bij vraag **c** berekende verschillen.

**7.29 Onderneming R. Zwerver produceert reiskoffers, waarvan de kostprijs voor 2017 als volgt is opgebouwd:

Materiaalverbruik:	2,5 kg kunststof à €3 per kg =	€7,50	
Opbrengst afval:	0,5 kg à €1,20 per kg =	€0,60 –	
			€ 6,90
Direct loon: 0,5 uur à €20 per uur =			€ 10,00
Constante indirecte productiekosten			€ 24,00
Variabele indirecte productiekosten			€ 5,00
Uitval			€ 5,10 +
Standaardfabricagekostprijs			€ 51,00
Constante indirecte verkoopkosten			€ 12,00 +
Commerciële kostprijs			€ 63,00

De vaste verkoopprijs van de koffers bedraagt €75. De normale productie en afzet zijn gebaseerd op 4.500 (goedgekeurde) koffers per maand (= 5.000 ongekeurde koffers per maand). De variabele kosten zijn proportioneel variabel. De voorraad koffers wordt gewaardeerd tegen de standaardfabricagekostprijs. De afgekeurde koffers (uitval) hebben geen waarde.
Uit de administratie van Zwerver over januari 2017 zijn de volgende gegevens beschikbaar gekomen:

- Er zijn 4.750 reiskoffers geproduceerd, waarvan er 350 werden afgekeurd.
- 4.000 koffers zijn verkocht.
- Materiaalverbruik 12.200 kg: deze werden ingekocht voor €39.150.
- Opbrengst afval 2.500 kg à €1,50 per kilogram = €3.750.
- Direct loon 2.200 uur: hiervoor werd betaald €50.000.
- Constante indirecte productiekosten €115.000.
- Constante indirecte verkoopkosten €61.000.
- Variabele productiekosten €22.562,50.

a Bereken voor R. Zwerver de totale nettowinst over januari 2017.
b Analyseer de bij vraag **a** berekende nettowinst in:
1 een transactieresultaat;
2 bezettingsverschillen;
3 efficiencyverschillen;
4 prijsverschillen;
5 budgetverschillen;
6 een uitvalresultaat.

8 Beslissingsondersteunende calculaties

8.1
U
Onderneming De Baron bv overweegt een nieuw product op de markt te brengen. Hiervoor moet een investering verricht worden van €200.000. De resultaten die met dit product per jaar behaald kunnen worden, zijn hierna weergegeven.

Opbrengst verkopen:		€300.000	
Kostprijs verkopen:			
• grondstofkosten	€ 90.000		
• loonkosten	€100.000		
• energiekosten	€ 20.000		
• afschrijving	€ 30.000		
• overige kosten	€ 10.000 +		
		€ 250.000	–
Winst voor aftrek van belastingen		€ 50.000	
Vennootschapsbelasting (35%)		€ 17.500	–
Winst na aftrek van belastingen		€ 32.500	

Alle verkopen en alle kosten (met uitzondering van de afschrijvingskosten) worden contant afgerekend. Ook de belastingen worden direct betaald.

Bereken de jaarlijkse netto-geldontvangst in verband met dit investeringsproject.

8.2
U
Onderneming Expansie wil haar productiecapaciteit uitbreiden door de aanschaf van een nieuwe machine. Deze aankoop leidt tot een investering van €200.000. De machine heeft een economische levensduur van vijf jaar. Aan het einde van de levensduur heeft de machine nog een restwaarde van €20.000. De jaarlijkse netto-ontvangsten (inclusief de ontvangst van de restwaarde) bedragen €60.000.
De leiding vereist een rentabiliteit van 12% op deze investering.

a Bereken de boekhoudkundige terugverdientijd, als we veronderstellen dat de netto-geldontvangsten gelijkmatig tijdens het jaar optreden.
b Bereken de gemiddelde boekhoudkundige rentabiliteit van het investeringsproject. Uitkomst in twee decimalen nauwkeurig.

Bij de vragen **c** en **d** veronderstellen we dat alle netto-geldontvangsten aan het einde van ieder jaar optreden. Plaats de uitgaven en alle netto-geldontvangsten op een tijdlijn.
c Bereken de economische terugverdientijd.
d1 Bereken de netto contante waarde.
2 Is dit investeringsproject aanvaardbaar? Motiveer je antwoord.

8.3
Kapsalon Exclusive bv wil zijn kapsalon moderniseren. De verbouwing van de kapsalon vergt een investering van €240.000. De verbouwingskosten (€240.000) worden in acht jaar afgeschreven met gelijke bedragen per jaar. De verbouwing leidt niet tot een waardestijging van het pand (de verbouwing heeft geen restwaarde). De eigenaresse van de kapsalon verwacht

dat na de verbouwing de jaarlijkse winst na belasting zal toenemen met €20.000. Deze extra winsten worden alleen gedurende de eerste acht jaren na de verbouwing gerealiseerd. Daarna is het effect van de modernisering uitgewerkt. Alle transacties van de kapsalon worden à contant verricht. De eigenaresse van de kapsalon eist een rentabiliteit van 14% op deze investering.

a1 Bereken de jaarlijkse netto-geldontvangst.
2 Geef het investeringsproject in de vorm van een tijdlijn weer.
b Bereken de boekhoudkundige terugverdientijd, als we veronderstellen dat de netto-geldontvangsten gelijkmatig tijdens het jaar optreden.
c Bereken de gemiddelde boekhoudkundige rentabiliteit van het investeringsproject. Uitkomst in twee decimalen nauwkeurig.

Bij de vragen **d** en **e** veronderstellen we dat alle netto-geldontvangsten aan het einde van ieder jaar optreden.
d Bereken de economische terugverdientijd
e1 Bereken de netto contante waarde.
2 Is dit investeringsproject aanvaardbaar? Motiveer je antwoord.

8.4 Onderneming Select bv heeft in het komende jaar €2,5 mln beschikbaar voor nieuwe investeringen. De afdelingshoofden hebben bij de financieel manager drie investeringsvoorstellen ingediend. Deze voorstellen worden voorlopig met projectcodes aangeduid. De investeringsbedragen en de netto-geldontvangsten van de verschillende projecten zijn (bedragen × €1.000):

	Investering	**Netto-ontvangsten** (einde periode)		
	t = 0	t = 1	t = 2	t = 3
Project XR-1000	2.000	1.100	1.600	
Project CB-300	2.100	810	900	900
Project FXRS	2.400	1.200	1.100	1.000

De netto-geldontvangsten worden aan het einde van de periode ontvangen. Project XR-1000 heeft aan het einde van het tweede jaar een restwaarde van €0,6 mln. De vermelde netto-geldontvangsten van €1,6 mln is inclusief deze restwaarde. De projecten CB-300 en FXRS hebben geen restwaarde.
Voor alle projecten geldt een vermogenskostenvoet van 12%. Er wordt met gelijke bedragen per jaar op de projecten afgeschreven.

a Bereken voor ieder project:
1 de boekhoudkundige terugverdientijd;
2 de gemiddelde boekhoudkundige rentabiliteit;
3 de economische terugverdientijd;
4 de netto contante waarde.

b Geef per selectiemethode de volgorde van aantrekkelijkheid aan.
c Welke projecten zijn acceptabel wanneer de netto contante waarde als selectiecriterium wordt gehanteerd?
d Bespreek de voor- en nadelen van alle bij vraag **a** genoemde methoden.

***8.5** Levensmiddelenfabrikant De Gevulde Schap heeft gegevens verzameld over drie mogelijke investeringsprojecten (A, B en C), waarvan er echter maar één uitgevoerd kan worden.
Van deze projecten is het volgende bekend:

- De projecten A, B en C vergen bij aanvang van het project (t = 0) elk een investering van €20.000.
- De projecten A en B hebben een levensduur van vijf jaar en geen restwaarde; Project C heeft een levensduur van vier jaar en een restwaarde van €2.000.
- De vermogenskostenvoet voor de onderhavige projecten bedraagt 10%.
- De netto-geldontvangsten van alle projecten worden gespreid over het jaar ontvangen (met uitzondering van de restwaarde):

Project	**Netto-ontvangsten** (in euro's)				
	Jaar 1	Jaar 2	Jaar 3	Jaar 4	Jaar 5
A	4.000	9.000	9.000	9.000	4.000
B	6.600	6.600	6.600	6.600	6.600
C	7.000	7.000	7.000	7.000[1]	

1 Deze netto-ontvangst van project C is inclusief de ontvangst van de restwaarde.

a Bereken de boekhoudkundige terugverdientijd voor alle projecten.
b Bereken de gemiddelde boekhoudkundige rentabiliteit voor alle projecten.
c Bereken de economische terugverdientijd van alle projecten.
d Bereken de netto contante waarde van elk van de projecten. Voor de berekening van de netto contante waarde veronderstellen we dat de netto-geldontvangsten aan het einde van het betreffende jaar worden ontvangen.
e Bepaal de volgorde van aantrekkelijkheid volgens:
1 de methode van de boekhoudkundige terugverdientijd;
2 de gemiddelde boekhoudkundige rentabiliteit;
3 de methode van de economische terugverdientijd;
4 de nettocontantewaardemethode.
f1 Zijn de drie projecten volledig vergelijkbaar? Motiveer je antwoord.
2 Geef gemotiveerd aan welke selectiemethode de voorkeur verdient.

8.6 Sif steekt vele miljoenen in uitbreiding capaciteit

Sif steekt vele miljoenen in uitbreiding capaciteit

Jan Verbeek
Amsterdam

Metaalbedrijf Sif Group, vooral bekend van de grote metalen offshoreconstructies die het bouwt, voor windmolens en de olie- en gasindustrie, gaat de productiecapaciteit opnieuw fors uitbreiden.

Het gaat om investeringen op de locaties Limburg en Rotterdam. Gezien de positieve vooruitzichten in de markt investeert de Roermondse onderneming ruim €60 mln, schrijft de zakelijke site Wijlimburg.nl donderdag.

Staalbedrijf Sif is specialist in windmolenfunderingen en heeft inmiddels ruim vierhonderd mensen in dienst. Investeerder Egeria houdt sinds ongeveer tien jaar een meerderheidsaandeel in het familiebedrijf.

In de hoofdvestiging in Roermond wordt voor €20 mln geïnvesteerd in onder meer nieuwe productiemachines. Op de nieuwe Tweede Maasvlakte in Rotterdam bouwt de onderneming een assemblagehal en een coatinghal.

Sif Group zal op de Tweede Maasvlakte een open overslagterrein ter grootte van veertig hectare inrichten. Door de investering wordt directe levering aan offshoreklanten van de Roermondse onderneming mogelijk. De nieuwe faciliteit zal naar verwachting begin 2017 klaar zijn.

De investeringen hebben geen gevolgen voor de positie van het hoofdkantoor van Sif Group in Limburg. Het grootste deel van de productiefaciliteiten blijft in Roermond. Het aantal arbeidsplaatsen zal de komende jaren aanzienlijk toenemen. ■

Bron: *Het Financieele Dagblad*, 19 juni 2015

a Leidt de investering van Sif vooral tot meer vaste kosten of tot meer variabele kosten? Motiveer je antwoord.
b Welke factoren spelen een rol bij deze investeringsbeslissing van Sif?
c Leiden investeringen altijd tot een toename van het aantal arbeidsplaatsen? Motiveer je antwoord.
d Licht toe welke onzekerheden (risico's) bij deze investering een rol spelen.

***8.7** Onderneming Multichip is producent van hoogwaardige computeronderdelen. Multichip overweegt voor de productie van chips een nieuwe machine aan te schaffen. De economische levensduur van deze machine, waarvan de aanschafwaarde €350.000 bedraagt, is vijf jaar. De restwaarde van de machine zal naar verwachting €50.000 zijn. Er wordt afgeschreven met gelijke bedragen per jaar.

Jaarlijks zullen er met deze machine 20.000 chips worden geproduceerd (de normale productie = 20.000). Naast de afschrijvingskosten is er sprake van proportioneel variabele kosten voor grondstof en arbeid, die €10 per eenheid bedragen. Deze kosten worden contant betaald. De verkoopprijs per chip bedraagt €20 (exclusief btw).

Over ondernemingswinsten is 40% belastingen verschuldigd. Voor de eenvoud van de berekeningen wordt verondersteld dat alle geldontvangsten in verband met verkopen en alle gelduitgaven in verband met variabele kosten aan het einde van ieder jaar plaatsvinden. Ook de betaling van de belastingen over de winst wordt aan het einde van ieder jaar verricht.

a Bereken de kostprijs van één chip.
b Bereken de jaarlijkse winst zowel voor als na aftrek van belastingen.
c Bereken de netto-geldontvangst per jaar.
d Geef de gelduitgave in verband met de investering en de daaruit voortvloeiende netto-geldontvangsten op een tijdlijn weer.

e Bereken de boekhoudkundige terugverdientijd.
f Bereken de gemiddelde boekhoudkundige rentabiliteit.
g Bereken de economische terugverdientijd.
h Bereken de netto contante waarde (NCW), als we veronderstellen dat de vermogenskostenvoet 18% bedraagt.

8.8 Cisco steekt de komende jaren $10 mrd in China

Cisco steekt de komende jaren $10 mrd in China

Van onze redacteur/Bloomberg
Amsterdam

Netwerkspecialist Cisco gaat de komende jaren voor omgerekend $10 mrd investeren in China (circa €8,9 mrd). Dat is het bedrijf overeengekomen met de Chinese autoriteiten, hetzelfde staatsbureau dat concurrent Qualcomm eerder een boete van omgerekend $975 mln gaf.

Met de investering probeert het Amerikaanse bedrijf iets te doen aan zijn positie in de moeilijke markt waar prijsvechtende concurrenten als Huawei en ZTE Corp steeds belangrijker worden. Tegelijkertijd liggen westerse multinationals in China structureel onder vuur, in dit specifieke geval door onthullingen van voormalig NSA-agent Edward Snowden over de risico's van de technologische achterdeurtjes van Amerikaanse netwerkapparatuur.

Volgens Cisco zal de investering nieuwe banen, financiering van onderzoek en innovatie brengen

Volgens Cisco gaat de investering nieuwe banen brengen, onderzoek financieren en innovatie opleveren. Dat is hard nodig, want de inkomsten voor Cisco uit China daalden in het laatste kwartaal met zo'n 20%.

De ceo van Cisco hoopt dat de investering een stap naar herstel is van de zakelijke relatie tussen de VS en China, hoewel nog niet duidelijk is of de verplichting daadwerkelijk gaat leiden tot een groter marktaandeel.

Cisco is niet het eerste technologiebedrijf dat grote investeringen in China belooft. Microsoft heeft de afgelopen jaren eveneens miljarden in het land gepompt, en mocht vorig jaar zijn nieuwe XboxOne-spelcomputer aan gaan bieden in China.

Ook Hewlett-Packard lijkt er alles aan gelegen te zijn de goedkeuring van de Chinese staat terug te winnen. Het bedrijf verkocht dit jaar een aandeel in een netwerk- en serverbedrijf aan een Chinese rivaal. ■

Bron: *Het Financieele Dagblad*, 19 juni 2015

a Licht toe welke belangrijke verschillen er zijn tussen het zakendoen (zoals het verrichten van investeringen) in China en in de westerse wereld (zoals Europa en de VS).
b Noem een aantal redenen waarom het voor Cisco belangrijk is te investeren in China. Licht deze redenen ook toe.
c Licht toe welke onzekerheden (risico's) bij deze investering een rol spelen.

Tennet vindt kopers voor twee kabels naar Duitse windparken

Van onze verslaggever

BLEISWIJK Hoogspanningsnetbeheerder Tennet heeft kandidaatkopers gevonden voor twee kabels naar Duitse windparken. Daarmee zou de kapitaalspositie iets verbeteren, en kan het bedrijf investeren in nieuwe verbindingen.

Directeur Mel Kroon van het stroomtransportbedrijf zei woensdag bij de presentatie van de halfjaarcijfers dat de deal waarschijnlijk binnen zes weken zijn beslag krijgt. Volgens hem zijn drie partijen geïnteresseerd om een minderheidsaandeel van 49 procent te nemen in de kabels naar de windparken Borwind-1 en Borwind-2, voor de Duitse kust. In totaal gaat het om 250 miljoen euro.

Staatsbedrijf Tennet begon vorig jaar een groot buitenlands avontuur met de overname van het hoogspanningsnet van RWE. Dat is ongeveer twee keer zo groot als het Nederlandse net. Na de overname kwam Tennet voor grote investeringen te staan, terwijl de door de reguleerder toegestane tarieven daarvoor weinig ruimte gaven.

Tennet moest op zoek naar nieuw kapitaal, zowel in binnen- als buitenland. In Nederland injecteerde de overheid als enig aandeelhouder 600 miljoen euro in het bedrijf. In Duitsland moet Tennet zijn broek zelf ophouden, en zette het dus de lijnen naar de windparken in de verkoop.

De belangstelling komt volgens Kroon van 'betrouwbare partijen, die er voor de lange termijn in willen stappen'. De kabels leveren een gegarandeerd rendement, onafhankelijk van de hoeveelheid stroom die erdoorheen gaat.

Volgens Kroon zou een definitieve deal over de windkabels bewijzen dat de Duitse hoogspanningslijnen voldoende renderen. 'Dit is de *proof of the pudding*. Als marktpartijen er ook heil in en, dan blijkt ons *risk-return*-profiel goed genoeg.'

Wat daarbij heeft geholpen, is dat Tennet zijn Duitse geld niet meer met een vertraging van twee jaar krijgt.

Behalve met de verkoop van de Duitse kabels en de injectie van de overheid heeft Tennet het afgelopen half jaar een miljard euro opgehaald met de uitgifte van obligaties. Die waren volgens Kroon in 25 minuten vol. Ook dat bewijst volgens hem de aantrekkelijkheid van de stroomtransportsector. De rente op de obligaties (looptijden van zeven en twaalf jaar) bedraagt 3,9 en 4,6 procent. Kroon: 'Zeker in tijden dat je je geld niet graag in aandelen steekt, zijn wij een interessant alternatief.'

De operationele winst over het eerste half jaar steeg van 125 naar 171 miljoen euro. Het Duitse net droeg daar tweederde aan bij. ■

Bron: *de Volkskrant*, 8 september 2011

- a Waaruit bestaan de investeringen van een hoogspanningsnetbeheerder?
- b Waaruit bestaan de inkomsten van een hoogspanningsnetbeheerder?
- c Met welke risico's heeft een beheerder van een hoogspanningsnet te maken?
- d Wat wordt bedoeld met het risk-return-profiel waarover in het artikel wordt gesproken?
- e Wat wordt bedoeld met de zinsnede: 'dat Tennet zijn Duitse geld niet meer met een vertraging van twee jaar krijgt'?
- f Welk effect (positief of negatief) heeft het vertraagd ontvangen van gelden voor de netto-contante-waarde van een investeringsproject? Motiveer het antwoord.

g Geef mogelijke verklaringen voor het feit dat Tennet geen moeite had met het uit de markt halen van een miljard euro door de uitgifte van obligaties.

8.10
U Een industriële onderneming maakt slechts één soort homogeen massaproduct, dat verkocht wordt voor €9 per eenheid (exclusief btw). De onderneming moet binnenkort haar machinepark vervangen. Hierbij heeft ze de keuze uit twee mogelijkheden:

Alternatief A:
Vaste kosten: €80.000 per jaar.
Proportioneel variabele kosten: €5 per eenheid.

Alternatief B:
Vaste kosten: €150.000 per jaar.
Proportioneel variabele kosten: €3 per eenheid.

a Bereken bij welke productieomvang de productiekosten van alternatief A en alternatief B aan elkaar gelijk zijn (indifferentiepunt).
b Bereken het break-evenpunt voor:
1 alternatief A;
2 alternatief B.
c Welk alternatief heeft het grootste bedrijfsrisico? Motiveer je antwoord.

***8.11** Een industriële onderneming maakt slechts één soort homogeen massaproduct. De jaarproductie schommelt tussen de 30.000 en 60.000 eenheden. De normale productie is 50.000 eenheden per jaar. De onderneming moet binnenkort haar machinepark vervangen. Hierbij heeft ze de keuze uit twee mogelijkheden:

Alternatief A:
Vaste kosten: €350.000 per jaar.
Proportioneel variabele kosten: €2 per eenheid.

Alternatief B:
Vaste kosten: €150.000 per jaar.
Proportioneel variabele kosten: €7 per eenheid.

Het massaproduct wordt verkocht voor €15 per eenheid (exclusief btw).

a Bereken bij welke productieomvang de productiekosten van alternatief A en alternatief B aan elkaar gelijk zijn (indifferentiepunt).
b Bereken het break-evenpunt voor:
1 alternatief A;
2 alternatief B.
c Geef de opbrengst verkopen en de productiekosten van alternatief A en van alternatief B in één grafiek weer. (Op de horizontale as het aantal producten weergeven tot 60.000 eenheden, op de verticale as de opbrengsten en kosten tot €900.000.)
d Geef de break-evenpunten van beide alternatieven en het indifferentiepunt in de grafiek van vraag **c** weer.

e Bereken zowel voor alternatief A als voor alternatief B de winst of het verlies bij een productie én verkoopomvang van:
1 30.000 eenheden;
2 60.000 eenheden.

f Wat kan opgemerkt worden over het bedrijfsrisico bij toepassing van alternatief A in vergelijking met het bedrijfsrisico bij toepassing van alternatief B? Betrek in het antwoord ook de antwoorden op vraag **e**.

g Welk alternatief verdient de voorkeur? Motiveer het antwoord.

***8.12** Tot nu toe heeft een industriële onderneming de productie van een bepaald onderdeel uitbesteed aan een toeleveringsbedrijf. Zij betrekt van dit bedrijf per jaar 12.000 stuks van het onderdeel voor €5,40 per stuk.
Bij eigen fabricage van het onderdeel zou de onderneming voor de volgende kosten komen te staan:

- De voor een jaarproductie van 12.000 stuks benodigde apparatuur zou gekocht kunnen worden voor €120.000. De economische gebruiksduur ervan is vier jaar. De restwaarde tijdens deze gebruiksduur is na één jaar €45.000 en daarna elk jaar €15.000 lager.
- De complementaire kosten zijn tijdens de economische gebruiksduur per jaar achtereenvolgens €40.000, €41.000, €42.000 en €45.000.
- Met vermogenskosten houden we geen rekening.

a Toon met een berekening aan dat de onderneming tot nu toe de productie van het onderdeel terecht heeft uitbesteed, omdat de eigen fabricage ervan duurder zou zijn geweest.

b Bij welke aankoopprijs van de benodigde apparatuur zou de eigen fabricage van het onderdeel even duur zijn als de uitbesteding, indien alle overige gegevens ongewijzigd blijven? Geef de berekening.

Doordat in een bepaald jaar het toeleveringsbedrijf de prijs van het onderdeel met 25% heeft verhoogd, is de onderneming overgegaan tot de eigen fabricage ervan. De kosten van deze fabricage zijn als hiervoor is vermeld.

c Bereken de afschrijvingsbedragen die jaarlijks vrijkomen als vergoeding voor de aangeschafte apparatuur.

Precies drie jaar na de overgang op de eigen fabricage komt er een buitenlandse onderneming op de markt, die het onderdeel aanbiedt voor slechts €4,75 per stuk.

d Is het daardoor voor de onderneming rationeel direct de eigen fabricage te beëindigen? Geef de berekening. De overige gegevens blijven ongewijzigd.

e Bereken het verlies dat de onderneming lijdt door het op de markt komen van de nieuwe toeleverancier.

***8.13** Een onderneming heeft de afgelopen twee jaar €1 mln besteed aan onderzoek en ontwikkeling van een nieuw product.
De onderneming overweegt het product op de markt te gaan brengen. Over het te starten productieproces zijn de volgende gegevens bekend:
Op een braakliggend gedeelte van het fabrieksterrein zal een nieuw gebouw opgetrokken worden. Bovendien zullen nieuwe machines worden gekocht. De totale investering in het gebouw en de machines bedraagt €4 mln.

De jaarlijkse productiecapaciteit van het nieuwe complex is 100.000 eindproducten X, die voor €6,40 per eenheid verkocht kunnen worden. De variabele productiekosten per eenheid bedragen €2.
Het gebouw én de nog te installeren machines zullen in tien jaar met gelijke bedragen per jaar worden afgeschreven.
Op het fabrieksterrein wordt niet afgeschreven.
Overige kosten die met het bezit van onroerend goed samenhangen, worden buiten beschouwing gelaten.
De productie van 100.000 eenheden per jaar mag als normale productie aangemerkt worden.
Voor het genoemde fabrieksterrein is geen alternatieve aanwending beschikbaar.

a Bereken of het voor deze onderneming zinvol is het machinepark te installeren en de productie van eindproduct X te starten.

We veronderstellen dat er zich een geïnteresseerde aanmeldt, die voor het fabrieksterrein €50.000 pacht per jaar wil betalen (gedurende tien jaar).

b Toon door een berekening aan welk alternatief de voorkeur verdient:
1 het braakliggend fabrieksterrein zelf gaan gebruiken voor de productie van eindproduct X;
2 het braakliggend fabrieksterrein verpachten.

***8.14** Zodiac bv maakt een homogeen massaproduct dat kan worden verkocht voor €25 per stuk. Voor haar productieproces kan Zodiac bv kiezen uit twee technieken: techniek A en techniek B. De kenmerken van deze productietechnieken zijn als volgt:

	Techniek A	Techniek B
Vaste productiekosten per jaar	€500.000	€1.500.000
Variabele productiekosten per eenheid	€17,50	€7,50
Maximale productiecapaciteit	200.000	200.000

In de hiervoor genoemde kosten zijn alle kosten opgenomen met uitzondering van de interestkosten. De normale productie- en verkoopomvang bedragen 160.000 per jaar. Met btw en verkoopkosten houden we geen rekening.

a Bereken de productie- (= verkoop)omvang, waarbij de Earnings Before Interest and Taxes (EBIT) nihil is, voor:
1 techniek A;
2 techniek B.

b Voor het jaar 2016 wordt een productie- en verkoopomvang verwacht van 120.000 eenheden. Bereken de *verwachte* EBIT voor 2016 als:
1 techniek A wordt toegepast;
2 techniek B wordt toegepast.

c In 2016 zijn in werkelijkheid 100.000 eenheden verkocht. Bereken de *werkelijke* EBIT in 2016 als:
1 techniek A wordt toegepast;
2 techniek B wordt toegepast.

d Bij welke productietechniek treedt de grootste procentuele verandering op tussen de verwachte EBIT en de werkelijke EBIT? Geef daarvoor een verklaring.

e Welke productiemethode heeft de voorkeur als de afzet van Zodiac bv erg conjunctuurgevoelig is? Motiveer je antwoord.

f Welke productiemethode leidt tot het hoogste bedrijfsrisico? Leg uit wat wordt verstaan onder bedrijfsrisico.

g Noem drie branches die te maken hebben met relatief hoge vaste kosten (ten opzichte van de variabele kosten).

8.15 Ziekenhuis Waalzicht heeft tijdelijk een overcapaciteit voor het verrichten van knieoperaties. Voor Waalzicht zelf worden jaarlijks 400 knieoperaties verricht, terwijl de maximale capaciteit 600 knieoperaties bedraagt. Een naburig kleiner ziekenhuis, het St. Elisabeth's Gasthuis, gaat binnenkort een van zijn operatiekamers grondig verbouwen. Om de wachttijden niet te veel te laten oplopen, wil dit ziekenhuis een deel van zijn operaties laten uitvoeren door ziekenhuis Waalzicht. Het heeft daarom bij ziekenhuis Waalzicht het verzoek ingediend om voor het St. Elisabeth's Gasthuis komend halfjaar 100 knieoperaties te verrichten. Het wil daarvoor €1.300 per knieoperatie betalen.

De controller van Ziekenhuis Waalzicht heeft de volgende kostenoverzichten gemaakt:

Kosten 500 knieoperaties:

Directe kosten	Personele kosten	€ 500.000
	Materiële kosten	€ 60.000
Indirecte kosten	Schoonmaak apparatuur	€ 22.000
	Afschrijvingen apparatuur	€ 150.000
	Administratie	€ 5.000
Totaal integrale kosten		€ 737.000

Kosten 400 knieoperaties:

Directe kosten	Personele kosten	€ 400.000
	Materiële kosten	€ 48.000
Indirecte kosten	Schoonmaak apparatuur	€ 20.000
	Afschrijvingen apparatuur	€ 150.000
	Administratie	€ 5.000
Totaal integrale kosten		€ 623.000

a Bereken de kosten per operatie als Waalzicht 400 knieoperaties verricht.

b Bereken de kosten per operatie als Waalzicht 500 knieoperaties verricht.

c Zal Waalzicht op het verzoek van het St. Elisabeth's Gasthuis ingaan als het zijn besluit uitsluitend baseert op economische motieven? Licht je antwoord toe met een berekening.

8.16 Motorenfabrikant Explosion bv levert dieselmotoren aan een Japanse fabrikant van auto's. Voor 2017 is een productieplan gemaakt om 100.000 motoren te maken. Bij een maximale capaciteitsbenutting kunnen 130.000 motoren per jaar worden gemaakt.

De integrale standaardkostprijs van een motor bedraagt €3.500 en is als volgt opgebouwd:

- proportioneel variabele kosten €2.000 per motor
- vaste kosten €1.500 per motor

In 2017 krijgt Explosion bv de mogelijkheid een eenmalige order voor een Duits autobedrijf uit te voeren. Als deze order wordt geaccepteerd, kunnen 20.000 motoren worden verkocht tegen een prijs van €2.600 per stuk. Het accepteren van de order leidt niet tot prijsbederf op de Japanse markt.

a Is het voor Explosion bv, die streeft naar winstmaximalisatie, zinvol deze order te accepteren? Motiveer je antwoord.
b Bereken met welk bedrag het resultaat van Explosion bv toe- of afneemt als de incidentele order wordt geaccepteerd.
c Welke mogelijke gevaren (nadelen) zijn verbonden aan het toepassen van een differentiële calculatie?

9.1 Introduceer boeterente voor bedrijven die kleine leveranciers te laat betalen

Introduceer boeterente voor bedrijven die kleine leveranciers te laat betalen

CDA en ONL willen aanpak van afnemers die voldoen van rekeningen uitstellen

Saskia Jonker
Den Haag

Grote bedrijven die hun kleine leveranciers steevast te laat betalen, moeten worden aangepakt. Als ze de wettelijke termijn van zestig dagen overschrijden, gaan ze een rente betalen van 8,15%. Dat stellen CDA en werkgeversclub ONL voor Ondernemers vandaag voor in een initiatiefnota. Uitstel van betalen wordt zo onaantrekkelijk gemaakt.

Toeleveranciers moeten vaak veel langer dan toegestaan wachten tot hun rekeningen worden betaald, zo luidt de veelgehoorde klacht onder mkb'ers. Grote bouwers schuiven hun eigen liquiditeitsproblemen door naar hun kleine toeleveranciers, schreef ook het FD in januari. Zo hanteert BAM een betalingstermijn van 'gemiddeld zestig dagen'. Ook Hema haalde vorig jaar de publiciteit toen het zijn betalingstermijn eenzijdig wilde oprekken naar 120 dagen.

CDA-Kamerlid Agnes Mulder en Hans Biesheuvel van ONL zeggen dat dat komt doordat de huidige wetgeving uit 2013 gemakkelijk te omzeilen is. 'Er wordt door grote bedrijven misbruik gemaakt van de uitzonderingsclausules via de huidige wet', zegt Biesheuvel. Zo kunnen ze gemakkelijk met hun toeleveranciers afspreken dat de betalingstermijn langer is dan de wettelijke dertig dagen, met een uitloop naar zestig dagen.

Kleine leveranciers durven geen vuist te maken uit angst dat hun klant naar de concurrent stapt

Op deze manier ontstaat een 'leverancierskrediet': afnemers rekken hun betalingstermijnen op zodat ze het geld langer op de bank kunnen laten staan en rente trekken. Kleine toeleveranciers financieren zo die late betaling van hun klanten. Daar durven ze geen vuist tegen te maken uit angst dat hun klant naar de concurrent stapt. Hun eigen liquiditeitspositie staat daardoor onder druk, aldus ONL en CDA. En dat is slecht voor de economie, zegt Mulder.

[...] ■

Bron: *Het Financieele Dagblad*, 5 maart 2015

a Welke post aan de debetzijde op de balans van de leverancier neemt toe als afnemers (die op rekening hebben gekocht) hun rekening aan de leveranciers later betalen? Licht je antwoord toe.

b Welke gevolgen heeft de situatie zoals bij vraag **a** is beschreven voor de vermogensbehoefte van de leverancier?

c Waarom treden kleine toeleveranciers niet harder op tegen grote bedrijven (zoals grote bouwbedrijven) waar ze nog geld van tegoed hebben?

d Waarom bemoeit de politiek zich met de betalingstermijn die ondernemingen in acht moeten nemen?

e Wat zou een onderneming kunnen doen om de vermogensbehoefte die voortvloeit uit de vorderingen op afnemers te verminderen?

9.2 Jan Levenslust uit Groendorp is van plan een eigen groenten- en fruitwinkel te beginnen. Hiervoor denkt hij over de volgende activa te moeten beschik-
U ken:

- Gebouwen met een aanschafwaarde van €480.000. Zijn vader is bereid €180.000 te lenen, de rest kan gefinancierd worden door middel van een hypothecaire lening.
- Voorraden ter waarde van €80.000. De leveranciers staan een kredietermijn van $1\frac{1}{2}$ maand toe.
- Inventaris met een waarde van €100.000.
- Kasgeld ter grootte van €12.000. De financiering van inventaris en de voorraad liquide middelen komt ten laste van het spaartegoed, dat de heer Levenslust bij de plaatselijke bank had opgebouwd.

a Maak een gespecificeerde berekening van de verwachte totale vermogensbehoefte bij de start van deze onderneming.
b Stel de voorgecalculeerde beginbalans op.

9.3 Schoenfabriek De Alpen maakt bergschoenen voor wandelliefhebbers. De kostprijs van een paar bergschoenen is als volgt opgebouwd:
U

Leer	€40,00
Arbeidskosten	€25,50
Afschrijvingskosten	€ 5,50 +
Kostprijs per paar bergschoenen	€71,00

In het afgelopen jaar zijn 10.000 paar bergschoenen geproduceerd. Ze zijn contant verkocht voor €90 per paar. De kosten in verband met het gebruik van leer en arbeidskrachten leiden direct tot gelduitgaven. Met btw houden we geen rekening.

a Bereken de mutatie in de voorraad liquide middelen over het afgelopen jaar.
b De verandering in de voorraad liquide middelen is opgetreden door ingehouden winst en vrijgekomen afschrijvingen. Bereken het bedrag dat bij iedere oorzaak hoort.

9.4 Handelsonderneming Xerxes heeft zich gespecialiseerd in verkoop van
U lederwaren aan de detailhandel. Aan het begin van ieder kwartaal koopt Xerxes lederwaren in voor een totaalbedrag van €300.000, die in de loop van ieder kwartaal worden verkocht. De verkoop is gelijkmatig gespreid. Om mogelijke verstoringen in de aanvoer van lederwaren op te kunnen vangen, wordt door deze onderneming een veiligheidsvoorraad aangehouden van €100.000.

a Hoeveel bedraagt de maximale vermogensbehoefte die voortvloeit uit het aanhouden van voorraden?
b Hoeveel bedraagt de minimale vermogensbehoefte die voortvloeit uit het aanhouden van voorraden?
c Teken het verloop van de vermogensbehoefte gedurende het jaar.

9.5 Skifabrikant De Lange Lat produceert iedere maand 1.000 paar ski's. De productie, die gelijkmatig over de maand verdeeld is, is in februari 2016 gestart. De kostprijs bedraagt €300 per paar. De verkopen vinden plaats in de maanden oktober tot en met december 2016 en in januari 2017. We veronderstellen dat deze verkopen alleen aan het einde van de maand plaatsvinden. In die maanden worden 3.000 paar ski's per maand verkocht.

Schets het verloop van de vermogensbehoefte in verband met de voorraad ski's over de periode februari 2016 tot en met januari 2017.

9.6
U Handelsonderneming De Omloop is gespecialiseerd in de verkoop van verfartikelen aan doe-het-zelfwinkels. De directeur en de vertegenwoordigers van De Omloop hebben de beschikking over een auto van de zaak. De boekwaarde van deze auto's is in de volgende balans opgenomen:

Balans De Omloop per 31 december 2016 (bedragen × €1.000)

Gebouwen	500	Eigen vermogen	600
Auto's	250	Hypotheek	320
Inventaris	200	Crediteuren	280
Voorraden	300	Rekening-courant	190
Debiteuren	100		
Kas	40		
Totaal activa	1.390	Totaal vermogen	1.390

Voor 2017 wordt een omzet verwacht van €4,2 mln.
De directeur van De Omloop is van mening dat de omvang van Crediteuren en Rekening-courant te hoog is en zoekt naar mogelijkheden deze vormen van vreemd vermogen te verminderen. Na overleg met een leasemaatschappij blijkt zij bereid per 1 januari 2017 de auto's en een gedeelte van de inventaris van De Omloop te kopen en gelijktijdig weer terug te leasen aan De Omloop (sale and lease back). Alle auto's worden voor de boekwaarde aan de leasemaatschappij verkocht, terwijl een deel van de inventaris voor €100.000 wordt verkocht. De totale geldontvangst uit deze verkopen wordt gebruikt om de posten Crediteuren en Rekening-courant te verminderen.

We veronderstellen dat (indien er niet tot leasing wordt overgegaan) het gemiddeld geïnvesteerde vermogen gedurende 2017 €1,4 mln zal bedragen.

a Bereken voor deze situatie de omloopsnelheid van het gemiddeld geïnvesteerde vermogen.

Indien wel tot leasing wordt overgegaan, zal het gemiddeld geïnvesteerde vermogen gedurende 2017 slechts €1,05 mln bedragen.

b Bereken voor deze situatie de omloopsnelheid van het gemiddeld geïnvesteerde vermogen.

c Zijn de omloopsnelheden, zoals bij vraag **a** en **b** zijn berekend, goed met elkaar te vergelijken? Motiveer je antwoord.

***9.7** Handelsonderneming Pharma vof verkoopt farmaceutische producten aan artsen en apothekers. Van deze onderneming is de vermogensbehoefte per kwartaal weergegeven in de volgende tabel (bedragen × €1.000):

	Kwartaal 1	Kwartaal 2	Kwartaal 3	Kwartaal 4
Gebouwen	1.000	1.000	1.000	1.000
Inventaris	400	380	360	340
Auto's	500	470	440	400
Voorraden	800	700	600	900
Debiteuren	600	540	500	400
Liquide middelen	60	50	40	40
Totaal	3.360	3.140	2.940	3.080

De directieleden en de vertegenwoordigers van Pharma hebben allen de beschikking over een auto van de zaak.
Alle verkopen van Pharma vinden op rekening plaats. Aan de afnemers (artsen en apothekers) wordt een krediettermijn van één maand toegestaan.
De directie van Pharma wil de totale vermogensbehoefte verminderen door de volgende ingrepen:

a Alle auto's leasen (operational lease). De auto's die reeds in het bezit van de onderneming zijn, kunnen voor de boekwaarde verkocht worden.
b Alle debiteuren overdragen aan een factormaatschappij. Met de factormaatschappij wordt een factoringcontract gesloten (maturity factoring). De factormaatschappij betaalt op de gemiddelde vervaldag van de overgenomen vorderingen 98% van de vorderingen uit aan Pharma.

De geldontvangsten door leasing en factoring worden volledig gebruikt om vreemd vermogen af te lossen.

a Leg uit wat wordt verstaan onder diversiteit.
b Welke twee vormen van leasing worden onderscheiden? Geef het verschil tussen beide vormen aan.
c Wat wordt onder old-line factoring en maturity factoring verstaan? Geef het verschil tussen beide vormen aan.
d Stel een overzicht op van de vermogensbehoefte (zoals in het begin van deze opgave), waarin de gevolgen van operational leasing en maturity factoring zijn verwerkt. We veronderstellen dat alle auto's verkocht en teruggeleased kunnen worden én dat alle debiteuren door de factormaatschappij worden overgenomen.
e Wat wordt in dit verband bedoeld met balansverkorting?

***9.8** Fokker krijgt grotere order voor productie vleugelkleppen JSF

Fokker krijgt grotere order voor productie vleugelkleppen JSF

Hans Verbraeken
Amsterdam

Fokker Technologies sluit woensdag een 'omvangrijke overeenkomst' voor de levering van vleugelonderdelen met de producent van de F-35 Joint Strike Fighter, Lockheed Martin. Dat meldde het bedrijf gisteren. Het gaat vermoedelijk om een opdracht voor enkele honderden toestellen. Aantallen wil Fokker zelf nog niet noemen.

De deal heeft betrekking op de 'flaperons' van de vleugels, de lange beweegbare, achterste vleugelkleppen van composietmateriaal en titanium, waarmee het toestel onder controle kan worden gehouden. Fokker leverde ook al de flaperons voor de F-16.

Het nieuwe contract is een follow-up van een raamcontract dat de partijen al een aantal jaren eerder overeenkwamen. In 2009 kreeg Fokker al de opdracht om de flaperons voor de F-35 te maken, maar dan voor de productiefase tot eind 2014, een contract met de omvang van $200 mln.

Het nieuwe contract, uit te voeren door de businessunit Fokker Aerostructures, heeft betrekking op 'een verdere productiefase' op weg naar serieproductie, aldus een woordvoerster van Fokker. 'Het JSF-project kent opeenvolgende fases met steeds meer vliegtuigen, van tien tot vijftig tot honderd toestellen, totdat we toe zijn aan een volledige serieproductie.'

Het nieuwe contract is vergelijkbaar met de overeenkomst die Fokker Elmo, ook een businessunit van Fokker Technologies, en Lockheed Martin vorig jaar sloten. Die overeenkomst, ook een uitwerking van een eerder raamcontract, heeft een omvang van 'honderden toestellen', waarvoor Fokker Elmo de bekabeling gaat doen. Bij de F-35 zijn inmiddels meer dan honderd Nederlandse bedrijven betrokken.

Het F-35-toestel levert nu aan 600 mensen werk bij verschillende Fokker-onderdelen

Businessunit Fokker Aerostructures werkt al aan de deuren en luiken van de F-35. Daarnaast werkt Aerostructures ook aan het systeem voor de lancering van de remparachute van het toestel. Fokker Landing Gear in Helmond levert de stophaak om te landen op vliegdekschepen. Dat zijn alle specifieke contracten voor bepaalde afzonderlijke klanten, zoals Noorwegen.

Verder heeft het Amerikaanse ministerie van defensie vorige maand Woensdrecht aangewezen als een van de Europese onderhoudscentra voor het motoronderhoud van de F-35. Dit zou Woensdrecht de komende dertig jaar onderhoudswerk verzekeren. Het JSF-toestel levert bij diverse Fokker-onderdelen nu 600 man werk. ■

Bron: *Het Financieele Dagblad*, 13 januari 2015

a Welke gevolgen heeft de grotere order voor de vermogensbehoefte van Fokker? Licht je antwoord toe en geef aan welke balansposten er toe- of afnemen.

b Wat wordt onder een raamcontract verstaan?

c Welke redenen zou Lockheed Martin (de bouwer van de Joint Strike Fighter) gehad kunnen hebben om voor Fokker te kiezen?

d Waarom is het belangrijk dat Nederland bedrijven zoals Fokker binnen haar grenzen heeft?

***9.9** Onderneming Expansie heeft voor de financiering van haar duurzame
U productiemiddelen een permanent vermogen beschikbaar van €1 mln. Deze duurzame productiemiddelen zijn onderling identiek. De aanschafprijs ervan is €200.000 per stuk. De economische levensduur is vier jaar en de restwaarde is nihil. De duurzame productiemiddelen worden afgeschreven met gelijke bedragen per jaar. De onderneming past intensieve financiering toe en wel zo dat telkens aan het eind van het jaar de beschikbare liquide middelen worden aangewend voor de aankoop van nieuwe duurzame productiemiddelen. Versleten productiemiddelen worden dan buiten gebruik gesteld. We veronderstellen dat de aanschafprijs, de restwaarde en de gebruiksduur geen wijzigingen ondergaan.

a Bereken het aantal duurzame productiemiddelen dat onderneming Expansie op lange termijn maximaal kan financieren zonder extra vermogen aan te trekken.
b Wat is het voordeel van financiering van activa door middel van vrijgekomen afschrijvingen?

***9.10** Transportonderneming Veens bv heeft zich toegelegd op het vervoer van vee. Voor het transport van varkens worden speciale vrachtwagens (zogenoemde knortaxi's) gebruikt. Op 1 januari van dit jaar heeft Veens bv vijf knortaxi's gekocht en in gebruik genomen. De aanschafprijs bedraagt €120.000 per vrachtauto. Aan het einde van het vierde gebruiksjaar worden de vrachtwagens buiten gebruik gesteld. De vrachtwagens hebben dan geen restwaarde. Veens bv is van plan de vrijgekomen afschrijvingen direct weer te gebruiken om nieuwe knortaxi's te kopen. Er wordt verondersteld dat de aanschafprijs, de restwaarde en de gebruiksduur geen wijzigingen ondergaan. Op iedere vrachtauto wordt ieder jaar een gelijk bedrag afgeschreven.

a Bereken de jaarlijkse afschrijvingen per vrachtauto.
b Bereken het aantal knortaxi's dat Veens bv uiteindelijk zal kunnen financieren zonder extra vermogen aan te trekken, als het huidige beleid van intensieve financiering wordt voortgezet.

***9.11** De industriële onderneming Economatic bv heeft op 1 januari van dit jaar vier identieke machines aangeschaft voor de fabricage van een nieuw product. De aanschafwaarde van deze machines bedraagt €100.000 per stuk. De gebruiksduur van een machine is drie jaar. De restwaarde aan het einde van het derde gebruiksjaar bedraagt €10.000 per machine. Jaarlijks wordt €30.000 per machine afgeschreven. De vergoedingen voor afschrijven worden gelijkmatig over het jaar gespreid ontvangen. Economatic bv wil dit machinecomplex uitbreiden. Hiertoe worden steeds op 1 januari van een jaar één of meer identieke machines aangekocht onder gelijktijdige inruil van eventueel versleten oude machines. De leiding van Economatic bv wil hierbij uitsluitend gebruikmaken van intensieve financiering. Er zal geen extern vermogen worden aangetrokken om de nieuwe machines te financieren. We veronderstellen dat de gegevens van de machines in de toekomst niet zullen veranderen.

a Wat verstaat men onder intensieve financiering?
b Toon door middel van een gespecificeerde berekening aan hoeveel machines deze onderneming op den duur (na maximaal tien jaar) tegelijk kan exploiteren, zonder extra vermogen aan te trekken.
c Wat verstaat men onder diversiteit?

9.12 Handelsonderneming Planvorm verwacht voor het komende halve jaar de
U volgende omzetten:

Maand	**Omzet** (in euro's)	**Maand**	**Omzet** (in euro's)
Januari	200.000	April	280.000
Februari	240.000	Mei	250.000
Maart	260.000	Juni	220.000

Van deze omzet wordt 20% contant afgerekend en de rest op rekening verkocht. Aan de debiteuren wordt een kredietermijn van één maand toegestaan, waarvan ze allemaal volledig gebruikmaken.

a Bereken de geldontvangsten in verband met deze omzetten voor ieder van de maanden april t.e.m. juni.

b Bereken de omvang van de vordering op debiteuren aan het einde van de maand juni.

9.13 Onderneming Carpool is fabrikant van autoaccessoires. Van haar totale
U omzet van €2,5 mln per jaar wordt €1,8 mln op rekening verkocht. Aan zijn afnemers verleent deze fabrikant één maand krediet. Om zijn omzet en winst te verhogen heeft Carpool besloten de kredietermijn voor zijn afnemers te verlengen en op anderhalve maand vast te stellen. Hierdoor is de jaaromzet gestegen tot €3 mln, waarvan €2,4 mln op rekening.

a Bereken de vermogensbehoefte in verband met het verleende leverancierskrediet, uitgaande van een kredietermijn van:

1 één maand (oude situatie);

2 anderhalve maand (nieuwe situatie).

***9.14** Een producent van levensmiddelen verwacht voor de komende negen maanden de volgende omzetten:

Maand	**Omzet** (in euro's)	**Maand**	**Omzet** (in euro's)	**Maand**	**Omzet** (in euro's)
Januari	320.000	April	360.000	Juli	290.000
Februari	300.000	Mei	330.000	Augustus	260.000
Maart	340.000	Juni	280.000	September	310.000

De productie vindt twee maanden voor de verkoop plaats, terwijl de inkoop van grondstoffen een maand voor de productie plaatsvindt. De grondstofkosten bedragen 30% van de verkoopprijs van de levensmiddelen.
Alle inkopen vinden op rekening plaats. De leverancier van de grondstoffen staat een kredietermijn van twee maanden toe, waarvan volledig gebruik zal worden gemaakt.

De verkopen worden voor 40% contant betaald en de rest wordt op rekening verkocht. Alle afnemers die op rekening kopen, maken gebruik van de toegestane krediettermijn van één maand.

a Bereken voor ieder van de maanden april, mei en juni:
1 de geldontvangsten in verband met de verkoop van levensmiddelen;
2 de gelduitgaven in verband met de inkoop van grondstoffen.
b Bereken de omvang van de vordering op debiteuren aan het einde van de maand juni.
c Bereken de omvang van de schuld aan crediteuren aan het einde van de maand juni.

10 Vormen van eigen vermogen

10.1 Handelsonderneming Batavia bv is onlangs omgezet in de naamloze ven
U nootschap Batavia nv. Het maatschappelijk kapitaal van Batavia nv is bij de oprichting vastgesteld op €100 mln.
Bij oprichting wordt een nominaal aandelenkapitaal van €100 mln geplaatst, waarop 60% wordt gestort. De aandelen worden uitgegeven tegen een koers van 130%.

a Bereken het bedrag dat door de aandeelhouders bij oprichting van deze nv moet worden gestort.
b Geef de journaalpost die naar aanleiding van deze emissie wordt gemaakt.

10.2 Kledingmagazijn Bobbi & Charlie nv heeft een maatschappelijk kapitaal
U van €10 mln, waarvan 40% geplaatst is. Alle aandelen hebben een nominale waarde van €10. De aandeelhouders hebben 70% van het geplaatste kapitaal gestort. Er is slechts één emissie van aandelen geweest. Hierna is de balans van Niki & Natasja nv per 1 januari 2016 gegeven:

Balans van Bobbi & Charlie nv per 1 januari 2016 (bedragen × €1.000)

Gebouwen	3.000	Geplaatst aandelenkapitaal	4.000
Voorraden	4.580	Aandeelhouders nog te storten	1.200 –
Debiteuren	800		
Kas	600	Gestort aandelenkapitaal	2.800
		Agioreserve	1.200
		Winstreserve	1.680
		Hypothecaire lening	1.400
		Banklening op lange termijn	600
		Rekening-courant	300
		Crediteuren	1.000
Totaal activa	8.980	Totaal vermogen	8.980

a Bereken de intrinsieke waarde per aandeel.
b Bereken de koers waartegen de aandelen geëmitteerd zijn.

Bobbi & Charlie nv verwacht eeuwigdurend een jaarlijkse winst te maken van €840.000. In verband met het risico in de kledingbranche wordt een vergoeding over het eigen vermogen vereist van 12%.
c1 Bereken de rentabiliteitswaarde van Bobbi & Charlie nv.
2 Bereken de goodwill van deze onderneming.

Veilingsite Catawiki haalt €75 mln op

Rutger Betlem
Amsterdam

Het snelgroeiende onlineveilinghuis Catawiki haalt vers groeikapitaal op. Een consortium van investeerders steekt in totaal €75 mln in de onderneming uit Assen. Het gaat om een van de grootste investeringen in een Nederlands internetbedrijf ooit.

Hoofdinvesteerder is het Amerikaanse Lead Edge Capital. Daarnaast doen de bestaande investeerders Accel Partners, Project A Ventures en de Nederlandse NOM mee in deze ronde. Een deel van het kapitaal komt van informele investeerders, waaronder media- en internetondernemer Willem Sijthoff en verschillende voormalige topmanagers van Booking.com.

Catawiki versterkte eind 2014 zijn kapitaal met €10 mln van durfinvesteerders. Het tempo waarmee deze nieuwe investeringsronde de voorgaande opvolgt, doet denken aan de verhitte investeringsmarkt in het Amerikaanse Silicon Valley, niet aan Assen.

'De investering door Accel zorgde dit jaar voor veel aandacht van investeerders', vertelt Catawiki-oprichter René Schoenmakers in een toelichting. Accel staat met vroege deelnemingen in onder andere Spotify, Facebook en Dropbox bekend als een investeerder met een neus voor goede start-ups.

Het betreft één van de grootste investeringen in een Nederlands internetbedrijf ooit

'De afgelopen twaalf maanden nam de omzet met 300% toe. Dan ga je je afvragen of je niet verder moet versnellen', zegt Schoenmakers. 'Als een bedrijf zich snel ontwikkelt, kun je ook veel geld investeren.'

Het investeringsgeld wordt ingezet voor verdere expansie binnen Europa. De website is al actief in Nederland, België, Duitsland, Frankrijk en het Verenigd Koninkrijk. Bieders komen van over de hele wereld. Recent werd Catawiki in het Spaans en Italiaans gelanceerd. Op de kantoren in Assen, Amsterdam, Parijs en Berlijn werken in totaal tweehonderd mensen. ■

Bron: *Het Financieele Dagblad*, 30 juli 2015

a Wat kun je zeggen over het risico verbonden aan het verstrekken van eigen vermogen aan jonge ondernemingen die zich toeleggen op nieuwe activiteiten? Licht je antwoord toe.
b1 Wat is een informele investeerder (informal investor)?
2 Welke informele investeerders worden in dit artikel genoemd?
c Licht toe wat een durfinvesteerder is.

10.4
U Hemex nv heeft een geplaatst aandelenkapitaal van €20 mln, dat verdeeld is over 2.000.000 aandelen van nominaal €10. Door aandeelhouders is hierop nog €8 mln te storten. Over het afgelopen boekjaar heeft Hemex nv een winst na vennootschapsbelasting behaald van €1,1 mln. In de statuten van Hemex nv is de winstverdeling opgenomen. De aandeelhouders ontvangen 3% primair dividend. Van de winst die overblijft na toekenning van het primaire dividend, wordt 60% gereserveerd en 40% uitgekeerd aan de aandeelhouders.

a Stel een berekening van de winstverdeling op.
b Bereken het dividendpercentage (in één decimaal nauwkeurig) dat de aandeelhouders ontvangen. (Dit percentage wordt berekend door de uitgekeerde winst te delen door het geplaatste én gestorte nominale aandelenkapitaal.)

10.5 Het eigen vermogen van Combi nv bestaat uit gewone en winstpreferente aandelen. Het gewone aandelenkapitaal bedraagt €10 mln, waarvan 40% geplaatst is. De houders van gewone aandelen moeten nog een bedrag van

€1 mln storten. Het geplaatste preferente aandelenkapitaal is volledig gestort en bedraagt €2 mln.
Over het afgelopen boekjaar heeft Combi nv een winst na vennootschapsbelasting behaald van €600.000.
In de statuten is het volgende over de winstverdeling opgenomen:
- Primair dividend op de preferente aandelen is 4%.
- Primair dividend op de gewone aandelen is 6%, voor zover de winst daarvoor toereikend is.
- Van de winst na uitkering van het primair dividend wordt 60% uitgekeerd aan de houders van gewone aandelen, 10% aan de houders van preferente aandelen en de rest wordt gereserveerd.

a Stel de winstverdeling over het afgelopen boekjaar op.
b Bereken het dividendpercentage (in procenten van het gestorte gewone aandelenkapitaal) dat wordt uitgekeerd over de gewone aandelen (in één decimaal nauwkeurig).
c Bereken het dividendpercentage dat wordt uitgekeerd over de preferente aandelen (in procenten van het gestorte preferente aandelenkapitaal).

Stel dat de winst na belasting over het afgelopen boekjaar slechts €100.000 had bedragen.
d1 Stel opnieuw de winstverdeling over het afgelopen boekjaar op.
2 Bereken het dividendpercentage dat toegekend wordt over de gewone aandelen (in procenten van het gestorte gewone aandelenkapitaal).
3 Bereken het dividendpercentage dat toegekend wordt over de preferente aandelen (in procenten van het gestorte preferente aandelenkapitaal).
e Uit de antwoorden op de voorafgaande vragen blijkt dat de dividendpercentages op de gewone en preferente aandelen verschillen. Geef een verklaring voor deze verschillen.

10.6 Lage rente op obligaties maakt winstuitkering op aandelen interessant

Dividend verleidt belegger

Lage rente op obligaties maakt winstuitkering op aandelen interessant

door **Manno van den Berg**

Amsterdam • Beleggen in staatsobligaties levert nu zo weinig rente op, dat dividend steeds aantrekkelijker wordt. Een aandeel als Royal Dutch Shell verblijdt beleggers inmiddels met een dividendrendement van 5%.

Het lijkt een simpele rekensom. Tienjarige Nederlandse staatsobligaties hebben een effectieve rentevergoeding van nog geen 0,6%, de aandelen uit de AEX-index hebben in 2014 gemiddeld 2,9% aan dividend uitgekeerd. De Bloombergprognose voor 2015 is 3,6%. Aandelen als Fugro, Royal Dutch Shell en Delta Lloyd zitten daar nog fors boven (zie de top 10). Voor beleggers heeft dividend, net als rente op obligaties, het voordeel dat ze cash in handen krijgen.

Een hoog dividendrendement kan echter ook een indicatie zijn van een hoger risico, waarschuwt Joris Franssen van het dividendteam van beleggingsbank Kempen. "Er zitten veel haken en ogen aan het uitkiezen van aandelen met het hoogste dividendrendement. Kijk naar Fugro, een aandeel met een hoog dividendrendement, maar dat is wel op basis van het in 2014 uitgekeerde dividend. Dat dividend ontvang je als belegger in 2015 niet", aldus Franssen. Fugro kampt op dit moment met grote moeilijkheden.

Aan de andere kant zijn er ook bedrijven, zoals ING, die even geen dividend hebben uitgekeerd maar dat in de toekomst wel weer gaan doen.

Maar blijft het dividend hoog?

Een dividendrendement dat uitgaat van het dividend dat in de laatste 12 maanden is uitgekeerd – dit is een gangbare berekening – biedt dus allesbehalve zekerheid. In ieder geval niet de zekerheid van een staatsobligatie. "Om die reden rekenen wij bij Kempen liever met het prognosedividend voor de komende twaalf maanden. Het nadeel daarvan is inderdaad dat je ernaast kunt zitten, zoals met elke voorspelling."

Veel bedrijven voeren een vrij stabiel dividendbeleid, waardoor beleggers ongeveer weten waar ze aan toe zijn. Het bekendste voorbeeld in Nederland is Royal Dutch Shell, dat ook in slechte jaren dividend heeft uitgekeerd. Dat dividend is vrij zeker.

Cash is king

[...]

Als het beleggers om een hoog dividend te doen is, dan is het cruciaal om bedrijven te kiezen die ook in de toekomst een goed dividend uitkeren. "Dat betekent bijvoorbeeld dat je naar de kasstroom moet kijken, als die jaar na jaar toeneemt kan dat dividend ook worden verhoogd. Een bedrijf dat dividend blijft verhogen zonder dat dit financieel te dragen is, voert geen duurzaam beleid".

[...] ■

Top 10 dividendrendement AEX en Midkap

	Dividend per aandeel in 2014 (in[€])	Slotkoers 5 januari 2015	Dividendrendement
1 Fugro	1,50	16,69	9,0%
2 Vastmed	2,36	38,10	6,2%
3 NSI	0,22	3,78	5,9%
4 Delta Lloyd	1,03	17,98	5,7%
5 Eurocommercial Properties	1,94	35,30	5,5%
6 Coris	2,13	39,76	5,4%
7 Royal Dutch Shell	1,42	26,62	5,3%
8 Wereldhave	2,87	56,68	5,1%
9 Binckbank	0,36	7,125	5,1%
10 Exact Holdings	1,33	31,73	4,2%

Geen rekening gehouden met eenmalige speciale dividenden
Gebaseerd op het dividend, uitgekeerd in 2014

Bron: *De Telegraaf*, 7 januari 2015

a Waarom is het dividend op aandelen hoger dan de rente op leningen (zoals staatsobligaties)?

b Wat is het (mogelijke) nadeel van het uitkeren van cashdividend aan de aandeelhouders?

c Waarom is het uitkiezen van aandelen op basis van het behaalde dividendrendement in het verleden niet altijd een goed uitgangspunt?

d Waar moet je als belegger naar kijken om te beoordelen of een onderneming ook in de toekomst een (hoog) dividend kan uitkeren? Licht je antwoord toe.

***10.7** Onderneming Preferent, die in 2013 is opgericht, heeft haar aandelenkapitaal verdeeld in gewone en winst-preferente aandelen. Het nominale geplaatste aandelenkapitaal van deze onderneming bestaat uit €40 mln gewone aandelen en €10 mln winst-preferente aandelen. In de statuten van Preferent is vastgelegd dat van de overwinst, die resteert nadat op de gewone en op de preferente aandelen het primaire dividend is uitgekeerd, 30% wordt uitgekeerd op de gewone aandelen, 20% op de preferente aandelen en 50% wordt gereserveerd.

De winsten na vennootschapsbelasting van Preferent bedroegen in:

2013	€ 200.000
2014	€ 300.000
2015	€4.300.000
2016	€6.000.000

Zowel over 2015 als over 2016 heeft de Algemene Vergadering van Aandeelhouders het primaire dividend op gewone aandelen vastgesteld op 9%.

a Bereken de winstverdeling voor de jaren 2013 t.e.m. 2016 als er sprake is van:
1 4% preferente winstdelende aandelen;
2 4% cumulatief preferente winstdelende aandelen.
b Waarop kunnen de voorrechten die verbonden zijn aan preferente aandelen betrekking hebben?

10.8 Interimdividend 2015

Interimdividend 2015

Ondergetekenden maken bekend dat over het boekjaar 2015 een interimdividend wordt uitgekeerd van EUR 0,24 per (certificaat van een) gewoon aandeel van nominaal EUR 0,24. Dit wordt uitgekeerd in contanten onder aftrek van 15% dividendbelasting en wordt op 17 augustus 2015 betaalbaar gesteld.

De recorddatum is 10 augustus 2015.

Aan degenen die op de recorddatum bij kantoorsluiting houder zijn van certificaten van gewone aandelen, zal de netto-uitkering van EUR 0,204 per certificaat van een gewoon aandeel betaalbaar worden gesteld via de bij Euroclear Nederland aangesloten instellingen. Aandeelhouders die op de recorddatum bij kantoorsluiting staan ingeschreven in het aandeelhoudersregister van ING Group N.V. ontvangen het interimdividend rechtstreeks van de vennootschap.

Aan Euronext Amsterdam is het aandeel ING Group N.V. op 7 augustus ex-dividend genoteerd.

Amsterdam, 8 augustus 2015

ING Group N.V.,
gevestigd te Amsterdam
www.ing.com

Stichting ING Aandelen,
gevestigd te Amsterdam
www.stichtingingaandelen.nl

Bron: *De Telegraaf*, 8 augustus 2015

a Wat is een interimdividend en waarom keren bedrijven dat uit?
b1 Wat is een certificaat van een aandeel? Zie ook www.stichting*ing*aandelen.nl.
2 Wat is het doel van het uitgeven van *certificaten* van aandelen in plaats van aandelen?
c Wat betekent het dat een aandeel ING op 7 augustus 2015 ex-dividend staat genoteerd?

Betaalbaarstelling dividend Koninklijke Boskalis Westminster N.V.

Informatiedocument in de zin van de artikelen 5:3 lid 2 sub d en 5:4 lid 1 sub e van de Wet op het financieel toezicht. Dit informatiedocument betreft een herziene versie van het informatiedocument dat reeds op 12 mei 2015 via de website van de vennootschap beschikbaar is gesteld.

De Raad van Commissarissen en Raad van Bestuur van Koninklijke Boskalis Westminster N.V. maken bekend dat in de op 12 mei 2015 gehouden Algemene Vergadering van Aandeelhouders het dividend over het boekjaar 2014 is vastgesteld op EUR 1,60 per gewoon aandeel van nominaal EUR 0,80.

Het dividend wordt uitgekeerd in de vorm van gewone aandelen Koninklijke Boskalis Westminster N.V. ten laste van de belastingvrije agioreserve of de overige reserves, tenzij een aandeelhouder heeft verkozen een uitkering in contanten te willen ontvangen.

Op grond van het bepaalde van de artikelen 5:3 lid 2 sub d en 5:4 lid 1 sub e Wet op het financieel toezicht kan de onderhavige uitgifte en toelating van de nieuwe gewone aandelen tot de handel op Euronext in Amsterdam plaatsvinden zonder prospectus. Dit document is geen prospectus in de zin van de prospectusverordening.

Hierbij is het volgende tijdschema aangehouden:

14 mei 2015:	Notering ex-dividend
15 mei 2015:	Record date
18 mei t/m 1 juni 2015:	Keuzeperiode
4 juni 2015:	Vaststelling omwisselverhouding (na beurs)
9 juni 2015:	Levering van nieuwe gewone aandelen en betaalbaarstelling dividend in contanten en fracties in contanten

Op 4 juni 2015, na sluiting van de handel op Euronext in Amsterdam, is de omwisselkoers van het stockdividend vastgesteld op 1 nieuw gewoon aandeel per 27,9 dividendrechten van gewone aandelen. Deze omwisselverhouding is vastgesteld op basis van EUR 44,7016, zijnde de naar volume gewogen gemiddelde koers van alle op Euronext in Amsterdam verhandelde gewone aandelen Koninklijke Boskalis Westminster N.V. op 2, 3 en 4 juni 2015. De waarde van het stockdividend zal nagenoeg gelijk zijn aan de waarde van het contante dividend. De omwisselverhouding is via de website www.boskalis.nl bekendgemaakt op 4 juni 2015.
[....] ■

Papendrecht / Sliedrecht, 9 juni 2015
Raad van Commissarissen en Raad van Bestuur

Bron: www.boskalis.nl

- **a** Hoe noemt men dividend dat in aandelen wordt uitgekeerd?
- **b** Wie stellen de hoogte van het dividend bij Koninklijke Boskalis Westminster N.V. vast?
- **c** Wat is het voordeel (voor de aandeelhouder) van dividend in aandelen boven dividend in contanten?
- **d** Wat is het voordeel (voor de onderneming) van dividend in aandelen boven dividend in contanten?
- **e** Hoe noemt men het dividend als de aandeelhouder mag kiezen tussen dividend in contanten of dividend in aandelen?
- **f** Toon door een berekening aan dat de waarde van het dividend in aandelen nagenoeg overeenkomt met een dividend van €1,60 per aandeel.

10.10 Advertentie dividend KPN

KPN

Interim-dividend over boekjaar 2011 op gewone aandelen

De Raad van Bestuur maakt bekend dat, met goedkeuring van de Raad van Commissarissen, besloten is tot een uitkering van een interim-dividend over het boekjaar 2011 van een bedrag van EUR 0,28 per gewoon aandeel.

Het interim-dividend wordt vanaf 5 augustus 2011 betaalbaar gesteld aan de aandeelhouders. Het interim-dividend wordt betaald in contanten, onder aftrek van 15% dividendbelasting.

Vanaf 28 juli 2011 zullen de aandelen ex-dividend worden genoteerd.

Het contante dividend is betaalbaar bij The Royal Bank of Scotland N.V.

Houders van gewone aandelen ontvangen het dividend in contanten door tussenkomst van de bij Euroclear Nederland aangesloten instelling waar hun aandelen zich op 1 augustus 2011 na kantoorsluiting in bewaring bevinden (record date).

Houders van gewone aandelen op naam, die in het register van gewone aandelen zijn ingeschreven, zullen va KPN bericht ontvangen over de hun toekomende uitkering. ■

Raad van Bestuur
Den Haag, 27 juli 2011

Koninklijke KPN N.V. Statutair gevestigd te Den Haag

Bron: *Het Financieele Dagblad*, woensdag 27 juli 2011

a Waarom keren ondernemingen een interim-dividend uit?
b Wat zijn de taken van Euroclear? (Zie ook www.euroclear.com.)
c Wat is het nadeel van aandelen die op naam staan?
d Wat wordt bedoeld met de zinsnede 'Vanaf 28 juli 2011 zullen de aandelen ex-dividend worden genoteerd'?
e Waarom wordt de hoogte van het interim-dividend aan de voorzichtige kant vastgesteld?

***10.11** Van onderneming Content nv is de balans gegeven per 1 januari 2016:
U

Balans Content nv per 1 januari 2016 (bedragen × €1.000)

Gebouwen	20.000	Aandelenkapitaal	24.000
Machines	14.000	Agioreserve	10.000
Inventaris	8.000	Winstreserve	9.000
Voorraden	4.000	Banklening	4.000
Debiteuren	5.000	Crediteuren	6.000
Kas	2.000		
Totaal activa	53.000	Totaal vermogen	53.000

In verband met de overname van een andere onderneming heeft de directie van onderneming Content nv besloten het eigen vermogen uit te breiden met €12 mln (= vereiste opbrengst van de emissie). De reeds uitgegeven aandelen en de nieuwe aandelen hebben een nominale waarde van €100.

Vlak voordat de nieuwe aandelen worden uitgegeven, is de beurskoers van de aandelen €220. De emissieprijs is vastgesteld op 150%.
Beleggingsdeskundigen en financiële adviseurs verwachten dat de rentabiliteitswaarde van de onderneming Content nv direct na de emissie en na de overname €60 mln zal bedragen. De houders van reeds uitgegeven aandelen krijgen het recht om nieuwe aandelen te kopen. Daartoe is dividendbewijs nummer 18 als claim aangewezen.
Met emissiekosten wordt geen rekening gehouden.

a Bereken de verwachte beurskoers direct na de emissie.
b Bereken de theoretische waarde van één claim.
c Stel de balans van Content nv op direct na de emissie. Veronderstel dat de opbrengst van de emissie onder de post Kas wordt opgenomen.
d Bereken welke beurskoers de beleggers direct na de emissie verwachten, als de claims op de effectenbeurs voor €10 verkocht worden.

***10.12** Industriële onderneming De Vooruitgang nv, waarvan de aandelen op de beurs genoteerd zijn, heeft een maatschappelijk aandelenkapitaal van €24 mln. Hiervan is €10 mln geplaatst en volgestort. Een aandeel heeft een nominale waarde van €10.

Balans van De Vooruitgang nv per 31 december 2016 (bedragen × €1 mln)

Activa			Passiva
Vaste activa:		*Eigen vermogen:*	
Terreinen	3	Geplaatst kapitaal	10
Gebouwen	12	Agioreserve	8
Machines	5	Winstreserve	2
Vlottende activa:		*Vreemd vermogen:*	
Voorraden	4	6% Converteerbare obligatielening	2
Vorderingen	3	8% Obligatielening	4
Effecten	2	Voorzieningen	1
Kas	1	Crediteuren	1
		Bank rekening-courant	2
Totaal activa	30	Totaal vermogen	30

De Vooruitgang nv heeft een ambitieus investeringsproject op het oog. Hoewel aan het project grote risico's zijn verbonden, is de onderneming toch van mening dat uitvoering van het project een positieve bijdrage levert aan de waarde van de onderneming. De Raad van Bestuur heeft goedkeuring aan het project verleend. Het project vergt een investering van €20 mln, die geheel zal worden gefinancierd uit de opbrengst van een aandelenemissie. De emissiekoers van een aandeel van nominaal €10 is vastgesteld op 250%. Per oud aandeel wordt één dividendbewijs als claim aangewezen. De emissie zal plaatsvinden op 2 januari 2017. De rentabiliteitswaarde van de totale onderneming direct voorafgaand aan de emissie bedraagt €34 mln. Volgens de financieel specialisten zal de rentabiliteitswaarde van de onderneming direct na de emissie €63 mln bedragen.

a Bereken de verwachte beurskoers van een aandeel direct na de emissie.
b Bereken de theoretische waarde van één claim.

c Stel de balans van De Vooruitgang nv op direct na de emissie. Veronderstel dat de opbrengst van de emissie onder de post Liquide middelen wordt opgenomen.

d Bereken welke beurskoers de beleggers direct na de emissie verwachten, als de claims op de effectenbeurs voor €600 verkocht worden.

*10.13 Modehuis Robin & Jim nv is producent van luxe lederwaren, zoals portemonnees, handtassen en schooltassen. Hierna is de balans van Robin & Jim nv gegeven:

Balans per 31 december 2016 (bedragen × €1.000)

Gebouwen	8.000	Maatschappelijk kapitaal	20.000
Machines	5.500	Aandelen in portefeuille	12.000
Inventaris	2.500		
Voorraden	2.000	Geplaatst aandelenkapitaal	8.000
Debiteuren	1.500	Agioreserve	2.000
Liquide middelen	500	Winstreserve	5.600
		Hypothecaire lening	2.400
		Rekening-courant	750
		Crediteuren	1.250
Totaal activa	20.000	Totaal vermogen	20.000

In verband met haar investeringsplannen gaat Robin & Jim nv op korte termijn aandelen uitgeven. De huidige beurskoers is naar de mening van de leiding van Robin & Jim nv erg hoog. Daarom wordt eerst €2 mln aandelenkapitaal (200.000 aandelen van €10 nominaal) ten laste van de agioreserve uitgereikt aan de huidige aandeelhouders.
Nadat de emissie ten laste van de agioreserve heeft plaatsgevonden, zal er een voorkeursemissie plaatsvinden. Hierbij worden per reeds uitgegeven aandeel drie dividendbewijzen als claim aangewezen (dus ook de ten laste van de agioreserve uitgegeven aandelen hebben drie claims per aandeel). Robin & Jim nv wil €3,9 mln nieuw eigen vermogen aantrekken. De emissieprijs per aandeel van nominaal €10 bedraagt €13.
De beurswaarde van de totale onderneming vóór de uitbreiding van het aantal aandelen (vóór de emissie ten laste van de agioreserve en vóór de voorkeursemissie) is gelijk aan de intrinsieke waarde, die uit voorgaande balans kan worden afgeleid.
De beurswaarde van de totale onderneming ná de uitbreiding van het aantal aandelen (dus na de emissie ten laste van de agioreserve en ná de voorkeursemissie) bedraagt €18,85 mln.
De theoretische beurswaarde van één aandeel = beurswaarde van de totale onderneming : aantal uitstaande aandelen.

a1 Hoe wordt een verandering binnen het eigen vermogen, waarbij het geplaatste aandelenkapitaal wordt vergroot ten laste van de reserves genoemd?

2 Wat is in dit geval de reden om tot de voorgestelde veranderingen binnen het eigen vermogen over te gaan?

b Bereken de theoretische beurswaarde van een aandeel direct na de voorkeursemissie.

c Bereken de theoretische beurswaarde van één claim.

d Stel de balans van Robin & Jim nv op na de agiobonus én na de emissie. De opbrengst van de emissie komt ten gunste van de liquide middelen.

***10.14** Hierna is een aantal passages uit krantenartikelen weergegeven. Ze hebben betrekking op de emissie van aandelen Royal Delft.

Aandelenemissie Royal Delft

ROYAL 1653 DELFT

KONINKLIJKE PORCELEYNE FLES

N.V. Koninklijke Delftsch Aardewerkfabriek 'De Porceleyne Fles Anno 1653', voorheen Joost Thooft en Labouchere

(opgericht naar Nederlands recht en statutair gevestigd te Delft, Nederland)

UITGIFTE VAN 469.920 NIEUWE GEWONE AANDELEN N.V. Koninklijke Delftsch Aardewerkfabriek 'De Porceleyne Fles Anno 1653', voorheen Joost Thooft en Labouchere ("Royal Delft")

Uitgifte met overdraagbare inschrijvingsrechten voor bestaande aandeelhouders
Onder verwijzing naar het prospectus gedateerd 11 september 2008 (het "Prospectus") worden 469.920 nieuwe gewone aandelen van nominaal € 1,00 elk in het kapitaal van Royal Delft (de "Nieuwe Aandelen", een enkel aandeel hierna te noemen: "Nieuw Aandeel") aangeboden, initieel aan bestaande, in aanmerking komende aandeelhouders van Royal Delft op de registratiedatum (de "Record Date") door middel van toekenning door Royal Delft van overdraagbare inschrijvingsrechten (de "Inschrijvingsrechten"), één en ander met inachtneming van toepasselijke wet- en regelgeving. Het wettelijk voorkeursrecht is uitgesloten ten aanzien van de uitgifte van de Nieuwe Aandelen. De uitgifte van de Nieuwe Aandelen wordt volledig gegarandeerd door grootaandeelhouder Boron Investments N.V. (51,6%).

Record Date
De Record Date voor de toekenning van Inschrijvingsrechten is vastgesteld op 11 september 2008 na beurs om 17.40 uur Nederlandse tijd. Vanaf 12 september 2008 worden de bestaande aandelen (Symbool "PORF", ISIN NL0000378669) van nominaal €1,00 elk in het kapitaal van Royal Delft (de "Aandelen") ex-Inschrijvingsrechten verhandeld op Euronext Amsterdam by NYSE Euronext.

Uitgifteprijs
De uitgifteprijs bedraagt € 13,83 per Nieuw Aandeel (de "Uitgifteprijs").

Inschrijvingsrechten
In het kader van de uitgifte zal aan bestaande, in aanmerking komende aandeelhouders van Royal Delft één Inschrijvingsrecht per elk op de Record Date gehouden aandeel worden toegekend.

5 (vijf) Inschrijvingsrechten geven, voor zover dit is toegestaan bij of krachtens toepasselijke wet- en regelgeving, recht op inschrijving op en toewijzing van 8 (acht) Nieuwe Aandelen tegen betaling van de Uitgifteprijs. Uitoefening van de Inschrijvingsrechten kan uitsluitend geschieden in veelvouden van 5 (vijf). Er zullen geen fracties van Nieuwe Aandelen worden uitgegeven.

Inschrijving
De inschrijving staat uitsluitend open voor houders van Inschrijvingsrechten vanaf 12 september 2008 tot en met 22 september 2008, 15.30 uur Nederlandse tijd.

Handel in Inschrijvingsrechten
De Inschrijvingsrechten (Symbool: "PORRI", ISIN NL0006292864) zullen worden toegelaten tot de handel op Euronext Amsterdam by NYSE Euronext en zullen verhandeld kunnen worden vanaf 12 september 2008 tot en met 22 september 2008, 12.30 uur Nederlandse tijd.

Toelating
Toelating van de 469.920 Nieuwe Aandelen tot de handel op Euronext Amsterdam by NYSE Euronext, alsmede de dooreenleverbaarheid met de thans uitstaande aandelen, is aangevraagd. Onvoorziene omstandigheden voorbehouden zullen de Nieuwe Aandelen naar verwachting op 26 september 2008 definitief tot de handel worden toegelaten.

Dividend
De Nieuwe Aandelen zijn volledig gerechtigd tot enig dividend over het boekjaar 2008 en volgende boekjaren.

Overige informatie
Voor nadere informatie over de uitgifte wordt verwezen naar het Prospectus uitsluitend verkrijgbaar in de Engelse taal, gedateerd 11 september 2008. Exemplaren van het Prospectus zijn naar verwachting vanaf 11 september 2008 beschikbaar op het internet via pagina www.euronext.com, slechts voor Nederlandse ingezetenen. Exemplaren van het Prospectus zijn vanaf 11 september 2008 tevens kosteloos verkrijgbaar bij Royal Delft, Rotterdamseweg 196, 2628 AR Delft (fax: +31 15 251 20 31, email: info@royaldelft.com) en bij Rabo Securities, Amstelplein 1, 1096 HA Amsterdam (email: prospectus@rabobank.com).

GLOBAL COORDINATOR AND SOLE BOOKRUNNER

AND

LISTING, PAYING AND SUBSCRIPTION AGENT

Rabo Securities
Amstelplein 1
1096 HA Amsterdam
The Netherlands

Amsterdam, 11 september 2008

Bron: *Het Financieele Dagblad,* 12 september 2008

Koersinformatie uit het Financieele Dagblad
Koersen per 16 september 2008

Overige aandelen (gedeeltelijk)

Hoog 12mnd		Laag 12mnd		Gem. 40 dg	Vorige	Opening	Hoog	Laag	Slot	Naam
6,38	14-01	5,00	22-01	5,88	5,95	5,85	5,85	5,82	5,82	Oranjewoud
7,45	16-11	6,51	25-02	7,37	7,34	7,29	7,29	7,29	7,29	PEHAC
20,36	11-10	15,44	20-09	20,39	16,47	17,00	17,00	17,00	17,00	Porceleyne Fles
12,40	04-10	6,43	29-08	7,47	7,05	6,96	7,04	6,75	6,80	Prologis European prop
6,54	15-10	3,55	20-05	4,05	3,95	3,90	4,00	3,86	4,00	Punch Graphix

Bron: *Het Financieele Dagblad,* 17 september 2008

Emissie Royal Delft afgerond

ANP
Amsterdam

Royal Delft, voorheen bekend als Porceleyne Fles, heeft inschrijvingen ontvangen op twee derde van zijn claimemissie. Dat heeft het bedrijf dinsdag bekendgemaakt.

Met de opbrengst van de aandelenuitgifte wordt de overname van bestekfabrikant Kempen & Begeer gefinancierd.

Bestaande aandeelhouders van de producent van Delfts blauw konden door intekening op de claimemissie vijf nieuwe aandelen krijgen voor acht bestaande. De uitgifte bestond in totaal uit bijna 470.000 aandelen tegen €13,83 per stuk, waarmee Royal Delft €6,5 mln wilde ophalen.

Dinsdag bleek dat aandeelhouders op ruim 320.000 aandelen hadden ingeschreven. De overige 149.000 worden dinsdag in een zogeheten 'rump offering' geplaatst door Rabo Securities, die bij de transactie betrokken is.

De stukken die Rabo niet weet te plaatsen, worden opgekocht door Boron Investments, een investeringsmaatschappij die in handen is van John Fentener van Vlissingen. Fentener van Vlissingen houdt met zijn investeringsvehikel een belang van 51,64% in Royal Delft en gaf na de voorgenomen overname van Kempen & Begeer aan grootaandeelhouder te willen blijven.

Op 23 mei maakte de producent van aardewerk bekend Van Kempen & Begeer over te willen nemen. Naast bestek fabriceert Van Kempen & Begeer ook kwalitatief hoogwaardige pannen. Financiële details over de overname worden niet vrijgegeven. ■

Bron: *Het Financieele Dagblad*, 24 september 2008

a Wat wordt verstaan onder een claimemissie?
b Hoeveel bedraagt het agio per aandeel?
c Met welk bedrag neemt het eigen vermogen van *Porceleyne Fles* toe als de emissie van de nieuwe aandelen slaagt?
d Waarom wordt de emissieprijs lager vastgesteld dan de verwachte beurskoers van *Porceleyne Fles* na emissie?
e Bereken de theoretische beurswaarde van één inschrijvingsrecht (claim) op 16 september 2008. Gebruik daarvoor ook de informatie over de beurskoersen onder de kop 'Overige aandelen'.
f Wat betekent de zinsnede 'De uitgifte van de Nieuwe Aandelen wordt volledig gegarandeerd door grootaandeelhouder Boron Investments nv (51,6%)?'
g Waarom is het belangrijk dat de uitgifte van de aandelen wordt 'gegarandeerd'?
h Waarvoor wordt de opbrengst van de emissie gebruikt?
i Vergelijk de beurskoers van *Porceleyne Fles* op dit moment (op het moment dat deze opgave wordt gemaakt) met de emissiekoers.
Hebben de kopers van de nieuwe aandelen *Porceleyne Fles* achteraf gezien een goede deal gesloten? Motiveer je antwoord.

Dividend 2007 op preferente aandelen A

Ondergetekenden maken bekend dat het dividend op de preferente aandelen A over het boekjaar 2007 op 5 mei 2008 betaalbaar zal worden gesteld. Voor de boekjaren 2004 tot en met 2013 bedraagt het jaarlijkse dividend EUR 0,1582 per (certificaat van een) preferent aandeel A van nominaal EUR 1,20. Het dividend wordt uitgekeerd in contanten onder aftrek van 15% dividendbelasting.

Hierbij wordt het volgende tijdschema aangehouden:

24 april 2008	Notering ex-dividend aan Euronext Amsterdam by NYSE Euronext
28 april 2008	Record date
5 mei 2008	Betaalbaarstelling slotdividend

Uitbetaling aan certificaathouders geschiedt via de bij Euroclear Nederland aangesloten instellingen. Aandeelhouders die staan ingeschreven in het aandeelhoudersregister van ING Groep N.V. ontvangen het dividend rechtstreeks van de vennootschap.

Amsterdam, 22 april 2008

ING Groep N.V.,
gevestigd te Amsterdam
www.ing.com

Stichting ING Aandelen,
gevestigd te Amsterdam
www.stichtingingaandelen.nl

ING

Bron: *Het Financieele Dagblad*, 22 april 2008

a Wat is het voordeel van preferente aandelen ten opzichte van gewone aandelen?

b Wat is het nadeel van preferente aandelen ten opzichte van gewone aandelen?

c Wat is een certificaat van een aandeel?

d Wie hebben/heeft de zeggenschap in een situatie met certificaten van aandelen?

e Wat betekent het feit dat aandelen staan ingeschreven in het aandeelhoudersregister van ING Groep nv voor de verhandelbaarheid van deze aandelen?

***10.16**
U

Binnenvetter nv heeft de laatste jaren grote winsten behaald, waarvan een groot gedeelte is ingehouden. In de volgende balans van Binnenvetter nv blijkt dat uit de omvang van de winstreserve.

Balans (bedragen × €1.000)

Gebouwen	22.000	Aandelenkapitaal	20.000
Machines	16.000	Agioreserve	12.400
Inventaris	8.000	Winstreserve	18.000
Voorraden	7.000	Banklening	3.000
Debiteuren	2.000	Crediteuren	2.600
Kas	1.000		
Totaal activa	56.000	Totaal vermogen	56.000

Omdat de beleggers ook voor de toekomst hoge winsten verwachten, is de beurskoers gestegen tot €420 per aandeel. Om de verhandelbaarheid van de aandelen te vergroten, wordt besloten tot uitgifte van bonusaandelen (ten laste van de winstreserve) en tot aandelensplitsing. Allereerst wordt voor 40.000 aandelen uitgegeven ten laste van de winstreserve. Nadat de bonusaandelen verstrekt zijn, wordt besloten de aandelen te splitsen. In ruil voor één oud aandeel worden twee nieuwe aandelen verstrekt. Vóór de splitsing hebben alle aandelen een nominale waarde van €100.

a Welke mutaties treden in de balans op naar aanleiding van de uitgifte van bonusaandelen?
b Hoeveel bedraagt de nominale waarde van één aandeel na de splitsing?
c Stel de balans van Binnenvetter nv op na de uitgifte van de bonusaandelen en na de splitsing van de aandelen.
d Hoe wordt een verandering binnen het eigen vermogen, waarbij de omvang van het eigen vermogen ongewijzigd blijft, genoemd?
e Bereken de intrinsieke waarde per aandeel na de uitgifte van bonusaandelen en na de splitsing.

****10.17** De balans van Suringa nv geeft per 31 december 2015 de volgende informatie over het eigen vermogen:

• geplaatst aandelenkapitaal	€ 50.000.000
• agioreserve	€ 12.000.000
• overige reserves	€ 38.000.000 +
	€ 100.000.000

Verder is gegeven:
- De nominale waarde per aandeel is steeds €20.
- In het voorjaar van 2016 heeft de onderneming ten laste van de agioreserve aandelen uitgekeerd ter grootte van 10% van het geplaatste aandelenkapitaal per 31 december 2015.
- In het najaar van 2016 heeft er een emissie van aandelen plaatsgevonden.

a Noem een reserve die tot de overige reserves kan behoren.
b Welke mutaties vonden door de uitkering van de agiobonus plaats in de posten Geplaatst aandelenkapitaal en Agioreserve?

Per 31 december 2016 bedraagt het geplaatst aandelenkapitaal €65 mln en de agioreserve €13 mln.
Verder vermelden we dat alleen de in het voorgaande genoemde oorzaken hebben geleid tot verandering in het geplaatste aandelenkapitaal en de agioreserve.

c1 Bereken het nominale aandelenkapitaal dat in het najaar van 2016 is geëmitteerd.

2 Bereken tegen welke koers (in euro's) deze emissie heeft plaatsgevonden.

De in vraag **c** genoemde emissie had de vorm van een voorkeursemissie. De waarde van een claim bedroeg €2.

d1 Wat is een voorkeursemissie?

2 Welke geschatte beurswaarde per aandeel na de emissie van najaar 2016 lag ten grondslag aan de waarde van de claim ad €2?

e Wat is de overeenkomst en wat is het verschil tussen een bonusaandeel en stockdividend?

f Wat verstaat men onder keuzedividend?

****10.18** De ondernemingsleiding van Fortune heeft voor het volgend jaar de volgende balans per 31 december begroot:

Balans per 31 december (bedragen × €1.000)

Vaste activa	1.000	Eigen vermogen:		
		Aandelenkapitaal	625	
		Reserves	275	
Vlottende activa	400			900
		Lang vreemd vermogen		300
		Kort vreemd vermogen		200
Totaal activa	1.400	Totaal vermogen		1.400

Zij gaat verder uit van de volgende gegevens.
De onderneming wil in verband met expansie €960.000 financieringsmiddelen aantrekken.
Zij wenst in de financieringsbehoefte te voorzien door het aangaan van een langlopende lening óf door een emissie van aandelen.

De interestkosten van de lening zullen 9% per jaar zijn. De eerste aflossing wordt vijf jaar na het afsluiten van de lening verricht. De emissie van de aandelen zal kunnen plaatsvinden tegen een koers van €64. De nominale waarde bedraagt €25 per aandeel. De aandelenemissie zal geen claimemissie zijn.
De ondernemingsleiding zal de keuze tussen de beide financieringsvormen maken op grond van de hoogste winst per aandeel in het volgende jaar.
De huidige jaarwinst is €150.000. Van de toename van de winst is een conservatieve schatting gemaakt. De ondernemingsleiding verwacht dat door de investering de winst in het volgend jaar met €50.000 zal stijgen. In deze €50.000 winststijging is de eventuele interest over het additionele vreemde vermogen niet verrekend.
Met belastingen houden we geen rekening.

a Beschrijf in het kort twee ontstaansoorzaken van reserves.
b Omschrijf in het kort wat een claimemissie is.
c Bereken het aantal aandelen vóór een eventuele aandelenemissie.
d Bereken het aantal aandelen, nadat in de financieringsbehoefte is voorzien door middel van een aandelenemissie.
e Bereken de verwachte winst per aandeel per 31 december van het volgende jaar, wanneer wordt gekozen voor de aandelenemissie.
f Bereken de verwachte winst per aandeel, wanneer in de financieringsbehoefte wordt voorzien door middel van de langlopende lening.
g Tot welke keuze zal de onderneming komen op grond van de uitkomsten van de vragen **e** en **f**?
h Bereken bij welk interestpercentage van de langlopende lening beide financieringsvormen dezelfde winst per aandeel opleveren.
i Aan welk soort rechtspersoon zal deze onderneming behoren? Motiveer je antwoord.

****10.19** Computerfabrikant Megadata nv is gespecialiseerd in de productie van grote computersystemen voor bedrijven. De vereenvoudigde balans van Megadata nv per 31 december 2015 is hierna weergegeven.

Balans (bedragen × €1.000)

Gebouwen en terreinen	20.600	Aandelenkapitaal	18.000
Machines	6.200	Agioreserve	8.000
Inventaris	3.700	Winstreserve	2.500
Voorraden	4.300	Hypothecaire lening	7.900
Debiteuren	5.900	Te betalen belastingen	1.610
Kas	2.100	Rekening-courantkrediet	1.000
		Te betalen dividend	1.990
		Crediteuren	1.800
Totaal activa	42.800	Totaal vermogen	42.800

Het maatschappelijk kapitaal bedraagt €40 mln, verdeeld over 4.000.000 aandelen. Het geplaatste en gestorte nominale aandelenkapitaal bedraagt op 31 december 2015 €18 mln. De beurskoers op 31 december 2015 bedroeg €21. De resultaten van de onderneming over 2015, die hierna zijn weergegeven, zijn reeds in de voorgaande balans verwerkt.
Resultaten over 2015 (bedragen × €1.000):

Omzet	30.000	
Kosten van de omzet (exclusief interestkosten)	24.000	–
EBIT (Bedrijfsresultaat)	6.000	
Interestkosten vreemd vermogen	1.400	–
Winst voor aftrek van belastingen	4.600	
Vennootschapsbelasting (stel 35%)	1.610	–
Winst na belasting	2.990	
Ingehouden winst	1.000	–
Dividenduitkering	1.990	

De verschaffers van eigen vermogen eisen een vergoeding van 10% over het geïnvesteerde eigen vermogen.
Tijdens de algemene vergadering van aandeelhouders zijn onder andere de volgende besluiten genomen:

- Uitgifte van aandelen ten laste van de agioreserve. Tegen inlevering van drie dividendbewijzen met het nummer 25 wordt één nieuw aandeel verstrekt ten laste van de agioreserve. Beleggingsanalisten verwachten dat door de uitgifte van deze aandelen de totale beurswaarde van de uitstaande aandelen niet zal veranderen.
- Nadat de bonusaandelen zijn uitgegeven, zal er een claimemissie plaatsvinden. Tegen inlevering van twee dividendbewijzen met het nummer 26 en bijbetaling van €11 wordt één nieuw aandeel verstrekt. Alle bonusaandelen worden geleverd met dividendbewijs nummer 26. Financiële analisten verwachten dat de totale beurswaarde van de onderneming na de claimemissie €46.260.000 zal bedragen.

a Bereken de rentabiliteitswaarde van Megadata nv, als we veronderstellen dat de resultaten eeuwigdurend hetzelfde zullen zijn als in 2015.
b Bereken de goodwill van Megadata nv.
c Wat kan voor Megadata nv de reden zijn voor de uitgifte van bonusaandelen?
d1 Stel de balans van Megadata nv op na de verstrekking van bonusaandelen.
2 Hoe wordt de verandering binnen het eigen vermogen, zoals die zich onder andere door de uitgifte van bonusaandelen voordoet, genoemd?
e Bereken de verwachte beurskoers van één aandeel Megadata nv na de verstrekking van bonusaandelen, maar voordat de claimemissie heeft plaatsgehad.
f1 Bereken de theoretische waarde van één claim.
2 Waarom wordt hier gesproken over de theoretische waarde van de claim?

Weduwe Jetje Klaassen had voorafgaand aan de uitreiking van de bonusaandelen en de claimemissie 900 aandelen Megadata nv in haar bezit.
g1 Bereken het aantal aandelen dat mevrouw Klaassen zal bezitten na de uitgifte van de bonusaandelen en na de claimemissie. We veronderstellen dat deze belegger al haar claims gebruikt om nieuwe aandelen te kopen.
2 Bereken het verlies of de winst die mevrouw Klaassen realiseert na de uitgifte van de bonusaandelen en na de claimemissie.

De heer Philip Fritsen bezit, net als mevrouw Klaassen, voorafgaand aan de uitreiking van de bonusaandelen en de claimemissie, 900 aandelen Megadata nv. Na de uitreiking van de bonusaandelen besluit hij echter de claims (dividendbewijzen met het nummer 26) op de beurs te verkopen. Verondersteld wordt dat de beurskoers van één claim overeenkomt met de bij vraag **f1** berekende theoretische waarde van de claim.
h1 Bereken het aantal aandelen dat de heer Fritsen zal bezitten na de uitgifte van de bonusaandelen.
2 Bereken het verlies of de winst die de heer Fritsen realiseert na de uitgifte van de bonusaandelen en na de claimemissie.
i Vergelijk de situaties van mevrouw Klaassen en meneer Fritsen. Welke conclusies kunnen daaruit worden getrokken?

Direct voorafgaand aan de claimemissie worden de claims op de beurs verhandeld voor €1 per stuk.
j Bereken de beurskoers die de beleggers blijkbaar verwachten na de claimemissie.

11.1 Nederlandse staat leent voor vijf jaar tegen historisch lage 0,01%

Nederlandse Staat leent voor vijf jaar tegen historisch lage 0,01%

Nog geen vier jaar geleden was vijfjaarsrente nog 2,75%

Carel Grol
Amsterdam

De Nederlandse Staat heeft €2,3 mrd opgehaald met de heropening van een lening die loopt tot 2020. De Staat betaalt hierop een rente van 0,01%.

Dat is historisch laag, maar toch leidt het nauwelijks tot gefrons van wenkbrauwen. Vrijwel op dagbasis zakken de Europese staatsrentes naar 'all time lows', vanwege de stimuleringsacties die de Europese Centrale bank heeft aangekondigd. Op 22 januari presenteerde de ECB-president Mario Draghi een kolossaal opkoopprogramma voor staatsobligaties in de eurozone. Middels de zogeheten kwantitatieve verruiming (QE) gaat 'Frankfurt' maandelijks voor €45 mrd aan obligaties opkopen.

'De yields op obligaties blijven dramatisch laag', schreef HansJörg Naumer, hoofd Global Capital Markets van AllianzGI. Hij adviseert om vooral bovengemiddeld veel te beleggen in aandelen. 'Beleggers moeten met name kijken naar de Europese aandelen. Die zijn aantrekkelijk gewaardeerd. Bovendien blijven die structureel profiteren van de monetaire acties van de ECB, van de bedrijfshervomingen en de lage rentes.'

In april 2011 stond de Nederlandse vijfjaarsrente nog op 2,75%. Sindsdien is de rente verschrompeld: de obligatiekoersen bewegen zich spiegelbeeldig aan de rente, dus die zijn hard opgelopen. Op leningen van twee jaar betaalt de Staat zelfs een zogeheten negatieve rente. Met andere woorden: beleggers betalen geld om geld uit te lenen aan Nederland. In de praktijk betekent dit dat beleggers minder terugkrijgen dan hun inleg. Enkele jaren geleden was deze situatie nog ondenkbaar op de markt voor obligaties.

Nederland is gewild omdat het een land is met een hoge kredietwaardigheid. Banken, verzekeraars en pensioenfondsen willen, of moeten, een groot deel van hun vermogen beleggen in staatsobligaties. ABN Amro waarschuwde onlangs nog over een tekort aan staatsobligaties van landen uit de kern van de eurozone, zoals Nederland en Duitsland. 'Een tekort levert problemen op voor institutionele beleggers, die behoefte hebben aan kwalitatief schuldpapier met weinig tot geen risico', aldus Keith Wade van Schroders eerder deze week. 'Waarschijnlijk gaan zij buiten de eurozone op zoek naar dergelijk schuldpapier.'

Of een ander soort schuldpapier. Want een vergoeding van 0,01% voor een lening van vijf jaar is een verwaarloosbare compensatie. ■

Bron: *Het Financieele Dagblad*, 11 februari 2015

a Kwantitatieve verruiming (= QE = Quantitative Easing) leidt ertoe dat er meer geld in het economische verkeer in omloop komt. Leg uit waarom daardoor de rente daalt.

b Wat wordt bedoeld met yield?

c Leg uit waarom de koersen van (reeds uitgegeven) obligaties stijgen als de marktrente daalt. Zie daarbij een obligatielening als een investering waarvan de *in de toekomst te ontvangen* rente en aflossing(en) in het verleden zijn vastgelegd.

d Leg uit waarom beleggingsdeskundigen – in de in het artikel geschetste situatie – beleggers aanbevelen hun vermogen in (Europese) aandelen te beleggen.

e Hoe kun je op basis van vraag en aanbod verklaren dat de effectieve rente negatief wordt?

f Op 13 januari 2015 was de rente op een 3-jaars Nederlandse staatslening – 0,056% (dus negatief). Dat wil zeggen dat een belegger die bijvoorbeeld €1.000 uitleent aan de Nederlandse Staat minder dan €1.000 terugkrijgt. Wat zou in deze situatie in plaats van "rente" een meer toepasselijke naam zijn?

11.2 Een jonge ondernemer wil een eigen bouwbedrijf beginnen. In overleg met zijn financieel adviseur heeft hij een lijst opgesteld van activa waarover het op te richten bouwbedrijf moet beschikken. Daaruit is het volgende overzicht gemaakt:

• bedrijfspanden	€ 600.000	
• voorraad bouwmaterialen	€ 400.000	
• gereedschappen	€ 200.000	
• bedrijfswagens	€ 120.000	
• debiteuren	€ 80.000	
• kas	€ 30.000	+
	€ 1.430.000	

Een goede kennis is bereid in de financiering van de onderneming bij te dragen. De ondernemer kan zelf €300.000 eigen vermogen inbrengen.

a Geef gemotiveerd aan welke ondernemingsvorm jij voor deze onderneming zou kiezen.

b Op welke wijze zou je deze onderneming financieren:

1 Geef aan voor hoeveel eigen en voor hoeveel vreemd vermogen je zou kiezen.

2 Voor welke vormen van eigen en vreemd vermogen zou je kiezen?

Bij iedere vorm van vermogen kan naar eigen inzichten de omvang van het bedrag bepaald worden. Motiveer de keuzes die worden gemaakt.

c Stel de balans op van deze onderneming. Daarin moeten de gemaakte keuzes ten aanzien van de financiering verwerkt worden.

11.3 Moody's geeft Philips afwaardering

Moody's geeft Philips afwaardering

Jeroen Segenhout
Amsterdam

Kredietbeoordelaar Moody's heeft de kredietwaardigheid van technologieconcern Philips voor het eerst sinds 2006 verlaagd. Oorzaak zijn de zwakker dan verwachte financiële resultaten in 2014 en het matige herstel in de komende anderhalf jaar. Dat heeft Moody's dinsdag bekendgemaakt.

Philips krijgt nu een Baa1-waardering van de Amerikaanse kredietbeoordelaar. Dat was voorheen een A3-rating.

In de methodiek van Moody's zijn de kredietrisico's wat groter in de B-categorie in vergelijking met een A-rating. Bij twee andere grote kredietbeoordelaars, Standard&Poor's en Fitch, heeft Philips nog een A-rating, zo blijkt uit informatie van persbureau Bloomberg.

Een afwaardering kan leiden tot hogere financieringskosten voor Philips. Op de obligatiemarkten gingen de koersen van schuldpapieren van Philips iets omlaag. De beurskoers van het bedrijf stond dinsdag in Amsterdam kort na het middaguur op een verlies van 1%. Het aandeel sloot 0,15% lager op een sterk dalende markt.

Volgens Roberto Pozzi, analist van Moody's, heeft Philips te maken met zware concurrentie bij zijn lichtdivisie en verhevigt de strijd met andere bedrijven op het gebied van medische apparatuur. Volgens Moody's zal dat het herstel van de winstgevendheid van Philips in de komende anderhalf jaar bemoeilijken.

Bij de afwaardering speelt ook de aankomende splitsing van Philips een rol. Daarvoor moet het concern dit jaar al €300 mln tot €400 mln aan kosten maken, waardoor de druk op de winstmarges aanhoudt.

Moody's heeft in zijn overwegingen rekening gehouden met een verkoop van Philips-activiteiten op het gebied van lichtcomponenten. Daar tegenover staan uitgaven voor het terugkopen van eigen aandelen (in totaal €900 mln in 2015 en 2016) en de overname van het Amerikaanse Volcano met een ondernemingswaarde van $1,3 mrd. ■

Bron: *Het Financieele Dagblad*, 18 maart 2015

a Welke taken vervult een ratingbureau zoals Moody's (zie ook www.moodys.com)?
b Noem twee andere kredietbeoordelaars, naast Moody's.
c Welke verschillende ratingaanduidingen gebruiken de kredietbeoordelaars?
d Wat wordt bedoeld met kredietrisico's?
e Wat zijn de gevolgen voor Philips als Moody's de kredietwaardigheid van Philips verlaagt?
f Leg uit wat er met de beurswaarde van obligaties Philips gebeurt als de marktrente (= de door de markt vereiste rente) stijgt.
g Welke factoren hebben een rol gespeeld bij de afwaardering van de kredietwaardigheid van Philips door Moody's?

***11.4** Uit het jaarverslag over 2014 van Beter Bed Holding is de volgende geconsolideerde balans per 31 december 2014 overgenomen (in €1.000, voor verwerking voorstel winstbestemming).

Geconsolideerde balans per 31 december 2014 (× €1.000)

Vaste activa			**Eigen vermogen**		
Materiële vaste activa			Geplaatst kapitaal	438	
Bedrijfsterreinen	5.460		Agioreserve	17.673	
Bedrijfsgebouwen	3.240		Reserve omrekeningsverschillen	814	
Andere vaste bedrijfsmiddelen	20.189		Herwaarderingsreserve	2.847	
			Overige reserves	30.003	
		28.889	Onverdeelde winst	16.860	
Immateriële vaste activa					
Immateriële bedrijfsmiddelen		**3.517**			**68.635**
			Langlopende verplichtingen		
Financiële vaste activa			Voorzieningen	1.251	
Uitgestelde belastingvorderingen	497		Uitgestelde betalingsverplichtingen	2.218	
Langlopende vorderingen	271				
		768			
Vlottende activa					**3.469**
Voorraden			**Vlottende passiva:**		
Gereed product en handelsvoorraden		**53.481**	**Kortlopende verplichtingen**		
			Kredietinstellingen	0	
Vorderingen			Handelsschulden	17.517	
Handelsdebiteuren	2.027		Te betalen winstbelasting	0	
Overige vorderingen	5.528		Belastingen en premies soc. verzeker.	7.304	
Te vorderen winstbelasting	2.030		Overige schulden	20.198	
		9.585			**45.019**
Geldmiddelen en kasequivalenten		**20.883**			
Totaal activa		**117.123**	**Totaal vermogen**		**117.123**

Bron: Beter Bed Holding, *Jaarverslag 2014*

a In welke situatie kan er een herwaarderingsreserve ontstaan?

b Welke post op de balans van Beter Bed Holding houdt verband met het door Beter Bed Holding *verleende* leverancierskrediet?

c1 Welke post op de balans van Beter Bed Holding houdt verband met het door Beter Bed Holding *ontvangen* leverancierskrediet?

2 Waaruit bestaan de kosten van het krediet dat van de leveranciers wordt ontvangen?

d Worden de aflossingen die binnen 12 maanden verricht moeten worden op de langlopende schulden, tot de langlopende of tot de kortlopende verplichtingen gerekend? Motiveer je antwoord.

e Wat zijn de kenmerkende verschillen tussen het eigen en het vreemd vermogen?

f Wat wordt verstaan onder immateriële activa? Geef ook enkele voorbeelden.

g Wat wordt verstaan onder kasequivalenten? Geef ook enkele voorbeelden.

h In welke situatie ontstaat een agioreserve?

i Waarom rekent Beter Bed Holding de onverdeelde winst tot het eigen vermogen?

11.5 **U** Een onderneming heeft een 10% converteerbare obligatielening van €6 mln uitstaan. Uit de conversievoorwaarden van deze lening blijkt dat drie obligaties van elk €1.000 nominaal, met bijbetaling van €400 in contanten, kunnen worden omgewisseld in 100 aandelen van €10 nominaal.

a Welke journaalpost wordt gemaakt indien de gehele converteerbare obligatielening in één keer wordt geconverteerd in aandelen?
b Bereken de conversiekoers.

11.6 Uitgeverij Publicon nv wil een achtergestelde converteerbare obligatielening plaatsen van €20 mln. De nominale waarde van een obligatie is €1.000. Volgens de conversievoorwaarden kunnen tegen inlevering van twee converteerbare obligaties en een bijbetaling van €600 in contanten, acht aandelen van €100 nominaal ontvangen worden. Op de eerste dag van de conversieperiode bedraagt de conversiewaarde van een converteerbare obligatie €1.200. Op die dag is de beurswaarde van de converteerbare obligatie €1.400.

a Bereken de conversiekoers.
b Bereken de beurswaarde van een aandeel op de eerste dag van de conversieperiode.
c Welke journaalpost wordt gemaakt, als de gehele converteerbare obligatielening in één keer wordt geconverteerd in aandelen?
d Geef een verklaring voor het feit dat op de eerste dag van de conversieperiode de beurswaarde van de converteerbare obligatie hoger is dan haar conversiewaarde.

***11.7** Van onderneming Hemex nv is de volgende balans gegeven:

Balans per 1 januari 2016 (bedragen × €1.000)

Vaste activa:			Eigen vermogen:		
Duurzame productiemiddelen		2.400	Aandelenvermogen	2.000	
			Reserves	600	
Vlottende activa:					
Voorraden	500				2.600
Debiteuren	600		Lang vreemd vermogen:		
			3% Converteerbare obligatielening		800
		1.100			
Kas		300	Kort vreemd vermogen:		
			Crediteuren		400
Totaal activa		3.800	Totaal vermogen		3.800

a Noem twee functies van het eigen vermogen.
b Noem twee kenmerkende verschillen tussen het eigen vermogen en het vreemde vermogen.

De converteerbare obligatielening bestaat uit 800 obligaties van €1.000 per stuk. Gedurende de conversieperiode kan één obligatie onder bijbetaling van €400 omgewisseld worden in vijf aandelen van nominaal €100 per stuk.
c Bereken de conversiekoers in procenten.

De onderneming verwacht dat 60% van de converteerbare obligatielening voor 2017 zal worden omgezet in aandelen tegen de voorwaarden zoals gegeven bij vraag **c**.

d Geef aan welke mutaties naar aanleiding van de conversie zullen plaatsvinden in de balansposten:

1 converteerbare obligatielening;
2 aandelenvermogen;
3 reserves;
4 Kas.

Geef deze mutaties in de vorm van een journaalpost weer.

e Geef een verklaring voor het (ten opzichte van gewone obligaties) relatief lage interestpercentage van de converteerbare obligatie.

***11.8**
U
De Meedenkbank nv kondigde op 17 oktober 2016 aan over te gaan tot *vervroegde* aflossing van alle nog uitstaande 6,5% 15-jarige in gewone aandelen converteerbare achtergestelde obligaties. Deze obligaties werden in 2005 uitgegeven en hebben nog een maximale looptijd tot 2020. Een converteerbare obligatie heeft een nominale waarde van €1.000. Alle nog uitstaande obligaties die nog niet voor 31 december 2016 geconverteerd zijn, zullen per die datum worden afgelost tegen een koers van 105%.
Tegen inlevering van twee converteerbare obligaties en bijbetaling van €600 per twee obligaties kunnen 50 aandelen van ieder €20 nominaal verkregen worden. Op 1 december 2016 werden de gewone aandelen verhandeld tegen een koers van €60 per aandeel van €20 nominaal. Op die datum was de koers van de converteerbare obligaties 130%.

a Bereken de conversiekoers.

b Bereken het verschil tussen de beurskoers en de conversiewaarde van de converteerbare obligatie per 1 december 2016.

c Geef een duidelijke verklaring voor het ontstaan van het bij vraag **b** berekende verschil.

d Gedurende de gehele maand december 2016 bedroeg de koers van het aandeel €60. Zullen er op 31 december 2016 nog converteerbare obligaties zijn, die niet geconverteerd zijn? Motiveer je antwoord door middel van een berekening.

11.9 Handelsonderneming Vision nv heeft op 2 januari 2010 een 7% converteerbare obligatielening van €3 mln uitgegeven. Eén converteerbare obligatie is nominaal €1.000. Vanaf 1 januari 2015 kunnen de converteerbare obligaties omgewisseld worden in gewone aandelen. Tegen inlevering van twee converteerbare obligaties en bijbetaling van €200 kunnen 100 gewone aandelen verkregen worden (één aandeel heeft een nominale waarde van €10). De converteerbare obligaties die op 31 december 2016 nog niet in aandelen geconverteerd zijn, zullen op 2 januari 2017 worden afgelost tegen 105%. De onderneming heeft vanaf 1 januari 2012 het recht de converteerbare obligaties vervroegd af te lossen (vóór 2 januari 2017) tegen 107%. De beurskoers van één aandeel bedraagt per 31 december 2016 €24. De 7% converteerbare obligatie werd op 2 januari 2010 geëmitteerd tegen een koers van 150%. De beurswaarde van een gewone 7% obligatielening die (met uitzondering van het conversierecht) volledig met de in het voorgaande beschreven converteerbare obligatie vergelijkbaar is, heeft op 2 januari 2010 een beurskoers van €1.300.

a Geef een verklaring voor het feit dat de beleggers op 2 januari 2010 bereid zijn voor een converteerbare obligatie een hogere prijs te betalen dan voor een gewone obligatie.
b Wat zijn de redenen voor een onderneming om converteerbare obligaties uit te geven?
c Noem een reden waarom deze onderneming tussen 1 januari 2012 en 1 januari 2017 gebruik zou kunnen maken van het recht tot vervroegde aflossing.
d Bereken:
1 de conversiekoers;
2 de conversiewaarde van één converteerbare obligatie op 31 december 2016.
e Zullen er naar jouw mening op 1 januari 2017 nog converteerbare obligaties in omloop zijn, die niet in aandelen geconverteerd zijn? Licht je antwoord ook met een berekening toe.

***11.10** Buhrmann nv: 2% Achtergestelde converteerbare obligatielening

---

Buhrmann NV

2% Achtergestelde converteerbare obligaties

Mededeling aan houders van uitstaande EUR 114.819.000,00 2% achtergestelde converteerbare obligaties per 2010 (de 'Obligaties') (ISIN Code: XS0180881343) uitgegeven door Buhrmann NV.

Buhrmann NV deelt hierbij mee dat de conversieprijs van de Obligaties is aangepast van EUR 8,40 naar EUR 7,95 in overeenstemming met artikel 5.4 (a) (iv) van de voorwaarden van de Obligaties. De aanpassing is ingegaan per 15 maart 2005.

Buhrmann

Raad van Bestuur
Amsterdam, 23 maart 2005

Bron: *Het Financieele Dagblad*, 23 maart 2005

a1 Wat wordt verstaan onder een achtergestelde lening?
2 Verklaar waarom converteerbare obligaties in veel gevallen achtergestelde leningen zijn.
b1 Noem de voordelen van een converteerbare obligatie, vanuit de onderneming gezien.
2 Noem de voordelen van een converteerbare obligatie, vanuit de belegger gezien.
c1 Wat verstaan we onder garantievermogen?
2 Voor wie of welke groep is dit vermogen een garantie?
d Wat kan de reden zijn geweest om de conversieprijs te verlagen van €8,40 naar €7,95?

11.11 KPN haalt €850 mln op

KPN haalt € 850 mln op

Van onze redacteur Amsterdam

KPN heeft €850 mln opgehaald met de uitgifte van een obligatielening. De lening heeft een looptijd van vijf jaar. Dat maakte het bedrijf gisteren bekend. KPN zal het kapitaal besteden aan de herfinanciering van kredietfaciliteiten en aan algemene bedrijfsdoelen. De obligatie is uitgegeven onder KPN's Global Medium Term Note-programma en wordt genoteerd aan Euronext Amsterdam.

De lening heeft een couponrente van 6,25% en is vooral terechtgekomen bij institutionele beleggers. Die verlangden een couponrente van 6,25%. Dat is 175 basispunten meer dan de gangbare benchmarkrente. Ter vergelijking: toen KPN vorig najaar een vergelijkbare lening uitgaf bedroeg de opslag nog 74 basispunten, aldus gegevens van Bloomberg. De hogere opslag heeft te maken met verslechterde verhoudingen op de wereldwijde kredietmarkt als gevolg van de kredietcrisis.

De markt volgde de uitgifte van KPN met argusogen; de bereidheid van beleggers om te lenen aan bedrijven is een graadmeter van het vertrouwen in de geldmarkt.

KPN gebruikt het geld naar eigen zeggen voor het aflossen van een kredietfaciliteit die deze zomer is aangegaan en voor 'algemene bedrijfsdoeleinden'. De begeleidende banken waren Barclays Capital, JPMorgan, Credit Suisse en Rabobank.

KPN streeft naar een verhouding nettoschuld/bedrijfsresultaat (ebitda) tussen 2 en 2,5. Daarnaast streeft KPN naar een minimum credit rating van Baa2 (Moody's) en BBB (S&P).

Aan het einde van het afgelopen kwartaal had KPN een nettoschuld van € 11,3 mrd en een nettoschuld/ebitda-verhouding van 2,3. KPN heeft een BBB+-rating (negatieve vooruitzichten) van S&P en Baa2 (stabiele vooruitzichten) van Moody's. ■

KPN
Obligatielening

€ 850 mln
KPN heeft € 850 mln opgehaald met de uitgifte van een obligatielening

6,25%
De lening heeft een couponrente van 6,25%

175
Dat is 175 basispunten meer dan de gangbare benchmarkrente

Bron: *Het Financieele Dagblad*, 10 september 2008

a Wat verstaan we onder couponrente?
b Met hoeveel procent komen 175 basispunten overeen?
c Wat wordt verstaan onder de kredietcrisis die in 2008/2009 heerste?
d Waarom is de creditrating door Moody's en S&P belangrijk voor KPN?
e Maak een vergelijking tussen de creditrating-aanduidingen van Moody's en die van Standard & Poor's (S&P). Om deze vraag te beantwoorden kunnen Google, www.moodys.com en www.standardandpoors.com worden geraadpleegd.

***11.12** Jaarsma nv, fabrikant van open haarden, is op 1 januari 2015 opgericht. De openingsbalans en de balans per 1 januari 2016 zijn hieronder weergegeven.

Balans (bedragen × €1.000.000)

	1-1-2016	1-1-2015		1-1-2016	1-1-2015
Vaste activa:			Eigen vermogen:		
Materiële vaste activa	20,75	18	Nominaal aandelenkapitaal	19	19
Vlottende activa:			Agioreserve	1	1
Voorraden	9	8			
Debiteuren	2,25	2,25	Vreemd vermogen lang:		
Kas	2	1,75	6% obligatielening	5	5
			Hypotheek	3	3
			Vreemd vermogen kort:		
			Crediteuren	2	2
			Te betalen belastingen	4	0
Totaal activa	34	30	Totaal vermogen	34	30

De aandelen en de obligaties hebben een nominale waarde van €1.000. Gedurende 2015 is de beurswaarde van een aandeel steeds €2.500.

Onderneming Jaarsma nv heeft de 6%-obligatielening van €5 mln uitgegeven in de vorm van een warrantlening. Aan elke uitgegeven obligatie is één warrant toegevoegd. Elke warrant geeft het recht om gedurende de jaren 2015 en 2016 tegen de vooraf vastgestelde prijs van €4.500 twee aandelen van Jaarsma nv te kopen.

a Wanneer zal de houder van een warrant van het hiervoor omschreven recht gebruikmaken?

We veronderstellen dat in 2015 alle houders van een warrant van hun recht gebruik hebben gemaakt.

b Welke veranderingen treden hierdoor op in de balans per 1 januari 2016?

c Een warrant kan op de beurs worden verhandeld. Welke beurswaarde zal de warrant in 2015 hebben gehad? Motiveer je antwoord.

Jaarsma nv heeft met ingang van 2016 uit concurrentieoverwegingen de krediettermijn (= kredietduur) voor haar afnemers van open haarden verlengd. In 2015 betaalden deze afnemers gemiddeld na 30 dagen. In 2016 zal de gemiddelde krediettermijn 45 dagen bedragen. Verder geven we dat zowel in 2015 als in 2016 voor €24 mln open haarden worden ingekocht. De verkoopopbrengst van deze producten bedraagt in beide jaren €27 mln.

d Bereken hoeveel extra vermogen Jaarsma nv in 2016 nodig heeft in verband met het verlengen van de krediettermijn. (1 jaar = 360 dagen)

11.13 Lease anno nu

Lease anno nu

Deze tijd vraagt veel van u als ondernemer. Snel veranderende marktomstandigheden vragen continu om uw aandacht. Dan moet u zorgen dat de liquiditeit van de onderneming op niveau blijft, zodat u kunt reageren op de veranderingen. Dat is ondernemen anno nu. Dat vraagt om oplossingen van een partner waar u op kunt bouwen. Die met u meedenkt in goede en moeilijke tijden en die alles weet van de financiering van uw bedrijfsmiddelen. Dit alles met als doel gezamenlijk tot een duurzaam resultaat te komen.

Dat is wat ABN AMRO Lease voor u wil betekenen. Nu en in de toekomst. Wij hopen snel met u hierover van gedachten te kunnen wisselen. Kijk op onze site rond en aarzel niet om contact met ons op te nemen. ■

Bron: www.abnamrolease.nl

a Welke vormen van leasing kunnen onderscheiden worden?
b Welke vorm van leasing wordt tot het vreemd vermogen gerekend?
c Wat zijn de voordelen van leasing?
d Wat is meestal het alternatief voor het leasen van bedrijfsactiva?

11.14 **U** Groothandel Olympia bv heeft aan een sportzaak tien tennisrackets van het merk HEAD geleverd. Het totale factuurbedrag van deze levering bedroeg €2.000.
In de betalingsvoorwaarden is opgenomen dat de factuur uiterlijk binnen dertig dagen betaald moet worden. Bij betaling binnen tien dagen kan een korting van 1% op de factuur in mindering worden gebracht. Een jaar is 360 dagen.

Bereken de kostenvoet van het leverancierskrediet in twee decimalen nauwkeurig.

11.15 Banketbakkerij De Gevulde Ruif koopt haar bakkerijgrondstoffen in bij groothandel Banket bv.
De betalingscondities van Banket bv luiden: betaling uiterlijk binnen 45 dagen, bij betaling binnen 15 dagen mag een korting van $1\frac{1}{2}$% op het factuurbedrag in mindering worden gebracht.
Een jaar is 360 dagen. De Gevulde Ruif heeft ook de mogelijkheid bankkrediet op te nemen, zodat de facturen binnen 15 dagen betaald kunnen worden. De kosten van het bankkrediet bedragen 13% per jaar.

Bereken of De Gevulde Ruif uit het oogpunt van kostenminimalisatie gebruik moet maken van het leverancierskrediet of van het bankkrediet.

11.16 Afnemer Jan Krediet is een vaste afnemer van onderneming Piet Leverancier. De betalingsvoorwaarden van Piet Leverancier luiden:

- Afnemers genieten een maximaal toegestane krediettermijn van 30 dagen.
- Bij contante betaling (dit is betaling binnen 12 dagen) wordt een korting verleend van 1,75%.

Jan Krediet maakt tot dusverre gebruik van het leverancierskrediet. Over zijn rekening-courantkrediet moet Jan Krediet 1,5% interest per 30 dagen betalen (stel 1 jaar = 360 dagen).

a Bereken welk interestpercentage in feite aan Jan Krediet in rekening wordt gebracht als hij van het leverancierskrediet gebruikmaakt.
b Laat door middel van een berekening zien welk alternatief, leverancierskrediet of rekening-courantkrediet, tot de laagste vermogenskosten leidt.
c Welk onderdeel van de totale vermogensbehoefte van een onderneming wordt vaak gefinancierd met rekening-courantkrediet?
d Voor welke categorie bedrijven is het afnemerskrediet een belangrijke financieringsbron?

11.17
U Bouwonderneming Constructon bv is gespecialiseerd in het bouwen van kantoorpanden. Bij de aanvang van iedere fase van de bouw wordt door de opdrachtgever vooraf een gedeelte van de bouwsom betaald. Na de oplevering van de panden wordt de eindafrekening opgesteld.
De balans van Constructon bv is hierna weergegeven.

Balans per 1 januari 2017 (bedragen × €1.000)

Terreinen	20.000	Aandelenvermogen	18.000
Gebouwen	14.000	Agioreserve	2.000
Machines	3.000	Pensioenvoorziening	3.000
Transportmiddelen	500	Garantievoorziening	2.200
Debiteuren	2.000	Hypotheek	4.000
Kas	300	Banklening	5.000
		Vooruitontvangen bedragen	2.500
		Rekening-courant	800
		Te betalen belastingen	500
		Crediteuren	1.800
Totaal activa	39.800	Totaal vermogen	39.800

a Bereken de omvang van het eigen en van het vreemd vermogen van deze onderneming.
b Van welke vormen van vreemd vermogen op lange termijn maakt deze onderneming gebruik?
c Welke zekerheden kan Constructon bv aan de verschaffers van vreemd vermogen verstrekken?

11.18 Sinterklaas bestaat niet

In hoofdstuk 1 van het theorieboek is een schema weergegeven met goederen- en geldstromen. Dit schema herhalen we hierna.

Goederenstromen en primaire en secundaire geldstromen

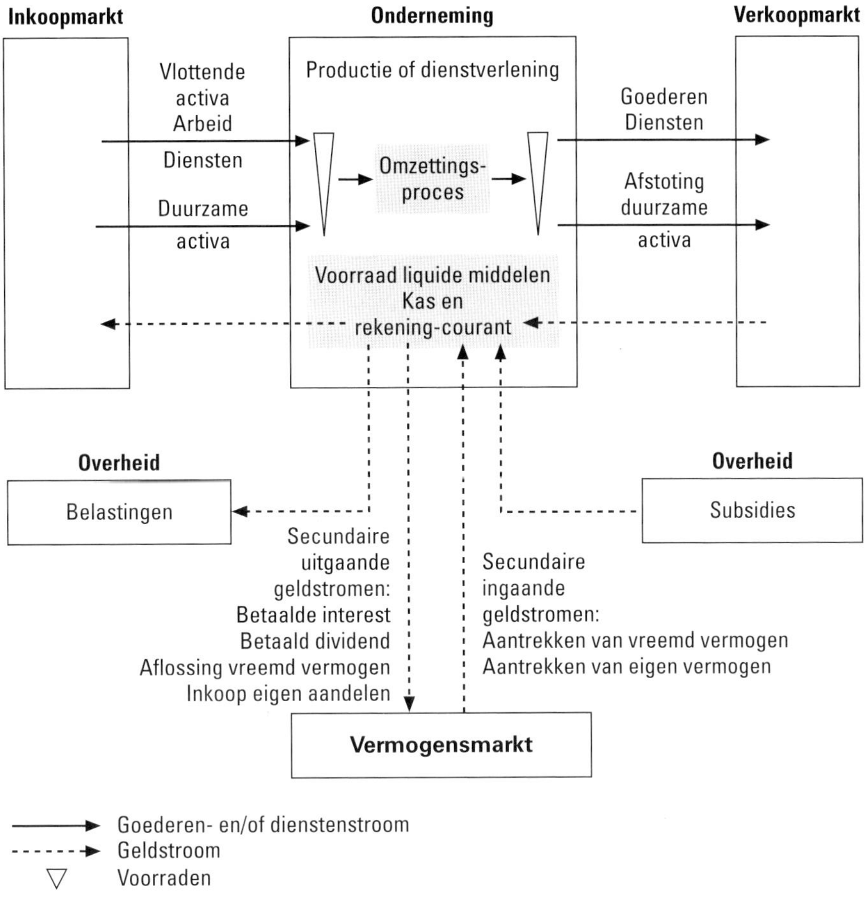

Dit schema hebben we toegelicht aan de hand van een onderneming. Het schema is echter ook van toepassing op de financiële gang van zaken bij gezinnen en bij landen (overheden). Als een 'organisatie' (een onderneming, een gezin, een land of een persoon) geld tekort komt, kan zij een beroep doen op de vermogensmarkt. Bijvoorbeeld door het aantrekken van vreemd vermogen. Maar de verstrekker van vreemd vermogen vraagt daarvoor een tegenprestatie in de vorm van rente. In het Engels zeggen ze dat er op de vermogensmarkt geen 'free lunch' bestaat. Je krijgt niets voor niets (Sinterklaas bestaat immers niet). Als je iets wilt hebben, zul je ervoor moeten betalen. Als je geld leent, moet je rente betalen en daarnaast zal de lening in de meeste gevallen ook binnen een bepaalde tijd terugbetaald moeten worden.
Er zijn ook leningen die aflossingsvrij zijn. Die hoeven niet afgelost te worden, maar dan moet er wel *eeuwigdurend* rente worden betaald.

a In welke situaties zal er een beroep op de vermogensmarkt worden gedaan door bijvoorbeeld vreemd vermogen aan te trekken? Beschrijf zowel situaties die op een gezin als op een overheid (een land) betrekking hebben.

b Wat moet er in de toekomst gebeuren met de ingaande en uitgaande geldstromen wil een gezin of land in staat zijn de rente- en aflossingsverplichtingen na te komen?
c Wat kunnen de oorzaken zijn als een gezin niet meer in staat is de rente- en aflossingsverplichtingen van een hypothecaire lening aan de bank te betalen? (Denk aan de oorzaken die hebben geleid tot de kredietcrisis in de jaren 2007 en 2008. Zoek ook op internet op trefwoorden zoals financiële crisis, kredietcrisis en credit crunch.)
d Wat kunnen de oorzaken zijn als een land (overheid) niet meer in staat is de rente- en aflossingsverplichtingen op staatsleningen te betalen? (Denk aan de oorzaken die hebben geleid tot de eurocrisis, die in de jaren 2011/2012 begon. Zoek ook op internet op trefwoorden zoals eurocrisis, schuldencrisis, faillissement Griekenland.)
e Wat is het nadeel van een aflossingsvrije lening?
f Waar let je op als verschaffer van vreemd vermogen (zoals de bank) bij het verstrekken van vreemd vermogen aan een gezin of een land?
g Welke factoren zijn van invloed op de hoogte van de rente op vreemd vermogen?
h Wat wordt bedoeld met de zinsnede 'There is no free lunch' of de Nederlandse variant 'Sinterklaas bestaat niet'?
i Landen (overheden) die een lening moeten aflossen hebben de gewoonte weer een nieuwe lening op te nemen waarvan ze de opbrengst gebruiken om de oude lening af te lossen.
  1 Wat is het nadeel van deze handelwijze?
  2 Wanneer loopt deze handelwijze voor een land dat vreemd vermogen wil aantrekken vast? (Denk aan Griekenland in het jaar 2011 en de jaren daarna.)
j Wie dragen de lasten als bepaalde landen (zoals Griekenland) niet in staat zijn hun verplichtingen na te komen?

12 Analyse van de financiële structuur

***12.1** De directie van de nieuw op te richten onderneming Fortuna heeft de volgende inventarisatie gemaakt van de activa waarover zij denkt te moeten beschikken:

Grond	€ 400.000
Gebouwen	€ 600.000
Machines	€ 300.000
Voorraden	€ 200.000
Debiteuren	€ 160.000
Liquide middelen	€ 140.000 +
Totale vermogensbehoefte	€1.800.000

Verder is gegeven dat de goederen die op voorraad worden gelegd, gemiddeld na zes maanden verkocht worden. De debiteuren betalen binnen één tot twee maanden. Het vermogen dat vastligt in voorraden en debiteuren, komt respectievelijk niet beneden €80.000 en €60.000.
De directie van deze onderneming kan €600.000 eigen vermogen beschikbaar stellen. De rest zal gefinancierd worden met vreemd vermogen.

Geef aan hoe de resterende financieringsbehoefte gefinancierd zou kunnen worden. Als voorwaarde geldt dat aan de gouden balansregel voldaan moet worden.
Geef een korte motivering bij de keuzes die je maakt.

12.2 Van een onderneming is de volgende, gedeeltelijk ingevulde, balans gegeven:

Balans (bedragen × €1.000)

Vaste activa:				
Grond	100			
Gebouwen	400			
Machines	300			
		800		
Vlottende activa:				
Voorraden	150			
Debiteuren	100			
Kas	50			
		300		
Totaal activa		**1.100**	Totaal vermogen	**1.100**

Doe voor deze onderneming een voorstel voor de financiering van haar activa. Houd daarbij ook rekening met de gouden balansregel. Motiveer de gemaakte keuze en licht ze zo mogelijk toe met een berekening.

*12.3 Heijmans is een bouwbedrijf dat zich richt op de bouw van wegen en bruggen, maar ook actief is in de woningbouw. Van deze onderneming is hierna de balans per 31 december 2014 weergegeven.

Geconsolideerde balans Heijmans N.V. per 31 december 2014 (bedragen × € 1.000)

Activa		
Vaste activa		
Materiële vaste activa	92.529	
Immateriële activa	113.918	
Vastgoedbeleggingen	2.050	
Joint ventures en geassocieerde deelnemingen	72.839	
Overige beleggingen	31.004	
Personeelsgerelateerde vordering	24.484	
Uitgestelde belastingvorderingen	27.284	
		364.108
Vlottende activa		
Strategische grondposities	182.936	
Woningen in voorbereiding en in aanbouw	81.555	
Overige voorraden	23.804	
Onderhanden werken	167.314	
Winstbelastingvorderingen	1.055	
Handels- en overige vorderingen	310.131	
Liquide middelen	73.787	
		840.582
Totaal activa		**1.204.690**
Passiva		
Eigen vermogen		
Geplaatst kapitaal	5.839	
Agio	222.152	
Reserves	– 27.181	
Ingehouden winst voorgaande boekjaren	105.759	
Resultaat na belastingen boekjaar	– 47.293	
		259.276
Vreemd vermogen		
Langlopende verplichtingen		
Rentedragende leningen en overige langlopende financieringsverplichtingen	95.339	
Personeelsgerelateerde verplichtingen	26.731	
Voorzieningen	4.648	
Uitgestelde belastingverplichtingen	5.080	
		131.798
Kortlopende verplichtingen		
Rentedragende leningen en overige kortlopende financieringsverplichtingen	9.811	
Handels- en overige schulden	574.881	
Onderhanden werken	184.306	
Winstbelastingschulden	4.112	
Personeelsgerelateerde verplichtingen	2.043	
Voorzieningen	38.463	
		813.616
Totaal vermogen		**1.204.690**

Bron: *Jaarverslag Heijmans N.V.* 2014

Aanvulling op de gegevens op de balans:
We veronderstellen dat de waarde van de vlottende activa tijdens het jaar niet daalt onder €500.000.

a Toon door een berekening aan of onder de gemaakte veronderstellingen door Heijmans wordt voldaan aan de gouden balansregel.
b Welke problemen kunnen er ontstaan als niet aan de goudenbalansregel wordt voldaan?
c Wat verstaan we onder de bufferfunctie van het eigen vermogen? Licht je antwoord toe met informatie die je uit de balans kunt halen.
d Wat verstaan we onder immateriële activa? Geef daarvan twee voorbeelden.
e Ben je het eens met het feit dat Heijmans haar "Strategische grondposities" heeft opgenomen onder de vlottende activa? Motiveer je antwoord.
f Wat is een andere naam voor "Handels- en overige vorderingen"?
g Wat is een andere naam voor "Handels- en overige schulden"?
h Geef je oordeel over de liquiditeit van Heijmans op basis van de hoogte van de current ratio en de quick ratio (kengetallen in een decimaal nauwkeurig uitrekenen).

**12.4 Telecompetitie nv is een gerenommeerd bedrijf, dat gespecialiseerd is in telecommunicatiesystemen. De balans van deze onderneming per 1 januari 2016 is hierna weergegeven.

Balans per 1 januari 2016 (bedragen × € 1.000)

Gebouwen	10.000	Geplaatst en gestort aandelenkapitaal	9.000
Inventaris	2.000	Agioreserve	2.400
Communicatieapparatuur	12.000	Winstreserve	1.200
Transportmiddelen	1.600	9% achtergestelde lening	5.000
Debiteuren	1.000	7% converteerbare obligatielening	7.000
Kas	800	Te betalen belastingen	600
		Crediteuren	1.300
		Rekening-courantkrediet	900
Totaal activa	27.400	Totaal vermogen	27.400

Telecompetitie nv is van plan een gedeelte van haar mobiele telefoonnet te moderniseren. Hiervoor is in 2016 een investering van €10 mln in communicatieapparatuur noodzakelijk. In het eerste gebruiksjaar (2016) wordt 5% van de aanschafwaarde van deze apparatuur afgeschreven.
De bedrijfskosten (exclusief afschrijvingen en interestkosten) over 2016 bedragen €6 mln. Op gebouwen, inventaris en communicatieapparatuur wordt 5% van de boekwaarde aan het begin van het jaar afgeschreven. Over transportmiddelen wordt 20% van de boekwaarde aan het begin van het jaar afgeschreven.
In 2016 wordt een nieuw gebouw aangeschaft voor €2 mln. Hierop wordt in 2016 niet afgeschreven. De posten Debiteuren, Kas en Crediteuren stijgen in 2016 met 2% ten opzichte van het begin van het jaar. De belastingschuld per 1 januari 2016 wordt geheel in 2016 betaald. De belasting over de winst in 2016 wordt in 2017 betaald.
Op de achtergestelde lening wordt op 31 december 2016 €1 mln afgelost.
Op de converteerbare obligatielening wordt niet afgelost.
De kosten van het rekening-courantkrediet bedragen $12\frac{1}{2}$% per jaar.

Het gemiddelde saldo van het rekening-courantkrediet over 2016 bedraagt €800.000. Het rekening-courantkrediet dient als sluitpost van de financiering. Het kredietmaximum bedraagt €1 mln.
Om de investering in het mobiele telefoonnet te kunnen financieren worden op 2 januari 2016 800.000 nieuwe aandelen uitgegeven tegen een koers van 125%. De nominale waarde van één aandeel bedraagt €10. Het door de aandeelhouders verschuldigde bedrag wordt volledig gestort. De opbrengst van de emissie wordt direct geïnvesteerd in communicatieapparatuur. Over deze investering wordt in 2016 ook 5% afgeschreven.
Over 2016 wordt een omzet van €12 mln verwacht. Over ondernemingswinsten wordt 25% belasting geheven. Van de winst na belasting wordt aan het einde van het jaar 80% aan de aandeelhouders contant uitgekeerd.
Met omzetbelasting (btw) hoeft geen rekening te worden gehouden.

a Bereken de verwachte winst na vennootschapsbelasting over 2016.
b Stel de winstverdeling over 2016 op.
c Stel de voorgecalculeerde balans op per 31 december 2016.

**12.5 Handelsonderneming Du Soleil bv levert aardappelen, groenten en fruit (agf-producten) aan grootwinkelbedrijven. De financieel manager stelt voor elk kwartaal een liquiditeitsbegroting en een voorgecalculeerde winst- en verliesrekening op. Bovendien maakt hij een schatting van de voorraden aan het einde van iedere maand.
Over de eerste helft van 2016 zijn de volgende gegevens verzameld:

2016	**Inkopen** (× €1.000)	**Verkopen** (× €1.000)
Januari	700	1.000
Februari	720	1.100
Maart	800	1.140
April	890	1.200
Mei	960	1.300
Juni	1.020	1.400

Alle in- en verkopen vinden op rekening plaats. Van de leveranciers wordt twee maanden leverancierskrediet ontvangen, terwijl aan de afnemers een kredietermijn van één maand wordt toegestaan.
De brutowinst is gemiddeld 30% van de verkoopprijs van de producten. Op 1 april 2016 bedraagt de voorraad agf-producten €300.000. Het saldo liquide middelen (kas + rekening-courant) bedraagt per 1 april 2016 €60.000.
De verkoop- en reclamekosten bedragen 3% van de omzet. Deze kosten worden betaald in de maand waarin de verkopen plaatsvinden.
De onderneming heeft tien medewerkers in dienst, die gemiddeld (gedurende 2015 en 2016) een brutomaandsalaris ontvangen van €2.300, exclusief 40% sociale lasten en $8\frac{1}{2}$% vakantiegeld. Het salaris en de sociale lasten worden aan het einde van iedere maand betaald. Het vakantiegeld wordt in de maand mei uitbetaald. In de sociale lasten die over het salaris worden berekend, is reeds een opslag opgenomen voor de sociale lasten die betrekking hebben op het vakantiegeld.
Op de vaste activa wordt per kwartaal €70.000 afgeschreven.
Op 1 januari 2014 is een 8%-banklening afgesloten ter grootte van €200.000. Met ingang van 1 januari 2015 wordt jaarlijks op 1 januari

€20.000 afgelost. De interestkosten over deze lening worden achteraf aan het einde van ieder kwartaal betaald.
Met omzetbelasting (btw) hoeft geen rekening te worden gehouden.

a Bereken de geldontvangsten gedurende het tweede kwartaal 2016.
b Bereken de gelduitgaven gedurende het tweede kwartaal 2016, voor zover die het gevolg zijn van de inkopen.
c Bereken de interestbetaling gedurende het tweede kwartaal 2016.
d Stel de liquiditeitsbegroting over het tweede kwartaal 2016 op (geen specificatie per maand).
e Stel de winst- en verliesrekening over het tweede kwartaal 2016 op.
f Bereken de begrote voorraad agf-producten per 30 juni 2016.

12.6 U De gebroeders Leenders drijven samen een brood- en banketbakkerij onder de naam Leenders Warme Bakkers. Als ondernemingsvorm is de vof gekozen. Hierna is de balans van deze onderneming per 1 januari 2016 weergegeven.

Balans per 1 januari 2016 (bedragen × €1.000)

Gebouwen	600	Eigen vermogen	670
Inventaris	440	Voorziening onderhoud	22
Transportmiddelen	92	6% onderhandse lening	60
Voorraden	100	8% banklening	120
Vooruitbetaalde bedragen	20	Te betalen bedragen	40
Kas	10	Rekening-courantkrediet	25
		Crediteuren	125
		Onverdeelde winst 2015	200
Totaal activa	1.262	Totaal vermogen	1.262

De accountant van de gebroeders Leenders, die de voorgaande balans heeft opgesteld, heeft de volgende aanvullende gegevens verstrekt:

- Op gebouwen wordt per kwartaal 1% van de aanschafwaarde afgeschreven. De aanschafwaarde van de gebouwen is €700.000.
- Op inventaris wordt per maand 1% van de aanschafwaarde afgeschreven. De aanschafwaarde van de inventaris die op 1 januari 2016 aanwezig is, bedraagt €500.000.
- Op 1 juni 2016 wordt voor €100.000 nieuwe inventaris aangeschaft. Deze inventaris wordt in augustus betaald.
- De verwachte in- en verkopen gedurende de eerste helft van 2016 zijn hierna per maand gespecificeerd:

2016	**Inkopen** (in euro's)	**Verkopen** (in euro's)
Januari	110.000	180.000
Februari	120.000	160.000
Maart	80.000	170.000
April	100.000	115.000
Mei	105.000	140.000
Juni	130.000	150.000

Alle inkopen vinden op rekening plaats. Van de leveranciers wordt één maand leverancierskrediet ontvangen. In december 2015 is voor €125.000 ingekocht.
De brutowinst is gemiddeld 30% van de verkoopprijs van de producten. Alle verkopen worden contant betaald.

- Aan het einde van iedere maand wordt €10.000 aan kasmiddelen aangehouden. Een tekort of een overschot aan kasmiddelen wordt verrekend met het rekening-courantkrediet.
- Ieder maand wordt €1.000 toegevoegd aan de voorziening onderhoud.
- De onderhandse lening is ingegaan op 1 februari 2014. Op 1 februari van ieder jaar wordt op deze lening €10.000 afgelost. Op die datum wordt bovendien de interest over het afgelopen jaar betaald.
- De banklening is ingegaan op 1 januari 2010. Op deze lening wordt voor het eerst in 2018 afgelost. De interest op deze lening wordt aan het einde van ieder kwartaal betaald.
- De onverdeelde winst 2015 wordt eind maart als volgt verdeeld:

te betalen:	– inkomstenbelasting	€ 80.000;
	– winstinhouding	€ 20.000;
	– winstuitkering	€ 100.000.

- In 2015 en 2016 wordt iedere maand €10.000 uitbetaald als voorschot op de te betalen inkomstenbelasting en winstuitkering. De inkomstenbelasting en de winstuitkering die nog niet als voorschot zijn betaald, worden eind maart 2016 uitbetaald.
- Voor 2016 worden de volgende kosten begroot:
  - Loonkosten. De onderneming heeft sinds 2014 drie medewerkers in dienst met een gemiddeld maandelijks brutoloon van €3.000. Dit bedrag wordt maandelijks uitbetaald (in de vorm van nettoloon en af te dragen inhoudingen op het brutoloon). De vakantietoeslag van $8\frac{1}{2}\%$ over het brutoloon wordt ieder jaar in mei uitbetaald.
    De sociale lasten bedragen gemiddeld €1.200 per maand per werknemer en worden aan het einde van ieder kwartaal betaald.
  - De kosten voor gas, water en elektra worden begroot op €5.000 per maand. Deze kosten worden in maandelijks gelijke bedragen betaald.
  - De kosten voor telefoon bedragen €200 per maand. Deze kosten worden betaald in gelijke tweemaandelijkse bedragen, de eerste keer in februari 2017.
  - Met omzetbelasting (btw) hoeft geen rekening te worden gehouden.

a Stel voor Leenders Warme Bakkers de liquiditeitsbegroting over het eerste en tweede kwartaal van 2016 samen (niet per maand specificeren).
Geef daarbij ook het saldo van de rekening-courant aan het einde van ieder kwartaal weer.

b Stel voor Leenders Warme Bakkers de voorgecalculeerde winst- en verliesrekening op over het eerste halfjaar van 2016.

**12.7 Handelskwekerij Monocultuur verkoopt slechts één soort plant. Voor 2017 wordt een afzet van 100.000 stuks verwacht.
De afzet per jaar is als volgt over de maanden verdeeld:

Maand	Afzet	Maand	Afzet	Maand	Afzet	Maand	Afzet
Januari	3%	April	23%	Juli	9%	Oktober	5%
Februari	4%	Mei	20%	Augustus	7%	November	6%
Maart	8%	Juni	12%	September	1%	December	2%

De verkoopprijs is constant gedurende het gehele jaar 2017 en bedraagt €5 per plant.
Van de verkopen zal 80% contant betaald worden. De overige 20% wordt op rekening verkocht, waarbij een krediettermijn van één maand wordt toegestaan.
De onderneming is gevestigd in een kassencomplex, dat op 1 januari 2017 een boekwaarde (inclusief inventaris) zal hebben van €1,2 mln. Per kwartaal wordt 2% van de boekwaarde aan het begin van het jaar afgeschreven. De kassen zijn gedeeltelijk gefinancierd met een hypothecaire lening, waarvan de resterende schuld op 1 januari 2017 €600.000 zal bedragen. Over de hypothecaire lening is 2% interest per kwartaal verschuldigd, te betalen aan het einde van ieder kwartaal. Op het moment van de interestbetaling moet bovendien €25.000 aflossing betaald worden.
De inkoop van stekjes wordt drie maanden voor de verkoop verricht (de voorraad is gelijk aan de afzet van de komende drie maanden). De inkoopprijs bedraagt €2 per stekje. Alle inkopen vinden op rekening plaats. De leveranciers staan een krediettermijn van één maand toe.
De kosten voor telefoon en administratie bedragen €1.000 per maand, die tevens aan het einde van iedere maand betaald worden. De lonen (inclusief sociale lasten) worden aan het einde van iedere maand uitbetaald en bedragen €9.000 per maand. De energiekosten, die naar verwachting €30.000 per kwartaal zullen bedragen, worden aan het einde van ieder kwartaal betaald.
Er wordt steeds een kasvoorraad van €10.000 aangehouden om kleine leveranties direct te kunnen betalen.
Op 1 januari 2017 heeft de onderneming naar verwachting een eigen vermogen van €500.000. Een eventueel tekort aan financiële middelen wordt opgevangen door het rekening-courantkrediet bij de bank. Het kredietplafond van de rekening-courant bedraagt €300.000. Met interest over het rekening-courantkrediet en met omzetbelasting (btw) hoeft geen rekening te worden gehouden.
(Voor de beantwoording van de volgende vragen veronderstellen we dat de gegevens met betrekking tot de inkoop, verkoop en betalingsvoorwaarden voor 2016 hetzelfde zijn als de voorgaande gegevens over 2017.)

a Bereken de waarde van de voorraad planten (gewaardeerd tegen de inkoopwaarde van de stekjes) per 1 januari 2017.
b Bereken het bedrag dat op 1 januari 2017 van debiteuren te vorderen zal zijn.
c Bereken het bedrag dat op 1 januari 2017 aan crediteuren verschuldigd zal zijn.
d Stel de voorgecalculeerde balans per 1 januari 2017 op.
e Bereken de geldontvangsten in januari, februari en maart 2017 in verband met de verkoop van planten.
f Bereken de gelduitgaven in januari, februari en maart 2017 in verband met de inkoop van stekjes.

g Stel de liquiditeitsbegroting over het eerste kwartaal van 2017 op. Deze begroting dient per maand gespecificeerd te worden.

h In welke maand zal de schuld in rekening-courant erg hoog zijn? Welke oorzaken zijn daarvoor aan te geven?

i Stel de voorgecalculeerde winst- en verliesrekening over het eerste kwartaal van 2017 op.

j Bereken de waarde van de voorraad planten (gewaardeerd tegen de inkoopwaarde van de stekjes) per 31 maart 2017.

k Bereken het bedrag dat op 31 maart 2017 van debiteuren te vorderen zal zijn.

l Bereken het bedrag dat op 31 maart 2017 aan crediteuren verschuldigd zal zijn.

m Stel de voorgecalculeerde balans per 31 maart 2017 samen.

*12.8 Hoge debiteurenpost zorgt voor oplopend werkkapitaal bij ingenieursbedrijf Arcadis

Hoge debiteurenpost zorgt voor oplopend werkkapitaal bij ingenieursbedrijf Arcadis

Jeroen Molenaar
Amsterdam

Mede als gevolg van twee grote overnames stapelden de uitstaande facturen bij Arcadis zich op tot meer dan €1 mrd. Financieel analisten hopen dat het ingenieursbureau een deel van die rekeningen inmiddels heeft geïnd.

Donderdag maakt Arcadis, bekend van onder andere het nieuwe station Rotterdam Centraal, de eerstekwartaalcijfers bekend. Daarbij zal scherp worden gelet op het vermogen van het ingenieurs- en architectenbureau om zelf te groeien, na de imposante overnamereeks in de afgelopen tien jaar. Maar niet alleen de autonome omzetgroei wordt onder de loep genomen, ook de debiteurenpositie wordt nauwlettend in de gaten gehouden.

Door de hoge debiteurenpost lijkt het werkkapitaal als percentage van de omzet dit jaar af te stevenen op 20%. Dat is het hoogste niveau in ten minste tien jaar en ver boven het historisch gemiddelde van 15%, aldus onderzoek van het FD op basis van jaarverslagen van Arcadis. Concurrenten, onder wie de Amerikanen Aecom en Jacobs, zitten gemiddeld op 13%, aldus data van Bloomberg.

'Arcadis moet hier echt een verbetering gaan laten zien', aldus Edwin de Jong, analist bij SNS Securities. 'Natuurlijk letten we op het werkkapitaal', zegt ook Bjorn Krook van ABN Amro, 'op conference calls zijn al eens specifieke vragen gesteld door analisten'.

Rekeningen
Arcadis had meer dan €1 mrd te goed van debiteuren

Record
Werkkapitaal stevent dit jaar af op 20% van de omzet

Dat het werkkapitaal van een bedrijf oploopt, is in de regel geen goed nieuws. Behalve het toenemende risico van wanbetalers, komt er ook meer kapitaal vast te zitten en blijft er minder over om te investeren in groei.

Eind vorig jaar lijfde Arcadis, dat kantoor houdt op de Amsterdamse Zuidas, het Amerikaanse Callison en het Britse Hyder in. Daarmee vervulde het ingenieursbureau in één klap z'n ambitie. Eind 2016 wilde Arcadis een jaaromzet van €3 mrd, maar die kaap zal dit jaar al worden gerond.

Een neveneffect van die overnames is een stijging van de debiteurenpost met meer dan 40% tot boven de €1 mrd, eind vorig jaar. Het gaat om uitstaande rekeningen die nog niet zijn geïnd maar wel als omzet zijn geboekt, zo bevestigt een woordvoerder van Arcadis. De vorig jaar overgenomen bedrijven Callison en Hyder waren goed voor een gezamenlijke debiteurenpost van €221 mln, ongeveer twee derde van de totale toename van de debiteurenpost bij Arcadis.

[...] ■

Bron: *Het Financieele Dagblad*, 22 april 2015

a Leg uit waarom een hoge debiteurenpost niet wenselijk is voor een onderneming.
b Leg uit waarom het werkkapitaal wordt uitgedrukt in een percentage van de omzet en niet als een absoluut bedrag.
c Is het bedrijfseconomisch gezien juist dat een omzet al wordt geboekt, nog voordat de factuur door de afnemer is betaald? Motiveer je antwoord.
d Leg uit welke invloed een toename van de debiteurenpost heeft op de liquiditeit van de onderneming.

**12.9 Willem Verhoeff is monteur bij een Citroëndealer. In het verleden heeft Verhoeff alle vakdiploma's voor monteur en het middenstandsdiploma behaald. Per 1 januari 2017 wil hij een eigen garage beginnen, die gespecialiseerd zal zijn in het verkopen en repareren van gebruikte en nieuwe Citroëns. De aanstaande garagehouder heeft al een pand op het oog met een aanschafwaarde van €400.000. Voor hefbruggen, uitlijnapparatuur en andere inventarisstukken denkt hij €120.000 nodig te hebben. De voorraad onderdelen, banden en dergelijke zal een investering van €80.000 vergen. Bovendien wordt een voorraad gebruikte auto's ingekocht ter waarde van €200.000. De auto's worden contant betaald. Om kleine inkopen direct te kunnen betalen wordt steeds een voorraad kasgeld van €6.000 aangehouden. De vader van Willem Verhoeff is bereid €280.000 in contanten (als eigen vermogen) beschikbaar te stellen. Willem heeft zelf €60.000 gespaard, die hij in de onderneming wil investeren. De bank is bereid een 7% hypothecaire lening te verstrekken van €240.000. De bank wil daarnaast een langlopende lening van €70.000 tegen 9% verlenen. Van de inventaris (hefbruggen enzovoort) moet bij levering 60% contant betaald worden, de rest moet één maand na de levering voldaan worden. De voorraad onderdelen, banden enzovoort wordt op 30 december 2016 afgeleverd. 70% van deze voorraden wordt contant betaald, over de rest staan de leveranciers een krediettermijn van twee maanden toe. De bank staat ook een rekening-courantkrediet, met een maximum van €130.000, toe. Een overschot aan kasmiddelen wordt ten gunste van het rekening-courantkrediet geboekt.
Er moet een zodanige ondernemingsvorm gekozen worden dat zowel Willem Verhoeff als zijn vader in principe alleen het door hen ingebrachte vermogen kunnen verliezen.

a Bereken de totale vermogensbehoefte per 1 januari 2017 door het opstellen van een investeringsbegroting.
b Bepaal de omvang van het beschikbare eigen vermogen.
c Stel een overzicht op van het beschikbare vreemde vermogen.
d Stel de openingsbalans van Garage Verhoeff op per 1 januari 2017.
e Welke factoren zal de bank in zijn overweging hebben betrokken bij zijn beslissing om aan Willem Verhoeff een lening beschikbaar te stellen?

De jonge garagehouder verwacht in het eerste kwartaal van 2017 de volgende transacties te verrichten:

- Omzet reparaties €60.000. Hiervoor zal voor €16.000 aan onderdelen tegen inkoopwaarde worden verbruikt.
- Omzet auto's €90.000. De inkoopwaarde van de auto's bedraagt gemiddeld 80% van de verkoopprijs. Er zijn geen bijkomende kosten.
- 80% van de omzet auto's wordt contant betaald. De rest wordt twee maanden na aflevering betaald.

- 90% van de omzet reparaties wordt contant betaald. De rest wordt na één maand betaald.
- De omzetten zijn gelijkmatig over de maanden verdeeld.
- Iedere maand wordt voor €5.000 onderdelen ingekocht. Door de leveranciers van onderdelen wordt een krediettermijn van één maand toegestaan. Hiervan wordt in alle gevallen volledig gebruikgemaakt.
- Iedere maand wordt voor €30.000 auto's ingekocht, die contant betaald worden.
- De overige bedrijfskosten (zoals energie, verbruik olie enzovoort) bedragen €2.000 per maand. Deze kosten leiden direct tot uitgaven.
- De afschrijving op gebouwen bedraagt €2.000 per maand, op inventaris wordt €1.000 per maand afgeschreven.
- Op de hypothecaire lening en op de banklening worden in het eerste kwartaal 2017 geen aflossingen verricht.
- Aan het einde van iedere maand wordt de interest over het vreemde vermogen betaald. Met de interest over het rekening-courantkrediet wordt in deze opgave geen rekening gehouden.
- Met belastingen hoeft geen rekening te worden gehouden.

f Stel de voorgecalculeerde winst- en verliesrekening over het eerste kwartaal 2017 op.

g1 Bereken de ontvangsten in verband met omzet auto's en omzet reparaties over het eerste kwartaal (per maand gespecificeerd).

2 Stel de liquiditeitsbegroting op over het eerste kwartaal 2017 (per maand gespecificeerd).

h Stel de voorgecalculeerde balans per 31 maart 2017 samen. Indien nodig de balansposten toelichten met berekeningen.

i Welke ondernemingsvorm verdient voor deze onderneming de voorkeur? Motiveer je keuze.

***12.10** Staal & Sterk nv is sinds 1934 een van de belangrijkste producenten van staal in Nederland. Door de tegenvallende productie in de machinebouw en auto-industrie is de afzet van staal de laatste jaren fors teruggelopen. In de staalindustrie maken de vaste kosten een belangrijk onderdeel uit van de totale kosten. Deze kostenstructuur, in combinatie met de sterk afgenomen afzet heeft ertoe geleid dat nv Staal & Sterk de laatste jaren grote verliezen heeft geleden. In eerste instantie zijn deze verliezen ten laste van de in het verleden gevormde reserves gebracht. Het verlies van het laatste jaar (2015) is echter op de balans debetzijde opgenomen, omdat de reserves onvoldoende waren om dit verlies op te vangen.

Balans Staal & Sterk nv per 31 december 2015 (bedragen × €1.000)

Gebouwen	5.800	Geplaatst aandelenkapitaal	9.000
Machines	8.400	Obligatielening	5.000
Voorraden	2.800	Hypothecaire lening	3.300
Debiteuren	800	Rekening-courant	900
Kas	300	Crediteuren	600
Verlies 2015	700		
Totaal activa	18.800	Totaal vermogen	18.800

Het geplaatste aandelenkapitaal bestaat uit 900.000 aandelen met een nominale waarde van €10 per aandeel.
Het huidige lage afzetniveau zal naar verwachting nog een aantal jaren aanhouden. Staal & Sterk nv ziet zich daarom genoodzaakt het productieproces zodanig te reorganiseren dat de kosten fors dalen. Bovendien is een financiele reorganisatie noodzakelijk.

a Hoe wordt de situatie genoemd waarbij de bedrijfsresultaten onvoldoende zijn om over het eigen vermogen de vereiste (normale) vergoeding te kunnen betalen?

In het kader van de financiële reorganisatie wordt besloten dat drie oude aandelen ingewisseld worden voor twee nieuwe aandelen Staal & Sterk nv met een nominale waarde van €10 per aandeel. Hierdoor kan het verliessaldo 2015 op de balans debetzijde worden weggewerkt.

b Geef de balans nadat alle aandeelhouders hun oude aandelen hebben ingewisseld. Het verliessaldo 2015 komt daarna niet meer op de balans voor.

c Hoe wordt een verandering binnen het eigen vermogen genoemd?

12.11 Opnieuw miljoenenverlies voor warenhuisketen Hema

Opnieuw miljoenenverlies voor warenhuisketen Hema

Richard Smit
Amsterdam

Hema heeft over het eerste kwartaal van 2015 een nettoverlies geleden van €19,5 mln. Dat verlies is iets kleiner dan vorig jaar, omdat de warenhuisketen minder kwijt was aan financieringskosten. Eigenaar Lion Capital gaf Hema eind 2014 iets meer lucht door een aandeelhouderslening om te zetten in eigen vermogen.

Tjeerd Jegen, de directeur die Ronald van Zetten in april opvolgde, spreekt van een teleurstellend resultaat. Volgens hem zijn maatregelen genomen om de prestaties te verbeteren, zoals het afbouwen van voorraden en beter gevulde schappen in de winkels. Hij waarschuwt dat het nog even zal duren voor Hema daarvan kan profiteren.

Het genormaliseerde ebitda daalde van €23,7 mln in het eerste kwartaal van 2014 naar €13,2 mln nu. De winstgevendheid zakte door lagere marges als gevolg van uitverkoop en prijsverlagingen, en door hogere kosten voor logistiek, marketing en tijdelijk personeel.

Bemoedigend, noemt Jegen de omzetontwikkeling. Doordat Hema het beter deed in Nederland is de netto groepsomzet met 3,2% gestegen naar €264,4 mln. Winkels die langer dan een jaar open zijn, zagen de omzet met 1,5% groeien. Vorig jaar daalde de vergelijkbare omzet nog.

Winst zakte onder meer door lagere marges als gevolg van uitverkoop en verlaging van prijzen

Hema verkocht meer huishoudartikelen, persoonlijke-verzorgingsproducten en voeding. De afzet aan kleding daalde. In België en Luxemburg staat de omzet onder druk, die in Frankrijk groeit door het openen van winkels. De eerste resultaten van de winkels die vorig jaar zijn geopend in Spanje en VK noemt Hema 'veelbelovend'.

Over 2014 meldde Hema in mei rode cijfers. Het nettoverlies liep, vooral door een afwaardering op goodwill en een reorganisatie, op naar €189,2 mln. ■

Bron: *Het Financieele Dagblad*, 2 juli 2015

a1 Wat wordt verstaan onder financieringskosten?
2 Door welke oorzaken kunnen de financieringskosten zijn gedaald?
b Op welke kengetallen heeft het afbouwen van de voorraden een gunstige invloed?
c Wat wordt verstaan onder EBITDA?

d Welke factoren hebben een positieve invloed op de omzet van een warenhuisketen zoals de Hema?
e Wat wordt verstaan onder goodwill?

12.12 KLM gaat zwaar ingrijpen om minstens €700 mln te besparen:

KLM gaat zwaar ingrijpen om minstens €700 mln te besparen

Topman Pieters Elbers vindt een 'fundamentele verandering' nodig en schrapt in managementlaag

Van onze redacteuren
Amsterdam

KLM, de Nederlandse dochter van luchtvaartcombinatie Air France-KLM, gaat drastisch in de kosten snijden. Er moet voor €700 mln worden bespaard en dat gaat banen kosten.

Dat blijkt uit een uitgelekt plan, met als titel 'High Performance-Organisation'.

Uit de voornemens spreekt een hoge urgentie, waarin de Nederlandse luchtvaarder wijst op een toenemende concurrentie van prijsvechters als Ryanair en EasyJet en luchtvaartmaatschappijen uit het Midden-Oosten als Etihad en Emirates. De besparingen zijn onderdeel van een eerder bekendgemaakt plan van Air France-KLM, waarin het moederbedrijf een totale besparing van €2 mrd nastreeft.

Door onder meer een reductie van het aantal managers en ondersteunende diensten denkt KLM voor €40 mln per jaar aan kosten te besparen. 'We moeten aan alle knoppen draaien en minstens €700 mln besparen', staat in het KLM-plan, 'zodat we kunnen investeren in ons product, klant, innovatie en ontwikkeling van ons personeel.'

Een woordvoerder van KLM bevestigt het plan. Het is volgens hem onderdeel van de plannen om KLM efficiënter te maken. Hij wil niet zeggen hoeveel banen er gaan verdwijnen. Woensdagmiddag zong rond dat het om 5.000 tot 7.500 banen zou gaan, maar dat zijn volgens de zegsman 'onjuiste getallen'.

Het plan stamt uit de zomer. KLM is al in gesprek met zijn Ondernemingsraad over het plan. De OR is volgens de woordvoerder positief, maar heeft op een aantal punten bezwaren. Welke dat zijn, kan hij niet zeggen. De zegsman kan ook niet aangeven wanneer de gesprekken tot een uitkomst zullen leiden, 'maar snelheid is geboden'.

Op 25 juli zei KLM-ceo Pieters Elbers in een gesprek met het FD dat 'we op alle fronten sneller moeten besparen: in personeelskosten, inkoop, investeringen, de leveranciers. Dat zullen we na de zomer gaan doen.'

Concurrentie
KLM heeft vooral last van prijsvechters en luxe maatschappijen uit het Midden-Oosten

Plannen
Bedrijf wil investeren in product, klant, innovatie en ontwikkeling personeel

In een column met de titel 'September belangrijke maand voor KLM' sprak Elbers begin deze maand al over de aanstaande reorganisatie. KLM moet 'slanker, wendbaarder, efficiënter en nog meer klantgericht worden', stelde de KLM-ceo. Hij wees er toen op dat de maatschappij de 'hoeveelheid indirect personeel al met 9% heeft gereduceerd. Een verdere kaasschaaf werkt dus niet. Nu hebben we een meer fundamentele verandering nodig.'

CNV-bestuurder Dolf Polders reageerde woensdagmiddag verrast. 'Een flink aantal werknemers wordt boventallig. Daar moeten we over praten. We zullen daarvoor wel de rekening presenteren bij KLM.'

Bij KLM werkten in 2014 zo'n 30.711 mensen, waarvan ongeveer twee derde grondpersoneel. De personeelskosten bedroegen in 2014 €2,45 mrd. In dat jaar boekte de luchtvaartmaatschappij een omzet van €9,64 mrd, en een winst van €340 mln.

[...] ■

Bron: *Het Financieele Dagblad*, 1 oktober 2015

a Door welke oorzaken wordt KLM genoodzaakt de kosten drastisch te verlagen?
b Leg uit waarom de Ondernemingsraad van KLM positief is over de reorganisatieplannen, hoewel er daardoor veel arbeidsplaatsen verloren gaan.
c Wat wordt bedoeld met de "kaasschaaf"-methode?

d CNV-bestuurder Dolf Polders zegt dat het CNV de rekening van de reorganisatie wil presenteren bij de KLM. Welke nadelen zijn daaraan (mogelijk) verbonden?
e Op welke andere kosten dan arbeidskosten kan KLM bezuinigen?

****12.13** Onderneming Publicon heeft de volgende balans gepubliceerd:

Balans per 31 december 2016 (bedragen × €1.000)

Vaste activa	3.000	Eigen vermogen:	
		Aandelenkapitaal	1.200
Vlottende activa:		Reserves	2.100
Voorraden	500		
Debiteuren	700		3.300
Kas	300	Lang vreemd vermogen	800
		Kort vreemd vermogen	400
Totaal activa	4.500	Totaal vermogen	4.500

De aandelen hebben een nominale waarde van €20 en staan aan de Euronext Amsterdam genoteerd.

a Noem twee functies van het eigen vermogen.
b Noem twee verschillen tussen het eigen vermogen en het vreemde vermogen.
c1 Van welk verschijnsel is sprake gezien de verhouding tussen de omvang van het aandelenkapitaal en de grootte van de reserves?
2 Wat kan een nadeel zijn van het onder vraag **c1** bedoelde verschijnsel?

d De onderneming wil het verschijnsel dat bij vraag **c1** is bedoeld, verminderen door het uitgeven van bonusaandelen ten laste van de reserves. De (bonus)aandelen hebben een nominale waarde van €20. Na uitgifte van deze aandelen is de intrinsieke waarde per aandeel €30.
Bereken het totale bedrag waarvoor bonusaandelen zijn uitgegeven.

Voor 2017 heeft de onderneming haar vermogensbehoefte als volgt begroot:

	Einde kwartaal (bedragen × €1.000)			
	1	2	3	4
Activa:				
Vaste activa	29.750	29.500	29.250	31.000
Voorraden	5.800	5.000	5.600	4.500
Debiteuren	5.200	6.000	6.900	5.500
Kas	2.500	2.000	1.500	1.500
Totale vermogensbehoefte	43.250	42.500	43.250	42.500

e1 Geef het verloop van de afzonderlijke activa en de totale vermogensbehoefte weer in een figuur. Vermeld op de horizontale as de tijd (vier kwartalen) en op de verticale as het verloop van het geïnvesteerde vermogen.
2 Is er sprake van het diversiteitsverschijnsel? Licht je antwoord toe.
f Welke rechtsvorm heeft deze onderneming? Motiveer je antwoord.

**12.14 Onderneming Fiasco nv heeft een aantal opeenvolgende jaren grote verliezen geleden. Het totale verliessaldo is daardoor tot en met 2016 opgelopen tot €6 mln (zie balans debetzijde). De financiële situatie van Fiasco nv blijkt onder andere uit de volgende balans:

Balans Fiasco nv per 31 december 2016 (bedragen × €1 mln)

Gebouwen	10	Aandelenvermogen	16
Machines	12	Agioreserve	4
Inventaris	7	9% Achtergestelde lening	2
Voorraden	5	7% Hypothecaire leningen	6
Debiteuren	3	Middellang bankkrediet	8
Kas	1	Rekening-courantkrediet	3
Verliessaldo	6	Nog te betalen bedragen	2
		Crediteuren	3
Totaal activa	44	Totaal vermogen	44

Een groot gedeelte van de aandelen van Fiasco nv zijn in handen van familieleden en bekenden. De aandelen hebben een nominale waarde van €10 per aandeel.
De activa zijn gewaardeerd op basis van historische aanschafwaarde. De laatste jaren is er echter te weinig op de vaste activa afgeschreven. De actuele waarde van de vaste activa ligt mede daardoor beduidend onder de balanswaarde.
Een aantal schuldeisers heeft Fiasco nv gedreigd het faillissement van de onderneming aan te vragen, indien hun vordering niet op korte termijn wordt voldaan.
De voorzitter van de Raad van Bestuur van Fiasco nv heeft twee alternatieven uitgewerkt, die een einde moeten maken aan de bestaande situatie.

Alternatief 1:
Liquidatie van de onderneming
De liquidatiewaarde van de activa, na aftrek van liquidatiekosten, wordt op €20 mln geschat.

Alternatief 2:
Reorganisatie van de onderneming
Het reorganisatieplan bevat de volgende onderdelen:
- Gebouwen met een boekwaarde van €4 mln worden verkocht. De opbrengstwaarde ervan bedraagt €2,5 mln.

- Machines met een boekwaarde van €3 mln worden verkocht. De opbrengstwaarde ervan bedraagt €500.000.
- Over de overgebleven machines wordt €2 mln extra afgeschreven.
- Van de opbrengst uit verkoop van de duurzame activa wordt €2 mln gebruikt als extra aflossing op de hypothecaire leningen. De resterende €1 mln wordt gebruikt om crediteuren af te lossen.
- De nominale waarde van de reeds uitstaande aandelen wordt met €12 mln verminderd (afstempeling).
- De 9% achtergestelde lening wordt omgezet in €1 mln aandelenvermogen.
- De productie wordt gereorganiseerd, waarvoor een investering in machines nodig is van €3 mln. De Nationale Investeringsbank is, onder strenge voorwaarden, bereid dit bedrag te verstrekken. In ruil daarvoor ontvangt de Nationale Investeringsbank 200.000 aandelen.
- Na voltooiing van de reorganisatie wordt een jaarlijkse winst na aftrek van interestkosten van €2 mln verwacht. We veronderstellen dat deze jaarlijkse winst over een zeer lange periode op dat niveau blijft.

Bij de beantwoording van de vragen hoeft geen rekening te worden gehouden met de invloed van vennootschapsbelasting en omzetbelasting (btw).

a Is bij Fiasco nv sprake van onder- of overkapitalisatie? Licht je antwoord toe.
b Toon door een berekening aan waarom de afstempeling €12 mln moet bedragen.

De afstempeling van de oude aandelen wordt gerealiseerd door de oude aandelen in te ruilen voor een nieuw type aandeel met een nominale waarde van €10.

c Hoeveel oude aandelen moeten ingeruild worden voor één nieuw aandeel om de gewenste vermindering van de nominale waarde van de aandelen te realiseren?
d1 Stel de liquidatiebalans van Fiasco nv op.
2 Ga, mede op basis van de liquidatiebalans, voor ieder van de vermogensvormen op de balans van Fiasco nv na of de verschaffers ervan bereid zijn aan de financiële reorganisatie mee te werken.

We veronderstellen dat de reorganisatie wordt uitgevoerd.

e Stel de balans op na de reorganisatie.

We veronderstellen dat na de reorganisatie een vergoeding over het eigen vermogen van 12,5% per jaar wordt vereist.

f1 Bereken de verwachte rentabiliteitswaarde van Fiasco nv na de reorganisatie.
2 Zal er na de reorganisatie naar verwachting sprake zijn van onder- of overkapitalisatie? Licht je antwoord toe.

12.15 Van de Eerste Nederlandse Elektriciteitsmaatschappij nv (ENEM nv) zijn
U over het boekjaar 2016 de volgende gegevens bekend:

Winst- en verliesrekening ENEM nv over 2016 (bedragen × €1.000)

Fabricagekosten	8.280	Omzet	9.000
Afschrijvingskosten	150		
Interest	70		
Winst voor belasting	500		
	9.000		9.000

Balans per 31 december 2016 (bedragen × €1.000)

Gebouwen	1.500	Aandelenkapitaal	1.600
Machines	1.100	Algemene reserve	660
Inventaris	525	Voorzieningen	230
Voorraden onderhanden werk	325	Hypotheek	1.000
Voorraad gereed product	550	Rekening-courant	200
Debiteuren	300	Te betalen dividend	240
Kas	100	Te betalen venn.belasting	200
		Crediteuren	270
Totaal activa	4.400	Totaal vermogen	4.400

In deze balans is de onderstaande winstverdeling 2016 reeds verwerkt.
Winstverdeling 2016 (× €1.000):

Winst voor belasting	500	
Vennootschapsbelasting	200	–
Winst na belasting	300	
Toevoeging algemene reserve	60	–
Dividenduitkering	240	

We veronderstellen dat de bedragen op de balans overeenkomen met de gemiddelden waarde van de balansposten.

(Berekeningen afronden op twee decimalen nauwkeurig.)

a Bereken de rentabiliteit van het gemiddeld eigen vermogen (REV).
b Bereken de gemiddelde kosten van het vreemd vermogen (KVV).
c Bereken de rentabiliteit van het gemiddeld totale vermogen van de onderneming (RTV).
d Bereken de rentabiliteit van het eigen vermogen met behulp van de formule voor de financiële hefboomwerking.
e Is er sprake van een positieve of van een negatieve hefboomwerking van de financiële structuur? Motiveer je antwoord.
f Wat is een voorziening?

12.16 **U** Van de onderneming Petex bv is de balans aan het begin en aan het einde van 2016 gegeven.

Balans Petex bv 2016 (bedragen × €1.000)

	1-1	31-12		1-1	31-12
Gebouwen en machines	1.000	1.100	Aandelenvermogen	700	700
Deelnemingen	300	300	Agioreserve	100	100
Voorraad grondstoffen	100	80	Winstreserve	600	650
Voorraad gereed product	200	250	Voorzieningen	30	40
Debiteuren	50	70	Crediteuren	80	110
Effecten	50	50	Rekening-courant	260	220
Kas	70	80	Te betalen venn.bel.		70
			Te betalen dividend		40
Totaal activa	1.770	1.930	Totaal vermogen	1.770	1.930

Winst- en verliesrekening Petex bv 2016 (bedragen × €1.000)

Kostprijs van de omzet (excl. afschr. en interest)	1.430	Omzet	1.900
Interest	50		
Afschrijvingen	260		
Winst	160		
	1.900		1.900

De volgende winstverdeling is reeds in de balans verwerkt:

- dividend € 40.000
- vennootschapsbelasting € 70.000
- winstreservering € 50.000 +

€ 160.000

De winst en de mutaties op de balans zijn gelijkmatig over het jaar ontstaan. NB Uitkomsten in twee decimalen nauwkeurig.

a Bereken de rentabiliteit van het gemiddeld eigen vermogen (REV).

b Bereken de rentabiliteit van het gemiddeld totale vermogen van de onderneming (RTV).

c Bereken de gemiddelde kosten van het vreemd vermogen (KVV).

d Bereken de rentabiliteit over het eigen vermogen met behulp van de formule voor de financiële hefboomwerking (REV).

e Is er sprake van een positieve of negatieve hefboomwerking van de financiële structuur? Motiveer je antwoord.

***12.17** De balans van de onderneming Nifet nv luidt als volgt:

Balans Nifet nv per 31 december 2016 (bedragen × €1.000)

Terreinen en gebouwen	14.740	Aandelenkapitaal	10.000
Machines en vrachtwagens	5.500	Agioreserve	4.000
Inventaris	4.200	Winstreserve	3.500
Voorraden	3.000	9% hypotheek	5.000
Debiteuren	3.750	8% obligatielening	2.800
Kas	1.250	Rekening-courantkrediet	2.500
		Crediteuren	2.940
		Te betalen venn. belasting	800
		Te betalen dividend	900
Totaal activa	32.440	Totaal vermogen	32.440

Alle balansposten kunnen als een gemiddelde over 2016 worden beschouwd. De volgende winstverdeling is in de balans verwerkt.

Resultaten over 2016:

EBIT (Bedrijfsresultaat)	€ 3.000.000	
Interestkosten	€ 1.000.000	–
Winst voor belastingen	€ 2.000.000	
Vennootschapsbelasting	€ 800.000	–
Winst na belastingen	€ 1.200.000	
Winstinhouding	€ 300.000	–
Uit te keren dividend	€ 900.000	

NB Berekeningen in twee decimalen nauwkeurig.

a Bereken de rentabiliteit van het totale vermogen (RTV).

b1 Bereken het gemiddelde interestpercentage over het rekening-courantkrediet.

2 Bereken de gemiddelde kosten van het vreemd vermogen (KVV).

3 Geef een verklaring voor het feit dat KVV lager is dan de interestpercentages die over de hypotheek, de obligatielening en het rekening-courantkrediet worden betaald.

c Bereken de rentabiliteit over het eigen vermogen (REV).

d Bereken de rentabiliteit van het eigen vermogen (REV) met behulp van de formule waarin de hefboomwerking van de financiële structuur tot uitdrukking komt.

e1 Bereken het dividendpercentage dat aan de aandeelhouders wordt uitgekeerd.

2 Winstuitkering door een nv of bv kan tot dubbele belasting leiden. Wat wordt daaronder verstaan?

f Waarom is gegeven dat alle balansmutaties als een gemiddelde over 2016 worden beschouwd?

**12.18 Van vrachtwagenproducent Globetrotter nv zijn de volgende financiële gegevens bekend:

Balans per 31 december (bedragen × €1.000)

	2015	2016		2015	2016
Vaste activa	18.000	22.000	Eigen vermogen	6.000	10.000
Vlottende activa	8.000	12.000	Vreemd vermogen:		
			• rentedragend	11.000	13.000
			• niet-rentedragend	9.000	11.000
Totaal activa	26.000	34.000	Totaal vermogen	26.000	34.000

Winst- en verliesrekening over 2016 (bedragen × € 1.000)

Omzet	30.000	
Variabele kosten	9.000	–
Omzet – variabele kosten	21.000	
Vaste kosten (m.u.v. interestkosten)	15.000	–
EBIT	6.000	
Interestkosten	900	–
Winst voor belastingen	5.100	
Vennootschapsbelasting	1.275	–
Winst na belastingen	3.825	

We veronderstellen dat:

- de variabele kosten rechtevenredig met de omzet veranderen;
- de mutaties op de balans gelijkmatig tijdens het jaar plaatsvinden;
- de hoogte van de interestkosten onafhankelijk is van de productie- en verkoopomvang (de interestkosten rekenen we tot de vaste kosten).

a Bereken het percentage van de vennootschapsbelasting dat voor Globetrotter nv van toepassing is.

b Bereken:
1 het gemiddeld eigen vermogen;
2 het gemiddeld vreemd vermogen;
3 het gemiddeld totaal vermogen.

c Bereken:
1 de rentabiliteit van het totaal vermogen (RTV);
2 de gemiddelde kosten van het vreemd vermogen (KVV);
3 de rentabiliteit van het eigen vermogen (REV).

d Geef een verklaring voor het feit dat de gemiddelde kosten van het vreemd vermogen (KVV) relatief laag zijn.

e1 Bereken het gemiddelde interestpercentage dat Globetrotter nv betaalt over het *rentedragende* vreemd vermogen.
2 Verdient Globetrotter nv aan het rentedragende vreemd vermogen of verliest ze daarop? Motiveer je antwoord.

f Bereken REV door gebruik te maken van de volgende formule:
REV = (1 – F) × RTV + (1 – F) × [(RTV – KVV) × VV/EV]
Controleer of jouw antwoord op deze vraag overeenkomt met het antwoord op vraag **c3**.

g Wat verstaan we onder:
1 de basisrentabiliteit;
2 de financieringsbijdrage?

h We veronderstellen bij deze vraag dat de RTV over 2010 daalt naar 5%, terwijl de KVV stijgt naar 6% (de overige gegevens veranderen niet).
1 Bereken de REV in deze nieuwe situatie.
2 Geef een verklaring voor de relatief grote verandering in de REV.

i We veronderstellen bij deze vraag dat de omzet van Globetrotter nv over 2016 twintig procent lager wordt dan de omvang die in het begin van deze opgave is gegeven (de gegevens op de balans veranderen hierdoor niet).
1 Bereken de RTV in deze nieuwe situatie.
2 Bereken met hoeveel procent de RTV daalt (ten gevolge van de omzetdaling van 20%).
3 Geef een verklaring voor de relatief grote verandering in de RTV.

j 1 Beschrijf in het kort de risico's waaraan een producent van vrachtwagens blootstaat.
2 Welke factoren zijn van invloed op het risico dat de aandeelhouders van Globetrotter nv lopen? Maak bij de beantwoording van deze vraag gebruik van de gegevens uit deze opgave en van de antwoorden op voorafgaande vragen.

k Welke maatregelen zou Globetrotter nv kunnen treffen om het niveau van de vaste kosten terug te dringen?

l Geef twee voorbeelden van:
1 rentedragend vreemd vermogen;
2 niet-rentedragend vreemd vermogen.

12.19 Beurs is aangenaam verrast door cijfers DSM

Beurs is aangenaam verrast door cijfers DSM

Prijsstijgingen laten marges intact

Henk Engelenburg
AMSTERDAM

Het aandeel van biotechconcern DSM heeft gisteren in Amsterdam een 'all time high' aangetikt van €45,57.

De markt toonde zich aangenaam verrast door hogere dan verwachte resultaten. De koers steeg met 5%. De beleggers beloonden ook de kracht van het concern de grondstoffenprijzen met prijsverhogingen te kunnen compenseren zonder de marges geweld aan te doen.

DSM, producent van onder meer voedingsingrediënten en hoogwaardige materialen, presenteerde gisteren 27% hogere operationele inkomsten voor rente en belasting van €231 mln over het eerste kwartaal. De omzet steeg 16% op ruim €2,2 mrd. De nettowinst ging van €130 mln naar €166 mln door het betere bedrijfsresultaat en een lagere belastingdruk.

DSM is zijn prijzen gaan verhogen in het derde en vierde kwartaal en heeft dat nog verder versneld in het eerste kwartaal. Het concern zal dit jaar meer prijsstijgingen doorvoeren omdat de grondstoffenprijzen nog steeds doorstijgen.

DSM

Kwartaalcijfers* in € mln

	2011-1	2010-1
Omzet	**2.234**	1.933
Bedrijfsresultaat**	**325**	284
- Nutrition	**173**	166
- Pharma	**0**	14
- Performance Materials	**91**	71
- Innovation Center	**–13**	–13
- Overige	**–25**	–4
Nettoresultaat	**166**	130
Winst p.aandeel (€)***	**0,98**	0,78

* Uit doorlopende activiteiten
** EBITDA
*** Inclusief bijzondere posten
Bron: FD Research

Financiële man Rolf-Dieter Schwalb ziet alle ruimte voor nog meer 'pricing power' maar kan niet voorspellen in welke mate dat zal gebeuren. 'Ik kan dat niet, omdat ik niet weet in welke mate de prijzen van grondstoffen in de rest van het jaar verder stijgen.'

DSM spreekt over het eerste kwartaal van een positieve macro-economische trend. Snelgroeiende economieën, vooral die van China, bleven zeer sterk presteren, terwijl West-Europa en Noord-Amerika een gematigde groei lieten zien. De netto-omzet in China steeg met 21% van $377 mln naar $458 mln. In India realiseerde het concern een 24% hogere omzet.

De omzetgroei is voor een groot deel gebaseerd op aanhoudende vraag naar voedingsingrediënten en sterk vraagherstel in de auto- en de elektronica-industrie, naast voortgaande groei in de opkomende markten. Door het vraagherstel presteerden de divisies Performance Materials en Polymer intermediates bovengemiddeld.

De divisie Nutrition, goed voor ruim een derde van de concernomzet met de productie van voedingsingrediënten, liet aanhoudende volumegroei zien bij gelijke prijzen. De omzet steeg van €732 mln naar bijna €800 mln. De ebitda steeg van €166 mln naar €173 mln waardoor de brutomarge iets daalde van 22,7% naar 21,7%.

Het begin dit jaar geacquireerde Amerikaanse Martek (ingrediënten voor babyvoeding) is vanaf 25 februari opgenomen in de resultaten voor Nutrition. Martek droeg voor €37 mln bij aan de omzet en voor €12 mln aan de ebitda.

Het cluster Pharma is wederom de 'bleeder' van DSM. Het bedrijfsonderdeel produceert antibiotica en biofarmaceutische medicijnen en medicijnen op industriele schaal in opdracht van farmaconcerns. De brutowinst is in het eerste kwartaal gezakt naar nul vergeleken met €14 mln in dezelfde periode in 2010. ■

Bron: *Het Financieele Dagblad*, 28 april 2011

a Welke factoren bepalen de ruimte (de mogelijkheden) die DSM heeft om de gestegen grondstofprijzen in de verkoopprijs van haar eindproducten door te berekenen?

b Geef een verklaring voor het feit dat de operationele inkomsten voor rente en belasting (EBIT) stegen met 27% terwijl de omzet steeg met 'slechts' 16%?

c Welke (geografische) markten hebben voor de grootste bijdrage aan de omzetgroei van DSM gezorgd?

d Waarom is het – als we de financiële resultaten van ondernemingen onderling willen vergelijken – beter om dat te doen op basis van de EBITDA dan op basis van de EBIT?

e Wat is het voordeel voor een onderneming zoals DSM dat haar activiteiten zijn verdeeld over verschillende divisies (Nutrition, Pharma, Performance Materials Innovation Center en Overige)?

f Wat is het voordeel voor een onderneming zoals DSM dat haar afzetgebieden zijn verspreid over verschillende landen?

g Leg uit welk verband er bestaat tussen de financiële resultaten van een onderneming en de beurskoers van het aandeel van de betreffende onderneming.

**12.20 Onderneming Drink Met Mate (DMM) is een groothandel in (licht-)alcoholische dranken. DMM koopt deze dranken in bij distilleerderijen in binnen- en buitenland. Voor de leveranties aan haar cliënten, waaronder een aantal grootwinkelbedrijven, maakt DMM gebruik van eigen vrachtauto's. Hierna zijn enkele financiële gegevens van DMM weergegeven.

Balans DMM per 31 december (bedragen × €1.000)

	2015	2016		2015	2016
Vaste activa			*Eigen vermogen*		
Gebouwen	700	1.000	Aandelenkapitaal	2.000	2.000
Vrachtauto's	900	800	Reserves	1.000	1.080
Inventaris	300	500	Saldo winst over 2012		420
Vlottende activa			*Vreemd vermogen (lange termijn)*		
Voorraden	1.200	1.500			
Debiteuren	600	800	9% Hypothecaire lening	300	500
Kas	300	400			
			Vreemd vermogen (korte termijn)		
			Crediteuren	280	320
			Te betalen belasting	220	280
			Bank (rekening-courant)	200	400
Totaal activa	4.000	5.000	Totaal vermogen	4.000	5.000

We veronderstellen dat alle balansmutaties gelijkmatig over het jaar zijn ontstaan.
De winst- en verliesrekening over 2016 ziet er als volgt uit:

Winst- en verliesrekening DMM over 2016 (bedragen in euro's)

Omzet		10.000.000
Inkoopwaarde van de omzet		7.800.000 –
		2.200.000
Afschrijvingskosten vaste activa	300.000	
Loonkosten	800.000	
Interestkosten vreemd vermogen	165.000	
Overige bedrijfskosten	235.000	
Totale kosten		1.500.000 –
Winst voor belasting		700.000
Belasting over de winst (40%)		280.000 –
Winst na belasting		420.000

De onverdeelde winst 2016 rekenen we tot het eigen vermogen.

NB Berekeningen in twee decimalen nauwkeurig.

a Bereken voor deze onderneming de:

1 rentabiliteit van het totale vermogen (RTV);

2 de gemiddelde kosten van het vreemde vermogen (KVV);

3 de rentabiliteit van het eigen vermogen (REV).

b Bereken de rentabiliteit van het eigen vermogen door gebruik te maken van een formule, waarin ook de hefboomfactor voorkomt.

c Is er voor onderneming DMM sprake van een positieve of negatieve werking van de vermogensstructuur? Geef een korte motivering bij je antwoord.

d Geef een berekening van de rentabiliteit van het eigen vermogen, waarbij gebruik wordt gemaakt van onder andere de nettowinstmarge en de omloopsnelheid van het totale vermogen.

e Welke maatregelen kan een onderneming treffen om de omloopsnelheid van het totale vermogen te verhogen?

f De rentabiliteit van het eigen vermogen (REV) kunnen we splitsen in de basisrentabiliteit en de financieringsbijdrage.

1 Leg uit wat de begrippen basisrentabiliteit en financieringsbijdrage inhouden.

2 Bereken de basisrentabiliteit voor DMM.

3 Bereken de financieringsbijdrage voor DMM.

4 Controleer of de som van de uitkomsten van de vragen **f2** en **f3** gelijk is aan het antwoord op vraag **a3**.

g1 Wat wordt verstaan onder het bedrijfsrisico?

2 Van welke factoren is het bedrijfsrisico afhankelijk?

h1 Wat wordt verstaan onder het financieel risico?

2 Welke gevolgen heeft een vergroting van de verhouding vreemd/eigen vermogen voor het financieel risico?

i1 Geef enkele voorbeelden van niet-rentedragend vreemd vermogen.

2 Wat is het effect van het niet-rentedragend vreemd vermogen op de hoogte van KVV?

12.21 Uitgifte aandelen moet buffer Delta Lloyd versterken

Uitgifte aandelen moet buffer Delta Lloyd versterken

Verzekeraar wil met honderden miljoenen solvabiliteit verbeteren

Van onze redacteur
Amsterdam

Verzekeraar Delta Lloyd versterkt zijn buffer met meer dan €300 mln door het plaatsen van nieuwe aandelen bij vooral institutionele beleggers. De verzekeraar moet dit doen, omdat de buffer zo was geslonken dat het mes in sommige activiteiten was gegaan.

Delta Lloyd maakte maandagavond bekend 19,9 miljoen aandelen te plaatsen via 'versnelde bookbuilding'. Daarbij kunnen grote beleggers hun belangstelling melden. De hele procedure is meestal in enkele uren achter de rug. Uiterlijk vanochtend voorbeurs verwacht het bedrijf de koers te melden waartegen beleggers zijn ingestapt.

Delta Lloyd kiest voor de maximale emissie die mogelijk is zonder aparte toestemming van de aandeelhoudersvergadering. Vrijwel elk beursfonds mag het kapitaal met 10% uitbreiden zonder tijdrovende vergadering.

Met de emissie heeft de verzekeraar 'extra flexibiliteit om te blijven inspelen op marktkansen voor duurzame groei', zo wordt de nieuwe bestuursvoorzitter Hans van der Noordaa geciteerd in het officiële bericht van Delta Lloyd.

Maximaal
Delta Lloyd kiest voor grootste emissie die zonder toestemming mag

Snelle procedure
Verzekeraar plaatst 19,9 miljoen aandelen

Toezichthouder
Bedrijf strijdt al jaren met DNB over zijn solvabiliteit

Het bericht gaat verder niet in op de aard van die kansen. Bij de presentatie van de jaarcijfers werd bekend dat Delta Lloyd minder actief wordt bij de zogeheten uitkoop van pensioenfondsen, omdat dit ten koste gaat van de solvabiliteit. Ook belegt de verzekeraar minder in aandelen, omdat de toezichthouder een dergelijke mogelijk lucratieve, maar wel risicovolle belegging alleen accepteert als de solvabiliteit hoog genoeg is.

[...] ■

Bron: *Het Financieele Dagblad*, 17 maart 2015

a Leg uit wat wordt bedoeld met de bufferfunctie van het eigen vermogen. Waarvoor is het een buffer?
b Wat zijn institutionele beleggers?
c Wat wordt bedoeld met 'versnelde bookbuilding'?
d Waarom kiezen ondernemingen met de rechtsvorm van nv er vaak voor het aandelenkapitaal met maximaal 10% uit te breiden?
e1 Wat wordt verstaan onder solvabiliteit?
2 Hoe kunnen we de solvabiliteit meten (uitdrukken)?
f Wat zijn de risico's verbonden aan het beleggen in aandelen?
g Waarom moet een financiële instelling zoals Delta Lloyd een hogere solvabiliteit hebben als ze een groter deel van haar vermogen wil gaan beleggen in aandelen?

12.22 Aan het jaarverslag van onderneming Ninabo bv zijn de volgende gegevens ontleend:

Balans Ninabo bv per 1 januari 2016 en 31 december 2016
(bedragen × €1.000 en balansposten in willekeurige volgorde)

	1-1	31-12		1-1	31-12
Voorraden	90	140	7% Hypotheek	300	300
Gebouwen	220	210	Crediteuren	55	50
Kas	70	20	Voorzieningen op lange termijn	40	60
Debiteuren	60	100	Te betalen dividend	10	20
Inventaris	110	130	Te betalen belastingen	30	50
			Aandelenkapitaal	110	110
			Reserves	5	10
Totaal activa	550	600	Totaal vermogen	550	600

Het bedrag dat vastligt in de voorraden schommelt tijdens het jaar, maar daalt niet beneden €60.000. Een voorraad goederen ter waarde van €20.000 is nagenoeg onverkoopbaar.
De vaste kern in debiteuren en crediteuren is te verwaarlozen.

NB Berekeningen in twee decimalen nauwkeurig.

a Bereken het nettowerkkapitaal op beide balansmomenten.
b Bereken de current ratio op beide balansmomenten.
c Geef een gemotiveerd oordeel omtrent de ontwikkeling van de liquiditeit in 2012 aan de hand van de antwoorden op de vragen **a** en **b**.
d Welke twee bezwaren zijn er verbonden aan een beoordeling van de liquiditeit op basis van de bij de vragen **a** en **b** genoemde kengetallen?

****12.23** Constructiebedrijf De Oude Rijn nv maakt aluminium kozijnen voor de sociale woningbouw. De balans van De Oude Rijn nv is hierna weergegeven.

Balans De Oude Rijn nv per 31 december 2016 na winstverdeling (bedragen × €1.000)

Gebouwen	825	Aandelenvermogen	750
Inventaris	70	Algemene reserve	970
Machines	1.000	Agioreserve	690
Bedrijfsauto's	690	7% hypothecaire lening	560
Voorraden	1.495	8% onderhandse lening	650
Debiteuren	300	Rekening-courant	105
Postgiro	130	Crediteuren	225
Kas	15	Overige schulden op korte termijn	575
Totaal activa	4.525	Totaal vermogen	4.525

Overige gegevens:

- De aflossing van de 7% hypothecaire lening vond plaats op 1 april 2016. Toen werd €40.000 afgelost.
- Van alle overige balansposten aan de creditzijde mag worden aangenomen dat dit gemiddelden zijn voor het jaar 2016.
- Het tarief van de vennootschapsbelasting is 35%.
- De kosten verbonden aan het bankkrediet zijn 9%.

- De rentabiliteit van het eigen vermogen vóór aftrek van vennootschapsbelasting is 16% (0,16).
- Over 2016 is een omzet behaald van €8 mln.

NB Berekeningen in twee decimalen nauwkeurig.

a Bereken de winst over 2016 na aftrek van belastingen.
b Bereken het gemiddeld geïnvesteerde vreemde vermogen in 2016.
c Bereken de gemiddelde kosten van het vreemde vermogen (KVV).
d Bereken de rentabiliteit van het totale vermogen (RTV).
e Bereken met behulp van de antwoorden op de voorgaande vragen de rentabiliteit van het eigen vermogen (REV).
f De rentabiliteit van het eigen vermogen (REV) kunnen we splitsen in de basisrentabiliteit en de financieringsbijdrage.
1 Leg uit wat de begrippen basisrentabiliteit en financieringsbijdrage inhouden.
2 Bereken de basisrentabiliteit voor 'De Oude Rijn nv'.
3 Bereken de financieringsbijdrage voor 'De Oude Rijn nv'.
4 Controleer of de som van de uitkomsten van de vragen **f2** en **f3** gelijk is aan het antwoord op vraag **e**.
g1 Geef enkele voorbeelden van niet-rentedragend vreemd vermogen.
2 Wat is het effect van het niet-rentedragend vreemd vermogen op de hoogte van KVV?
h1 Wat verstaan we onder bedrijfsrisico?
2 Welke factoren zijn van invloed op (bepalen) de hoogte van het bedrijfsrisico?
i 1 Wat verstaan we onder financieel risico?
2 Welke factoren zijn van invloed op (bepalen) de hoogte van het financieel risico?
j De rentabiliteit van het totale vermogen kan ook worden bepaald door twee grootheden te vermenigvuldigen.
1 Welke twee grootheden worden bedoeld?
2 Geef deze grootheden in formulevorm weer.
k Bereken per 31 december 2016:
1 de debt ratio;
2 de current ratio;
3 het nettowerkkapitaal.
l 1 Wat wordt verstaan onder window dressing?
2 Welk bij vraag **g** genoemd kengetal is gevoelig voor window dressing? Licht je antwoord toe met een voorbeeld.
m De bedrijfsauto's kunnen ook geleased worden (operational lease). Welke invloed heeft operational lease op:
1 de omloopsnelheid van het geïnvesteerde vermogen;
2 de rentabiliteit van het totale vermogen?
n Ten aanzien van debiteuren kan maturity factoring toegepast worden. Welke invloed heeft maturity factoring op:
1 de omloopsnelheid van het geïnvesteerde vermogen;
2 de rentabiliteit van het totale vermogen?
o Wat verstaan we onder een convenant?

***12.24** Bankinstelling Orma heeft onlangs van een van haar cliënten, lederwarenfabrikant De Gelooide Huid, de jaarcijfers over 2016 ontvangen. De kredietadviseur van Orma wil zich een oordeel vormen over (de ontwikkeling in) de liquiditeitspositie van De Gelooide Huid en heeft daartoe de balansgegevens van deze onderneming over 2015 en 2016 vergeleken.

Balans De Gelooide Huid per 31 december (bedragen × €1.000)

	2015	2016		2015	2016
Vaste activa			*Eigen vermogen*		
Gebouwen	350	380	Aandelenkapitaal	800	800
Machines	450	400	Reserves	200	200
Inventaris	100	140	Saldo winst over 2016		90
Vlottende activa			*Vreemd vermogen (lange termijn)*		
Voorraden	200	420	9% Hypothecaire lening	200	200
Debiteuren	160	200			
Kas	140	60	*Vreemd vermogen (korte termijn)*		
			Crediteuren	100	140
			Te betalen belasting	80	60
			Bank (rekening-courant)	20	110
Totaal activa	1.400	1.600	Totaal vermogen	1.400	1.600

NB Berekeningen in twee decimalen nauwkeurig.

a Je bent de medewerker van de kredietadviseur en heeft tot taak gekregen de volgende kengetallen per 31 december 2015 en 31 december 2016 te berekenen:
1 het nettowerkkapitaal;
2 de current ratio;
3 de quick ratio.

b Geef je oordeel over de ontwikkeling in de liquiditeitspositie van De Gelooide Huid gedurende 2016.

c Welke bezwaren zijn er verbonden aan de current ratio om de liquiditeit van een onderneming te beoordelen?

d1 Wat wordt verstaan onder window dressing?
2 Ten aanzien van welk kengetal is window dressing met name mogelijk?
3 Welke handelingen kunnen er door deze onderneming verricht worden om window dressing te realiseren?

e1 Waarvan maakt de leiding van een onderneming gebruik om de liquiditeit van de onderneming te bewaken?
2 Welke grootheden spelen daarbij een belangrijke rol?

****12.25** Je bent kredietbeoordelaar bij de Amsterdamse Handelsbank (AHB). Deze ochtend heb je bezoek van mevr. De Vries, directeur van De Vries Bouw bv. De Vries Bouw bv produceert en verkoopt bouwmaterialen die zij deels van derden betrekt en deels zelf produceert.

In verband met de toegenomen vraag naar haar eindproducten wil zij extra kredietfaciliteiten om de voorraden te vergroten. De balans van De Vries Bouw bv zag er per 31 december 2016 als volgt uit:

Balans De Vries Bouw bv per 31 december 2016 (bedragen × €1.000)			
Gebouw	300	Aandelenkapitaal	240
Machines	250	Reserves	260
Voorraad grondstof	80	Hypotheek	220
Voorraad bouwmateriaal	120	Crediteuren	100
Debiteuren	200	Rekening-courant	180
Kas	50		
Totaal activa	1.000	Totaal vermogen	1.000

a Bereken de current ratio per 31 december 2016.
b Bereken de quick ratio per 31 december 2016.
c Bereken de debt ratio per 31 december 2016.

Mevrouw De Vries vraagt namens haar bedrijf om een extra rekening-courantkrediet van €100.000 om de uitbreiding van de voorraden te financieren. In de Handleiding Kredietbeoordeling van de AHB-bank staat dat voor deze sector bedrijven de volgende criteria gelden:

- De current ratio moet minimaal 1,5 zijn.
- De quick ratio moet minimaal 0,6 zijn.
- De debt ratio mag maximaal 0,7 zijn.

Op elk moment (dus zowel voor als na de kredietverlening) moet aan de genoemde eisen worden voldaan.

d Geef gemotiveerd aan of de kredietaanvraag gehonoreerd kan worden.
e Bereken het bedrag dat maximaal aan De Vries Bouw bv geleend zou kunnen worden.
f Maakt het voor de liquiditeit van de onderneming uit of men de voorraad grondstof of de voorraad bouwmateriaal uitbreidt?
Zo ja, beargumenteer waar de bank de voorkeur aangeeft. Zo niet, geef de reden van je antwoord.

Uit de winst- en verliesrekening van De Vries Bouw bv blijkt dat in 2016 een nettowinst na belasting is behaald van €108.800. Het bedrijfsresultaat was €200.000. Het tarief voor vennootschapsbelasting in 2016 was 32%. Voor de berekening van de rentabiliteiten (RTV, KVV, REV) kunnen de bedragen op de balans als gemiddelden over 2016 worden beschouwd.

g Bereken:
1 de rentabiliteit van het totaal vermogen (RTV);
2 de gemiddelde kosten van het vreemd vermogen (KVV);
3 de rentabiliteit van het eigen vermogen na belasting (REV) met behulp van de formule waarin de hefboomwerking van de vermogensstructuur tot uitdrukking komt.

h De rentabiliteit van het eigen vermogen (REV) kunnen we splitsen in de basisrentabiliteit en de financieringsbijdrage.
1 Leg uit wat de begrippen basisrentabiliteit en financieringsbijdrage inhouden.
2 Bereken de basisrentabiliteit voor De Vries Bouw bv.
3 Bereken de financieringsbijdrage voor De Vries Bouw bv.
4 Controleer of de som van de uitkomsten van de vragen **h2** en **h3** gelijk is aan het antwoord op vraag **g3**.

i 1 Geef enkele voorbeelden van niet-rentedragend vreemd vermogen.

2 Wat is het effect van het niet-rentedragend vreemd vermogen op de hoogte van de KVV?
j1 Wat verstaan we onder bedrijfsrisico?
2 Welke factoren zijn van invloed op (bepalen) de hoogte van het bedrijfsrisico?
k1 Wat verstaan we onder financieel risico?
2 Welke factoren zijn van invloed op (bepalen) de hoogte van het financieel risico?
l Wat wordt verstaan onder convenanten?

**12.26 Modern Wonen nv is gespecialiseerd in de fabricage van designmeubelen. De balans van deze nv na winstverdeling luidt als volgt:

Balans van Modern Wonen nv per 31 december 2016 (bedragen × €1.000)

Terreinen	900	Aandelenkapitaal	1.800
Gebouwen	1.000	Agio	500
Machines	1.400	Reserve	700
Voorraden	1.600	8% obligatielening	1.700
Debiteuren	1.700	6,5% converteerbare obl.lening	1.000
Beleggingen	500	Banklening	200
Kas	300	Crediteuren	950
		Te betalen belasting	300
		Te betalen dividend en tantièmes over 2016	250
Totaal activa	7.400	Totaal vermogen	7.400

De aandelen hebben een nominale waarde van €10, de obligaties van €1.000. De over 2016 gerealiseerde omzet van Modern Wonen nv bedraagt €5,7 mln. Alle verkopen vinden op rekening plaats. De bedragen op de balans mogen als gemiddelden over 2016 worden beschouwd.
NB Berekeningen in twee decimalen nauwkeurig.

a Bereken voor 2016:
1 de omloopsnelheid van het totale vermogen;
2 de gemiddelde krediettermijn van de debiteuren (in maanden).
b Wat is de invloed van een vergroting van de omzetsnelheid van de voorraden op de omloopsnelheid van het totale vermogen? Verklaar uw antwoord.
c Wat is de invloed van een verlaging van de gemiddelde krediettermijn van de debiteuren (verleend leverancierskrediet) op de omloopsnelheid van het totale vermogen? Motiveer je antwoord.
d Waarom is gegeven dat de bedragen op de balans als gemiddelden over 2016 beschouwd mogen worden?

Uit de administratie van Modern Wonen nv blijkt dat in 2016 onder andere de volgende gebeurtenissen hebben plaatsgevonden:
- Ten laste van de agio heeft in februari 2016 een uitkering in aandelen plaatsgevonden ter grootte van 5% van het aandelenkapitaal.
- Op de 8% obligatielening is voor €300.000 afgelost. Hiervoor zijn courante beleggingen verkocht met een beurswaarde van €300.000.
- Op 1 mei 2016 is de conversieperiode van de converteerbare obligatielening ingegaan. De omwisselingverhouding luidt: twee obligaties + €400

bijbetaling in contanten geeft recht op 100 aandelen. Tot het einde van het jaar is voor €700.000 aan converteerbare obligaties omgewisseld in aandelen.

e Geef voor ieder van de voorgaande gebeurtenissen aan wat de gevolgen zijn voor de liquiditeit, de rentabiliteit van het eigen vermogen en de solvabiliteit.
f1 Wat wordt verstaan onder weerstandsvermogen?
2 Welke gevolgen hebben de bij vraag **e** genoemde gebeurtenissen op het weerstandsvermogen?

12.27 De balansen per 31 december 2015 en 31 december 2016 van industriële onderneming Formica nv luiden als volgt:

Balans Formica nv per 31 december (bedragen × €1.000)

	2015	2016		2015	2016
Terreinen	4.000	4.000	Aandelenkapitaal	3.100	3.100
Gebouwen/Machines	5.500	5.000	Reserves	740	700
Inventaris	750	710	8% Hypothecaire lening	6.100	5.800
Voorraden	320	270	Crediteuren	480	510
Debiteuren	180	190	Rekening-courantkrediet	400	200
Kas	70	140			
Totaal activa	10.820	10.310	Totaal vermogen	10.820	10.310

We veronderstellen dat de wijzigingen in de balans gelijkmatig over 2016 zijn ontstaan.

Winst- en verliesrekening Formica nv over 2016:

Omzet	€ 7.065.400	
Kosten van de omzet	€ 5.936.600	–
EBIT (Bedrijfsresultaat)	€ 1.128.800	
Interest vreemd vermogen	€ 518.000	–
Winst voor belasting	€ 610.800	
Te betalen belasting (25%)	€ 152.700	–
Winst na belasting	€ 458.100	

De resultaten over 2016 zijn nog niet in de balans verwerkt.

NB Berekeningen op twee decimalen afronden.
a1 Bereken de current ratio per 31 december 2015 en 31 december 2016.
2 Noem twee bezwaren verbonden aan het beoordelen van de liquiditeit op basis van de current ratio.
b Geef je oordeel over de solvabiliteit met behulp van:
- de debt ratio;
- de rentedekkingsfactor (interest coverage ratio);
- de ontwikkeling in de leencapaciteit;
- de ontwikkeling in het weerstandsvermogen.

c Bereken de rentabiliteit van het eigen vermogen over 2016. (Hierbij wordt de helft van de winst na belasting over 2016 tot het eigen vermogen gerekend.)

d Bereken de rentabiliteit van het totale vermogen over 2016. (Hierbij wordt de helft van de winst voor belasting over 2016 tot het totale vermogen gerekend.)

e De rentabiliteit van het totale vermogen kan ook worden bepaald door vermenigvuldiging van twee grootheden.

1 Welke twee grootheden worden bedoeld?

2 Geef van beide grootheden de berekening.

3 Bereken de rentabiliteit van het totale vermogen met behulp van de uitkomsten van vraag **e2**.

f Ter verbetering van onder andere de liquiditeit overweegt de onderneming gebruik te gaan maken van factoring.

1 Wat is factoring?

2 Noem twee voordelen voor de onderneming verbonden aan factoring.

In plaats van nieuwe apparatuur aan te schaffen, overweegt de onderneming gebruik te maken van leasing.

g1 Welke twee hoofdvormen van leasing kunnen worden onderscheiden?

2 Noem twee belangrijke verschillen tussen deze hoofdvormen.

3 Leg uit welke invloed leasing zal hebben op de rentabiliteit van het totale vermogen (RTV). Maak daarbij zo nodig onderscheid tussen de twee vormen van leasing.

12.28 Van onderneming Universe nv is de volgende balans gegeven:

Balans Universe nv per 31 december 2016 (bedragen × €1.000)

Vaste activa	3.000	Eigen vermogen	2.000
Vlottende activa	1.000	Vreemd vermogen (lange termijn)	1.600
		Vreemd vermogen (korte termijn)	400
Totaal activa	4.000	Totaal vermogen	4.000

De balansbedragen kunnen als gemiddelden over het jaar 2016 worden beschouwd.
De winst- en verliesrekening over 2016 luidt als volgt (bedragen × €1.000):

Omzet	1.400	
Kosten omzet	1.000	–
EBIT (Bedrijfsresultaat)	400	
Interest vreemd vermogen	60	–
Winst voor belasting	340	
Belasting	119	–
Winst na belasting	221	

Verdere gegevens:

- De vennootschapsbelasting bedraagt 35%.
- Het nominaal geplaatste aandelenkapitaal is €1,2 mln.
- De nominale waarde per aandeel is €25.
- De koerswaarde per aandeel is €31,50.
- De koers-cashflowverhouding voor 2016 is 4.

NB Berekeningen afronden op twee decimalen.

a Bereken de gemiddelde kosten van het vreemd vermogen over 2016 (KVV).
b Bereken de rentabiliteit van het totale vermogen over 2016 (RTV).
c Is er sprake van een hefboomwerking van de vermogenstructuur? Motiveer je antwoord.
d Bereken de rentabiliteit van het eigen vermogen over 2016 (REV).
e Bereken de koers-winstverhouding per aandeel voor 2016.
f Bereken de totale afschrijving op vaste activa in 2016 met behulp van de koers-cashflowverhouding.
g Bereken de rentedekkingsfactor (interest coverage ratio) voor 2016.

Voor 2017 wordt verwacht dat het bedrijfsresultaat (EBIT) als percentage van de omzet met 20% zal toenemen, terwijl de omloopsnelheid van het totale vermogen met 10% zal dalen.

h Bereken de verwachte rentabiliteit van het totale vermogen voor 2017.

****12.29** Van onderneming Avia bv zijn de balans per 31 december 2016 en de winst- en verliesrekening over 2016 gegeven.

Balans Avia bv per 31 december 2016 (bedragen × €1.000)

Gebouwen	1.000	Aandelenkapitaal	900
Machines	500	Reserves	200
Eindproducten	300	10% Obligatielening	400
Debiteuren	200	Crediteuren	300
Kas	100	Winst 2016 (voor aftrek vennootschapsbelasting)	300
Totaal activa	2.100	Totaal vermogen	2.100

De bedragen op de balans kunnen als gemiddelden over het jaar 2016 worden beschouwd.

Winst- en verliesrekening 2016 (bedragen × €1.000)

Omzet:		
• à contant	3.000	
minus retourzendingen	700 –	
		2.300
• op rekening	2.000	
minus retourzendingen	500 –	
		1.500 +
Totale omzet		3.800
Voorraad eindproducten per 1 januari 2016	500	
Productiekosten in 2016	3.250 +	
	3.750	
Voorraad eindproducten per 31 december 2016	300 –	
Kosten van de omzet:		3.450 –
EBIT (Bedrijfsresultaat)		350
Interest vreemd vermogen		50 –
Winst voor aftrek van vennootschapsbelasting		300

Overige gegevens:

- De bedragen van de gebouwen en de machines (€1 mln respectievelijk €500.000) zijn vermeld na aftrek van de afschrijvingsbedragen. Elk jaar wordt €20.000 op de gebouwen en €50.000 op de machines afgeschreven.
- Van de winst na aftrek van vennootschapsbelasting wordt ieder jaar €20.000 aan de reserves toegevoegd. Het bedrag dat daarna overblijft wordt in het volgende jaar aan de aandeelhouders uitbetaald. Het tarief van de vennootschapsbelasting is 35%.
- In het bedrag van de crediteuren is €50.000 opgenomen voor nog te betalen interest. Daarvan heeft €40.000 betrekking op de 10% obligatielening van €400.000. Deze lening is bij de oprichting van de onderneming aangegaan.
- De aandelen hebben een nominale waarde van €10, de obligaties van €1.000.

Voor het totale vermogen, de voorraad eindproducten en debiteuren kunnen de bedragen, zoals vermeld in de balans per 31 december 2016, als gemiddelden over 2016 worden beschouwd.

NB Berekeningen in twee decimalen nauwkeurig.

a Bereken voor 2016:

1 de omloopsnelheid van het totale vermogen;
2 de omzetsnelheid van de voorraad eindproducten;
3 de rentabiliteit van het totale vermogen (RTV);
4 de gemiddelde duur van het verleende leverancierskrediet in aantal dagen (een maand is 30 dagen).

b Bereken de rentedekkingsfactor (interest coverage ratio).
c Beoordeel het weerstandsvermogen van Avia bv.
d Geef je oordeel over de leencapaciteit van deze onderneming.
e Welke invloed heeft een vergroting van het vreemde vermogen op het financieel risico van een onderneming? Motiveer je antwoord.

We veronderstellen dat Avia bv bij de oprichting geen 10% obligatielening heeft geplaatst, maar het bedrag van €400.000 toen heeft aangetrokken door het plaatsen van gewone aandelen à 200%.

f Bereken in dat geval voor 2016:

1 de over de winst 2016 te betalen vennootschapsbelasting;
2 het bedrag aan dividend dat per gewoon aandeel wordt uitgekeerd;
3 de rentabiliteit van het totale vermogen;
4 de current ratio per 31 december 2016 na winstverdeling.

We veronderstellen nu dat Avia bv bij haar oprichting geen obligaties of aandelen heeft uitgegeven, maar dat zij het bedrag van €400.000 in de loop van de jaren heeft verkregen door interne financiering.

g1 Wat wordt bedoeld met interne financiering?
2 Noem twee voordelen van interne financiering boven de financiering door het plaatsen van nieuwe aandelen.
3 Kunnen er ook nadelen verbonden zijn aan interne financiering?

Klein bedrijf dubbel getroffen door slechte betaling

Jorinde Schrijver
Amsterdam

Steeds meer bedrijven betalen hun leveranciers te laat om geld langer in kas te houden. Maar geen bedrijf wordt hier 'gezonder' van, laat staan de economie.

Als gevolg van de kredietcrisis zal de betalingsmoraal bij bedrijven de komende maanden snel verslechteren, zo voorspellen kredietspecialisten. Met name kleine en middelgrote ondernemingen gaan gebukt onder deze trend, zo stellen zij.

'Iedereen is bezorgd over zijn cashpositie, betalingstermijnen worden in rap tempo opgeschroefd. Daar waar krediet gepakt kan worden, wordt het gepakt', zegt Rinus van Etten van de Groep Gerechtsdeurwaarders Nederland (GGN).

Michel van Leeuwen, directielid van incassobureau en gerechtsdeurwaarder Flanderijn, beaamt dit: 'We zijn in een markt beland waar de kleine ondernemer die het hardst roept alleen nog betaald wordt.'

Volgens hem moeten de middelgrote en kleine bedrijven zich veel actiever opstellen. Als zij namelijk ook nog zélf vergeten strak en consequent te factureren, lopen ze grote kans om in de financiële problemen te raken of zelfs failliet te gaan. 'Zoek persoonlijk contact met de slechte betaler, bel hem desnoods 's avonds op om hem aan de betalingsafspraak te herinneren', raadt Van Leeuwen aan.

Van Etten: 'Grote bedrijven stellen hun toeleveranciers vaak netjes op de hoogte, maar de kleinere ondernemers laten de rekening nogal eens onvermeld in het bakje "betalingen" liggen. Dat baart mij grote zorgen. In dit grijze circuit dreigen begin volgend jaar heel wat ondernemers in de rode cijfers te raken', zegt Van Etten.

Grote concerns zijn doorgaans beter uitgerust om hun debiteurenbeleid te sturen. Dit is goed te zien aan de betalingstermijnen die sinds enkele maanden zichtbaar worden opgerekt. Gemiddeld worden openstaande rekeningen elf dagen te laat betaald boven op de Europese norm van dertig dagen, blijkt uit recente cijfers van Dun & Bradstreet.

Dit doen bedrijven opzettelijk. Door de snel om zich heen grijpende financiële crisis kunnen zij moeilijk aan extern kapitaal komen. Door de betalingen uit te stellen besparen ze op rente: de leverancier als kredietverstrekker.

Een recent voorbeeld is de Britse supermarktketen Tesco. Begin deze week maakte de supermarktgigant bekend vanaf 1 december zijn betalingstermijn aan zijn nonfoodleveranciers van dertig naar zestig dagen op te schroeven. Hoewel de retailer deze aanpassing als 'gelijktrekking van behandeling alle leveranciers' aankondigde, wordt vermoed dat de gigant met de maatregel miljoenen aan cash wil winnen die kunnen worden gebruikt om de belangrijke decemberactiviteiten te financieren.

Door de dominante positie van Tesco op de Britse markt is het voor leveranciers lastig tegenmaatregelen te nemen. Daar komt bij dat zij vanwege hun omvang niet bij machte zijn om de termijn van hun eigen openstaande rekeningen fors op te rekken.

Marcel van Es, regionaal directeur van het Zweedse incassobureau Intrum Justitia: 'Het is wel eens frustrerend om te merken dat mensen blijkbaar een crisis nodig hebben om doordrongen te raken van het belang van nette betalingen.' Volgens hem 'vallen de ceo's nu over elkaar heen' om informatie in te winnen over betalingsbeleid. 'Ik pleit al jaren voor een cultuuromslag. We zouden een voorbeeld moeten nemen aan de Scandinavische landen, waar de rekeningen circa tien dagen minder lang openstaan.'

Als er veel geld bij slechte betalers blijft hangen, betekent dat voor bedrijven dat er extra werkkapitaal nodig is om uitstaande vorderingen te financieren. Bestaand bedrijfskapitaal moet worden ingezet of er moet geld van buiten worden aangetrokken, bijvoorbeeld door verhoging van 'duur' bankkrediet. Als dit niet mogelijk blijkt, is het bedrijf genoodzaakt zijn productie te verlagen.

Het massaal oprekken van betalingstermijnen is juist wat er nu niet moet gebeuren, benadrukken de kredietspecialisten. Consequent factureren is veel beter voor de bedrijven zelf én voor de economie. Van Es: 'Het netto-effect van te laat betalen is eenmalig, terwijl het investeringspotentieel structureel afneemt.' ■

Te laat betalen Schade economie

- (kleine) bedrijven komen in liquiditeitsproblemen en gaan failliet
- ondernemer heeft meer (extern) kapitaal nodig, loopt tegen zijn kredietlimiet aan en kan niet expanderen
- er moet aanzienlijk meer geld en tijd in debiteurenbeheer worden gestoken dan bij een goede betalingsdiscipline

Bron: *Het Financieele Dagblad*, 31 oktober 2008

a Welk gevolg heeft de late betaling door afnemers op:
1 het aantal crediteurendagen (gezien vanuit de onderneming die de factuur moet betalen);
2 het aantal debiteurendagen (gezien vanuit de onderneming die het factuurbedrag moet ontvangen);
3 de omvang van het nettowerkkapitaal (gezien vanuit de onderneming die de factuur moet betalen);
4 de omvang van het nettowerkkapitaal (gezien vanuit de onderneming die het factuurbedrag moet ontvangen)?

b1 Waarom is vooral in een economische periode van recessie een nauwgezet debiteurenbeleid van groot belang?
2 Waaruit bestaat een dergelijk nauwgezet debiteurenbeleid (wat moet de onderneming die op rekening verkoopt dan met name doen)?

c Met welke activiteiten/diensten houdt Dun & Bradstreet zich bezig? Gebruik onder meer internet om deze vraag te beantwoorden.

d1 Kan een onderneming (zoals supermarktketen Tesco) zo maar eenzijdig de termijn waarbinnen zij haar crediteuren betaalt, verlengen? Maak bij de beantwoording van deze vraag ook gebruik van het vijfkrachtenmodel van Porter.
2 Welke tegenmaatregelen zouden de leveranciers van supermarktketen Tesco kunnen treffen?
3 Wat wordt bedoeld met de zinsnede: 'wordt vermoed dat de gigant (Tesco) met de maatregel miljoenen aan cash wil winnen die kunnen worden gebruikt om de belangrijke decemberactiviteiten te financieren'?

e Leg uit waarom het niet tijdig betalen door de debiteuren (zoals tijdens de kredietcrisis die in 2008 heerste) het investeringspotentieel negatief kan beïnvloeden.

f Beschrijf de risico's die zijn verbonden aan het verkopen op rekening.

g Waarom staan bedrijven toe dat goederen op rekening worden gekocht?

12.31 De veevoederfabriek Felix bv heeft per 31 december 2016 de volgende passiva en activa: (bedragen in euro's):

Fabrieksterreinen	85.000
Bedrijfsgebouwen	200.000
Kas	35.000
Krediet Rabobank	80.000
9% obligatielening	130.000
10% hypothecaire lening	80.000
Voorraden grondstof	100.000
Voorraad gereed product	60.000
Crediteuren	60.000
Debiteuren	40.000
Machines en inventaris	100.000
Transportmiddelen	40.000
Aandelenkapitaal	300.000
Te betalen belastingen	10.000

NB Berekeningen afronden op twee decimalen.

a Stel voor Felix bv de liquiditeitsbalans per 31 december 2016 op.

b Bereken het nettowerkkapitaal.

c Bereken de current ratio.

d Bereken de quick ratio.

e Waarom worden de bij de vragen **b** t/m **d** genoemde kengetallen berekend?

f Bereken de debt-ratio.
g Waarom wordt de debt-ratio berekend?

Felix bv heeft in 2016 een nettowinst na vennootschapsbelasting behaald van €210.000. De aandeelhouders ontvangen daarvan 40%. De nominale waarde van een aandeel is €10. De beurskoers van een aandeel aan het einde van 2016 is €40.

h Bereken de koers-winstverhouding per 31 december 2016.
i Bereken de rentabiliteit van een belegging in aandelen Felix bv over 2016. We veronderstellen dat de beurskoers van het aandeel op 1 januari 2016 €36 was.
j Waar hangt de rentabiliteit op een belegging in aandelen van af?

**12.32 Handelsonderneming Ajax bv heeft in de afgelopen jaren te weinig aandacht besteed aan het beheer van het werkkapitaal. Zij wenst nu maatregelen te treffen die tot een betere beheersing van de debiteuren en de crediteuren moeten leiden.
De balans luidt als volgt:

Balans Ajax bv per 31 december 2016 (bedragen × €1.000)

Vaste activa		773	Eigen vermogen:		
Vlottende activa:			Aandelenkapitaal		300
Debiteuren	210		Reserves		180
Voorraden	340				
Kas	77				480
		627	Vreemd vermogen op lange termijn:		200
			Vreemd vermogen op korte termijn:		
			Crediteuren	480	
			Rekening-courantkrediet	240	
					720
Totaal activa		1.400	Totaal vermogen		1.400

De winst- en verliesrekening luidt als volgt:

Winst- en verliesrekening over 2016 (bedragen × €1.000)

Omzet		3.600
Kosten van de omzet:		
• aankoop goederen	1.920	
• loonkosten	1.000	
• afschrijvingskosten vaste activa	140	
• overige kosten	426 +	
		3.486 −
EBIT (Bedrijfsresultaat)		114
Interestkosten		44 −
Winst voor belasting		70
Belasting 35%		24,5 −
Winst na belasting		45,5

Overige gegevens:

- De omzet is gelijkmatig over het jaar verdeeld.
- Van de verkopen wordt 70% op rekening verkocht.
- De aankoop van de goederen is voor 100% op rekening.
- Er vindt geen voorraadvorming van goederen plaats.
- De bedragen op de balans per 31 december 2016 kunnen worden beschouwd als het gemiddelde voor het jaar 2016.
- De cijfers voor 2016 worden geacht ook van toepassing te zijn op 2017.

a Bereken het nettowerkkapitaal per 31 december 2016.

Nu wordt op een zodanige termijn aan leveranciers betaald, dat er geen gebruik wordt gemaakt van kortingen voor contante betaling.
De leiding van de onderneming overweegt het rekening-courantkrediet zo te vergroten dat een snellere betaling aan crediteuren kan plaatsvinden en gebruik kan worden gemaakt van de kortingen voor contante betaling. Deze kortingen worden verstrekt, indien betaling wordt gedaan uiterlijk 30 dagen na aflevering van de goederen. De bank is in principe tot ruimere kredietverstrekking bereid.

b Bereken de huidige gemiddelde krediettermijn van de crediteuren in dagen (1 jaar = 360 dagen).
c Bereken de extra behoefte aan bankkrediet om de gemiddelde krediettermijn van de crediteuren terug te brengen tot 30 dagen.
d Beneden welk interestpercentage van het extra bankkrediet is het voor de onderneming aantrekkelijk het extra bankkrediet aan te trekken? De korting voor contante betaling bedraagt gemiddeld 2% van de aankopen op rekening.

Voor het debiteurenbeheer wordt overwogen gebruik te maken van factoring. Met een factormaatschappij is overeengekomen dat 80% van de waarde van de uit de verkoop voortkomende vorderingen kan worden overgedragen. Het tarief van de factormaatschappij is 2% van de overgedragen vorderingen. De onderneming heeft de volgende besparingen: de kosten voor debiteurenadministratie en incasso dalen met €36.000 per jaar en het verlies door wanbetaling van debiteuren daalt met 1% van de waarde van de overgedragen vorderingen.

e Bereken het voor- of nadeel dat Ajax bv behaalt door gebruik te maken van de diensten van de factormaatschappij.
f Bereken de rentedekkingsfactor (interest coverage ratio).
g Beoordeel het weerstandsvermogen van Ajax bv.
h Geef je oordeel over de leencapaciteit van deze onderneming.
i Welke invloed heeft een vergroting van het vreemd vermogen op het financiële risico van een onderneming? Motiveer je antwoord.
j Welke invloed heeft het gebruikmaken van factoring op de leencapaciteit van de onderneming? Motiveer je antwoord.

**12.33 Handelsonderneming Feyenoord bv, die gespecialiseerd is in de verkoop van sportartikelen, heeft de volgende balans voor intern gebruik samengesteld:

Balans Feyenoord bv per 31 maart 2016 (bedragen × €1.000)

Gebouwen:				
aanschafprijs	800		Aandelenvermogen	400
afschrijving	300 –		Reserve	400
		500	10% Hypotheek	400
Inventaris:				
aanschafwaarde	200		Crediteuren	250
afschrijving	80 –		Te betalen interest	10
		120		
Voorraden		80		
Debiteuren		700		
Kas		60		
Totaal activa		1.460	Totaal vermogen	1.460

Begrote gegevens tweede kwartaal 2016

Maand	**Omzet** (in euro's)	**Inkopen** (in euro's)
April	600.000	450.000
Mei	525.000	450.000
Juni	675.000	500.000
	1.800.000	1.400.000

De in- en verkopen zijn regelmatig binnen de maanden verdeeld.

- De termijn van het verleend leverancierskrediet is één maand en van het genoten leverancierskrediet een halve maand. Aan- en verkopen à contant komen niet voor.
- De brutowinst is 25% van de inkoopprijs.
- Op de hypotheek wordt op 30 juni en op 31 december €10.000 afgelost, terwijl op die data ook steeds de interest achteraf moet worden betaald.
- Overige gegevens:
  - lonen: €30.000 per maand;
  - overige maandelijkse betaalde kosten: €50.000;
  - op gebouwen wordt jaarlijks 10% van de aanschafprijs afgeschreven, op inventaris 18% van de aanschafprijs.

We veronderstellen dat in het eerste kwartaal van 2016 geen winst werd behaald, maar ook geen verlies werd geleden.

a1 Wat verstaat men onder een liquiditeitsbegroting en om welke reden wordt deze samengesteld?

2 Waarom wordt een liquiditeitsbegroting bij voorkeur over korte perioden samengesteld?

b Stel voor het tweede kwartaal 2016 de liquiditeitsbegroting samen (niet per maand specificeren).

c Bereken de current ratio per 31 maart 2016. Beschouw de hypotheek hierbij als lang vreemd vermogen.

d Waarom geeft de directie van Feyenoord bv bij het nemen van beleidsbeslissingen de voorkeur aan de liquiditeitsbegroting boven de zojuist berekende current ratio?
e Stel de begrote winst- en verliesrekening voor het tweede kwartaal 2016 op.
f Stel de begrote balans per 30 juni 2016 samen.

12.34 Onderneming Corridale bv heeft de volgende balansen opgesteld:

Balans Corridale bv (bedragen × €1.000)

	31-12-2015	31-12-2016		31-12-2015	31-12-2016
Vaste activa	3.800	4.650	Eigen vermogen	3.000	3.000
Vlottende activa	1.700	1.850	Vreemd vermogen lange termijn	1.450	2.100
			Vreemd vermogen korte termijn	1.050	1.400
Totaal activa	5.500	6.500	Totaal vermogen	5.500	6.500

De rentabiliteit van het eigen vermogen dat in 2016 gemiddeld in de onderneming werkzaam was, bedraagt 6% na aftrek van de belasting over de winst.

a Bereken de winst over 2016 na aftrek van de belasting.

De belasting op de winst over 2016 bedraagt 20%. De interest over het in 2016 gemiddeld aanwezige vreemd vermogen is 8%.
b Bereken het EBIT (bedrijfsresultaat) over 2016.
c Bereken de rentabiliteit van het totale vermogen (RTV) dat in 2016 gemiddeld in de onderneming was geïnvesteerd.

Voor 2017 verwacht de onderneming een stijging van de interestkosten van het vreemd vermogen. De rentabiliteit van het gemiddelde eigen vermogen zal daardoor dalen tot 4,2%. Het bedrijfsresultaat en het belastingpercentage ondergaan ten opzichte van 2016 geen verandering.

Het gemiddelde eigen vermogen zal evenals het gemiddelde vreemde vermogen in 2017 €3 mln bedragen.
d Bereken de voor 2017 verwachte gemiddelde interestkosten als percentage van het gemiddelde vreemde vermogen (KVV).

Het gemiddelde debiteurensaldo bedraagt in 2016 €300.000 De gemiddelde krediettermijn van de debiteuren is 72 dagen. Een jaar = 360 dagen.
e Bereken de omzet op rekening over 2016.
f Wat is de invloed van een relatief lange krediettermijn van de debiteuren op de rentabiliteit van het eigen vermogen? Motiveer je antwoord.

**12.35 De gedeeltelijk ingevulde balans van een industriële onderneming ziet er als volgt uit:

Balans per 31 december 2016 (bedragen in euro's)

Vaste activa		*Eigen vermogen*	
Gebouwen	....	Aandelenkapitaal	1.200.000
Machines	....	Reserves	302.000
Inventaris	240.000	Saldo winst over 2016	....
Vlottende activa		*Vreemd vermogen (lange termijn)*	
Voorraden	....	9% Hypothecaire lening	420.000
Debiteuren	....		
Kas	170.000	*Vreemd vermogen (korte termijn)*	
		Crediteuren	....
		Rekening-courant	331.500
Totaal activa	....	Totaal vermogen	....

De gedeeltelijk ingevulde winst- en verliesrekening over 2016 van deze onderneming luidt als volgt:

Winst- en verliesrekening over 2016 (bedragen in euro's)

Omzet		6.500.000
Omzet tegen betaalde inkoopprijzen		5.400.000 –
		1.100.000
Afschrijvingskosten vaste activa	....	
Overige bedrijfskosten	851.000 –	
		.... –
Saldo winst over 2016		....

Overige gegevens:

- De gebouwen zijn aangeschaft op het moment van oprichting van de onderneming (1 januari 2013). De aanschaffingsprijs bedroeg €800.000. De economische levensduur is 20 jaar, waarna de gebouwen geen waarde meer hebben. Er wordt met gelijke bedragen per jaar afgeschreven.
- Op 1 januari 2013 zijn vier identieke machines aangeschaft. De aanschaffingsprijs bedroeg €150.000 per machine. Gekozen is voor het volgende afschrijvingsschema:
  2013: 40% 2016: 10%
  2014: 20% 2017: 10%
  2015: 20%
- De afschrijving op de inventaris bedroeg in 2016 €30.000.
- De gemiddelde duur van het verstrekte leverancierskrediet bedraagt $1\frac{1}{2}$ maand.

- De gemiddelde duur van het ontvangen leverancierskrediet bedraagt twee maanden.
- De gemiddelde opslagduur van de voorraden is drie maanden.
- Met de belasting over de winst wordt geen rekening gehouden.
- Alle inkopen en alle verkopen vinden plaats op rekening.
- De inkopen, verkopen, geldontvangsten en gelduitgaven vinden gelijkmatig over het jaar verdeeld plaats.

a Stel de balans per 31 december 2016 én de winst- en verliesrekening over 2016 op. Geef de noodzakelijke berekeningen.

b1 Noem twee andere afschrijvingsmethodes dan die welke bij gebouwen en machines zijn toegepast.

2 Geef voor de bij **b1** gevraagde afschrijvingsmethoden het verloop van de jaarlijkse afschrijvingsbedragen aan (stijgend, dalend of gelijkblijvend).

c1 Bepaal de cashflow over 2016. (Met cashflow wordt hier de winst na belasting + afschrijvingen bedoeld.)

2 Waarom hechten onder andere financiële analisten meer waarde aan de uitkomst van de cashflow dan aan die van de nettowinst?

d1 Bepaal de liquiditeit per 31 december 2016 met behulp van de current ratio (uitkomst afronden op twee decimalen).

2 Noem twee bezwaren tegen het hanteren van de current ratio als maatstaf voor de liquiditeit.

****12.36 U** Onderneming Freetime nv is gespecialiseerd in de productie van vrijetijdskleding.
Hierna zijn de vereenvoudigde balansen van Freetime nv per ultimo 2015 en ultimo 2016 en de winst- en verliesrekening over 2016 weergegeven.

Balans Freetime nv (bedragen × €1.000)

	31-12-2015	31-12-2016		31-12-2015	31-12-2016
Gebouwen	3.000	3.300	Aandelenvermogen	2.000	2.200
Inventaris	900	900	Agioreserve	400	500
Machines	1.700	1.900	Winstreserve	170	220
Voorraden	800	1.100	Voorzieningen	1.500	1.300
Debiteuren	700	600	Hypotheek	2.000	2.200
Kas	100	300	Crediteuren	300	400
			Rekening-courant	470	903,5
			Te betalen belasting	160	85,3
			Te betalen dividend	200	291,2
Totaal activa	7.200	8.100	Totaal vermogen	7.200	8.100

Winst- en verliesrekening Freetime nv over 2016 (bedragen in euro's)

Omzet (exclusief btw)		8.000.000	
Kosten van de omzet			
(m.u.v. afschrijvingskosten en interestkosten):			
• inkoopwaarde van de omzet	5.000.000		
• toevoeging aan de voorzieningen	150.000		
• overige kosten	1.604.000 +		
		6.754.000	–
EBITDA		1.246.000	
• afschrijving gebouwen	150.000		
• afschrijving inventaris	100.000		
• afschrijving machines	250.000 +		
		500.000	–
EBIT (bedrijfsresultaat)		746.000	
Interestkosten		319.500	–
Winst voor belasting		426.500	
Vennootschapsbelasting (stel 20%)		85.300	–
Winst na belasting		341.200	
Dividend		291.200	–
Ingehouden winst		50.000	

Freetime nv heeft bovendien de volgende aanvullende informatie verschaft:

- Het dividend over 2015 is volledig uitbetaald.
- Alle veranderingen in de balans gedurende 2016 zijn gelijkmatig ontstaan.
- Alle aandelen hebben een nominale waarde van €10.
- De winstverdeling 2016 is reeds in de balans per 31 december 2016 verwerkt.
- Over de hypothecaire lening moet in 2016 €100.000 worden afgelost.

NB Berekeningen in vier decimalen nauwkeurig.

a Stel het kasstroomoverzicht over 2016 op volgens de indirecte methode. (Zie paragraaf 12.13 en voorbeeld 12.7 Halifax bv in het theorieboek.)

b1 Bereken de rentabiliteit van het totale vermogen (RTV) over 2016.

2 Stel de Dupont-chart op voor Freetime nv over 2016 (en vul de bijbehorende cijfers in).

c1 Bereken de debt-service coverage ratio (DSCR) over 2016.

2 Geef jouw commentaar op de bij **c1** berekende debt-service coverage ratio.

d1 Bereken voor het jaar 2016 de debt-service-ratio (DSR).

2 Is Freetime nv in staat om in 2016 haar interest- en aflossingsverplichtingen na te komen? Motiveer je antwoord.

**12.37 Onderneming Milieutechniek nv produceert milieuvriendelijk verpakkingsmateriaal. Hierna zijn de vereenvoudigde balansen van Milieutechniek nv per ultimo 2015 en ultimo 2016 en de winst- en verliesrekening over 2016 gegeven.

Balans Milieutechniek nv (bedragen × €1.000)

	31-12-2015	31-12-2016		31-12-2015	31-12-2016
Gebouwen	5.000	4.900	Aandelenvermogen	3.000	3.300
Inventaris	1.000	700	Agioreserve	600	700
Machines	2.200	2.400	Winstreserve	170	250
Voorraden	800	600	Voorzieningen	1.800	1.700
Debiteuren	500	700	Hypotheek	3.000	2.800
Kas	100	200	Crediteuren	400	250
			Te betalen belasting	240	109,9
			Te betalen dividend	230	359,6
			Rekening-courant	160	30,5
Totaal activa	9.600	9.500	Totaal vermogen	9.600	9.500

Winst- en verliesrekening Milieutechniek nv over 2016 (bedragen in euro's)

Omzet (exclusief btw)		13.000.000
Kosten van de omzet		
(m.u.v. afschrijvingskosten en interestkosten):		
• inkoopwaarde van de omzet	8.000.000	
• toevoeging aan de voorzieningen	250.000	
• overige kosten	2.839.000 +	
		11.089.000 –
EBITDA		1.911.000
• afschrijving gebouwen	500.000	
• afschrijving inventaris	200.000	
• afschrijving machines	300.000 +	
		1.000.000 –
EBIT (bedrijfsresultaat)		911.000
Interestkosten		361.500 –
Winst voor belasting		549.500
Vennootschapsbelasting (stel 20%)		109.900 –
Winst na belasting		439.600
Dividend		359.600 –
Ingehouden winst		80.000

Milieutechniek nv heeft bovendien de volgende aanvullende informatie verschaft:

- Het dividend over 2015 is volledig uitbetaald.
- Alle veranderingen in de balans gedurende 2016 zijn gelijkmatig ontstaan.
- Activa worden tegen de boekwaarde verkocht.
- Alle aandelen hebben een nominale waarde van €10.

- De winstverdeling 2016 is reeds in de balans per 31 december 2016 verwerkt.
- Over de hypothecaire lening moet in 2016 €200.000 worden afgelost.

NB Berekeningen in vier decimalen nauwkeurig.

a Stel het kasstroomoverzicht over 2016 op volgens de indirecte methode (zie paragraaf 12.13 en voorbeeld 12.7 Halifax bv in het theorieboek).

b1 Bereken de rentabiliteit van het totale vermogen (RTV) over 2016.

2 Stel de Dupont-chart op voor Milieutechniek nv over 2016 (en vul de bijbehorende cijfers in).

c Wat zal de invloed op de rentabiliteit van het totale vermogen (RTV) van Milieutechniek nv zijn, als Milieutechniek nv haar afnemers minder soepele betalingsvoorwaarden toestaat? Motiveer je antwoord door gebruik te maken van de relaties uit het Dupont-schema.

d1 Bereken de debt-service coverage ratio (DSCR) over 2016 (in twee decimalen nauwkeurig).

2 Geef jouw commentaar op de bij **d1** berekende debt-service coverage ratio.

e1 Bereken de verhouding: $\dfrac{\text{Rentedragende schulden per 31-12-2016}}{\text{EBITDA over 2016}}$

2 Geef jouw commentaar op het bij **e1** berekende verhoudingsgetal.

f1 Bereken voor het jaar 2016 de debt-service-ratio (DSR) (in twee decimalen nauwkeurig).

2 Is Milieutechniek nv in staat om in 2016 haar interest- en aflossingsverplichtingen na te komen? Motiveer je antwoord.

****12.38 Casus bankfinanciering**

In paragraaf 12.14 van het theorieboek bespreken we een aantal factoren waarmee de bank rekening houdt bij het beoordelen van een kredietaanvraag door bedrijven.

Opdracht

Ga aan de hand van een *beursgenoteerde onderneming* na welk oordeel de bank zal vellen over een kredietaanvraag. Daarbij veronderstellen we dat de omvang van het aangevraagde extra bankkrediet ongeveer 20% bedraagt van de omvang van het totale vreemd vermogen van de onderneming die het krediet aanvraagt. De looptijd van de aangevraagde lening is bijvoorbeeld 10 jaar.
Gebruik bij de beoordeling van deze kredietaanvraag ook informatie die met behulp van internet verkrijgbaar is. Onder deze informatie vallen de jaarrekeningen (balans, winst- en verliesrekening, kasstroomoverzichten en toelichtingen) van de onderneming die het krediet aanvraagt, maar ook dagbladartikelen en/of artikelen op internet. Betrek bij de beoordeling van de kredietaanvraag de verschillende aspecten zoals die in het theorieboek zijn besproken en bereken onder meer de relevante kengetallen. Geef als sluitstuk van deze opdracht je oordeel over de kredietaanvraag (de beoordeling gezien vanuit de bank die de lening eventueel gaat verstrekken). Onderbouw je oordeel met de bevindingen die uit het pijleroverzicht voortvloeien. Besteed daarbij ook aandacht aan het risicobeleid van de onderneming die het krediet aanvraagt.

Spreek met je docent af welke aanvullende opdrachten eventueel moeten worden uitgevoerd en wat de omvang van de uitwerking van de casus moet zijn.

13 Waardering en resultaatbepaling

13.1
U Een onderneming, opgericht op 1 januari 2016, heeft op 31 december 2016 de volgende balans opgesteld:

Balans per 31 december 2016 (bedragen × €1.000)

Duurzame productiemiddelen	1.460	Eigen vermogen	1.200
Goederen	400	Vreemd vermogen	780
Kas	120		
Totaal activa	1.980	Totaal vermogen	1.980

De voorraad goederen op 31 december 2016 bestaat uit 20.000 stuks à €20 per stuk.
Gedurende 2017 doen zich de volgende transacties voor:

januari:	inkoop	5.000 stuks à €22 per stuk
februari:	verkoop	20.000 stuks à €30 per stuk
april:	inkoop	15.000 stuks à €25 per stuk
juni:	verkoop	15.000 stuks à €35 per stuk
september:	inkoop	20.000 stuks à €28 per stuk
december:	verkoop	10.000 stuks à €40 per stuk

a Bereken het transactieresultaat op goederen over 2017 bij toepassing van:
1 de fifo-methode;
2 de lifo-methode.
b Geef een berekening van de voorraadwaardering per 31 december 2017 volgens:
1 de fifo-methode;
2 de lifo-methode.
c Geef een verklaring voor het verschil dat optreedt tussen de antwoorden op de vragen **a1** en **a2**.
d Wat is het doel van de toepassing van substantialistische resultaatbepalingsmethoden?

13.2
U Handelsonderneming Innovation handelt uitsluitend in één product: herenfietsen van het type Rapid. De onderneming heeft op 1 april 2016 een voorraad van 200 fietsen, die ingekocht zijn voor €400 per stuk.

In april 2016 zijn ingekocht en ontvangen:
5-4: 100 fietsen à €430
20-4: 300 fietsen à €480

In april 2016 zijn verkocht, gefactureerd en afgeleverd:
8-4: 250 fietsen à €630
28-4: 130 fietsen à €690

a Bereken de winst op de verkoop van fietsen over april 2016 en de voorraadwaardering per 30 april 2016 volgens:

1 het fifo-stelsel;
2 het lifo-stelsel;
3 de gemiddelde inkoopprijs.

b Vergelijk de winst en voorraadwaardering volgens fifo met de winst en voorraadwaardering volgens de andere systemen. Leg een verband tussen de verschillen in voorraadwaardering en de verschillen in winst.

c Wat zijn de voor- en nadelen van het systeem van gemiddelde inkoopprijs?

d Welk systeem verdient de voorkeur? Motiveer je antwoord.

13.3 Onderneming Houtvast handelt in slechts één soort eiken tuinmeubelen. De balans van deze onderneming is hierna weergegeven.

Balans Houtvast per 1 januari 2017 (bedragen × €1.000)

Voorraad tuinmeubelen	80	Eigen vermogen	60
Kas	10	Vreemd vermogen	30
Totaal activa	90	Totaal vermogen	90

De voorraad tuinmeubelen bestaat uit 400 tuinstoelen, die ingekocht zijn voor €200 per stuk.

In januari 2017 zijn ingekocht en ontvangen:
5-1: 200 stuks à €225
28-1: 150 stuks à €275

In januari 2017 zijn verkocht, gefactureerd en afgeleverd:
8-1: 250 stuks à €400
10-1: 110 stuks à €405
29-1: 130 stuks à €410

De bedrijfskosten zijn €20.000 per maand.
De bedrijfskosten en alle aan- en verkopen zijn contant afgerekend.

a Bereken de winst over januari 2017 en de voorraadwaardering per 31 januari 2017 volgens:
1 het fifo-stelsel;
2 het lifo-stelsel.

b Stel de eindbalans per 31 januari 2017 op volgens:
1 het fifo-stelsel;
2 het lifo-stelsel.

c Welk van de twee stelsels heeft de voorkeur? Motiveer je antwoord.

We veronderstellen dat in februari 2017 slechts één transactie heeft plaatsgevonden: 150 tuinstoelen verkocht voor €420 per stoel.

d Bereken de winst over februari 2017 volgens:
1 het fifo-stelsel;
2 het lifo-stelsel.

e Vergelijk de antwoorden op de vragen **d1** en **d2** en geef commentaar op basis van deze vergelijking.

f Welke van de in deze opgave besproken methoden om het resultaat te bepalen en de voorraad te waarderen is onder IFRS niet toegestaan?

***13.4** Een onderneming heeft van een bepaald goed op 1 oktober 2016 een voor
U raad van 4.000 kg à €55 (exclusief btw). Verder is gegeven:

Balans per 1 oktober 2016 (bedragen × €1.000)

Gebouwen	400	Eigen vermogen	700
Inventaris	260	Vreemd vermogen	280
Voorraden	220		
Kas	100		
Totaal activa	980	Totaal vermogen	980

Ingekocht en ontvangen in oktober 2016:
8-10: 5.000 kg à €72,60 = €363.000
22-10: 8.000 kg à €84,70 = €677.600

Verkocht, gefactureerd en afgeleverd in oktober 2016:
12 10: 6.000 kg à €96,80 = €580.800
29-10: 7.000 kg à €104,06 = €728.420

Alle inkopen en verkopen zijn inclusief 21% btw en worden contant afgerekend.
Op gebouwen wordt €2.000 per maand afgeschreven, op inventaris €2.600 per maand. De overige bedrijfskosten zijn €16.940 (inclusief 21% btw) per maand en worden contant afgerekend. De aan de fiscus te betalen btw wordt betaald in dezelfde maand waarin de schuld ontstaat.

a Bereken de winst over oktober 2016 en de voorraadwaardering van de goederen per 31 oktober 2016 volgens het lifo-stelsel.
b1 Bereken het bedrag aan btw dat over oktober 2016 per saldo aan de fiscus te betalen is.
2 Bereken het saldo kasgeld per 31 oktober 2016.
c Bereken de waarde van de voorraad goederen op 31 oktober 2016.
d Stel de eindbalans per 31 oktober 2016 op volgens het lifo-stelsel.

****13.5** Een onderneming heeft van een bepaald goed op 1 januari 2017 een voorraad van 10.000 kg à €10 (exclusief btw). Verder is gegeven:

Balans per 1 januari 2017 (bedragen × €1.000)

Gebouwen	600	Eigen vermogen	600
Inventaris	200	Vreemd vermogen	380
Voorraden	100		
Kas	80		
Totaal activa	980	Totaal vermogen	980

Ingekocht en ontvangen in januari 2017:
5/1: 40.000 kg à €13,31 = €532.400
20/1: 25.000 kg à €12,584 = €314.600

Verkocht, gefactureerd en afgegeven in januari 2017:
7/1: 8.000 kg à €18,15 = €145.200
18/1: 22.000 kg à €17,545 = €385.990
27/1: 20.000 kg à €17,545 = €350.900
Alle inkopen en verkopen zijn inclusief 21% btw en worden contant afgerekend.
Op gebouwen wordt €3.000 per maand afgeschreven, op inventaris €2.000 per maand. De overige bedrijfskosten zijn €12.100 (inclusief 21% btw) per maand en worden contant afgerekend. De aan de fiscus te betalen btw wordt betaald in dezelfde maand waarin de schuld ontstaat.

a Bereken de winst over januari 2017 en de voorraadwaardering van de goederen per 31 januari 2017 volgens:
1 het fifo-stelsel;
2 het lifo-stelsel;
3 de gemiddelde inkoopprijs.
b1 Bereken het bedrag aan btw dat over januari 2017 per saldo aan de fiscus betaald is.
2 Bereken het saldo kasgeld per 31 januari 2017.
c Stel de eindbalans per 31 januari 2017 op volgens:
1 het fifo-stelsel;
2 het lifo-telsel;
3 de gemiddelde inkoopprijs.
d Vergelijk het resultaat op basis van de gemiddelde inkoopprijs met de resultaten volgens de fifo- en lifo-methode. Geef commentaar bij deze vergelijking.
e Welke van de in deze opgave besproken methoden om het resultaat te bepalen en de voorraad te waarderen is onder IFRS niet toegestaan?

13.6 De balans van onderneming Rijkerswoerd bv (opgericht op 1 januari 2011) ziet er per 1 januari 2016 als volgt uit:

Balans Rijkerswoerd bv per 1 januari 2016

Machines	€170.000	Aandelenkapitaal	€200.000
Voorraad handelsgoederen	€120.000	8% Banklening	€170.000
Kas	€ 80.000		
Totaal activa	€370.000	Totaal vermogen	€370.000

Toelichting:
- de machines zijn aangeschaft op 1 januari 2013. Jaarlijks wordt 5% van de aanschafprijs afgeschreven.
- de voorraad handelsgoederen op 1 januari 2016 bestaat uit 6.000 eenheden, die zijn ingekocht voor €20 per stuk.
- de 8% banklening is op 1 januari 2013 afgesloten. Ieder jaar wordt op 31 december €10.000 afgelost. De rente (8%) wordt eenmaal per jaar op 31 december achteraf betaald.
- alle in- en verkopen worden contant (per kas) afgerekend.
- voor de winstberekening op handelsgoederen past Rijkerswoerd bv het fifo-stelsel toe.

- Rijkerswoerd bv stelt aan het einde van ieder kwartaal de balans en winst- en verliesrekening op.
- met omzetbelasting (btw) houden we bij de vragen **a** tot en met **g** geen rekening.

In het eerste kwartaal 2016 vinden de volgende in- en verkopen plaats:

- 18 januari inkoop 10.000 eenheden à €21 per stuk;
- 25 januari verkoop 9.000 eenheden à €30 per stuk;
- 15 februari inkoop 20.000 eenheden à €22 per stuk;
- 20 februari verkoop 18.000 eenheden à €32 per stuk;
- 25 maart verkoop 8.000 eenheden à €35 per stuk;
- 28 maart inkoop 12.000 eenheden à €23 per stuk.

De overige bedrijfskosten (naast de interestkosten over de 8% banklening en afschrijvingen) bedragen €40.000 per maand. Deze kosten worden aan het einde van iedere maand betaald.

a Bereken het transactieresultaat over de verkooptransacties op:
1 25 januari;
2 20 februari;
3 25 maart.

b Welke twee groepen van winstbepalingsstelsels ken je? Wat is het kenmerkende verschil tussen beide systemen?

c Stel de winst- en verliesrekening van Rijkerswoerd bv over het eerste kwartaal 2016 op. Vermeld daarbij afzonderlijk de transactieresultaten (op basis van het fifo-stelsel).

d Bereken de waarde van de eindvoorraad handelsgoederen op 31 maart 2016.

e Bereken de hoeveelheid kasgeld op 31 maart 2016.

f Stel de balans van Rijkerswoerd bv per 31 maart 2016 op. De winst over het eerste kwartaal 2016 moet apart op de balans worden vermeld.

g In welke (economische) situatie verdient toepassing van substantialistische winstbepalingsstelsels de voorkeur? Licht je antwoord toe.

Stel dat zowel over de inkopen als over de verkopen 6% btw wordt berekend.

h Bereken het bedrag aan omzetbelasting (btw) dat Rijkerswoerd bv per saldo over het eerste kwartaal 2016 aan de fiscus zou moeten afdragen.

13.7

Verhuisbedrijf A.J. van Deudekom B.V. (zie www.deudekom.nl) had vroeger op haar verhuisboxen de volgende tekst staan: VERVANGINGSWAARDE Excl. B.T.W. fl. 5,=.
Fl. is de afkorting van florin en betekent gulden. De gulden was het wettig betaalmiddel in Nederland totdat de gulden op 1 januari 2002 werd vervangen door de euro (€).

a Welk bezwaar kun je vanuit de bedrijfseconomische theorie maken tegen het afdrukken van de vervangingswaarde op de verhuisbox? Motiveer je antwoord.
b Er zijn verschillende manieren (methoden) om goederen te waarderen. Welke waarde(ring) zou A.J. van Deudekom B.V. beter op haar verhuisdozen afgedrukt kunnen hebben? Motiveer je antwoord met bedrijfseconomische argumenten en begrippen.

***13.8**
U
Handelsonderneming Fotokino bv is op 1 januari 2016 opgericht. Fotokino bv handelt in slechts één soort fotoalbum. Op 1 januari heeft de onderneming 8.000 fotoalbums ingekocht tegen een prijs van €16,50 per stuk. De beginbalans van de handelsonderneming ziet er als volgt uit:

Balans per 1 januari 2016 (bedragen × €1.000)

Inventaris	30	Eigen vermogen	150
Voorraad goederen	132	Banklening	80
Kas	68		
Totaal activa	230	Totaal vermogen	230

Overige gegevens:
- De inventaris is op 1 januari 2016 nieuw aangeschaft en wordt in vijf jaar met gelijke bedragen per jaar afgeschreven. Aan het einde van het vijfde jaar is de restwaarde nihil. De afschrijving wordt per maand in de boekhouding verwerkt.
- De lening wordt in tien jaar met gelijke bedragen per jaar afgelost. De te betalen interest bedraagt 10% per jaar. De interest wordt per halfjaar betaald, op 30 juni en op 31 december. De aflossing wordt per jaar op 31 december betaald, voor het eerst per 31 december 2016.

Gedurende 2016 vinden de volgende transacties plaats:
15-2: verkoop van 4.000 stuks à €19,00 per album
26-6: verkoop van 3.000 stuks à €22,50 per album
6-8: inkoop van 10.000 stuks à €20,00 per album
5-12: verkoop van 5.000 stuks à €23,00 per album
De onderneming past het lifo-stelsel toe. Aan- en verkopen worden contant afgerekend.
Met btw hoeft geen rekening te worden gehouden.

a Bereken het transactieresultaat op de verkochte producten over 2016.
b Bereken de winst over 2016.
c Stel de balans van de onderneming op per 31 december 2016. De winst over 2016 moet apart op de balans opgenomen worden.

In het eerste halfjaar van 2017 vinden de volgende twee transacties plaats:

- 31 januari: inkoop van 5.000 stuks à €20,50 per album
- 8 mei: verkoop van 3.000 stuks à €25,50 per album

Op verzoek van de bank worden cijfers per 30 juni 2017 opgesteld. De gegevens met betrekking tot lening en inventaris zijn onveranderd. De winst wordt wederom op basis van het lifo-stelsel berekend. De inkoopprijs van de albums op 30 juni 2017 is €16,00. De winst over 2017 is aan het eigen vermogen toegevoegd.

d Stel de winst- en verliesrekening over de eerste zes maanden van 2017 op.
e Stel de balans per 30 juni 2017 samen.

****13.9** Handelsonderneming Snooker bv is op 1 december 2015 opgericht. De onderneming verkoopt slechts één type snookertafel. Op 1 januari 2016 heeft de onderneming 20 snookertafels in voorraad. De inkoopprijs van deze tafels is €3.000 (exclusief 21% btw). De btw over de beginvoorraad per 1 januari 2016 is in 2015 met de fiscus verrekend.

Gedurende 2016 vinden de volgende transacties plaats:
16-2: verkoop van 4 snookertafels à €7.260
15-3: inkoop van 8 snookertafels à €5.082
8-5: verkoop van 10 snookertafels à €7.744
6-6: inkoop van 5 snookertafels à €5.566
12-9: verkoop van 7 snookertafels à €7.986
10-12: inkoop van 3 snookertafels à €6.292

Naast de gegeven inkoopprijzen treden er in 2016 geen wijzigingen in de inkoopprijs op.

Alle in- en verkoopprijzen zijn inclusief 21% btw. In- en verkopen worden contant afgerekend. De aan de fiscus te betalen btw wordt in 2017 betaald.

Balans Snooper bv per 1 januari 2016 (bedragen × €1.000)

Inventaris	50	Eigen vermogen	100
Voorraad goederen	60	8% Banklening	35
Kas	25		
Totaal activa	135	Totaal vermogen	135

Overige gegevens:

- De inventaris is op 1 december 2015 nieuw aangeschaft. De btw hierover is in 2015 verrekend. Vanaf 1 januari 2016 wordt jaarlijks 20% van de aanschafwaarde afgeschreven. De restwaarde na vijf jaar is nihil.
- De jaarlijkse huur van het bedrijfspand bedraagt €7.260. In dit bedrag is 21% btw opgenomen. De huur wordt in 2016 betaald.
- De lening wordt met ingang van 2016 in tien gelijke delen afgelost op 31 december van ieder jaar. De interest bedraagt 8% per jaar en wordt jaarlijks op 31 december betaald.

a Bereken het transactieresultaat op de verkoop van snookertafels over 2016 met behulp van lifo.
b Stel de winst- en verliesrekening over 2016 op.

c Bereken de aan de fiscus te betalen btw.
d Bereken het eindsaldo kasgeld per 31 december 2016.
e Stel de balans per 31 december 2016 op.
f1 In welke omstandigheden verdient toepassing van resultaatbepalingsmethoden als lifo en de vervangingswaardemethode aanbeveling?
2 Welk doel tracht men door toepassing van deze methoden te bereiken?
g Welke van de bij **f1** genoemde methoden zijn onder IFRS niet toegestaan?

**13.10 De Castricumse groothandel Casgro bv handelt in Poolse sigaretten. Deze sigaretten worden rechtstreeks onverpakt geïmporteerd uit Krakau (Polen) en in Castricum verpakt. De afnemers, bekende winkelketens, verkopen deze sigaretten onder hun huismerk. De pakjes bevatten 25 sigaretten. De verpakkingskosten zijn €0,10 per pakje. Deze kosten zijn proportioneel variabel. De sigaretten worden vlak voor de aflevering aan de klant verpakt. Casgro bv wordt geconfronteerd met steeds verder stijgende inkoopprijzen. Door de felle concurrentie kan deze kostenstijging nauwelijks aan de afnemers doorberekend worden.

Balans van Casgro bv per 1 april 2016 (bedragen × €1.000)

Voorraad sigaretten[1]	50	Eigen vermogen	130
Kas	80		
Totaal activa	130	Totaal vermogen	130

1 200.000 sigaretten à € 0,10 = €20.000
100.000 sigaretten à € 0,14 = €14.000
100.000 sigaretten à € 0,16 = €16.000 +
€50.000

In april 2016 vinden de volgende transacties plaats:
3-4: verkocht aan winkelketen K1000 3.000 pakjes à €4,20 per pakje
7-4: gekocht 80.000 sigaretten à €0,19 per sigaret
12-4: verkocht aan winkelketen Piet Hein 4.000 pakjes à €4,20 per pakje
17-4: verkocht aan winkelketen Hoop 7.000 pakjes à €4,22 per pakje
19-4: gekocht 90.000 sigaretten à €0,20 per sigaret
22-4: gekocht 100.000 sigaretten à €0,21 per sigaret
25-4: verkocht aan winkelketen Basic 3.000 pakjes à €4,25 per pakje

Overige gegevens:
- Behalve de verpakkingskosten zijn er geen bedrijfskosten.
- Invoerrechten en btw worden buiten beschouwing gelaten.
- Alle transacties worden contant verrekend.
- Casgro bv heeft geen verpakte sigaretten in voorraad.
- De verkoopprijs van een pakje sigaretten van 25 stuks is op 30 april €5,75.

a Bereken het resultaat over april 2016 als de onderneming het fifo-stelsel toepast.
b Bereken het resultaat over april 2016 als de onderneming het lifo-stelsel toepast.
c Bereken het resultaat over april 2016 op basis van de gemiddelde inkoopprijs (gemiddelde inkoopprijs afronden op vier decimalen).

d Welke verklaring kun je geven voor de verschillen in resultaten volgens het fifo-stelsel, het lifo-stelsel en de gemiddelde inkoopprijs? Onderbouw de verklaring met een berekening.

e1 In welke omstandigheden verdient toepassing van systemen als het lifostelsel aanbeveling?

2 Welk doel tracht men door toepassing van dit systeem te bereiken?

f Welk van de in deze opgave genoemde systemen om het resultaat te bepalen en de voorraad te waarderen is onder IFRS niet toegestaan?

****13.11** In tijden van prijsstijging past een aantal ondernemingen voor de bepaling van winst en vermogen het lifo-stelsel toe.

Van een onderneming is met betrekking tot een bepaald jaar het volgende gegeven:

- Op 1 januari 2016 zijn als activa aanwezig een voorraad goederen van 100.000 eenheden (ingekocht voor €3 per eenheid) en een voorraad kasmiddelen van €240.000.
- Het eigen vermogen bedraagt op die datum €250.000 en het vreemde vermogen €290.000.
- In de loop van het jaar 2016 vinden de volgende goederentransacties plaats (alle à contant):
  1-3: inkoop 20.000 eenheden à €3,50 per eenheid
  1-7: verkoop 30.000 eenheden à €5 per eenheid
  1-9: verkoop 30.000 eenheden à €5,60 per eenheid
  1-12: inkoop 20.000 eenheden à €4 per eenheid
- Met andere dan de bovenstaande gegevens houden we geen rekening.

Met btw houden we geen rekening.

a Welke bedoeling heeft men met de toepassing van het lifo-stelsel?

b Bereken voor genoemde onderneming het resultaat over 2016 bij toepassing van:

1 het fifo-stelsel;

2 het lifo-stelsel.

c Geef de eindbalans van deze onderneming per 31 december 2016 bij toepassing van:

1 het fifo-stelsel;

2 het lifo-stelsel.

d Heeft de toepassing van het lifo-stelsel in dit geval beantwoord aan de bij vraag **a** gevraagde bedoeling? Motiveer je antwoord.

e Welk van de in deze opgave genoemde systemen om het resultaat te bepalen en de voorraad te waarderen is onder IFRS niet toegestaan?

13.12
U Onderneming Unidura heeft op 2 januari 2014 een machine aangeschaft voor €100.000. De economische levensduur van de machine is tien jaar. De machine wordt met gelijke bedragen per jaar afgeschreven. De restwaarde aan het einde van de economische levensduur is nihil. Op 2 januari 2016, nadat reeds twee jaar op de machine is afgeschreven, blijkt de aanschafwaarde van deze machine met 30% te zijn gestegen. Unidura past ten aanzien van de duurzame activa de vervangingswaarde toe.

a Bereken de boekwaarde van de machine op 2 januari 2016 voordat de prijswijziging is verwerkt.

b Bereken het verlies door inhaalafschrijvingen dat ontstaat door de prijsstijging.

c1 Geef de journaalpost naar aanleiding van de herwaardering van de nog aanwezige werkeenheden van de machine.
2 Geef de journaalpost naar aanleiding van de boeking van het verlies in verband met inhaalafschrijvingen.
3 Bereken de boekwaarde van de machine na verwerking van de herwaardering en het verlies in verband met inhaalafschrijvingen.
d Bereken het bedrag dat vanaf 2016 jaarlijks moet worden afgeschreven.

*13.13 Een kleine onderneming is haar activiteiten begonnen op 2 januari 2014. De balans van de onderneming luidt per 1 januari 2016 als volgt:

Balans (bedragen × €1.000)

Duurzaam productiemiddel	225	Eigen vermogen	205
Goederen		Vreemd vermogen	160
20.000 stuks à €5	100		
Kas	40		
Totaal activa	365	Totaal vermogen	365

Verdere gegevens:

- Het duurzame productiemiddel is op 2 januari 2014 aangeschaft voor €500.000. De geschatte economische levensduur is 5 jaar.
  Afschrijving vindt plaats met een afnemend percentage van de aanschafwaarde en wel als volgt:
  1e jaar: 30%
  2e jaar: 25%
  3e jaar: 20%
  4e jaar: 15%
  5e jaar: 10%.
- Gedurende 2016 zijn de volgende transacties (à contant) verricht:
  21 februari: verkoop 10.000 stuks à €12,00 per stuk
  11 mei: aankoop 15.000 stuks à €7,00 per stuk
  20 juli: verkoop 20.000 stuks à €13,50 per stuk
  9 oktober: aankoop 10.000 stuks à € 8,00 per stuk.
- Overige kosten (contant voldaan in 2016): €80.000.
- In 2016 wordt op het vreemd vermogen niet afgelost, er wordt ook geen nieuw vreemd vermogen aangetrokken.
- Btw blijft buiten beschouwing.

a Bereken het resultaat over 2016 bij toepassing van het fifo-stelsel.
b Stel de balans samen per 31 december 2016, als het fifo-stelsel wordt toegepast.
Ten aanzien van het duurzaam productiemiddel is het volgende gegeven:
- Per 2 januari 2017 is de aanschafwaarde van het duurzame productiemiddel gestegen.
- We veronderstellen dat zich vóór 1 januari 2017 geen waardeveranderingen van het duurzame productiemiddel en de goederen hebben voorgedaan.
- De afschrijvingsmethode blijft ongewijzigd.

c Bereken met welk percentage de aanschafwaarde van het duurzame productiemiddel op 2 januari 2017 is gestegen, als de boekwaarde op basis van de vervangingswaarde op dat moment €150.000 bedraagt.

13.14 Fokker sterker onder nieuwe eigenaar

Fokker sterker onder nieuwe eigenaar

Van onze verslaggever
Geerlof de Mooij

Amsterdam Voor 706 miljoen euro neemt de Britse toeleverancier van vliegtuigonderdelen GKN zijn veel kleinere Nederlandse rivaal Fokker Technologies over van investeringsmaatschappij Arle Capital. Het fusiebedrijf wordt een van 's werelds grootste producenten van vliegtuigonderdelen. Fokker Technologies is blij met de overname, want dankzij die schaalvergroting krijgt het een betere onderhandelingspositie ten opzichte van opdrachtgevers als Airbus en Boeing.

GKN, voorheen Guest, Keen and Nettlefolds, betaalt 500 miljoen euro voor het bedrijf uit Papendrecht en neemt ook Fokkers schuld van 200 miljoen euro over. GKN is een belangrijke speler op de internationale luchtvaartmarkt. Het bedrijf uit Worcestershire telt wereldwijd meer dan twaalfduizend werknemers en boekte in 2014 een omzet van ruim 3 miljard euro. GKN levert verschillende onderdelen aan vliegtuigbouwers, waaronder de motor. Door samen te gaan met Fokker Technologies wordt GKN een van de grootste onafhankelijke leveranciers van vliegtuigtechniek.

Fokker biedt GKN nieuwe technologieën in bedrading en landingsgestellen én langlopende contracten met Airbus en Lockheed Martin. Bovendien heeft het een sleutelpositie op de Nederlandse defensiemarkt in Nederland, zegt Hans Büthker, topman van Fokker Technologies. Als de Nederlandse overheid geld steekt in Apache- en Chinook-helikopters of F35-straaljagers (Joint Strike Fighters), dan wordt steevast Fokker gebeld. 'Zelf is GKN wat weggezakt op de markt voor legervliegtuigen. Met deze deal verstevigen ze die positie weer', aldus Büthker.

Fokker Technologies bouwt geen complete vliegtuigen maar werkt samen met andere vliegtuigbouwers, waaronder Lockheed Martin, Airbus, Boeing en Bombardier. Bij Fokker werken ongeveer vijfduizend mensen, verspreid over onder andere Europa, Noord-Amerika en Azië.

In Nederland heeft Fokker Technologies ongeveer 3.800 mensen in dienst. Het bedrijf is gespecialiseerd in het ontwerp, de ontwikkeling en de productie van lichtgewicht vliegtuigonderdelen, bekabeling en landingsgestellen. Ook levert het bedrijf onderhouds-, reparatie- en logistieke diensten aan luchtvaartmaatschappijen.

De merknaam Fokker is zo sterk dat die zeker niet wordt geschrapt

706 miljoen euro betaalt GKN voor Fokker Technologies

Het hoofdkantoor blijft in Papendrecht. Wel vallen er op termijn mogelijk ontslagen, maar Fokker wil daar nog niets over kwijt. 'We worden een aparte Fokkerafdeling binnen GKN', zegt Büthker. En dat de winst naar Groot-Brittannië gaat is niet nieuw. De huidige eigenaar is de Britse investeringsmaatschappij Arle Capital Partners.

'Deze deal moet vooral worden gezien als een stap in volume', zegt Büthker. 'Het gaat goed met Fokker, maar als toeleverancier in de luchtvaartindustrie zijn we een kleine speler.' Fokker Technologies behaalde vorig jaar een omzet van 758 miljoen euro. Dat is veel minder dan GKN en het Amerikaanse Spirit, een andere concurrent. Schaalgrootte is erg belangrijk in de vliegtuigonderdelenindustrie, stelt Büthker. 'Klanten verwachten tegenwoordig dat je op alle continenten aanwezig bent en dat tegen een scherpe prijs. Daarom bouwen we een fabriek in Mexico en willen we uitbreiden in Azië.' GKN kan Fokker helpen in Noord-Amerika uit te breiden.

[...] ■

Bron: *de Volkskrant*, 29 juli 2015

Fiat van Brussel voor overname van Fokker Technologies

Hans Verbraeken
Amsterdam

Fokker Technologies komt definitief in handen van het Britse GKN, een bedrijf dat actief is in de luchtvaartindustrie, auto-industrie en machinebouw. De Europese Commissie (EC) heeft de eind juli aangekondigde overname maandag goedgekeurd.

Volgens de EC levert de overname van Fokker Technologies geen gevaar op voor de concurrentieverhoudingen. GKN is net als Fokker een grote toeleverancier van vliegtuigbouwers zoals Airbus en Boeing. Maar er zijn weinig elkaar overlappende activiteiten, aldus Brussel. ■

Bron: *Het Financieele Dagblad*, 1 september 2015

a Wat is zowel voor GKN als voor Fokker Technologies de hoofdreden om in te stemmen met de overname van Fokker Technologies door GKN? Licht je antwoord toe.
b Noem een aantal factoren die (waarschijnlijk) een rol hebben gespeeld bij het bepalen van de overnameprijs van €706 miljoen.
c Met betrekking tot welk marktsegment vullen GKN en Fokker Technologies elkaar goed aan?
d Met betrekking tot welke geografische markt vullen GKN en Fokker Technologies elkaar goed aan?
e Waar let de Economische Commissie van de EU (Brussel) op bij het verlenen van toestemming voor deze overname?

***13.15** De directies van twee nv's hebben, met toestemming van de aandeelhouders, besloten de activiteiten van beide nv's samen te voegen. Van beide nv's, die in dezelfde branche actief zijn, zijn de volgende balansen gegeven per 31 december 2016:

Hansen nv (bedragen × €1 mln)

Gebouwen	230	Nominaal aandelenvermogen	550	
Machines	130	Aandelen in portefeuille	150	
Voorraden	70	Geplaatst aandelenvermogen		400
Debiteuren	20	Agioreserve		60
Kas	280	Winstreserve		30
		Winstsaldo 2016		10
		Banklening		138
		Crediteuren		37
		Rekening-courant		55
Totaal activa	730	Totaal vermogen		730

Hendriksen nv (bedragen × €1 mln)

Gebouwen	180	Nominaal aandelenvermogen	160	
Machines	90	Aandelen in portefeuille	40	
Voorraden	85	Geplaatst aandelenvermogen		120
Debiteuren	15	Agioreserve		48
Kas	5	Winstreserve		20
		Winstsaldo 2016		14
		Voorziening		62
		Crediteuren		36
		Rekening-courant		75
Totaal activa	375	Totaal vermogen		375

Alle aandelen, ook die van een eventueel nieuw op te richten nv, hebben een nominale waarde van €10. Het volledige winstsaldo 2016 wordt tot het eigen vermogen gerekend.
Voor Hansen nv wordt in de toekomst (eeuwigdurend) een cashflow verwacht van €60 mln per jaar, terwijl de vereiste rentabiliteit 10% bedraagt.
Onderneming Hansen nv neemt alle bezittingen en schulden van Hendriksen nv over in ruil voor contanten. De overnamesom is gebaseerd op de rentabiliteitswaarde van Hendriksen nv. In de toekomst wordt voor Hendriksen nv (eeuwigdurend) een cashflow verwacht van €30 mln per jaar, terwijl de vereiste rentabiliteit 12,5% bedraagt.
In het kader van de samenvoeging van beide ondernemingen zijn de boeken van beide ondernemingen door een onafhankelijke deskundige grondig onderzocht. Daaruit is gebleken dat een gedeelte van de debiteuren van Hendriksen nv oninbaar is. Het gaat hier om een bedrag van €2 mln, dat volledig ten laste van het resultaat van het lopende jaar (2016) wordt gebracht. Bij de bepaling van het winstsaldo 2016 dat in de balans staat vermeld, is met deze afboeking nog geen rekening gehouden.
De ondernemingen Hansen nv en Hendriksen nv gaan na de fusie verder onder de naam H&H nv. Voor H&H nv wordt (eeuwigdurend) een cashflow verwacht van €94 mln per jaar, terwijl de vereiste rentabiliteit 10,5% bedraagt.

a1 Bereken de intrinsieke waarde van onderneming Hansen nv.
2 Bereken de intrinsieke waarde van onderneming Hendriksen nv.
Houd ook rekening met de aanvullende informatie naar aanleiding van het boekenonderzoek.
b1 Bereken de rentabiliteitswaarde van Hansen nv.
2 Bereken de rentabiliteitswaarde van Hendriksen nv.
3 Bereken de rentabiliteitswaarde van H&H nv.
4 Bereken de waarde van het synergie-effect als Hansen nv en Hendriksen nv fuseren.
c Bereken de door Hansen nv betaalde goodwill.
d Noem enkele synergie-effecten die kunnen optreden als twee ondernemingen samengaan.
e Geef de balansen van H&H nv en Hendriksen nv na de fusie. Voeg zo nodig nieuwe balansposten toe.

*13.16 De directies van twee nv's hebben, met toestemming van de aandeelhouders, besloten de activiteiten van beide nv's samen te voegen. Van beide nv's, die in dezelfde branche actief zijn, zijn de onderstaande balansen gegeven per 31 december 2016.

Jansen nv (bedragen × €1 mln)

Gebouwen	330	Nominaal aandelenvermogen	450	
Machines	130	Aandelen in portefeuille	250	
Voorraden	65	Geplaatst aandelenvermogen		200
Debiteuren	30	Agioreserve		80
Kas	55	Winstreserve		100
		Winstsaldo 2016		20
		Banklening		120
		Crediteuren		35
		Rekening-courant		55
Totaal activa	610	Totaal vermogen		610

Davids nv (bedragen × €1 mln)

Gebouwen	180	Nominaal aandelenvermogen	280	
Machines	130	Aandelen in portefeuille	130	
Voorraden	85	Geplaatst aandelenvermogen		150
Debiteuren	45	Agioreserve		50
Kas	30	Winstreserve		56
		Winstsaldo 2016		24
		Banklening		80
		Crediteuren		74
		Rekening-courant		36
Totaal activa	470	Totaal vermogen		470

Alle aandelen, ook die van een eventueel nieuw op te richten nv, hebben een nominale waarde van €10. Het volledige winstsaldo 2016 wordt tot het eigen vermogen gerekend.
Onderneming Jansen nv neemt alle bezittingen en schulden van Davids nv over in ruil voor aandelen van Jansen nv. De overnamesom is gebaseerd op de rentabiliteitswaarde van Davids nv. In de toekomst wordt voor Davids nv (eeuwigdurend) een cashflow verwacht van €36 mln per jaar, terwijl de vereiste rentabiliteit 10% bedraagt. De aandelen Jansen nv hebben een beurswaarde van €40 per aandeel en dit is tevens de prijs waartegen de nieuwe aandelen Jansen nv worden uitgegeven.
In het kader van de samenvoeging van beide ondernemingen zijn de boeken van beide ondernemingen door een onafhankelijke deskundige grondig onderzocht. Daaruit is gebleken dat de gebouwen van Davids nv €200 mln waard zijn. Bij de bepaling van de intrinsieke waarde van Davids nv moet met deze waarde van €200 mln rekening worden gehouden.

a1 Bereken de intrinsieke waarde van onderneming Jansen nv.
2 Bereken de intrinsieke waarde van onderneming Davids nv.
Houd ook rekening met de aanvullende informatie naar aanleiding van het boekenonderzoek.

b Houd bij het beantwoorden van de volgende vragen zo nodig rekening met de aanvullende informatie naar aanleiding van het boekenonderzoek.
1 Bereken de rentabiliteitswaarde van Davids nv.
2 Bereken het aantal nieuw uit te geven aandelen Jansen nv.
3 Bereken de omvang van het agio over de uit te geven aandelen Jansen nv.
4 Bereken de goodwill die Jansen nv betaalt voor de onderneming Davids nv.
c Geef de balansen van Jansen nv en Davids nv na de fusie. Voeg zo nodig nieuwe balansposten toe.

13.17 Superjachtbouwer Moonen in surseance

Superjachtbouwer Moonen in surseance

Tjabel Daling
Amsterdam

Superjachtbouwer Moonen Shipyards uit Den Bosch heeft uitstel van betaling aangevraagd. Dat heeft het bedrijf woensdagavond zelf bekendgemaakt.

Moonen meldt dat de Mexicaanse grootaandeelhouder, staalmagnaat Alonso Ancira, de financiering van twee jachten niet langer kan betalen. Ancira is een van de grootste staalproducenten van Midden-Amerika en is in financiële problemen gekomen door een sterke daling van de staalprijzen. Vanwege de geldproblemen kunnen twee jachten die Moonen momenteel bouwt niet langer worden gefinancierd. Daardoor heeft ook Moonen niet langer de beschikking over voldoende liquiditeit. Met het aanvragen van uitstel van betaling hoopt het Bossche bedrijf tijd te winnen om een doorstart mogelijk te maken. Het bedrijf was woensdagavond niet beschikbaar voor een verdere toelichting.

De Mexicaanse aandeelhouder Alonso Ancira zit in financiële problemen

Moonen is een van de bekendste superjachtenbouwers van Nederland. Het bedrijf wordt vaak in een adem genoemd met Oceanco, Feadship, Damen Shipyards-dochter Amels en Heesen Yachts uit Den Bosch. De afgelopen jaren had het concern het evenwel moeilijk. In de jaren 2011 tot en met 2014 was het bedrijf verlieslatend. De vraag van klanten in het segment waarin Moonen actief was (jachten met een lengte tussen de 25 en 45 meter) liep sterk terug.

Het afgelopen jaar volgde een grote klap toen de Russische markt vrijwel opdroogde. De superjachtenbouwer was hiervan veel te afhankelijk geworden. Dat nam noodlottige vormen aan toen de Russen de Krim inlijfden en de oorlog in Oekraïne uitbrak. Een Westerse sanctie tegen Rusland maakte Russische klanten van Moonen vervolgens kopschuw. ■

Bron: *Het Financieele Dagblad*, 9 juli 2015

a Welke economische en politieke invloeden hebben een rol gespeeld bij de huidige financiële positie van jachtbouwer Moonen?
b Wat is de directe aanleiding voor Moonen om surseance van betaling aan te vragen?
c Wat is het doel van surseance van betaling?
d Wat wordt verstaan onder een doorstart?
e Wat zijn de nadelen van een faillissement?

*13.18 Opnieuw faillissement in de bouw

Opnieuw faillissementen in de bouw

Tjabel Daling
AMSTERDAM

De crisis in de bouw maakt nieuwe slachtoffers. De rechtbank in Den Bosch verklaarde dinsdag bouwbedrijf NAS Afbouw (200 werknemers) uit het Brabantse Geffen failliet, nadat het bedrijf een dag eerder zelf het faillissement had aangevraagd. 'De bouwsector is zwaar getroffen. Voor ons betekent dat dat wij niet voldoende werk kunnen genereren om het personeel in dienst te houden', aldus het bedrijf maandag. Het management heeft aangegeven graag een doorstart te willen maken. Het bouwbedrijf (omzet 2010 €17,3 mln) kon tot nu toe gedwongen ontslagen vermijden, omdat het eind 2009 gebruik kon maken van deeltijd-WW.

Sloopbedrijf L&I uit Hoofddorp heeft het faillissement aangevraagd van aannemersbedrijf Panagro in Leidschendam. Vakbonden overwegen hetzelfde te doen. De 117 werknemers krijgen geen loon meer en het bedrijf heeft geen geld meer. 'Het is einde oefening. Panagro is al technisch failliet. Het bedrijf heeft geen geld meer voor bouwmaterialen en het personeel is naar huis gestuurd', zegt bestuurder Tjitze van Rijssel van CNV Vakmensen. Panagro, dat een goede reputatie had, boekte in 2009 nog een omzet van €93,2 mln, maar vorig jaar was dat gedaald tot onder de €70 mln. De afgelopen twee jaar maakte het bedrijf, dat dinsdag niet bereikbaar was voor commentaar, verlies. De problemen zouden vooral liggen bij de vastgoedtak.

Middelgrote bouwers gaan door crisis failliet, maken een doorstart of worden overgenomen

Dura Vermeer, met een omzet van €1,1 mrd een van de grootste bouwers van Nederland, gaat bouwbedrijven in Amsterdam en Haarlemmermeer samenvoegen, en in Houten en Ede. Daardoor komen 80 van de in totaal 315 arbeidsplaatsen te vervallen.

'De omzet- en resultaatsverwachtingen voor 2012 van deze bedrijven staan dusdanig onder druk, dat niet ingrijpen het voortbestaan van twee van deze bedrijven in gevaar zou brengen', aldus de grote nietbeursgenoteerde bouwer in een eind vorige week op de eigen website gepubliceerde verklaring. ■

Bron: *Het Financieele Dagblad*, 19 oktober 2011

a1 Wie kunnen er het faillissement van een onderneming aanvragen?
2 Aan welke voorwaarden moet worden voldaan om een faillissement te kunnen aanvragen?
3 Bij welke instantie moet een faillissementsaanvraag worden ingediend?
b1 Wat wordt onder een doorstart verstaan?
2 Onder welke omstandigheden is een doorstart levensvatbaar?
c1 Wat wordt verstaan onder de liquidatiewaarde van activa?
2 Van welke activa is de liquidatiewaarde in het algemeen erg laag? Motiveer je antwoord.
d1 Geef twee voorbeelden van:
- faillissementskosten;
- boedelschulden.

2 Waarom is het onderscheid in faillissements- en boedelschulden belangrijk?
3 Wat is de volgorde van uitbetaling in geval van faillissement?

14 Externe verslaggeving

14.1a Als de wettelijke bepalingen met betrekking tot de jaarrekening van toepassing zijn, moeten de activa onderscheiden worden in vaste en vlottende activa. Wat is het wettelijk criterium voor deze indeling?

b Geef aan welke hoofdindeling de wet eist voor:

1 de vaste activa;

2 de vlottende activa;

14.2 Op de balans van Publicon nv komen onder andere de volgende posten voor:

- Aandelenkapitaal
- Reserves.

a Geef beargumenteerd aan of het hier gaat om volgestorte aandelen.

b Welke reserves moeten volgens wettelijk voorschrift afzonderlijk op de balans worden opgenomen?

c Van welke veronderstelling moet krachtens wettelijk voorschrift bij de waardering van activa en passiva in de jaarrekening worden uitgegaan?

d Wat moet gedaan worden als deze veronderstelling onjuist of betwijfelbaar is?

14.3a Geef de wettelijke definitie van een geconsolideerde jaarrekening.

b Wat is het doel van de geconsolideerde jaarrekening?

14.4 Toekan nv werd op 1 januari 2016 opgericht. Van deze nv zien de oprichtingsbalans en de balans per 1 januari 2017 er als volgt uit:

Oprichtingsbalans en de balans per 1 januari 2017 (bedragen × €1 mln)

	1-1-2016	1-1-2017		1-1-2016	1-1-2017
Vaste activa			Eigen vermogen		
Materiële vaste activa	20	17	Nominaal (gestort) aandelenkapitaal	19	19
Vlottende activa			Agioreserve	1	1
Voorraden	8	9			
Debiteuren	–	5	Langlopende schulden (langer dan een jaar)		
Kas	2	3	6% obligatiolening	5	5
			Hypotheek o.g.	3	3
			Kortlopende schulden (korter dan een jaar)		
			Crediteuren	2	2
			Nettowinst over 2012 (vóór aftrek van vennootschapsbelasting)	–	4
Totaal activa	30	34	Totaal vermogen	30	34

We veronderstellen dat de Toekan nv in 2016 en in elk volgend jaar een winst voor aftrek van vennootschapsbelasting behaalt van €4 mln. Het tarief van de vennootschapsbelasting is steeds 25%.

Van de winst na aftrek van vennootschapsbelasting wordt 60% als dividend uitgekeerd, de rest wordt gereserveerd.
Elk aandeel en elke obligatie van Toekan nv heeft een nominale waarde van €10. Aangenomen moet worden dat de beurswaarde van een aandeel van Toekan nv steeds €15 bedraagt.

NB Alle berekeningen afronden tot op twee decimalen.
Elke maand heeft 30 dagen, een jaar 360 dagen.

De rentabiliteit van het eigen vermogen (na aftrek van vennootschapsbelasting) van vergelijkbare bedrijven bedraagt steeds 12,5% per jaar.

a Bereken:
1 de intrinsieke waarde van het eigen vermogen per 1 januari 2016 en per 1 januari 2017 (na winstverdeling);
2 de rentabiliteitswaarde van Toekan nv op 1 januari 2016 op basis van een vermogenskostenvoet van 12,5% per jaar. We veronderstellen hierbij dat de resultaten van de onderneming *aan het einde* van ieder jaar beschikbaar komen.

b Het verschil tussen de rentabiliteitswaarde en de intrinsieke waarde is de waarde van de goodwill. Licht beknopt toe waarom deze waarde van de goodwill niet in de gepubliceerde balans als immaterieel vast actief wordt opgenomen.

c Naast de materiële en de immateriële vaste activa is er nog een derde categorie vaste activa. Noem deze derde categorie.

**14.5 De industriële onderneming Probega bv te Weurt produceert hoogwaardige elektronische meet- en regelapparatuur.
Bij de ontwikkeling van nieuwe producten worden de meeste research- en developmentinspanningen door Probega bv in eigen bedrijf verricht. In sommige gevallen wordt gebruikgemaakt van diensten van derden.
Tot en met het boekjaar 2015 heeft Probega bv alle kosten van research en development als verlies geboekt in het jaar van de gelduitgave.
Aangezien de research- en developmentinspanningen vanaf 2014 sterk zijn toegenomen en in de komende jaren verder zullen stijgen, overweegt Probega bv deze kosten op de balans op te gaan nemen.
In totaal werd door Probega bv in 2016 €5 mln uitgegeven voor kosten van research en development (onderzoek en ontwikkeling).
In 2016 heeft Probega bv in verband met het verkrijgen van een deelneming in een buitenlandse onderneming €1,5 mln goodwill betaald.

a1 Op grond van welk verslaggevingsprincipe zou men kunnen besluiten de kosten van onderzoek en ontwikkeling te activeren?
2 Op grond van welk verslaggevingsprincipe zou men kunnen besluiten de kosten van onderzoek en ontwikkeling *niet* te activeren?
3 Worden onderzoekskosten en ontwikkelingskosten door de wet op dezelfde wijze beoordeeld? Licht je antwoord toe.

b Onder welke omstandigheden moeten volgens de Raad voor de Jaarverslaggeving (RJ) immateriële vaste activa op de balans worden opgenomen?

c Waarin onderscheiden voorbereidings- en aanloopkosten voor het in productie nemen van een nieuw product zich van kosten van onderzoek en ontwikkeling?

Probega bv heeft een bedrag van €1 mln als betaalde goodwill op de balans van 31 december 2016 geactiveerd en van de gelduitgaven van €5 mln voor ontwikkeling een bedrag van €4 mln onder de immateriële vaste activa opgenomen.

d Hoe groot dient de (wettelijke) reserve op 31 december 2016 te zijn?

e Hoe dient men te handelen als er onvoldoende vrije reserves zijn om de bij vraag **d** bedoelde reserve te vormen?

Voor het vervolg van de opgave veronderstellen we dat Probega bv tot nu toe nimmer de kosten van ontwikkeling heeft geactiveerd. Probega bv heeft al enige jaren forse verliezen geleden en beschikt over een behoorlijk fiscaal verrekenbaar verliessaldo.
Ter verbetering van haar financiële positie komt Probega met de Lease-bank het volgende overeen:
In december 2016 verkoopt Probega bv al haar knowhow (waaronder de in de loop van de tijd gevestigde octrooien en patenten) voor €10 mln aan de Lease-bank. Gelijktijdig komt men overeen dat Probega bv de verkochte knowhow terugleast door betaling van 5 jaarlijkse annuïteiten van elk €2,8mln.

f Geef gemotiveerd aan op welke wijze de door Probega bv bij deze 'sale-and-lease-back'-constructie (ook wel 'technolease' genoemd) behaalde boekwinst in de jaarrekening over 2016 moet worden verwerkt.

g Geef aan op welke wijze deze lease-transactie in de jaarrekening over 2016 moet worden verwerkt, als er sprake is van:

1 financial lease;

2 operational lease.

14.6 Heijmans geeft analisten nazorg na onduidelijke presentatie cijfers

Heijmans geeft analisten nazorg na onduidelijke presentatie cijfers

Bouwbedrijf heeft in weekeinde nadere toelichting gegeven op bankconvenanten

Lenneke Arts en Bert van Dijk
Amsterdam

Bouwbedrijf Heijmans heeft afgelopen weekeinde analisten een nadere toelichting gegeven op de berekeningen rond zijn bankconvenanten. Die nazorg was nodig nadat afgelopen woensdag onduidelijkheid was ontstaan tijdens de analistenbijeenkomst over de halfjaarcijfers. Volgens een aantal analisten had financieel directeur Mark van den Biggelaar toen niet alle cijfers scherp. 'Sommige berekeningen klopten niet en op vragen gaf de voorman geen sterk antwoord', schetst een van hen.

'Er was inderdaad veel discussie', herinnert Joost van Beek van Theodoor Gilissen zich. 'Over de financiële positie van Heijmans en de bankconvenanten. Een aantal zaken was niet geheel duidelijk. Dit was een reparatiecall.'

Heijmans meldde in de toelichting op de halfjaarcijfers dat het binnen de financiële convenanten opereert zoals overeengekomen met de bankengroep. Het bedrijf gaf in het persbericht echter geen verdere details.

Na de bijeenkomst woensdag met analisten bleek volgens analisten van ABN Amro dat Heijmans het risico loopt in de tweede helft van het jaar zijn bankconvenanten niet na te komen. Heijmans heeft een maximale leverageratio van 3 afgesproken en kwam bij de halfjaarcijfers op 2,8. Dit verhoudingsgetal geeft aan hoeveel keer het bedrijfsresultaat (ebitda) nodig is om de nettoschuld volledig af te lossen.

Niet scherp
'Financieel voorman van Heijmans gaf op vragen geen sterk antwoord'

Belmogelijkheid
'Aantal zaken was woensdag niet duidelijk. Dit was een reparatiecall'

Analist Michel Aupers van Rabobank adviseerde cfo Van den Biggelaar dergelijke informatie en berekeningen voortaan duidelijk in het persbericht te zetten.

Een woordvoerder van Heijmans zegt dat het de normale gang van zaken is om analisten een extra mogelijkheid tot vragen stellen te geven. Dat gekozen is voor het weekend, is volgens hem geen reden tot onrust. Wel gaf het bericht in *Het Financieele Dagblad* afgelopen vrijdag over de bankconvenanten extra aanleiding tot de belmogelijkheid, aldus de zegsman. 'We wilden analisten de mogelijkheid geven daar vragen over te stellen.'

Het bouwbedrijf meldde vorige week vooral tegenvallende resultaten op infrastructurele projecten. Van Beek: 'De verliezen in die divisie waren breed gespreid. Ik had liever gezien dat het verlies bij slechts een handvol projecten zat, zoals bij BAM vorig jaar.' Ook waren sommige analisten onaangenaam verrast door het grote verlies ten opzichte van de verwachting van analisten.

Dat roept volgens een van hen de vraag op in hoeverre het management wel goed zicht heeft op wat er gebeurt, zeker omdat het bedrijf elk kwartaal een grondige evaluatie doet van alle projecten.

Volgens bestuursvoorzitter Bert van der Els hebben de tegenvallers vooral te maken met de langlopende aard van de projecten in de infrastructuurdivisie. Zo duurt het soms wel anderhalf jaar voordat Heijmans, na een project te hebben gewonnen, op de bouwsite de productie start. Als er 'constructies onder water blijken te zitten', worden die volgens Van der Els pas dan ontdekt. En dat geldt dan automatisch ook voor de meningsverschillen over wie daar de rekening voor moet betalen.

Heijmans moet daardoor soms prognoses aanpassen die leiden tot het 'onmiddellijk nemen van het volle verlies in het volle werk dat nog geproduceerd moet worden', aldus Van der Els woensdag tijdens de analistenbijeenkomst.

Volgens de analisten zal Heijmans in de tweede helft van het jaar op de tenen moeten lopen, wil het bedrijf de kredietafspraken met de bank niet schenden. Een van hen zei maandag dat Heijmans absoluut geen ruimte meer heeft om fouten te maken. Van Beek: 'In deze aandelenmarkt ben je kwetsbaar als je dicht tegen de convenanten aanzit.'

Op een dieprood gekleurd Damrak was het aandeel Heijmans met een verlies van bijna 8% een van de sterkste dalers op de lokale markt. ■

Bron: *Het Financieele Dagblad*, 25 augustus 2015

- a Wat is de rol (de taak/de werkzaamheden) van een financieel analist?
- b Waarom is het ongewenst dat er onduidelijkheid is over de financiële situatie van een onderneming?
- c Wat zijn bankconvenanten en wat is het belang ervan?
- d Welk gevaar dreigt er voor Heijmans als het zich niet houdt (niet kan houden) aan de bankconvenanten?
- e Waarom is juist het weekend uitgekozen om aanvullende informatie te verschaffen (en is niet gewacht tot de eerste werkdag na het weekeind)?
- f Hoe noemen we de leverageratio van maximaal 3 (op basis van de halfjaarcijfers 2,8) waarvan in het artikel sprake is?
- g Wat zijn de gevolgen voor de beurskoers van een aandeel als de werkelijke verliezen hoger uitvallen dan werd verwacht? Licht je antwoord toe.
- h Waarom is het inschatten van de verwachte winsten op bouwprojecten erg lastig?
- i Op grond van welk beginsel is het *'onmiddellijk nemen van het volle verlies in het volle werk dat nog geproduceerd moet worden'* (zie tekst) te rechtvaardigen?
- j Leg uit wat wordt bedoeld met de uitspraak (zie eind van het artikel): *'In deze aandelenmarkt ben je kwetsbaar als je dicht tegen de convenanten aanzit'*?

*14.7 Boekhoudregels zetten verlies PCM om in winst

Boekhoudregels zetten verlies PCM om in winst

■ door HARRY VAN GELDER

AMSTERDAM - Door nieuwe boekhoudregels wist uitgeversconcern PCM (de Volkskrant, NRC Handelsblad) in 2006 en 2007 zwarte cijfers te schrijven. Ook wist het bedrijf het eigen vermogen met een trucje op te krikken door de bestaande aandeelhoudersleningen en preferente aandelen om te zetten in gewone aandelen. Dat blijkt uit de jaarcijfers over 2007 die PCM gisteren publiceerde.

PCM verloor over 2006 € 32 miljoen, maar door de nieuwe IFRS-regels slaat het verlies ineens om in een winst van € 6 miljoen. In 2007 noteerde PCM volgens de nieuwe orde bijna € 24 miljoen winst op een omzet van € 644 miljoen.

Volgens topman Bert Groenewegen komt de omslag vooral door de waarde die toegekend wordt aan de uitgeefrechten van de PCM-dagbladen De Volkskrant en NRC Handelsblad.

Toen de Britse durfkapitalist Apax PCM kocht in 2004 werd die waarde ineens opgekrikt van € 297 naar ongeveer € 800 miljoen. Volgens sommigen was dit gebaseerd op lucht, maar de banken accepteerden het.

In 2007 werden de achtergestelde leningen en de preferente aandelen van de aandeelhouders omgezet in gewone aandelen. Dat scheelt PCM in 2008 ongeveer € 40 miljoen aan het betalen van rentelasten, want op deze leningen zat een enorme rente van meer dan 12%. De advertentieinkomsten van de PCM-kranten dalen enorm. Vergeleken met 2001 heeft PCM in 2007 € 60 miljoen aan advertentieomzet verloren. Zelfs in 2007 toen het tij meer meezat dan in 2006 werd € 3 miljoen aan inkomsten gedorven. Groenewegen is desondanks niet pessimistisch gestemd. Hij wil andere wegen zoeken om geld te verdienen. Hij wijst op de € 13 miljoen die in 2007 werd binnengehaald met dvd's, boeken en wijnen.

Groenewegen wil dit domein graag uitbreiden. „Als je kijkt naar de ontwikkeling van bol-.com zie je dat uitgeverijen op dit terrein veel laten liggen."

Verder baart de bezorging zorgen. ■

Bron: *De Telegraaf*, 10 april 2008

a Welke ondernemingen moeten hun jaarrekening volgens IFRS opstellen?

b Noem een tweetal balansposten die onder IFRS tot het vreemd vermogen worden gerekend en voor invoering van IFRS niet tot het vreemd vermogen behoorden.

c Wat wordt met 'impairment' bedoeld?

d Leg uit welke gevolgen het omzetten van aandeelhoudersleningen en preferente aandelen in gewone aandelen heeft op de omvang van het eigen vermogen van PCM.

e Welke gevolgen heeft het omzetten van aandeelhoudersleningen in gewone aandelen op de hefboomwerking van de vermogensstructuur bij PCM?

f1 Beschrijf globaal hoe de waarde van uitgeefrechten wordt vastgesteld.

2 Wat wordt bedoeld met de opmerking dat er 'lucht' zit in de waardering van uitgeefrechten?

14.8 Bedrijven EU kunnen US Gaap laten vallen

Bedrijven EU kunnen US Gaap laten vallen

Han Dirk Hekking
Brussel

Europese bedrijven met een beursnotering in de VS hoeven in 2008 niet meer hun resultaten volgens de Amerikaanse boekhoudregels (US Gaap) te publiceren. Ze kunnen daarvoor het in Europa gebruikelijke IFRS hanteren. Daarover zullen de EU en de VS vrijdag op een vergadering van de Transatlantic Economic Council een akkoord tekenen, zei gisteren in Brussel de VS-ambassadeur bij de Europese Unie, C. Boyden Gray.

Eind april kwamen de EU en de VS overeen in 2009 een gezamenlijke set boekhoudregels te gaan hanteren. Dat zou een einde maken aan de praktijk waarin Europese bedrijven die een beursnotering in de VS hebben, hun cijfers bij publicatie in de VS moeten aanpassen aan de aldaar geldende boekhoudmethode 'Generally Accepted Accounting Principles', kortweg Gaap. Dat is een kostbare en onhandige exercitie.

Volgens Boyden Gray heeft de EU aangedrongen op versnelling van de datum waarop de verplichting Gaap te gebruiken vervalt. De Amerikaanse beurstoezichthouder heeft ingestemd met een ingangsdatum van 1 januari, aldus de ambassadeur.

De VS verwachten dat de Unie hetzelfde doet voor Amerikaanse bedrijven met een notering in de EU. 'Dat is nog niet gebeurd, maar het lijdt geen twijfel dat het zal gebeuren', aldus Boyden Gray. De Europese Commissie was gisteravond niet bereikbaar voor commentaar. ■

Bron: *Het Financieele Dagblad*, 7 november 2007

a Welke ondernemingen moeten voldoen aan IFRS?
b Welke ondernemingen moeten voldoen aan US Gaap?
c Welke voordelen heeft het rapporteren van de financiële gegevens volgens één systeem (IFRS of US Gaap) voor:
1 de onderneming die de jaarrekening moet opstellen;
2 de externe belangstellenden?

Marktprijzen zijn niet altijd 'Fair value'

IASB reageert op kredietcrisis

Martin Hoogendoorn en Gerard van Santen

Met een niet eerder vertoonde snelheid heeft de International Accounting Standards Board (IASB) op 13 oktober een wijziging doorgevoerd in de regels voor toepassing van fair value accounting. Daarbij werd vanwege de urgente situatie afgezien van de gebruikelijke consultatie van het maatschappelijk verkeer. De IASB laat daarmee zien dat hij slagvaardig kan opereren.

Ook de Europese Unie is met dezelfde snelheid op 15 oktober tot goedkeuring overgegaan. De nieuwe regels sluiten aan op US Gaap en daarmee op het door de Europese Unie gewenste en uiterst belangrijke global level playing field.

Kortweg komt deze wijziging erop neer dat bepaalde financiële instrumenten niet langer behoeven te worden gewaardeerd tegen fair value met verwerking van alle ongerealiseerde waardeveranderingen in de winst-en-verliesrekening. Voor bijvoorbeeld veel collaterized debt obligations (cdo's, indirecte beleggingen in hypotheekpakketten) bestaat dan de mogelijkheid om te waarderen tegen (geamortiseerde) kostprijs.

Ook in dat geval dient rekening te worden gehouden met bijzondere waardeverminderingen ('impairments'), maar dat is niet automatisch de lagere marktprijs. Als kostprijs wordt aangemerkt de fair value op het moment van herclassificatie. Daarbij staat de IASB, in afwijking van de gebruikelijke opvatting, terugwerkende kracht toe tot 1 juli 2008, zodat de instrumenten nog kunnen worden gewaardeerd tegen de fair value van vóór het moment dat de kredietcrisis het hevigst werd. Voorwaarde voor het mogen overgaan op waardering tegen kostprijs is wel dat niet langer de intentie aanwezig is om het financieel instrument op afzienbare termijn te verkopen.

Vanuit het denken van fair value roept de nieuwe maatregel van de IASB wellicht kritiek op. Maar het is belangrijk de doelstelling van een jaarrekening in het oog te houden. Het gaat erom dat deze relevante informatie oplevert voor de economische oordeels- en besluitvorming van stakeholders. Daartoe is van belang dat een goed inzicht ontstaat in de toekomstige ingaande en uitgaande kasstromen van een onderneming.

Voor financiële instrumenten geldt dat hun marktwaarde vaak op betrouwbare wijze kan worden bepaald of afgeleid. En daar zit ook gelijk de valkuil. De beschikbaarheid van objectieve prijzen suggereert een relevantie die niet aanwezig behoeft te zijn. Indien financiële instrumenten niet worden aangehouden voor de onmiddellijke verkoop, dan is de kasstroom die uit onmiddelijke verkoop voortkomt niet noodzakelijkerwijs de meest relevante kasstroom.

Het gaat bij de financiële verslaggeving niet primair om objectieve cijfers, maar om relevante en tegelijkertijd betrouwbare informatie. 'Better about right than exactly wrong', is een gevleugelde uitspraak in dit verband. De marktprijs zal in heel veel gevallen een geschikte waarderingsgrondslag zijn voor financiële instrumenten, maar niet altijd.

Dus niet uitgaan van marktprijzen als de markt niet actief is als gevolg van gebrek aan liquiditeit, niet uitgaan van de veronderstelling van directe verkoop als deze veronderstelling niet reëel is, geen verliezen rapporteren als de fundamentele waarde nog aanwezig is en waarschijnlijk kan worden gerealiseerd.

Juist door in die situaties afstand te nemen van een irrelevante marktprijs ontstaat een waardering die 'fair' is. Noodzakelijk blijft de vermelding in de toelichting van de geobjectiveerde marktprijzen, want voor geïnteresseerde partijen moeten geen raadsels bestaan. Transparantie en vertrouwen staan voorop en gaan niet samen met het rapporteren van betekenisloze verliezen. Hoewel de wijziging van IFRS wellicht mede politiek is ingegeven, valt ze ook vanuit verslaggevingsoptiek toe te juichen. ■

IASB
Reageert snel en met terugwerkende kracht op kredietcrisis

EU
Volgt, regels sluiten aan bij US Gaap

Verslaggeving
Profiteert van politiek ingegeven veranderingen

Martin Hoogendoorn en Gerard van Santen zijn beiden partner bij Ernst & Young Accountants LLP. Martin Hoogendoorn is hoogleraar Externe Verslaggeving aan de Erasmus Universiteit Rotterdam en Gerard van Santen is lid van de Raad voor de Jaarverslaggeving.

Bron: *Het Financieele Dagblad*, 23 oktober 2008

a Wat wordt bedoeld met 'global level playing field'?
b Wat zijn cdo's en wat hebben die te maken met de kredietcrisis?
c Wat wordt verstaan onder 'impairments' (impairment tests)?
d Wat verstaan we onder 'fair value'?
e Wie zijn de 'stakeholders' van een nv?
f1 Waarom hoeven financiële instrumenten die *niet* worden aangehouden voor onmiddellijke verkoop (dus voor de lange termijn) niet te worden gewaardeerd *tegen de beurswaarde* op het moment van waarderen (moment van balansopmaking)?
2 Wat kan het nadeel zijn van het waarderen van financiële instrumenten tegen de beurswaarde?
g Wat wordt in het kader van waardebepaling bedoeld met de zinsnede: 'Better about right than exactly wrong'?

14.10 Kwaliteit financiële verslaggeving

Kwaliteit financiële verslaggeving beursfonds 'stap voor stap' beter

Van onze redacteur
AMSTERDAM

De kwaliteit van de financiële verslaggeving in Nederland verbetert 'stap voor stap'. Dat zegt de Autoriteit Financiële Markten (AFM), die onderzoek doet naar de financiële verslaggeving van beursgenoteerde ondernemingen.

De verbetering is volgens de toezichthouder vooral te zien in de kwaliteit van de toelichtingen in de jaarrekening. Op het gebied van waardering van vastgoed, bijzondere waardeverminderingen en continuïteitsveronderstelling is er nog 'ruimte voor verbetering', aldus de AFM.

De toezichthouder heeft dit jaar ruim zeventig reguliere onderzoeken opgestart naar jaarverslaggeving over 2010. Daarbij stuitte de AFM onder meer op onjuist verwerkte financiële informatie, bijvoorbeeld 'non cash items' die ten onrechte in het kasstroomoverzicht worden gepresenteerd. 'Dit kan een te positieve weergave van de operationele kasstroom van de onderneming tot gevolg hebben.'

Door onzekerheid moet verslaglegging meer aandacht hebben voor het continuïteitsbeginsel

Daarnaast moet er vanwege de grote onzekerheid op de mondiale markten meer aandacht zijn voor het continuïteitsbeginsel en hoe de reële waarde van beleggingen is bepaald, stelt de toezichthouder. 'Er is wereldwijd commotie over het feit dat enkele financiële instellingen in de jaarrekeningen onvoldoende specifieke aandacht schonken aan risico's over continuïteit terwijl drie maanden later een beroep moest worden gedaan op de overheid om deze instellingen overeind te houden.' Volgens de AFM is het van belang 'dat de belangrijkste veronderstellingen over de toekomst en andere schattingsonzekerheden in de toelichting worden vermeld'.

Deze krant doet ook jaarlijks onderzoek naar de financiële verslaggeving van beursgenoteerde bedrijven. Sinds 1953 reikt Het Financieele Dagblad de Sijthoff-prijs voor de beste financiële verslaglegging uit. Een jury bestaande uit toekomstige president-commissaris Erik van de Merwe van Eureko, Jean Frijns van onder meer de monitoring-commissie en hoogleraar Frans van de Wel wijzen de prijs toe.

Dit jaar zal deze prijs op 24 oktober in bijzijn van minister Jan Kees de Jager van Financiën worden uitgereikt. Binnenkort zullen de namen van de genomineerde bedrijven worden bekendgemaakt. ■

Bron: *Het Financieele Dagblad*, 29 september 2011

Financiële verslaglegging gaat vooruit

Pim Kakebeeke
AMSTERDAM

De financiële verslaggeving heeft afgelopen jaar verdere vooruitgang geboekt. Zo zijn de verantwoording door de raad van commissarissen en de rapportage over maatschappelijk verantwoord ondernemen verbeterd.

Dit constateert de jury van de FD Henri Sijthoff-prijs na een uitgebreid onderzoek naar de financiële verslaglegging van beursgenoteerde en niet-beursgenoteerde ondernemingen. Naast de jaarverslagen over 2010 zijn ook tussentijdse rapportages en financiële websites beoordeeld.

Bij kleine en middelgrote beursfondsen is, net als vorig jaar, de kwaliteit van de verslaggeving van hoog niveau. Echter, de hoofdfondsen aan de Amsterdamse effectenbeurs stelden opnieuw teleur. Hierdoor heeft de jury besloten slechts twee AEX-bedrijven te nomineren. Een duidelijke vooruitgang is de toelichting op maatschappelijk verantwoord ondernemen, wat bij veel bedrijven onderdeel is geworden van hun normale zakendoen. Enkele bedrijven hebben duurzaamheid zelfs opgenomen in het beloningsbeleid van het bestuur.

De raad van commissarissen geeft meer openheid van zaken. Steeds vaker geven commissarissen inzicht in de punten die tijdens vergaderingen worden besproken en tonen zij hun betrokkenheid aan de onderneming.

Kanshebbers
Genomineerden voor de FD Henri Sijthoff-prijs

Hoofdfondsen	**Mid- en smallcaps**	**Niet-beursgenoteerd**	
• **AkzoNobel**	• **BinckBank**	• **Eureko**	
• **Fugro**	• **Macintosh**	• **Schiphol**	
	• **Nutreco**		
	• **Sligro**		
	• **Van Lanschot**		

De winnaars van de twee voorgaande jaren (buiten competitie)

• **Randstad**	• **Mediq**	• **Vesteda**	**2010**
• **TNT**	• **Arcadis**	• **NS**	**2009**

Financiële websites gaan ook met hun tijd mee. Afgelopen jaar is meer gebruik gemaakt van mobiele toepassingen en sociale media. Zo bieden AkzoNobel en Shell de mogelijkheid het jaarverslag op iPad te lezen.

Toch zijn er negatieve punten te noemen. De bedrijfseconomische analyse is nog steeds zwak. 'Nog te vaak ontbreken de bruggetjes tussen resultaten en de achterliggende oorzaken', aldus jurylid Erik van de Merwe.

Hier en daar worden ook belangrijke ontwikkelingen onvoldoende toegelicht, zoals een bestuurswisseling, grote overnames of (claim) emissies.

De jury mist bovendien dat de raad van bestuur de kernwaarden voor zijn bedrijf uitspreekt. Zij vindt het belangrijk dat de raad van bestuur de normen en waarden bij naam noemt.

Op 24 oktober reikt minister Jan Kees de Jager in Amsterdam de FD Henri Sijthoff-prijs uit aan de winnaars in de drie categorieën, AEX, Mid- en smallcap en niet-beursgenoteerd. Bij de uitreiking zal de jury haar motivering toelichten voor genomineerden en winnaars. De bijeenkomst wordt georganiseerd in samenwerking met NBA, dat voorafgaand aan de uitreiking een seminar houdt over bedrijfseconomische analyses en risicoparagrafen in jaarverslagen.

De jury bestaat uit professioneel commissaris Erik van de Merwe, hoogleraar beleggingsleer Jean Frijns en hoogleraar externe verslaglegging Frans van der Wel.
Voor meer informatie over de Sijthoffprijs: zie www.fd.nl/hsp ■

Bron: *Het Financieele Dagblad*, 3 oktober 2011

a Waarom doet de Autoriteit Financiële Markten (AFM) onderzoek naar de kwaliteit van gepubliceerde jaarrekeningen?

b Welke (bedrijfseconomische) onjuistheden is de AFM in de gepubliceerde jaarrekeningen tegengekomen? Licht deze kort toe.

c Wat wordt verstaan onder:

1 het continuïteitsbeginsel?
2 reële waarde?

d Aan welke zaken (onderwerpen) wordt in sommige jaarrekeningen onvoldoende aandacht geschonken?

e Aan welke onderwerpen wordt de laatste jaren meer aandacht geschonken in de jaarrekening van ondernemingen?

f Wat is het verschil tussen AEX-ondernemingen en Mid- en smallcap-ondernemingen?

g Wat is de NBA?

Uitwerkingen

3 Ondernemingsplan

3.8 a Liquiditeitsbegroting Eurotrans bv (bedragen in euro's)

Liquiditeitsbegroting Eurotrans bv (bedragen in euro's)

	1e kwartaal	2e kwartaal	3e kwartaal	4e kwartaal	Totaal
Beginsaldo liquide middelen	90.000	96.600	73.800	3.400	
Geldontvangsten van debiteuren	251.000	285.000	222.000	227.000	985.000
Beginsaldo + geldontvangsten	341.000	381.600	295.800	230.400	
Gelduitgaven:					
Crediteuren	174.000	215.000	202.000	162.000	753.000
Loon en sociale lasten	25.200	25.200	25.200	25.200	100.800
Vrachtauto	35.000		15.000		50.000
Aflossing	3.000	3.000	3.000	3.000	12.000
Rente	1.200	1.200	1.200	1.200	4.800
Overige bedrijfskosten	6.000	6.000	6.000	6.000	24.000
Vakantiegeld		5.400[1]			
Vennootschapsbelasting		52.000			
Winstuitkering			40.000		
Totaal gelduitgaven	244.400	307.800	292.400	197.400	
Eindsaldo liquide middelen = Beginsaldo + geldontvangsten − gelduitgaven	96.600	73.800	3.400	33.000	

1 0,075 × 12 × €6.000 = €5.400

b In het derde kwartaal relatief lage ontvangsten, terwijl er extra uitgaven plaatsvinden in verband met betaling vrachtauto en winstuitkering. Het gevolg is een laag saldo liquide middelen aan het einde van het derde kwartaal.

c Alle geldstromen van en naar de vermogensmarkt noemen we secundaire geldstromen.

d1

Crediteuren	€ 753.000
Lonen en sociale lasten	€ 100.800
Vakantiegeld	€ 5.400
Vrachtauto	€ 50.000
Overige bedrijfskosten	€ 24.000
Vennootschapsbelasting	€ 52.000
Totaal	€ 985.200

2 Debiteuren €985.000

3	Aflossing	€ 12.000	
	Rente	€ 4.800	
	Winstuitkering	€ 40.000	
	Totaal	€ 56.800	

4 Geen ingaande secundaire geldstromen.

3.12a Verwachte afzet van hamburgers =
0,02 × 25.000 /dag = 500 per dag × 6 dagen = 3.000 stuks.

Brutowinst 3.000 × (€2,50 – €0,50) =	€6.000
Huur kraam inclusief standplaats 6 × €300 =	€1.800 –
Verwachte winst	€4.200

b

Geldontvangst in verband met het opnemen van de lening		€4.000
Gelduitgave in verband met inkoop hamburgers 4.000 × €0,50 =	€2.000	
Vooruitbetaling van huur kraam inclusief standplaats 6 × €300 =	€1.800 +	
		€3.800 –
Toename Kas		€ 200

c Toename Kas = 3.400 × €2,50 = €8.500

d

Brutowinst	3.400 × (€2,50 – €0,50) =	€6.800
Huur kraam inclusief standplaats	6 × €300 =	€1.800–
Winst		€5.000

e

Balans aan het einde van de zesde dag van Sail Amsterdam

Voorraad hamburgers	600 × €0,50 =	€ 300	Eigen vermogen	€5.000
Kas	€200 + €8.500 =	€8.700	Banklening	€4.000
Totaal activa		€9.000	Totaal vermogen	€9.000

f

Geldontvangst in verband met verkoop restant hamburgers 600 × €0,10 =			€ 60
Betalingen aan de bank:	• aflossing	€ 4.000	
	• interest- en bankkosten	€ 20	
Betaling kosten in verband met bereiding hamburgers		€ 800 +	
			€4.820 –
Kasmutatie			€4.760 –

g Omzet i.v.m. verkoop restant hamburgers aan Artis

Omzet i.v.m. verkoop restant hamburgers aan Artis	= 600 × €0,10 =		€ 60
Kosten van deze omzet	= 600 × €0,50 =	€ 300	
Interest- en bankkosten		€ 20	
Bereidingskosten		€ 800 +	
			€ 1.120 –
Resultaat (verlies)			€ 1.060 –

h

Balans aan het einde van de zesde dag van Sail Amsterdam

Voorraad			Eigen vermogen	€5.000 – €1.060 =	€3.940
hamburgers	€300 – €300 =	€ 0	Banklening	€4.000 – €4.000 =	€ 0
Kas	€8.700 – €4.760 =	€3.940			
Totaal activa		€3.940	Totaal vermogen		€3.940

3.17

Bedragen × €1.000

	Juni	Juli	Augustus	September	Oktober	November
Verkopen	100	160	160	160	180	180
Inkopen	112	126	126			

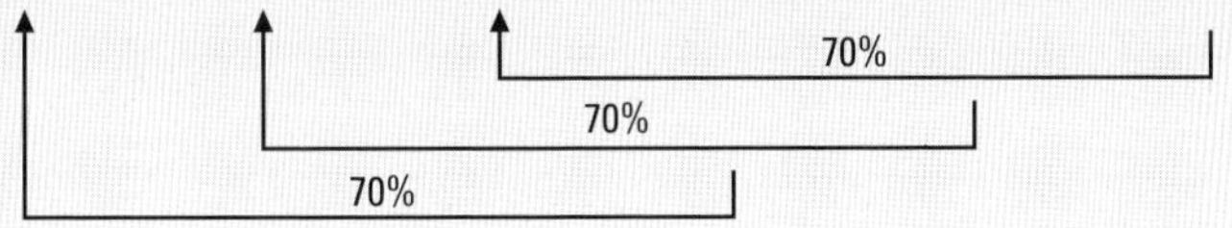

	Alle bedragen in euro's		
	Juli	**Augustus**	**September**
Beginsaldo Kas	5.000 (+)	5.000 (+)	5.000 (+)
Beginsaldo Bank	40.000 (−)	149.000 (−)	116.000 (−)
Geldontvangsten i.v.m. verkopen:			
contant[1]	64.000 (+)	64.000 (+)	64.000 (+)
op rekening[2]	60.000 (+)	96.000 (+)	96.000 (+)
Beginsaldi + geldontvangsten	89.000 (+)	16.000 (+)	49.000 (+)
Gelduitgaven:			
Inkopen[3]	112.000 (−)	126.000 (−)	126.000 (−)
Machine	120.000 (−)		
Energie	1.000 (−)	1.000 (−)	1.000 (−)
Beginsaldi + geldontvangsten − gelduitgaven	144.000 (−)	111.000 (−)	78.000 (−)
Eindsaldo Kas	5.000 (+)	5.000 (+)	5.000 (+)
Eindsaldo Bank	149.000 (−)	116.000 (−)	83.000 (−)

1 0,4 × €160.000
2 Juli = 0,6 × €100.000 i.v.m. verkopen juni
Augustus = 0,6 × €160.000 i.v.m. verkopen juli
September = 0,6 × €160.000 i.v.m. verkopen augustus
3 Betaling juli = inkopen juni = €112.000
Betaling augustus = inkopen juli = €126.000
Betaling september = inkopen augustus = €126.000

4 Kosten en kostensoorten

4.3 a Kosten brandverzekering:

10/12 × €14.400 =	€12.000
2/12 × €15.600 =	€ 2.600 +
	€14.600
Kosten telefoon:	
€380 + €430 + €450 + €360 =	€ 1.620 +
	€16.220

b

Betaling brandverzekering	€15.600
Betaling telefoonnota's:	
€400 + €380 + €430 + €450 =	€ 1.660 +
	€17.260

In 2016 zijn de betalingen (gelduitgaven) €1.040 hoger dan de kosten over 2016.

4.5 a Jaarlijkse onderhoudskosten = €30.000 : 5 = €6.000

b

Onderhoudskosten	€ 6.000	
Aan Voorziening onderhoud		€ 6.000

c

Voorziening onderhoud	€30.000	
Aan Giro		€30.000

4.9

a1	Debiteuren (20 × €300)	€ 6.000	
	Aan Opbrengst verkopen		€ 6.000
2	Kostprijs verkopen (20 × €190)	€ 3.800	
	Aan Voorraad kantoormeubelen		€ 3.800
3	Bank	€ 6.000	
	Aan Debiteuren		€ 6.000

b

Opbrengst verkopen	€ 6.000
Kostprijs verkopen	€ 3.800
Winst	€ 2.200

c1 In 2015.
2 In 2016.

4.11 a1 De historische uitgaafprijs is de in werkelijkheid voor het productiemiddel betaalde prijs.
2 De prijs die op dit moment voor het productiemiddel betaald moet worden.

b1

Plaatstaal: 15 kg × €1,50/kg =	€ 22,50
Arbeid: 20/60 × €36/uur =	€ 12,00
Machinekosten: $\frac{1}{2}$ × €30/machine-uur =	€ 15,00
Kostprijs (historische kosten)	€ 49,50

2	Plaatstaal: 15 kg × €2/kg =	€ 30,00
	Arbeid: 20/60 × €36/uur =	€ 12,00
	Machinekosten: $\frac{1}{2}$ × €30/machine-uur =	€ 15,00
	Kostprijs (vervangingswaarde)	€ 57,00

4.15 a Afschrijvingskosten:

• Bedrijfspand:	0,02 × €600.000 =	€ 12.000
• Inventaris:	0,1 × €100.000 =	€ 10.000
• Machines:	0,2 × €400.000 =	€ 80.000
Totale afschrijvingskosten:		€ 102.000

Leer	€ 20,00
Arbeid	€ 15,00
Afschrijving: €102.000 : 12.000 =	€ 8,50
Kostprijs handtas	€ 43,50

b Jaarlijkse winst = 12.000 × (€60 – €43,50) = €198.000.

c1

In- en uitgaande geldstromen Kort & Krachtig (bedragen × €1.000)

	2014	**2015**	**2016**	**2017 1e kw.**
Ingaande geldstromen i.v.m. verkoop:				
Tassen[1]	720	720	720	
Bedrijfspand[2]				564
Inventaris[3]				70
Machines[4]				160
Totaal	720	720	720	794
Uitgaande geldstromen i.v.m.:				
Crediteuren/ Leerinkoop[5]	220	240	240	20
Arbeid[6]	180	180	180	
Aflossing Hypotheek	30	30	30	330
Totaal	430	450	450	350
Mutatie Kas	+ 290	+ 270	+ 270	+ 444

1 12.000 × €60
2 600.000 – (3 × €12.000)
3 100.000 – (3 × €10.000)
4 400.000 – (3 × €80.000)
5 2014: 11 × 1.000 × €20
2015 en 2016: 12 × 1.000 × €20
2017: 1 × 1.000 × €20
6 12 × 1000 × €15

2 2014: 12 × ingekocht, waarvan 10 inkopen betaald zijn (leveranciers-krediet = 2 maanden) → Crediteurensaldo eind 2014 = 2 × €20.000 = €40.000.
2015: Dezelfde berekening als voor 2014.
2016: 11 × ingekocht, waarvan alleen de inkoop van november (de laatste inkoop is in november) in 2017 nog betaald moet worden → Crediteurensaldo eind 2016 = €20.000.

3

Berekening mutaties kassaldo (bedragen × €1.000)

	2014	**2015**	**2016**	**2017**
Winst	198	198	198	–
Kosten geen uitgaven:				
• afschrijvingen	+ 102	+ 102	+ 102	
• toename crediteuren i.v.m. inkoop leer	+ 20			
Ontvangsten geen opbr.:				
Bedrijfspand				+ 564
Inventaris				+ 70
Machines				+ 160
Uitgaven geen kosten:				
• aflossing hypotheek	− 30	− 30	− 30	− 330
• inkoop leer november 2016				− 20
Mutatie kas	+ 290	+ 270	+ 270	+ 444

d1

Balans per 31 maart 2017 (bedragen × €1.000)

Kas: 60 + 290 + 270 + 270 + 444 = 1.334	Eigen vermogen 1.334

2 Eigen vermogen per 1 januari 2014 € 740.000
Winst 2014 t.e.m. 2016: 3 × €198.000 = € 594.000

Eigen vermogen per 31 maart 2017 €1.334.000

3 Nadat alle transacties afgewikkeld zijn, is het eigen vermogen beschikbaar in de vorm van liquide middelen. De toename van het eigen vermogen komt overeen met het totaal van de gerealiseerde winsten. Deze toename is ook in liquide middelen beschikbaar gekomen.

4.19 Bruto rietverbruik = 100%
5% afval = 5%

Netto rietverbruik = 95% = 2 kg

Bruto rietverbruik = 100/95 × 2 kg = 2,105 kg.
Kosten rietverbruik per mand = 2,105 kg × €2/kg = €4,21.

4.20 Bruto hoeveelheid stof = 100%
10% afval = 10%

Netto hoeveelheid stof = 90% = 1,9 m^2

Bruto hoeveelheid stof = 100/90 × 1,9 m^2 = 2,1111 m^2.
Materiaalkosten per kostuum = 2,1111 m^2 × €40/m^2 = €84,44.

4.21 Bruto hoeveelheid tegels = 100%
6% afval = 6%

Netto hoeveelheid tegels = 94% = 1.000 m^2

Bruto hoeveelheid tegels = 100/94 × 1.000 m^2 = 1.063,83 m^2.

Kosten van de tegels = 1.063,83 m^2 × €20/m^2 =	€21.276,60
Kosten afvoer afval	€ 500,00 +
Totale kosten	€21.776,60

4.22

1.000 potten in productie:	→ 1.200 kg × €2 =	€2.400
3% breuk = 30 potten		
970 potten		
10% kromgetrokken = 97 potten	→ 97 × €2 =	€ 194 –
873 potten eerste keus		= €2.206

Grondstofkosten per pot (eerste keus) = €2.206 : 873 = €2,53.

4.27 a Overige kosten:
- kosten van grond (vestigingsplaats);
- kosten van duurzame productiemiddelen;
- kosten van diensten van derden;
- kosten van belastingen.

b Bruto grondstofverbruik = 100%
15% afval = 15%

Netto grondstofverbruik = 85% = 1,7 kg

Bruto grondstofverbruik = 100/85 × 1,7 kg = 2 kg.

Kosten grondstofverbruik = 2 kg × €5,5/kg =	€ 11,00
Opbrengst afval: (2 kg − 1,7 kg) × €2,50/kg =	€ 0,75 –
Grondstofkosten	€ 10,25
Arbeidskosten	€ 4,20
Overige kosten	€ 0,80 +
Kosten per ongekeurd product	€ 15,25

c De volgende calculatie gaat uit van 100 ongekeurde producten.

Kosten 100 ongekeurde producten:	100 × €15,25 =	€1.525
20% afgekeurd → herbewerkingskosten	20 × € 4,75 =	€ 95 +
Herbewerking:		
→ 10 producten alsnog goedgekeurd		
90 goedgekeurde eindproducten −		€1.620

Kostprijs van een goedgekeurd eindproduct = €1.620 : 90 = €18.

4.31 a Technische voorraad op 30-4-2016 = 100.000 − 70.000 + 90.000 = 120.000.
b Economische voorraad op 30-4-2016 = 120.000 − 30.000 + 40.000 = 130.000.

4.32 a Economische voorraad op 1-1-2016 = 300 + 80 − 28 = 352.
b Technische voorraad op 31-1-2016 = 300 − 200 + 220 = 320.
c Economische voorraad op 31-1-2016 = 320 + 60 − 36 = 344.

4.36 a Werkelijk uurloon = €30 : $1\frac{1}{2}$ uur = €20.
b Werkelijk uurloon = €15.

4.43 *Opmerking:*
De proportioneel variabele kosten hebben geen invloed op de economische levensduur en worden daarom buiten de volgende berekeningen gehouden. Bij de berekening van de complementaire kosten, van de kostprijs en van de geldswaarde van de productie zijn de proportioneel variabele kosten ook buiten beschouwing gelaten.

a

Complementaire kosten:		Gecumuleerd
Jaar 1 =		€ 16.000
Jaar 1 en 2 =	€ 16.000 + €17.500 =	€ 33.500
Jaar 1 t.e.m. 3 =	€ 33.500 + €19.200 =	€ 52.700
Jaar 1 t.e.m. 4 =	€ 52.700 + €23.000 =	€ 75.700
Jaar 1 t.e.m. 5 =	€ 75.700 + €27.000 =	€102.700
Jaar 1 t.e.m. 6 =	€102.700 + €32.000 =	€134.700

Productie:		Gecumuleerd
Jaar 1 =		80.000
Jaar 1 en 2 =	80.000 + 72.000 =	152.000
Jaar 1 t.e.m. 3 =	152.000 + 70.000 =	222.000
Jaar 1 t.e.m. 4 =	222.000 + 60.000 =	282.000
Jaar 1 t.e.m. 5 =	282.000 + 50.000 =	332.000
Jaar 1 t.e.m. 6 =	332.000 + 40.000 =	372.000

Jaar	Waardedaling (in euro's)	Complementaire kosten (in euro's)	Totale kosten (in euro's)	Totale productie	Kostprijs (in euro's)
1	12.500	16.000	28.500	80.000	0,35625
t.e.m. 2	20.000	33.500	53.500	152.000	0,35197
t.e.m. 3	25.000	52.700	77.700	222.000	0,35
t.e.m. 4	27.500	75.700	103.200	282.000	0,36596
t.e.m. 5	30.000	102.700	132.700	332.000	0,3997
t.e.m. 6	31.500	134.700	166.200	372.000	0,44677

Bij een levensduur van drie jaar is de kostprijs het laagst → economische levensduur = drie jaar.
(De kostprijs is in feite €0,35 + €0,14 = €0,49 per kilometer.)

b

Jaar	Geldswaarde productie – Complementaire kosten =	Afschrijving
1	80.000 × €0,35 = €28.000 – €16.000 =	€12.000
2	72.000 × €0,35 = €25.200 – €17.500 =	€ 7.700
3	70.000 × €0,35 = €24.500 – €19.200 =	€ 5.300 +
	Totaal afschrijvingen	€25.000

c Economische levensduur = 3 jaar (zie **a**)

Vast percentage van de aanschafwaarde

Afschrijving per jaar = (€40.000 – €15.000) : 3 = €8.333,33.

$$\frac{€8.333,33}{€40.000} \times 100\% = 20,833\% \text{ per jaar}$$

Vast percentage van de boekwaarde

$$1 - \left[\frac{€15.000}{€40.000}\right]^{\frac{1}{3}} = 1 - 0,7211 = 0,2789 \times 100\% = 27,89\% \text{ per jaar}$$

Jaar	Boekwaarde begin (in euro's)	Afschrijvingen (in euro's)	Boekwaarde eind (in euro's)
1	40.000	11.156	28.844
2	28.844	8.044,59	20.799,41
3	20.799,41	5.800,96	14.998,45

Afschrijving jaar 1 = 0,2789 × €40.000 = € 11.156
Afschrijving jaar 2 = 0,2789 × €28.844 = € 8.044,59
Afschrijving jaar 3 = 0,2789 × €20.799,41 = € 5.800,96

De annuïteit kan niet berekend worden, omdat geen percentage voor de vermogenskosten is gegeven.

Vergelijking van de afschrijvingssystemen en bepaling van de voorkeur (bedragen in euro's)

Jaar	Vrijgekomen afschrijvingen	Vast percentage aanschafwaarde	Vast percentage boekwaarde
1	12.000	8.333,33	11.156
2	7.700	8.333,33	8.044,59
3	5.300	8.333,33	5.800,96

Afschrijven op basis van een vast percentage van de boekwaarde sluit het beste aan bij de vrijgekomen afschrijvingen en verdient daarom de voorkeur.

d De economische levensduur wordt berekend, voordat het duurzaam productiemiddel in gebruik wordt genomen. Daarbij wordt gebruikgemaakt van geschatte kosten en geschatte productieomvang. De kostprijs die daarop gebaseerd is, is dan ook een schatting.

e

Jaar	Geldswaarde productie – Complementaire kosten =	Afschrijving
1	80.000 × €0,35 = €28.000 – €16.000 =	+ € 12.000
2	72.000 × €0,30 = €21.600 – €17.500 =	+ € 4.100
3	70.000 × €0,30 = €21.000 – €19.200 =	+ € 1.800
4	60.000 × €0,30 = €18.000 – €23.000 =	– € 5.000

Voor jaar 4 geldt dat de geldswaarde van de productie lager is dan de complementaire kosten in dat jaar:
60.000 × €0,30 = €18.000 – €23.000 – €5.000.
De economische levensduur blijft drie jaar. Aan het einde van het derde jaar wordt de auto afgestoten. In het vierde jaar geen afschrijvingen.

f/g Waardedaling in eerste drie jaar €40.000 – €8.500 = € 31.500
Afgeschreven t.e.m. 3e jaar (€12.000 + €4.100 + €1.800) = € 17.900 –
Verlies ten gevolge van de nieuwe taxi = € 13.600

Dit verlies komt overeen met:
Daling kostenvergoedingen
(72.000 + 70.000) × (€0,35 – €0,30) = € 7.100
Extra waardedaling in eerste drie jaar €15.000 – €8.500 = € 6.500 +
€ 13.600

4.45 a De economische levensduur is de gebruiksduur van de machine waarbij de kosten per eenheid product minimaal zijn.

b *Opmerking*:
De proportioneel variabele kosten hebben geen invloed op de economische levensduur en worden daarom buiten de volgende berekeningen gehouden. Bij de berekening van de complementaire kosten, van de kostprijs en van de geldswaarde van de productie zijn de proportioneel variabele kosten ook buiten beschouwing gelaten.

Berekening jaarlijkse interestkosten

Jaar		
1	[(€200.000 + €100.000) : 2] × 0,1	= €15.000
2	[(€100.000 + € 90.000) : 2] × 0,1	= € 9.500
3	[(€ 90.000 + € 80.000) : 2] × 0,1	= € 8.500
4	[(€ 80.000 + € 70.000) : 2] × 0,1	= € 7.500
5	[(€ 70.000 + € 50.000) : 2] × 0,1	= € 6.000

	Interestkosten	Gecumuleerd
Jaar 1 =		€ 15.000
Jaar 1 en 2 =	€15.000 + €9.500 =	€ 24.500
Jaar 1 t.e.m. 3 =	€24.500 + €8.500 =	€ 33.000
Jaar 1 t.e.m. 4 =	€33.000 + €7.500 =	€ 40.500
Jaar 1 t.e.m. 5 =	€40.500 + €6.000 =	€ 46.500

Productie:		Gecumuleerd
Jaar 1 =		20.000
Jaar 1 en 2 =	2 × 20.000 =	40.000
Jaar 1 t.e.m. 3 =	3 × 20.000 =	60.000
Jaar 1 t.e.m. 4 =	4 × 20.000 =	80.000
Jaar 1 t.e.m. 5 =	5 × 20.000 =	100.000

Jaar	**Waardedaling** (in euro's)	**Complementaire kosten** (in euro's)	**Interestkosten** (in euro's)	**Totale kosten** (in euro's)	**Totale productie**	**Kostprijs** (in euro's)
1	100.000	60.000	15.000	175.000	20.000	8,75
t.e.m. 2	110.000	124.100	24.500	258.600	40.000	6,465
t.e.m. 3	120.000	194.200	33.000	347.200	60.000	5,7867
t.e.m. 4	130.000	274.300	40.500	444.800	80.000	5,56
t.e.m. 5	150.000	372.400	46.500	568.900	100.000	5,689

Bij een levensduur van vier jaar is de kostprijs het laagst → economische levensduur = vier jaar.
(De kostprijs per liter wordt €5,56 + €2 = €7,56)

c

Jaar	Geldswaarde – productie	Complementaire – kosten	Interest- = kosten	Afschrijving
1	20.000 × € 5,56 = €111.200 –	€ 60.000 –	€15.000 =	€ 36.200
2	20.000 × € 5,56 = €111.200 –	€ 64.100 –	€ 9.500 =	€ 37.600
3	20.000 × € 5,56 = €111.200 –	€ 70.100 –	€ 8.500 =	€ 32.600
4	20.000 × € 5,56 = €111.200 –	€ 80.100 –	€ 7.500 =	€ 23.600
	Totaal afschrijvingen		=	€130.000

d Economische levensduur = 4 jaar
Vast percentage van de aanschafwaarde
Afschrijving per jaar = (€200.000 – €70.000) : 4 = €32.500.

$$\frac{€32.500}{€200.000} \times 100\% = 16{,}25\% \text{ per jaar}$$

Vast percentage van de boekwaarde

$$1 - \left[\frac{€70.000}{€200.000}\right]^{\frac{1}{4}} = 1 - 0{,}76916 = 0{,}23084 \times 100\% = 23{,}084\% \text{ per jaar}$$

Jaar	Boekwaarde begin (in euro's)	Afschrijvingen (in euro's)	Boekwaarde eind (in euro's)
1	200.000	46.168	153.832
2	153.832	35.510,58	118.321,42
3	118.321,42	27.313,32	91.008,10
4	91.008,10	21.008,31	69.999,79

Afschrijving jaar 1 = 0,23084 × €200.000 = €46.168
Afschrijving jaar 2 = 0,23084 × €153.832 = €35.510,58
Afschrijving jaar 3 = 0,23084 × €118.321,42 = €27.313,32
Afschrijving jaar 4 = 0,23084 × €91.008,10 = €21.008,31

Afschrijven door middel van de annuïteitenmethode

De waardedaling (K) = €200.000 – €70.000 = €130.000

$$\text{Annuïteit (van de waardedaling)} = €130.000 \times \frac{0{,}1(1 + 0{,}10)^4}{(1 + 0{,}10)^4 - 1} = €41.011{,}20$$

Vermogenskosten over de restwaarde = 0,10 × €70.000 = € 7.000,00 +

Annuïteit = €48.011,20

Annuïteit	€ 48.011,20	
Vermogenskosten jaar 1 = 0,10 × €200.000=	€ 20.000,00	–
Afschrijving jaar 1	€ 28.011,20	
Annuïteit	€ 48.011,20	
Vermogenskosten jaar 2 = 0,10 × (€200.000 – €28.011,20) =	€ 17.198,88	–
Afschrijving jaar 2	€ 30.812,32	
Annuïteit	€ 48.011,20	
Vermogenskosten jaar 3 = 0,10 × (€200.000 – €28.011,20 – €30.812,32) =	€ 14.117,65	–
Afschrijving jaar 3	€ 33.893,55	
Annuïteit	€ 48.011,20	
Vermogenskosten jaar 4 = 0,10 × (€200.000 – €28.011,20 – €30.812,32 – €33.893,55) =	€ 10.728,29	–
Afschrijving jaar 4	€ 37.282,91	

Vergelijking van de afschrijvingssystemen en bepaling van de voorkeur (bedragen in euro's)

Jaar	Vrijgekomen afschrijvingen	Vast percentage aanschafwaarde	Vast percentage boekwaarde	Annuïteiten-methode
1	36.200	32.500	46.168	28.011,20
2	37.600	32.500	35.510,58	30.812,32
3	32.600	32.500	27.313,32	33.893,55
4	23.600	32.500	21.008,31	37.282,91

Afschrijven op basis van een vast percentage van de aanschafwaarde of op basis van een vast percentage van de boekwaarde sluit het beste aan bij de vrijgekomen afschrijvingen. In ieder geval niet de annuïteitenmethode toepassen.

e

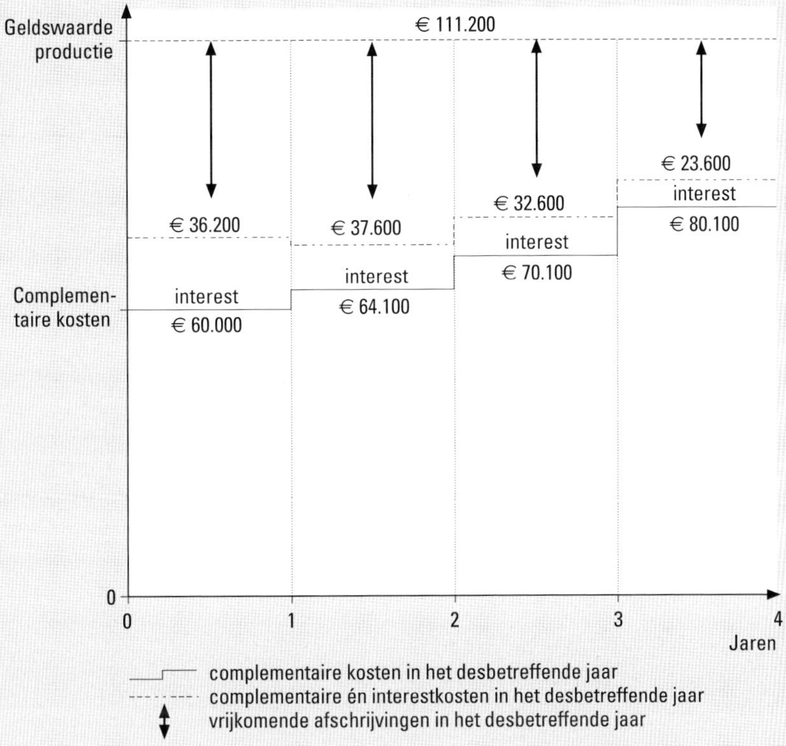

4.49 a Jaarlijkse afschrijving = (€100.000 − €20.000) : 4 = €20.000.

$$\frac{€20.000}{€100.000} \times 100\% = 20\% \text{ (van de aanschafwaarde)}$$

Jaar	**Vermogenskosten**	**+ Afschrijvingen**	**= Totaal** (in euro's)
1	0,08 × 100.000 = 8.000	+ 20.000	= 28.000
2	0,08 × 80.000 = 6.400	+ 20.000	= 26.400
3	0,08 × 60.000 = 4.800	+ 20.000	= 24.800
4	0,08 × 40.000 = 3.200	+ 20.000	= 23.200

b $$\left[1 - \left\{\frac{€20.000}{€100.000}\right\}^{\frac{1}{4}}\right] \times 100\%$$

$[1 - 0{,}2^{0{,}25}] \times 100\% = 33{,}1259\% \rightarrow 33{,}126\%$

Boekwaarde aan het begin van het jaar − afschrijvingen =
Boekwaarde aan het einde van het jaar

Jaar	Boekwaarde begin (in euro's)	Afschrijvingen (in euro's)	Boekwaarde eind (in euro's)
1	100.000,00	0,33126 × 100.000,00 = 33.126,00	66.874,00
2	66.874,00	0,33126 × 66.874,00 = 22.152,68	44.721,32
3	44.721,32	0,33126 × 44.721,32 = 14.814,38	29.906,94
4	29.906,94	0,33126 × 29.906,94 = 9.906,98	19.999,96

Jaar	Vermogenskosten	+ Afschrijvingen	= Totaal (in euro's)
1	0,08 × 100.000,00 = 8.000	+ 33.126,00	= 41.126,00
2	0,08 × 66.874,00 = 5.349,92	+ 22.152,68	= 27.502,60
3	0,08 × 44.721,32 = 3.577,71	+ 14.814,38	= 18.392,09
4	0,08 × 29.906,94 = 2.392,56	+ 9.906,98	= 12.299,54

c Afschrijvingen:

Jaar 1 = X
Jaar 2 = X − € 4.000
Jaar 3 = X − € 8.000
Jaar 4 = X − €12.000

Jaar 1 t.e.m. 4 = 4X − €24.000 = € 80.000
4X = €104.000
X = € 26.000

Jaar	Boekwaarde begin (in euro's)	− Afschrijvingen (in euro's)	Boekwaarde eind (in euro's)
1	100.000	− 26.000	= 74.000
2	74.000	− 22.000	= 52.000
3	52.000	− 18.000	= 34.000
4	34.000	− 14.000	= 20.000

Jaar	Vermogenskosten	+ Afschrijvingen	= Totaal (in euro's)
1	0,08 × 100.000 = 8.000	+ 26.000	= 34.000
2	0,08 × 74.000 = 5.920	+ 22.000	= 27.920
3	0,08 × 52.000 = 4.160	+ 18.000	= 22.160
4	0,08 × 34.000 = 2.720	+ 14.000	= 16.720

d1 Af te schrijven bedrag = €80.000

Annuïteit van de waardedaling = $€80.000 \times \left[\frac{0{,}08 \times (1 + 0{,}08)^4}{1{,}08^4 - 1}\right]$

$= €80.000 \times \frac{0{,}108839116}{0{,}360488959}$

= €80.000 × 0,301920802	€24.153,66
Vermogenskosten over restwaarde = 0,08 × €20.000 =	€ 1.600,00 +
Jaarlijks gelijk bedrag voor afschrijvingen en vermogenskosten = annuïteit	€25.753,66

2

1,08 × €100.000 =	€108.000,00
	€ 25.753,66 –
Boekwaarde begin tweede jaar =	€ 82.246,34
1,08 × €82.246,34 –	€ 88.826,05
	€ 25.753,66 –
Boekwaarde begin derde jaar =	€ 63.072,39
1,08 × €63.072,39 =	€ 68.118,18
	€ 25.753,66 –
Boekwaarde begin vierde jaar =	€ 42.364.52
1,08 × €42.364.52 =	€ 45.753,68
	€ 25.753,66 –
Boekwaarde einde vierde jaar (€0,02 afrondingsverschil)	€ 20.000,02

4.51 a Annuïteit = $€280.000 \times \left[\frac{0{,}08 \times (1 + 0{,}08)^3}{(1 + 0{,}08)^3 - 1}\right]$

$= €280.000 \times \frac{0{,}10077696}{0{,}259712}$

= €280.000 × 0,388033514 = €108.649,38

b Annuïteit =	€108.649,38	
Vermogenskosten jaar 1 = 0,08 ×€280.000 =	€ 22.400,00 –	
Afschrijving jaar 1:		€ 86.249,38
Annuïteit =	€108.649,38	
Vermogenskosten jaar 2 =		
0,08 × (€280.000 – €86.249,38) =	€ 15.500,05 –	
Afschrijving jaar 2:		€ 93.149,33
Annuïteit =	€108.649,38	
Vermogenskosten jaar 3 =		
0,08 × (€280.000 – €86.249,38 – €93.149,33) =	€ 8.048,10 –	
Afschrijving jaar 3:		€100.601,28 +
Totaal afschrijvingen		€279.999,99

5 Kostprijsberekening

5.8 a De integrale kostprijs is de kosten per product bij de normale productieomvang.

b

Variabele kosten bij de normale productie =	€ 5,95
Vaste kosten: €54.000 : 5.400 =	€10,00
Integrale kostprijs	€15,95

5.9 a Degressief stijgende variabele kosten.

b

Variabele kosten bij de normale productie =	€ 48,00
Vaste kosten: €92.000 : 1.100 =	€ 83,64
Integrale kostprijs	€131,64

5.11 a

1e kwartaal: 2/10 × 60.000 =	12.000
2e kwartaal: 3/10 × 60.000 =	18.000
3e kwartaal: 4/10 × 60.000 =	24.000
4e kwartaal: 1/10 × 60.000 =	6.000
	60.000

b

Hoogste productie in 3e kwartaal =	24.000
Reservecapaciteit: 0,15 × 24.000 =	3.600
Benodigde capaciteit in 3e kwartaal =	27.600

Benodigde capaciteit per jaar: 4 × 27.600 = 110.400.

De machine die aan deze capaciteitsbehoefte voldoet én tot de laagste kosten leidt, heeft een capaciteit van 125.000 eenheden. De rationele capaciteit is 125.000.

c

Beschikbare capaciteit	170.000	
Normale productie	60.000	–
Overcapaciteit	110.000	

d1

Rationele capaciteit	125.000		
Normale productie	60.000 –		
Rationele overcapaciteit		65.000	–
Irrationele overcapaciteit		45.000	

2

3e kwartaal is hoogseizoen: 4 × 24.000 =	96.000	
Normale productie	60.000	–
Overcapaciteit door seizoenen	36.000	
Reservecapaciteit: (0,15 × 24.000) × 4 =	14.400	
Technische ondeelbaarheid:		
125.000 – (60.000 + 36.000 + 14.400) =	14.600	+
Rationele overcapaciteit	65.000	

e Variabele kosten €2,50
Vaste kosten: €210.000 : 60.000 = €3,50 +
Integrale (standaard) kostprijs €6,00

f Jaarlijks verlies = €260.000 – €210.000 = €50.000

5.13 a1 Hoogste productie in 3e kwartaal 20.000
Reservecapaciteit: 0,1 × 20.000 = 2.000
Benodigde capaciteit in 3e kwartaal 22.000

Benodigde capaciteit per jaar: 4 × 22.000 = 88.000

De machines die aan deze capaciteitsbehoefte voldoen en tot de laagste kosten leiden:

	Vaste kosten (in euro's)	**Capaciteit**
1 × type A	100.000	20.000
1 × type B	300.000	80.000
Totaal	400.000	100.000

2 De rationele capaciteit = 100.000 eenheden.

b Rationele capaciteit 100.000
Normale productie: 16.000 + 16.000 + 20.000 + 12.000 = 64.000 –
Rationele overcapaciteit 36.000

3e kwartaal is hoogseizoen: 4 × 20.000 = 80.000
Normale productie 64.000 –

Overcapaciteit door seizoenen 16.000
Reservecapaciteit: (0,1 × 20.000) × 4 = 8.000
Technische ondeelbaarheid:
100.000 – (64.000 + 16.000 + 8.000) = 12.000 +

Rationele overcapaciteit 36.000

c Vaste kosten bij werkelijk gekochte machines:
3 × €150.000 = €450.000
Vaste kosten bij rationele capaciteit €400.000 –
Verlies door irrationele overcapaciteit € 50.000

d Variabele kosten € 3,75
Vaste kosten: €400.000 : 64.000 = € 6,25 +
Integrale kostprijs €10,00

5.16 a Type 1 = 0,2 m × 0,2 m = 0,04 m² × €10 = €0,40
Type 2 = 0,3 m × 0,4 m = 0,12 m² × €10 = €1,20
Type 3 = 0,5 m × 0,5 m = 0,25 m² × €10 = €2,50

b Normale productie in equivalente eenheden (uitgedrukt in eenheden van type 1):

Type 1 = 4.000 × 1 =	4.000 eenheden
Type 2 = 3.000 × 2 =	6.000 eenheden
Type 3 = 2.000 × 4 =	8.000 eenheden
	18.000 eenheden

Machinekosten per equivalente eenheid = €4.500 : 18.000 = €0,25 per equivalente eenheid.

Machinekosten per eenheid
Type 1 = €0,25
Type 2 = 2 × €0,25 = €0,50
Type 3 = 4 × €0,25 = €1,00

5.19 a (€252.000 : €700.000) × 100% = 36%.

b

Materiaal: 1,1 × €2 =	€ 2,20
Arbeid: 1/5 × €35 =	€ 7,00
Directe kosten	€ 9,20
Opslag indirecte kosten: 36% =	€ 2,52
Integrale kostprijs	€11,72

c Indirecte kosten per boek = $\frac{€252.000}{30.000 + 50.000} = €3,15$

Materiaal: 1,1 × €2 =	€ 2,20
Arbeid: 1/5 × €35 =	€ 7,00
Directe kosten	€ 9,20
Indirecte kosten	€ 3,15
Integrale kostprijs	€12,35

d1 Ja. De indirecte kosten (€252.000) zijn relatief hoog. Een onjuiste verdeling van deze kosten leidt tot een onjuiste kostprijs. Dit kan leiden tot foutieve beslissingen.

2 Door een verband tussen de indirecte kosten en een bepaald soort directe kosten vast te stellen. Hierbij wordt meestal uitgegaan van historische gegevens.

e
- Om de verkoopprijs vast te kunnen stellen (monopolie).
- Om de (gegeven) verkoopprijs te kunnen beoordelen (volkomen concurrentie).
- Om achteraf de efficiency van de productie vast te kunnen stellen (vergelijking van begrote en werkelijke cijfers).

5.22 a De meervoudige (verfijnde) opslagmethode.

b Totale directe kosten = €600.000 + €960.000 = €1.560.000.

Verdeling van de indirecte kosten:
- materialen = 0,3 × €400.000 = €120.000
- loonkosten = 0,2 × €400.000 = € 80.000
- overige kosten = 0,5 × €400.000 = €200.000

Opslag indirecte materialen:
(€120.000 : €600.000) × 100% = 20%.
Opslag indirecte arbeid:
(€80.000 : €960.000) × 100% = 8,33%.
Opslag overige indirecte kosten:
(€200.000 : €1.560.000) × 100% = 12,82%.

c

Materiaal:	€ 20
Arbeid	€ 30 +
Directe kosten	€ 50
Opslag indirecte kosten:	
• materialen 20% =	€ 4
• arbeid 8,33% =	€ 2,50
• overig 12,82% =	€ 6,41 +
Integrale fabricagekostprijs	€ 62,91

d

Integrale fabricagekostprijs	€62,91	(= 55%)
8% Verkoopkosten		8%
37% Winstopslag		37%
Verkoopprijs exclusief btw		= 100%

Verkoopprijs exclusief btw = 100/55 × €62,91 = €114,38.

Verkoopprijs inclusief btw = 1,21 × €114,38 = €138,40.

5.26 a1

Voorcalculatorische kostenverdeel- en dekkingsstaat De Elf Steden (bedragen in euro's)

	Hulpkostenplaatsen			**Hoofdkostenplaatsen**		**Totaal**
	Energie	Huisvesting	Magazijn	Productie	Verkoop	
Eerstverdeelde kosten:	120.000	200.000	140.000	80.000	100.000	640.000
Doorbelaste kosten:	− 120.000					
			10.000	70.000	40.000	
		− 200.000				
			60.000	120.000	20.000	
			210.000			
				210.000		
Saldo	0	0	0	480.000	160.000	

(**a2**) 640.000

Berekening doorbelastingstarieven:
Energie = €120.000 : 120.000 kWh = €1/kWh
Huisvesting = €200.000 : 10.000 m² = €20/m²

b Indirecte kosten ten laste van de noren:
0,45 × €480.000 = € 216.000
0,35 × €160.000 = € 56.000
Indirecte kosten € 272.000

Kosten per paar noren:
Staal: 1 kg × €10 = €10
Leer : 0,6 kg × €15 = € 9
Arbeid: 1,25 uur × €30 = €37,50 +

Directe kosten € 56,50
Indirecte kosten: €272.000 : 5.000 = € 54,40 +
Integrale commerciële kostprijs €110,90

c Indirecte kosten ten laste van de ijshockeyschaatsen:
0,55 × €480.000 = €264.000
0,65 × €160.000 = €104.000
Indirecte kosten €368.000

Kosten per paar ijshockeyschaatsen:

Staal: 1,5 kg × €9 =	€ 13,50
Leer : 0,8 kg × €10 =	€ 8,00
Arbeid: 1 uur × €30 =	€ 30,00 +
Directe kosten	€ 51,50
Indirecte kosten: €368.000 : 7.500 =	€ 49,07 +
Integrale commerciële kostprijs	€ 100,57

6 Integralekostprijsmethode en variabelekostencalculatie

6.4 a Proportioneel variabele kosten = €60

Vaste kosten per eenheid = $\frac{C}{N} = \frac{€240.000}{12.000} =$ €20 +

Integrale kostprijs €80

b

Transactieresultaat = 13.000 × (€125 – €80) =	€ 585.000	
Bezettingsresultaat = (14.000 – 12.000) × €20 =	€ 40.000	+
Resultaat volgens absorption costing (AC)	+ € 625.000	

c

Dekkingsbijdrage = 13.000 (€125 – €60) =	€ 845.000	
Vaste kosten	€ 240.000	–
Resultaat volgens variable costing (VC)	+ € 605.000	

d1 Bij de integralekostprijsmethode (AC) worden de vaste productiekosten aan de producten toegerekend. Als de voorraad toeneemt, wordt een gedeelte van de vaste productiekosten aan deze voorraadtoename toegerekend. Deze kosten komen als onderdeel van de voorraadwaardering op de balans te staan en komen niet ten laste van deze periode. Bij de variabelekostencalculatie (VC) komen alle vaste productiekosten in een bepaalde periode ten laste van die betreffende periode.

2 Voorraadmutatie × vaste productiekosten per eenheid = 1.000 × €20 = €20.000. Omdat het hier een voorraadtoename betreft (een gedeelte van de vaste productiekosten gaat bij AC naar de balans), is het resultaat volgens AC €20.000 hoger.

6.6 a1

Omzet = 4.200 × €9.800 =		€41.160.000
Variabele kosten van de omzet:		
• productie = 4.200 × €4.300 =	€18.060.000	
• verkoop = 4.200 × € 200 =	€ 840.000 +	
		€18.900.000 –
Dekkingsbijdrage		€22.260.000
Vaste kosten:		
• productie = 4.000 × €3.500 =	€14.000.000	
• verkoop =	€ 1.600.000 +	
		€15.600.000 –
Resultaat volgens variable costing		+ € 6.660.000

2 De voorraadtoename = 300 motorfietsen.
Verschil in resultaat = 300 × vaste productiekosten =
300 × €3.500 = €1.050.000
Winst VC = €6.660.000
Winst AC = €7.710.000

b Variabele verkoopkosten: 4.200 × €200 = €840.000
Vaste verkoopkosten:

Doorberekend t.l.v. de omzet: 4.200 × €400 =	€1.680.000
Overbezettingswinst: 200 × €400 =	€ 80.000 –
	€1.600.000

c De doorberekende variabele én vaste verkoopkosten zijn bij beide methoden gelijk. De verkoopkosten leiden niet tot een verschil in resultaat tussen AC en VC.

d

	Voordelen	**Nadelen**
AC	• De kosten per eenheid product zijn bekend.	• Door de productieomvang te wijzigen kan het resultaat worden beïnvloed. • De omvang van de normale productie moet worden vastgesteld.
DC	• Door de productieomvang te wijzigen kan het resultaat niet beïnvloed worden. • Er hoeft geen uitspraak gedaan te worden over de hoogte van de normale productie.	• Er wordt geen integrale kostprijs berekend.

6.11 a Break-evenpunt = $\frac{€40.000}{€3 - €1}$ = 20.000 pakken van 500 gram.

b Veiligheidsmarge = $\frac{50.000 - 20.000}{50.000} \times 100\% = 60\%$

c Als de werkelijke afzet 60% onder de verwachte afzet ligt, wordt er geen verlies geleden, maar ook geen winst gemaakt.

6.15 a

Omzet: 4.200 × €9.700 =	€ 40.740.000	
Variabele kosten van de omzet:		
4.200 × (€4.000 + €300 + €200) =	€ 18.900.000 –	
		€21.840.000
Vaste kosten:		
• machine: 4.000 × €2.000 =	€ 8.000.000	
• arbeid: 4.000 × €1.500 =	€ 6.000.000	
• verkoop: 4.000 × € 400 =	€ 1.600.000 +	
		€15.600.000 –
Winst volgens VC		€ 6.240.000

b Voorraadmutatie × vaste productiekosten per eenheid = voorraadtoename = 300 × €3.500 = €1.050.000.

c1 Break-evenpunt = $\dfrac{€15.600.000}{€9.700 - (€4.300 + €200)} = 3.000.$

2 Dekkingsbijdrage =

3.000 {€9.700 − (€4.300 + €200)} =	€ 15.600.000
Vaste kosten	€ 15.600.000
Resultaat	0

d Productie (= verkoopomvang) waarbij een winst van €5,2 mln wordt gerealiseerd =

$$\dfrac{€15.600.000 + €5.200.000}{€9.700 - (€4.300 + €200)} = 4.000.$$

6.25 a Bij de break-evenomzet geldt:

omzet	= kosten
omzet	= 0,6 × omzet + €200.000
0,4 × omzet	= €200.000
break-evenomzet	= €200.000 : 0,4 = €500.000.

b

omzet	= 0,6 × omzet + €200.000 + €300.000
0,4 × omzet	= €500.000
omzet waarbij €300.000 winst	= €500.000 : 0,4 = €1.250.000.

7.2 a Ex-ante budget: 24.000 × €96/100 = €23.040.

b Ex-post budget: 25.000 × €96/100 = €24.000.

c Werkelijke kosten €24.090.
Verschil tussen ex-post budget en werkelijke kosten:
€24.000 − €24.090 = − €90
PV = (SP − WP) × WH = SP × WH − WP × WH
EV = (SH − WH) × SP

SH (grondstof) = 25.000 × 3 kg/100 dozen = 750 kg
SH (loon) = 25.000 × 1 uur/100 dozen = 250 uur

PV (grondstof)	= SP × WH − WP × WH =		
	€20 × 780 − €15.210	= €390 (+)	
PV (loonkosten)	= SP × WH − WP × WH =		
	€36 × 240 − €8.880	= €240 (−)	
			€150 (+)
EV (grondstof)	= (SH − WH) × SP	=	
	(750 − 780) × €20	= €600 (−)	
EV (loonkosten)	= (SH − WH) × SP	=	
	(250 − 240) × €36	= €360 (+)	
			€240 (−)
			€ 90 (−)

7.4 a1 In de machineafdeling is alleen sprake van vaste kosten. In dat geval verdient een vast budget de voorkeur.

2 De machineafdeling rekent per machine-uur €80 door aan de fabricageafdeling. Voor de fabricageafdeling zijn de machinekosten proportioneel variabel. Omdat de overige kosten ook proportioneel variabel zijn, heeft voor de fabricageafdeling een variabel budget de voorkeur.

b1 Budget voor de machineafdeling = €5.400.000 : 4 = €1.350.000.

2

Vereiste eindvoorraad einde derde kwartaal: 0,3 × 7.600 =	2.280	
Afzet derde kwartaal: 7.200 + 7.800 + 8.000 =	23.000	+
	25.280	
Beginvoorraad begin derde kwartaal: 0,3 × 7.200 =	2.160	−
Vereiste productie in derde kwartaal	23.120	

Budget voor de fabricageafdeling = 23.120 (€100 + €15 + €60) = €4.046.000.

7.5 a1 Een gemengd budget, omdat er sprake is van proportioneel variabele en vaste kosten.

2

Vereiste voorraad velgen eind april: 0,6 × 12.000 =	7.200	
Verkopen april:	11.000	+
Transporteren	18.200	

Transport	18.200
Voorraad velgen begin april: 0,6 × 11.000 =	6.600 –
Vereiste productie in april	11.600

Gemengd budget voor de productieafdeling:	
Toegestane variabele kosten: 11.600 × (€150 + €60) =	€2.436.000
Toegestane vaste kosten: €3.000.000 : 12 =	€ 250.000
Totale toegestane kosten productieafdeling	€2.686.000

b Inkoop materialen in april voor de productie in juni:

Vereiste voorraad velgen eind juni: 0,6 × 9.000 =	5.400
Verkoop van velgen in juni	10.000 +
	15.400
Voorraad velgen begin juni: 0,6 × 10.000 =	6.000 –
Vereiste productie van velgen in juni	9.400

Inkoopbudget materialen voor april = 9.400 × €150 = €1.410.000.

c Gelduitgave in april = inkoop materialen in maart = productie van velgen in mei

Vereiste voorraad velgen eind mei: 0,6 × 10.000 =	6.000
Verkopen van velgen in mei	12.000 +
	18.000
Voorraad velgen begin mei: 0,6 × 12.000 =	7.200 –
Vereiste productie van velgen in mei	10.800

Gelduitgave in april in verband met inkopen in maart =
10.800 × €150 = €1.620.000

1 Liquiditeitsbegroting april:

Beginsaldo Kas		€ 400.000
Geldontvangsten in verband met verkopen in:		
Maart: (13.000 × €300) × 0,8 = €3.120.000		
April: (11.000 × €300) × 0,2 = € 660.000		
		€3.780.000 +
Beginsaldo + geldontvangsten		€4.180.000
Gelduitgaven in verband met:		
Inkoop materialen: 10.800 × €150 =	€1.620.000	
Arbeid: 11.600[1] × €60 =	€ 696.000	
Variabele verkoopkosten: 11.000 × €15 =	€ 165.000	
Vaste productiekosten: €3.000.000 : 12 =	€ 250.000	
Vaste verkoopkosten: €720.000 : 12 =	€ 60.000 +	
Totale gelduitgaven		€2.791.000 –
2 Eindsaldo Kas		€1.389.000

1 productie in april = 11.600

7.7 a Begroot transactieresultaat = 100.000 × (€800 − €500) = € 30.000.000
Werkelijk transactieresultaat = 110.000 × (€760 − €500) = € 28.600.000
€ 1.400.000 (−)

b1 Verkoopprijsverschil = $q_w \times (p_w - p_b)$ =
110.000 × (€760 − €800) = € 4.400.000 (−)

2 Verkoopomvangverschil m.b.t. brutomarge =
$(q_{EP} - q_{EA}) \times (p_b - K_p)$ =
(110.000 − 100.000) × (€800 − €500) = € 3.000.000 (+)
€ 1.400.000 (−)

c Ja. Als bijvoorbeeld de prijzen verlaagd worden, zal dit een positief effect hebben op de verkochte hoeveelheid. Het gevolg is een negatief verkoopprijsverschil, maar ook een positief verkoopomvangverschil m.b.t. brutomarge. Het totale effect op de omzet hangt af van de prijselasticiteit van de gevraagde hoeveelheid voor dat product.

d Het budget houdt een taakstelling (en een uitdaging) in voor de verkoopmanager. Na afloop van de periode kunnen de verschillen tussen het budget en de gerealiseerde cijfers worden geanalyseerd. De resultaten van deze analyse kunnen aanleiding geven om het beleid bij te stellen.

7.10 a Grondstof = 2 kg × €3/kg = € 6

$$\text{Vaste productiekosten} = \frac{€300.000}{12 \times 5.000} = €\ 5\ +$$

Integrale standaardfabricagekostprijs €11

b Omzet = 4.700 × €17 = €79.900
Werkelijke kosten van de *productie* (5.200 eenheden):
- grondstofverbruik €31.320
- vaste productiekosten = €300.000 : 12 = €25.000 +

€56.320
Voorraadtoename = 500 × €11 = € 5.500 −

Werkelijke kosten van de *omzet* (4.700 eenheden) €50.820 −
Werkelijk resultaat volgens AC €29.080

c1 Transactieresultaat = 4.700 × (€17 − €11) = €28.200 (+)

2 *Werkelijke* productie = 5.200 eenheden.
De standaardhoeveelheid (SH) voor grondstofverbruik = 5.200 × 2 kg = 10.400 kg.
Efficiencyverschil = (SH − WH) × SP =
(10.400 − 10.800) × €3 = € 1.200(−)

3 Prijsverschil = (SP − WP) × WH =
SP × WH = €3 × 10.800 = €32.400
WP × WH = €31.320 −
€ 1.080 (+)

4 Bezettingsresultaat = (W − N) × C/N =
(5.200 − 5.000) × €5 = € 1.000 (+)

€29.080 (+)

7.19 a Vast budget en flexibel budget.

b Variabel budget = 38.000 × €21 = €798.000.

c Werkelijke kosten:

• materiaal:	37.500 × €5,65 =	€211.875
• arbeid:	7.560 × €41 =	€309.960
• machinekosten:	7.800 × €35 =	€273.000
		€794.835

Budgetresultaat = €798.000 − €794.835 = + €3.165.

d De standaardhoeveelheden voor de *werkelijke* productie = SH =

• materiaal =	38.000 × 1 kg = 38.000 kg
• arbeid =	38.000 × 0,2 uur = 7.600 uur
• variabele machinekosten =	38.000 × 0,2 uur = 7.600 uur.

1 Efficiencyverschillen =	(SH − WH) × SP	
• materiaal =	(38.000 − 37.500) × €6 =	€ 3.000 (+)
• arbeid =	(7.600 − 7.560) × €40 =	€ 1.600 (+)
• variabele machinekosten =	(7.600 − 7.800) × €35 =	€ 7.000 (−)
2 Prijsverschillen =	(SP − WP) × WH =	
	SP × WH – WP × WH	
• materiaal =	(€6 − €5,65) × 37.500 =	€ 13.125 (+)
• arbeid =	(€40 − €41) × 7.560 =	€ 7.560 (−)
Totaal verschillen assemblageafdeling		€ 3.165 (+)

De assemblageafdeling is verantwoordelijk voor het aantal gebruikte machine-uren. De machineafdeling is verantwoordelijk voor de kosten (de prijs) van een machine-uur. Daarom berekenen we – met betrekking tot de variabele machinekosten – voor de assemblageafdeling alleen een efficiencyverschil en voor de machineafdeling alleen een prijsverschil.

e Gemengd ex-post budget voor de machineafdeling:

variabel =	7.800 × €10 =	€ 78.000
vast =	40.000 × 0,2 uur × €25/uur =	€200.000 +
		€278.000

f Werkelijke kosten machineafdeling:

variabel =	€ 70.200	
vast =	€210.000 +	
		€ 280.200 −
	Budgetverschil	€ 2.200 (−)

- Prijsverschil op variabele machinekosten =
  SP × WH – WP × WH = (€10 × 7.800) − €70.200 = € 7.800 (+)
- Budgetverschil vaste machinekosten =
  begrote vaste machinekosten − werkelijke
  vaste machinekosten = (40.000 × €5) − €210.000 = € 10.000 (−)

€ 2.200 (−)

g Bezettingsresultaat = (W − N) × C/N
N = 40.000 × 0,2 machine-uur = 8.000 machine-uren.
(7.800 − 8.000) × €25 = € 5.000 (−)

h1	Toegestane kosten = 38.000 × €21 =		€798.000
2	Werkelijke kosten:		
	• materialen: 37.500 × €5,65 =	€211.875	
	• arbeid: 7.560 × €41 =	€309.960	
	• variabele machinekosten	€ 70.200	
	• vaste machinekosten	€210.000 +	€ 802.035
3	Verschil		€ 4.035 (−)

4 Totaal van de verschillen =
+ €3.165 − €2.200 − €5.000 = − €4.035.

i 1 Hoofd van de assemblageafdeling.
2 Hoofd van de inkoopafdeling.
3 Hoofd van de assemblageafdeling.
4 Hoofd van de machineafdeling.

7.24 a1 De werkelijke materiaalkosten per eenheid product X zijn:
€706.000 : 12.400 = €56,94.
2 De standaardmateriaalkosten per eenheid product X zijn:
€660.000 : 12.000 = €55.

b1 De standaardhoeveelheid arbeid voor de werkelijke productie =
12.400 × 5 uur = 62.000 uur.

Efficiencyverschil = (SH − WH) × SP = SH × SP − WH × SP	
SH × SP = toegestane arbeidskosten bij 62.000 uur =	€1.047.800
WH × SP = toegestane arbeidskosten bij 64.000 uur =	€1.081.600 −
Efficiencyverschil = €1.047.800 − €1.081.600 =	€ 33.800 (−)

2 Prijsverschillen = (SP − WP) × WH = SP × WH − WP × WH
Arbeid = €1.081.600 − €1.074.000 = + €7.600

c1 Totale variabele indirecte kosten : aantal machine-uren
€606.000 : 60.000 = €10,10
€626.200 : 62.000 = €10,10
€646.400 : 64.000 = €10,10
Het standaardtarief voor variabele indirecte kosten = €10,10 per machine-uur.
2 Standaardtarief vaste indirecte kosten =

$$\frac{\text{Vaste kosten}}{\text{Normale productie}} = \frac{(C)}{(N)} = \frac{€500.000}{60.000} = €8,33 \text{ per machine-uur.}$$

d De toegestane arbeidskosten per arbeidsuur zijn:
€1.014.000 : 60.000 = €16,90
€1.047.800 : 62.000 = €16,90
€1.081.600 : 64.000 = €16,90
Per product X zijn 5 arbeidsuren nodig (60.000 arbeidsuren : 12.000 producten X).

De toegestane arbeidskosten per product X = 5 × €16,90 = €84,50.

Het ex-post budget voor 2016 bestaat uit:
Directe kosten:

materiaalkosten: 12.400 × €55 =	€ 682.000
arbeidskosten: 12.400 × €84,50 =	€ 1.047.800
Indirecte kosten:	
variabel: 12.400 × 5 × €10,10 =	€ 626.200
vast	€ 500.000 +
	€ 2.856.000

e Bezettingsresultaat = (W – N) × C/N =

$$(64.000 - 60.000) \times \frac{€500.000}{60.000} = 4.000 \times €8{,}33 = + €33.320.$$

f Gemengd budget.
Uit de kostenbudgetten kunnen afgeleid worden:
Toegestane materiaalkosten = €55 per product.
Toegestane kosten van arbeid = €84,50 per product.
Toegestane variabele machinekosten = €50,50 per product. Voor deze kosten is sprake van een variabel budget.
Voor de vaste machinekosten geldt een vast budget. Voor het geheel is daarom sprake van een gemengd budget.

7.28 a $\frac{100}{80} \times €26 = €32{,}50.$

b1 Verkoopresultaat = 45.000 (€38 – €32,50) = + €247.500.

2 Ex-post budget = 45.000 × €32,50 = €1.462.500

Werkelijke kosten:		
grondstofkosten:		
grondstofverbruik – opbrengst afval =		
€1.057.800 – €27.787,50 =	€ 1.030.012,50	
arbeid	€ 121.000	
vaste machinekosten	€ 182.000	
variabele machinekosten	€ 132.930 +	
Werkelijke fabricagekosten		€1.465.942,50 –
Nadelig fabricageresultaat		€ 3.442,50 (–)

c1 Prijsverschillen = (SP – WP) × WH = SP × WH – WP × WH
- grondstoffen = (€2,50 × 410.000) – €1.057.800 = €32.800 (–)
- arbeid = (€22 × 6.050) – €121.000 = €12.100 (+)
- variabele machinekosten =
(€20 × 6.300) – €132.930 = € 6.930 (–)

2 Berekening van de standaardhoeveelheden (SH) voor de werkelijk gerealiseerde productie:
- grondstoffen = 56.250 × 7,2 kg = 405.000 kg
- arbeid = 56.250 × 0,1 uur = 5.625 uur
- machine-uren = 56.250 × 0,125 uur = 7.031,25 uur

Efficiencyverschillen = (SH − WH) × SP

- grondstoffen = (405.000 − 410.000) × €2,50 = € 12.500 (−)
- arbeid = (5.625 − 6.050) × €22 = € 9.350 (−)
- machine-uren = (7.031,25 − 6.300) × €50 = € 36.562,50 (+)

3 Begrote vaste machinekosten €180.000
Werkelijke vaste machinekosten €182.000
Nadelig prijsverschil op vaste machinekosten € 2.000 (−)

4 Bezettingsresultaat = (W – N) × C/N

$$(6.300 - 6.000) \times \frac{€180.000}{6.000} = \quad € \; 9.000 \; (+)$$

5 Afvalresultaat =
Werkelijke opbrengst afval − standaardopbrengst afval =
€27.787,50 − (56.250 × €0,45)[1] = € 2.475 (+)

6 Uitvalresultaat =
(Standaard hoeveelheid uitval – Werkelijke hoeveelheid uitval)
× Standaardkostprijs = (0,2 × 56.250 − 11.250) × € 32,50 = 0

d − €32.800 + €12.100 − €6.930 − €12.500 − €9.350 +
€36.562,50 − €2.000 + €9.000 + €2.475 = €3.442,50 (−)

1 of 405.000 × $^{0,36}/_{7,2}$ × €1,25 = €25.312,50

8 Beslissingsondersteunende calculaties

8.1 Als alle opbrengsten direct tot geldontvangsten leiden en alle kosten (met uitzondering van afschrijvingen) direct tot gelduitgaven leiden, dan geldt: netto-ontvangst = winst na belastingen + afschrijvingen (afschrijvingen zijn kosten, maar geen gelduitgave) = €32.500 + €30.000 = €62.500.

of de netto-ontvangst =
totale ontvangsten − totale uitgaven = €300.000 − (€90.000 + €100.000 + €20.000 + €10.000) = €62.500.

8.2 a $3 \text{ jaar} + \dfrac{(€200.000 - €180.000)}{€60.000} \text{ jaar} = \times\ 3\tfrac{1}{3} \text{ jaar.}$

b $\text{GBR} = \dfrac{(-\ €200.000 + 5 \times €60.000) : 5}{\dfrac{(€200.000 + €20.000)}{2}} \times 100\% = 18{,}18\%.$

c Contante waarde van de netto-ontvangsten in:

	Per jaar	Gecumuleerd
Jaar 1 = €60.000 : 1,12	= €53.571,43	€ 53.571,43
Jaar 2 = €60.000 : $1{,}12^2$	= €47.831,63	€101.403,06
Jaar 3 = €60.000 : $1{,}12^3$	= €42.706,81	€144.109,87
Jaar 4 = €60.000 : $1{,}12^4$	= €38.131,08	€182.240,95
Jaar 5 = €60.000 : $1{,}12^5$	= €34.045,61	€216.286,56

Aan het einde van het vijfde jaar overschrijdt de som van de contante waarden van de geldontvangsten voor het eerst het investeringsbedrag. De economische terugverdientijd = 5 jaar.

d1 (bedragen × €1.000)

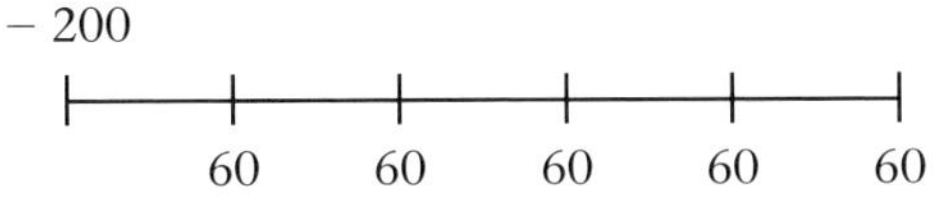

Contante waarde van de netto-ontvangsten in:

Jaar 1 = €60.000 : 1,12 =	€ 53.571,43
Jaar 2 = €60.000 : $1{,}12^2$ =	€ 47.831,63
Jaar 3 = €60.000 : $1{,}12^3$ =	€ 42.706,81
Jaar 4 = €60.000 : $1{,}12^4$ =	€ 38.131,08
Jaar 5 = €60.000 : $1{,}12^5$ =	€ 34.045,61 +
Contante waarde	€ 216.286,56
Investering	€ 200.000,00 −
Netto contante waarde	€ 16.286,56 +

2 Ja, omdat de netto contante waarde positief is.
De rentabiliteit bedraagt meer dan 12%.

8.10 a Kosten alternatief A = kosten alternatief B

$$€80.000 + €5q = €150.000 + €3q$$
$$€5q - €3q = €150.000 - €80.000$$
$$€2q = €70.000$$
$$q = 35.000$$

b1 Break-evenpunt bij alternatief A =

$$\frac{€80.000}{€9 - €5} = 20.000 \text{ stuks.}$$

2 Break-evenpunt bij alternatief B =

$$\frac{€150.000}{€9 - €3} = 25.000 \text{ stuks.}$$

c Alternatief B (relatief hoge vaste kosten, waardoor de EBIT sterk kan fluctureren).

9 Vermogensbehoefte

9.2 **a** Vermogensbehoefte in verband met:

• gebouwen	€480.000
• voorraden	€ 80.000
• inventaris	€100.000
• kasgeld	€ 12.000 +
Totale vermogensbehoefte	€672.000

b

Voorgecalculeerde balans (bedragen × €1.000)

Gebouwen	480	Eigen vermogen	112
Voorraden	80	Lening vader	180
Inventaris	100	Hypothecaire lening	300
Kas	12	Crediteuren	80
Totaal activa	672	Totaal vormogen	672

9.3 **a**

Geldontvangsten:		10.000 × €90 =	€900.000
Gelduitgaven: leer	10.000 × €40 =	€400.000	
arbeid	10.000 × €25,50 =	€255.000 +	
			€ 655.000 −
Toename liquide middelen			€ 245.000

b De toename liquide middelen is het gevolg van:

gerealiseerde winst: 10.000 (€90 − €71) =	€ 190.000
vrijgekomen afschrijvingen: 10.000 × €5,50 =	€ 55.000 +
	€ 245.000

9.4 **a** Vermogensbehoefte in verband met:

• veiligheidsvoorraad	€100.000
• inkoop	€300.000 +
Maximale vermogensbehoefte	€400.000

b De minimale vermogensbehoefte houdt verband met de veiligheidsvoorraad en bedraagt €100.000.

c

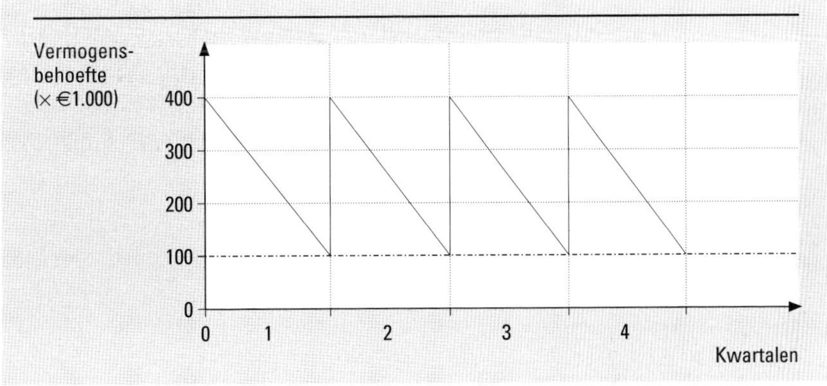

9.6 a $\frac{€4.200.000}{€1.400.000} = 3.$

b $\frac{€4.200.000}{€1.050.000} = 4.$

c Beide situaties zijn niet goed vergelijkbaar. Operational leasing heeft een gunstige invloed op de omloopsnelheid van het gemiddeld geïnvesteerde vermogen van de onderneming. Ondernemingen die relatief veel gebruikmaken van operational leasing hebben een hogere omloopsnelheid dan vergelijkbare ondernemingen, die geen of minder gebruikmaken van operational leasing.

9.9 a Afschrijving per duurzaam productiemiddel per jaar = (€200.000 − €0) : 4 = €50.000

Jaar	Aantal duurzame productiemiddelen aan begin van het jaar	Afschrijving (× €1.000)	Aantal aan het einde van het jaar aangeschafte nieuwe duurzame productiemiddelen	Restant (× €1.000)[1]
1	5	250	1	50
2	5 + 1 = 6	300	1	150
3	6 + 1 = 7	350	2	100
4	7 + 2 = 9	450	2	150
5	9 + 2 − 5 = 6	300	2	50
6	6 + 2 − 1 = 7	350	2	–
7	7 + 2 − 1 = 8	400	2	–
8	8 + 2 − 2 = 8	400	2	–
9	8 + 2 − 2 = 8	400	2	–
enz.				

1 Berekening restant (× €1.000):

	beginsaldo + afschrijvingen	− aanschaf	= restant
jaar 1 =	0 + 250	− 200	= 50
jaar 2 =	50 + 300	− 200	= 150
jaar 3 =	150 + 350	− 400	= 100
jaar 4 =	100 + 450	− 400	= 150
jaar 5 =	150 + 300	− 400	= 50
jaar 6 =	50 + 350	− 400	= 0
jaar 7 =	0 + 400	− 400	= 0
enz.			

Op lange termijn kunnen acht duurzame productiemiddelen worden aangeschaft zonder extra vermogen aan te trekken.

b Het voordeel is dat de productiecapaciteit kan worden uitgebreid zonder dat daarvoor extern vermogen hoeft te worden aangetrokken.

9.12 a

Verkopen		Geldontvangsten (bedragen in euro's)		
		April	Mei	Juni
Maart:				
contant	0,2 × €260.000			
op rekening	0,8 × €260.000	208.000		
April:				
contant	0,2 × €280.000	56.000		
op rekening	0,8 × €280.000		224.000	
Mei:				
contant	0,2 × €250.000		50.000	
op rekening	0,8 × €250.000			200.000
Juni:				
contant	0,2 × €220.000			44.000
op rekening	0,8 × €220.000			
Totaal ontvangsten		264.000	274.000	244.000

b Eind juni is van afnemers te vorderen (Debiteuren) 80% van €220.000 = €176.000.

9.13 a1 $\frac{1}{12} \times$ €1.800.000 = €150.000.

2 $\frac{1\frac{1}{2}}{12} \times$ €2.400.000 = €300.000.

10 Vormen van eigen vermogen

10.1 a Te storten kapitaal: 130% × €60 mln = €78 mln.

b

Liquide middelen	€78.000.000	
Aan Aandelenkapitaal		€60.000.000
Aan Agioreserve		€18.000.000

10.2 a

Gestort aandelenkapitaal	€ 2.800.000
Agioreserve	€ 1.200.000
Winstreserve	€ 1.680.000
	€ 5.680.000

Intrinsieke waarde per aandeel = $\frac{€5.680.000}{400.000}$ = €14,20.

b

Nominaal geplaatst =	€ 4.000.000
Agio	€ 1.200.000 +
	€ 5.200.000 : 400.000 = €13.

c1 Rentabiliteitswaarde = $\frac{€840.000}{0,12}$ = €7.000.000

Intrinsieke waarde	€5.680.000
2 Goodwill	€1.320.000

10.4 a

Geplaatst nominaal aandelenkapitaal	€20.000.000
Door aandeelhouders nog te storten	€ 8.000.000 –
Geplaatst én gestort kapitaal	€12.000.000

Winstverdeling:

Winst na vennootschapsbelasting	€1.100.000
Primair dividend: 0,03 × €12.000.000 =	€ 360.000 –
	€ 740.000
Reservering: 0,6 × €740.000 =	€ 444.000 –
Secundair dividend	€ 296.000

b Totaal dividend = €360.000 + €296.000 = €656.000

Dividendpercentage = $\frac{€656.000}{€12.000.000}$ × 100% = 5,5%.

10.11 a Reeds uitstaande aandelen = $\frac{€24.000.000}{€100}$ = 240.000

Aantal nieuwe aandelen = $\frac{€12.000.000}{150\% \times €100}$ = 80.000 +

Aantal aandelen na emissie 320.000

Verwachte beurskoers na emissie = $\frac{€60.000.000}{320.000}$ = €187,50.

b Er moeten 3 claims per nieuw aandeel worden ingeleverd
(240.000 claims : 80.000 nieuwe aandelen = 3 claims per aandeel).
3 claims + €150 (bijbetaling) = €187,50
3 claims = €187,50 − €150

$$1 \text{ claim} = \frac{€187,50 - €150}{3} = €12,50.$$

c

Balans (bedragen × €1.000)

Gebouwen	20.000	Aandelenkapitaal	32.000
Machines	14.000	Agioreserve	14.000
Inventaris	8.000	Winstreserve	9.000
Voorraden	4.000	Banklening	4.000
Debiteuren	5.000	Crediteuren	6.000
Kas	14.000		
Totaal activa	65.000	Totaal vermogen	65.000

d 3 claims + €150 (bijbetaling) = verwachte beurskoers
3 × €10 + €150 = verwachte beurskoers
Verwachte beurskoers = €180.

10.16 a Aandelenkapitaal + €4.000.000.
Winstreserve − €4.000.000.

b Na uitgifte van bonusaandelen is het aandelenkapitaal €24.000.000 = 240.000 aandelen.
Na de splitsing zijn er 480.000 aandelen met een nominale waarde van €50 per aandeel.

c

Balans (bedragen × €1.000)

Gebouwen	22.000	Aandelenkapitaal	24.000
Machines	16.000	Agioreserve	12.400
Inventaris	8.000	Winstreserve	14.000
Voorraden	7.000	Banklening	3.000
Debiteuren	2.000	Crediteuren	2.600
Kas	1.000		
Totaal activa	56.000	Totaal vermogen	56.000

d Herkapitalisatie.

e

Aandelenkapitaal	€24.000.000	
Agioreserve	€12.400.000	
Winstreserve	€14.000.000	+
Eigen vermogen	€50.400.000	

Intrinsieke waarde per aandeel (nominaal €50) =

$$\frac{\text{eigen vermogen}}{\text{aantal uitstaande aandelen}} = \frac{€50.400.000}{480.000} = €105.$$

11 Vormen van vreemd vermogen

11.5 a Voor drie converteerbare obligaties (in totaal nominaal €3.000) + €400 worden 100 aandelen (nominaal €10) ontvangen. Het agio per 100 aandelen = (€3.000 + €400) − €1.000 = €2.400. Per aandeel €2.400 : 100 = €24.

Per omwisseling wordt €3.000 obligatielening omgezet in aandelen. Deze 'handeling' moet 2.000 keer worden uitgevoerd om 2.000 × €3.000 = €6.000.000 te converteren.

Journaalpost:

Converteerbare obligatielening (2000 × €3.000)	€6.000.000	
Kas (2.000 × €400)	€ 800.000	
Aan Aandelenkapitaal (200.000 × €10)		€2.000.000
Aan Agioreserve (200.000 × €24)		€4.800.000

b $\text{Conversiekoers} = \dfrac{3 \times €1.000 + €400}{100 \times €10} \times 100\% = 340\%$

of $\text{conversiekoers} = \dfrac{3 \times €1.000 + €400}{100} = €34\ (340\% \times €10)$

11.8 a $\text{Conversiekoers} = \dfrac{2 \times €1.000 + €600}{50 \times €20} \times 100\% = 260\% = 260\% \times €20 = €52.$

b De conversiewaarde volgt uit:
2 converteerbare obligaties + €600 = 50 aandelen
2 × conversiewaarde + €600 = 50 × €60
2 × conversiewaarde = €3.000 − €600 = €2.400

Conversiewaarde = €2.400 : 2 =	€1.200
Beurswaarde	€1.300
Verschil	€ 100

c De kopers van deze converteerbare obligaties verwachten een koersstijging van de aandelen.

d De conversiewaarde is €1.200. Bij aflossing wordt €1.050 ontvangen. Alle beleggers zullen geconverteerd hebben.

11.14 a

Te betalen: €1.980 of €2.000

$\text{Kosten leverancierskrediet} = \dfrac{€20}{€1.980} \times \dfrac{360}{20} \times 100\% = 18{,}18\%.$

11.17 a Eigen vermogen = aandelenvermogen + agioreserve
= €18.000.000 + €2.000.000 = €20.000.000
Vreemd vermogen = €39.800.000 – €20.000.000 = €19.800.000

b
- Pensioenvoorziening
- Garantievoorziening
- Hypotheek
- Banklening, indien de looptijd van de lening langer is dan 1 jaar.

c
- Hypotheek op Terreinen en Gebouwen
- Machines en Transportmiddelen in onderpand geven
- Cessie van Debiteuren.

12.6 a

Liquiditeitsbegroting (bedragen in euro's)

	1e kwartaal	2e kwartaal
Beginsaldo kas	10.000 (+)	10.000 (+)
Beginsaldo rekening-courant	25.000 (–)	29.200 (–)
Beginsaldo liquide middelen	15.000 (–)	19.200 (–)
Geldontvangsten:		
• verkopen 1e kwartaal	510.000 (+)	
• verkopen 2e kwartaal		405.000 (+)
Beginsaldo LM + geldontvangsten	495.000 (+)	385.800 (+)
Gelduitgaven:		
• inkoop december + februari + maart	355.000 (–)	
• inkoop april + mei + juni		285.000 (–)
• aflossing lening	10.000 (–)	
• interest onderhandse lening[1]	3.600 (–)	
• interest banklening[2]	2.400 (–)	2.400 (–)
• vooruitbetaalde IB en winstuitkering	30.000 (–)	30.000 (–)
• lonen[3]	27.000 (–)	27.000 (–)
• vakantiegeld[4]		9.180 (–)
• sociale lasten[5]	10.800 (–)	10.800 (–)
• gas, water, licht	15.000 (–)	15.000 (–)
• telefoon	400 (–)	800 (–)
• winstuitkering en inkomstenbelasting[6]	60.000 (–)	
Totaal gelduitgaven	514.200 (–)	380.180 (–)
Beginsaldo LM + geldontvangsten – gelduitgaven	19.200 (–)	5.620 (+)
Vereist eindsaldo kas	10.000 (+)	10.000 (+)
Eindsaldo rekening-courant	29.200 (–)	4.380 (–)

1 = 0,06 × € 60.000
2 = (0,08 × € 120.000) : 4
3 = (3 × € 3.000) × 3
4 = (0,085 × 12 × € 3.000) × 3
5 = (3 × € 1.200) × 3
6 = € 180.000 – € 120.000 (voorschot)

b

Voorgecalculeerde winst- en verliesrekening

Brutowinst: 0,3 × €915.000[1] =		€274.500
Kosten:		
• interest onderhandse lening[2]	€ 1.550	
• interest banklening[3]	€ 4.800	
• loonkosten	€54.000	
• vakantiegeld[4]	€ 4.590	
• sociale lasten	€21.600	
• gas, water, elektra	€30.000	
• telefoon	€ 1.200	
• afschrijving gebouwen[5]	€14.000	
• afschrijving oude inventaris[6]	€30.000	
• afschrijving nieuwe inventaris[7]	€ 1.000	
• toevoeging voorziening onderhoud	€ 6.000 +	
		€168.740 –
Winst		€105.760

1 €180.000 + €160.000 + €170.000 + €115.000 + €140.000 + €150.000

2 1/12 × (0,06 × €60.000) = € 300
5/12 × (0,06 × €50.000) = – 1.250
€1.550

3 (0,08 × €120.000) : 2

4 0,085 × € 54.000

5 0,02 × €700.000

6 0,06 × €500.000

7 0,01 × €100.000

12.15 a $\text{REV} = \dfrac{€300.000}{€1.600.000 + €660.000} \times 100\% = 13{,}27\%\ (0{,}1327).$

b $\text{KVV} = \dfrac{€70.000}{€2.140.000} \times 100\% = 3{,}27\%\ (0{,}0327).$

c $\text{RTV} = \dfrac{€500.000 + €70.000}{€4.400.000} \times 100\% = 12{,}95\%\ (0{,}1295).$

d Belastingvoet = €200.000 : €500.000 = 0,4.

$$\text{REV} = (1 - 0{,}4)\left[0{,}1295 + (0{,}1295 - 0{,}0327)\ \frac{€2.140.000}{€2.260.000}\right]$$

$$= 0{,}6 \times [0{,}1295 + 0{,}0968 \times 0{,}9469] = 0{,}1327.$$

e Er is sprake van een positieve hefboomwerking, omdat RTV groter is dan KVV.

f Een voorziening is een toekomstige verplichting waarvan het moment van ontstaan en de omvang op dit moment niet exact bekend zijn, maar wel redelijkerwijze geschat kan worden. Het is in ieder geval geen 'potje met geld'.

12.16 a Gemiddeld eigen vermogen (× €1.000) =

$$\frac{(700 + 100 + 600) + (700 + 100 + 650)}{2} = 1.425$$

$$\text{REV} = \frac{€90.000}{€1.425.000} \times 100\% = 6{,}32\% \ (0{,}0632).$$

b Gemiddeld totaal vermogen (× €1.000) = (1.770 + 1.930) : 2 = 1.850

$$\text{RTV} = \frac{€160.000 + €50.000}{€1.850.000} \times 100\% = 11{,}35\% \ (0{,}1135).$$

c Gemiddeld vreemd vermogen (× €1.000) =

$$\frac{(30 + 80 + 260) + (40 + 110 + 220 + 70 + 40)}{2} = 425$$

$$\text{KVV} = \frac{€50.000}{€425.000} \times 100\% = 11{,}76\% \ (0{,}1176).$$

d Belastingvoet = €70.000 : €160.000 = 0,4375

$$\text{REV} = (1 - 0{,}4375)\left[0{,}1135 + (0{,}1135 - 0{,}1176)\ \frac{€425.000}{€1.425.000}\right]$$

$$= 0{,}5625 \times [0{,}1135 - 0{,}0041 \times 0{,}2982] = 0{,}0632.$$

e Negatieve hefboomwerking, omdat RTV kleiner is dan KVV.

12.22 a Nettowerkkapitaal = Vlottende activa – Vlottende passiva (bedragen × €1.000)
op 1-1 = (90 + 70 + 60) − (55 + 10 + 30) = 220 − 95 = 125
op 31-12 = (140 + 20 + 100) − (50 + 20 + 50) = 260 − 120 = 140.

b Current ratio = Vlottende activa : Vlottende passiva
op 1-1: 220 : 95 = 2,32
op 31-12: 260 : 120 = 2,17.

c In 2016 is het nettowerkkapitaal gestegen maar de current ratio gedaald. Een daling van de current ratio betekent dat de vlottende activa verhoudingsgewijs minder zijn gestegen dan de vlottende passiva. Bovendien is bij de vlottende activa een toename in debiteuren en voorraden opgetreden, de liquide middelen zijn afgenomen. Uit het voorgaande volgt dat de liquiditeit in 2016 is afgenomen.

d
- De kengetallen zijn momentopnames.
- Een deel van de voorraden is nagenoeg onverkoopbaar (niet liquide).
- De wijze waarop de voorraden gewaardeerd zijn, heeft invloed op de hoogte van de kengetallen.
- Ten aanzien van de current ratio is window dressing mogelijk.

12.36 a Kasstroom uit operationele activiteiten (bedragen in euro's):

EBIT = Bedrijfsresultaat[1]		746.000 (+)
Aanpassing tot nettokasstroom uit operationele activiteiten:		
Afschrijving gebouwen	150.000 (+)	
Afschrijving inventaris	100.000 (+)	
Afschrijving machines	250.000 (+)	
Afname voorziening	200.000 (−)	
Kasstroom op winstbasis		300.000 (+)
Mutatie in nettowerkkapitaal (excl. Kas en Rekening-courant):		
Toename voorraden	300.000 (−)	
Afname debiteuren	100.000 (+)	
Toename crediteuren	100.000 (+)	
Toename te betalen belasting	74.700 (−)	
		174.700 (–)
Belasting lopend boekjaar		85.300 (–)
Operationele kasstroom		786.000 (+)
Kasstroom uit investeringsactiviteiten:		
Bruto-investering in gebouwen[2]	450.000	
Bruto-investering in inventaris[3]	100.000	
Bruto-investering in machines[4]	450.000	
Brutoinvestering in vaste activa:		1.000.000 (–)
Vrije kasstroom:		214.000 (–)
Geldstromen van en naar de vermogensmarkt:		
Toename rekening-courant	433.500 (+)	
Aflossing hypotheek	100.000 (−)	
Toename aandelenvermogen én agio	600.000 (+)	
Betaalde interest	319.500 (−)	
Betaalde dividend	200.000 (−)	
Nettokasstroom uit hoofde van financieringsactiviteiten		414.000 (+)
Mutatie kas		200.000 (+)

Toelichting:
Bruto-investering = toename balanswaarde + afschrijvingen

1 Bedrijfsresultaat = €426.500 + €319.500 = €746.000
2 Gebouwen: €300.000 + €150.000
3 Inventaris: 0 + €100.000
4 Machines: €200.000 + €250.000

b1 EBIT = Bedrijfsresultaat
= Omzet – Kosten van de omzet (met uitzondering van interestkosten)
= €8.000.000 − €7.254.000 = €746.000

$$\text{RTV} = \frac{\text{Bedrijfsresultaat}}{\text{Gemiddeld geïnvesteerd totaal vermogen}} \times 100\%$$

$$= \frac{€746.000}{\frac{€7.200.000 + €8.100.000}{2}} \times 100\% =$$

$$= \frac{€746.000}{€7.650.000} \times 100\% = 9{,}75\%\ (0{,}0975)$$

2

Dupont-chart Freetime NV

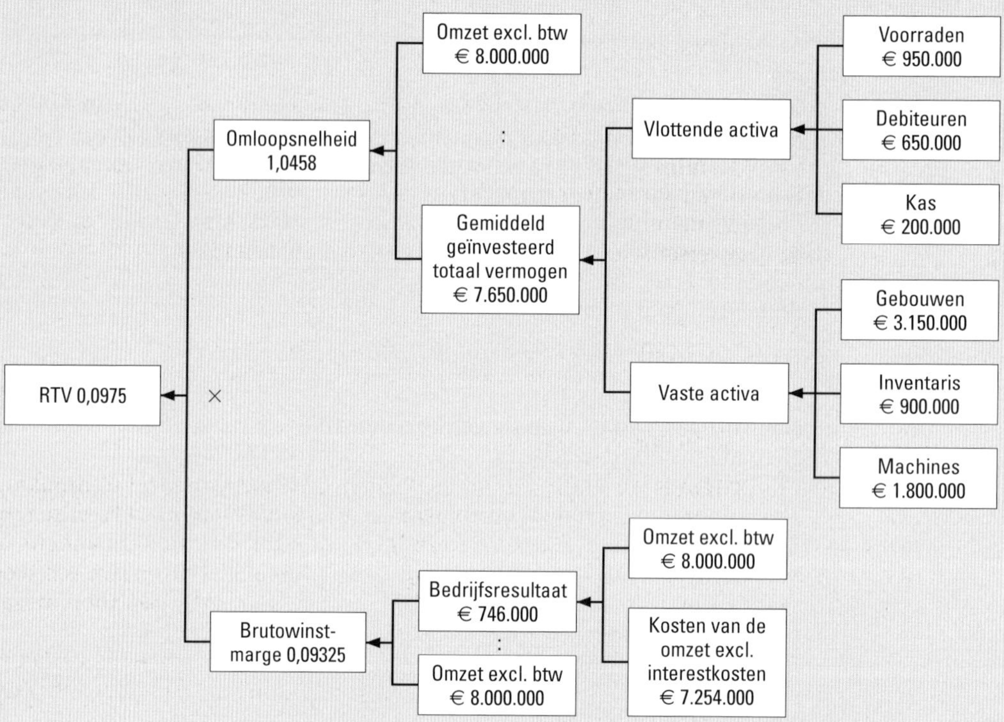

Toelichting bij Dupont-chart Freetime nv:
Kosten van de omzet exclusief interestkosten =
€7.573.500 − € 319.500 = €7.254.000

Voorraden:	(€ 800.000 + €1.100.000) : 2 = € 950.000
Debiteuren:	(€ 700.000 + € 600.000) : 2 = € 650.000
Kas:	(€ 100.000 + € 300.000) : 2 = € 200.000
Gebouwen:	(€3.000.000 + €3.300.000) : 2 = €3.150.000
Machines:	(€1.700.000 + €1.900.000) : 2 = €1.800.000.

c1 Rentekosten na belasting: (1 – 0,2) × €319.500 = € 255.600
Aflossingsverplichting € 100.000 +

Verplichtingen i.v.m. vreemd vermogen € 355.600

$$\text{Debt-service coverage ratio} = \frac{\text{Vrije kasstroom}}{\text{Verplichtingen i.v.m. vreemd vermogen}}$$

$$= \frac{-\text{€}214.000}{\text{€}355.600} = -0{,}6$$

2 De debt-service coverage ratio is negatief. Dat wordt in deze opgave veroorzaakt door een negatieve vrije kasstroom. Een negatieve vrije kasstroom houdt in dat uit de ondernemingsactiviteiten (met uitzondering van de transacties met de vermogensmarkt) onvoldoende financiële middelen beschikbaar komen om:

- de rentekosten (na vennootschapsbelasting) te betalen;
- de aflossingsverplichtingen na te komen.

Een negatieve vrije kasstroom kan zich tijdelijk voordoen. Het komt vooral voor als grote investeringen worden verricht (zoals in deze opgave). Op lange termijn zal de vrije kasstroom een zodanige (positieve) omvang moeten krijgen dat de debt-service coverage ratio groter wordt dan + 1. Dan is de onderneming in staat zijn verplichtingen/verwachtingen ten aanzien van de verschaffers van vreemd vermogen waar te maken.

d1 $$\text{DSR} = \frac{\text{EBITDA}}{\text{Interestkosten} + \text{aflossingsverplichtingen}} =$$

$$\frac{\text{€}1.246.000}{\text{€}319.500 + \text{€}100.000} = 2{,}97.$$

2 De EBITDA is ruim voldoende (de DSR van 2,97 brengt dat tot uitdrukking) om de interestkosten en aflossingsverplichtingen *te dekken*. Of Freetime nv in staat is de interest- en aflossingen *te betalen*, hangt ook af van andere gelduitgaven die Freetime nv wil/moet verrichten. In deze opgave is bijvoorbeeld €1 mln nodig voor investeringen, waardoor de vrije kasstroom negatief wordt. Dit leidt ook tot een negatieve waarde van de DSCR.
Freetime nv heeft eigen vermogen aangetrokken en het rekening-courantkrediet verhoogd om aan haar betalingsverplichtingen (waaronder aflossingen en interest) te kunnen voldoen.

13 Waardering en resultaatbepaling

13.1a Voorraadmutaties fifo

Verkopen 2017	Voorraad	Inkopen 2017		
	31-12-2016 20.000 × €20	Januari 5.000 × €22	April 15.000 × €25	September 20.000 × €28
Februari 20.000	20.000			
Juni 15.000		5.000	10.000	
December 10.000			5.000	5.000
Eindvoorraad 31-12-2017				15.000 × €28

Transactieresultaten fifo-methode:

februari:	20.000 × (€30 − €20) =		€ 200.000
juni:	5.000 × (€35 − €22) =	€ 65.000	
	10.000 × (€35 − €25) =	€ 100.000 +	
			€ 165.000
december:	5.000 × (€40 − €25) =	€ 75.000	
	5.000 × (€40 − €28) =	€ 60.000 +	
			€ 135.000
Totaal transactieresultaten fifo-methode			€ 500.000 (+)

Voorraadmutaties lifo

Verkopen 2017	Voorraad	Inkopen 2017		
	31-12-2016 20.000 × €20	Januari 5.000 × €22	April 15.000 × €25	September 20.000 × €28
Februari 20.000	15.000	5.000		
Juni 15.000			15.000	
December 10.000				10.000
Eindvoorraad 31-12-2017	5.000 × €20			10.000 × €28

Transactieresultaten lifo

februari:	15.000 × (€30 − €20) =	€150.000	
	5.000 × (€30 − €22) =	€ 40.000	+
		€190.000	
juni:	15.000 × (€35 − €25) =	€150.000	
december:	10.000 × (€40 − €28) =	€120.000	
Totaal transactieresultaten lifo		€460.000	(+)

b1 Voorraadwaardering bij fifo: 15.000 × €28 = €420.000

2 Voorraadwaardering bij lifo:

5.000 × €20 = €100.000

10.000 × €28 = €280.000 +

€380.000 −

Verschil in voorraadwaardering € 40.000

c De aanhoudende stijging van de inkoopprijs van de goederen en het gegeven verloop van de inkopen en verkopen leidt ertoe dat de voorraadwaardering volgens de lifo-methode €40.000 lager is dan bij de fifo-methode. Dit leidt ertoe dat het resultaat volgens de lifo-methode €40.000 lager is dan bij de fifo-methode.

d De substantialistische resultaatbepalingsmethoden hebben tot doel de prijsstijgingen van de (normale) voorraad buiten de winst te houden.

13.2 a1 Fifo-methode

Verkopen 2016	Voorraad	Inkopen	
	1-4-2016 200 × €400	5-4-2016 100 × €430	20-4-2016 300 × €480
8-4-2016 250	200	50	
28-4-2016 130		50	80
Voorraad 30-4-2016			220 × €480 = €105.600

Transactieresultaten fifo:

8-4-2016: 250	200 (€630 − €400) =	€ 46.000	
	50 (€630 − €430) =	€ 10.000 +	
			€56.000
28-4-2016: 130	50 (€690 − €430) =	€13.000	
	80 (€690 − €480) =	€16.800 +	
			€29.800 +
			€85.800 (+)

2 Lifo-methode

Verkopen 2016		Voorraad	Inkopen	
		1-4-2016 200 × €400	5-4-2016 100 × €430	20-4-2016 300 × €480
8-4-2016	250	150	100	
28-4-2016	130			130
Voorraad 30-4-2016		50 × €400 = € 20.000	+	170 × €480 = € 81.600 → €101.600

Transactieresultaten lifo:

8-4-2016: 250
- 150 × (€630 – €400) = €34.500
- 100 × (€630 – €430) = €20.000 +

= €54.500

28-4-2016: 130 × (€690 – €480) = €27.300 +

€81.800 (+)

3 Gemiddelde-inkoopprijsmethode

1-4 Voorraad	200	×	€400	= € 80.000
5-4 Inkoop	100	×	€430	= € 43.000 +
	300	×	€410	= €123.000
8-4 Verkoop	250	×	€410	= €102.500 –
	50	×	€410	= € 20.500
20-4 Inkoop	300	×	€480	= €144.000 +
	350	×	€470	= €164.500
28-4 Verkoop	130	×	€470	= € 61.100
30-4 Voorraad	220	×	€470	= €103.400

Transactieresultaten bij gemiddelde inkoopprijs:

8-4	250 (€630 – €410) =	€55.000
28-4	130 (€690 – €470) =	€28.600
		€83.600

b Vergelijking van de winst:

Fifo	€85.800	Fifo	€85.800
Lifo	<u>€81.800</u>	Gemiddelde inkoopprijs	<u>€83.600</u>
	€ 4.000		€ 2.200

Vergelijking voorraadwaardering:

Fifo	€105.600	Fifo	€105.600
Lifo	<u>€101.600</u>	Gemiddelde inkoopprijs	<u>€103.400</u>
	€ 4.000		€ 2.200

(€ 2.200 = € 2.200)

c Voordeel:
- Per transactie kan een resultaat berekend worden.

Nadelen:
- Het kost veel rekenwerk.
- De prijsstijgingen worden slechts in beperkte mate buiten de winst gehouden.

d Lifo. Van de in deze opgave besproken methode is lifo het beste in staat om de prijsstijgingen buiten de winst te houden.

13.4 a Voorraadmutaties lifo

Verkopen		**Voorraad**	**Inkopen**		
		1-10-2016 4.000 × €55	8-10-2016 5.000 × €60[1]	22-10-2016 8.000 × €70[2]	
12-10-2016	6.000	1.000	5.000		
29-10-2016	7.000			7.000	
Eindvoorraad		3.000 × €55 = €165.000	+	1.000 × €70 = €70.000	→ €235.000

1 Inkoopprijs exclusief btw = €72,60 : 1,21 = €60
2 Inkoopprijs exclusief btw = €84,70 : 1,21 = €70

Waarde van de eindvoorraad = €165.000 + €70.000 = €235.000

Berekening verkoopprijzen exclusief btw:
€96,80 : 1,21 = €80
€104,06 : 1,21 = €86

Resultaten lifo:

12-10-2016: 6.000 ─┬─ 5.000 × (€80 − €60) = €100.000
                   └─ 1.000 × (€80 − €55) = € 25.000 +

			€125.000
29-10-2016: 7.000 × (€86 − €70) =			€112.000 +
Brutowinst			€237.000
Afschrijvingen: €2.000 + €2.600 =		€ 4.600	
Overige bedrijfskosten: €16.940 : 1,21 =		€ 14.000	
			€ 18.600 −
Winst lifo			€218.400

b1 Aan de fiscus af te dragen:

• 21/121 × €580.800 =	€100.800		
• 21/121 × €728.420 =	€126.420		
		€ 227.220	
Met de fiscus te verrekenen:			
• 21/121 × €363.000 =	€ 63.000		
• 21/121 × €677.600 =	€117.600		
• 21/121 × € 16.940 =	€ 2.940		
		€ 183.540 −	
Aan de fiscus te betalen		€ 43.680	

2

Beginsaldo kas	€ 100.000	
Geldontvangsten in verband met verkopen: €580.800 + €728.420 =	€1.309.220	
		€1.409.220
Gelduitgaven in verband met:		
• inkopen: €363.000 + €677.600 =	€1.040.600	
• overige bedrijfskosten:	€ 16.940	
• betaalde btw:	€ 43.680	
		€1.101.220 −
Eindsaldo kas		€ 308.000

c Waarde eindvoorraad (zie tabel bij antwoord **a**) = €165.000 + €70.000 = €235.000.

d

Balans 31 oktober 2016 (bedragen in euro's)

Gebouwen	400.000		Eigen vermogen (begin)	700.000
Afschrijving	2.000 −		Winst oktober 2016	218.400
			Vreemd vermogen	280.000
		398.000		
Inventaris	260.000			
Afschrijving	2.600 −			
		257.400		
Voorraad goederen		235.000		
Kas		308.000		
Totaal activa		1.198.400	Totaal vermogen	1.198.400

13.8 a Lifo

Verkopen		Voorraad	Inkoop	
		1-1-2016	6-8-2016	
		8.000 × €16,50	10.000 × €20	
15-2-2016	4.000	4.000		
26-6-2016	3.000	3.000		
5-12-2016	5.000		5.000	
Voorraad		1.000 × €16,50 =	5.000 × € 20 =	
31-12-2016		€ 16.500 +	€100.000 →	€116.500

Waardering eindvoorraad volgens lifo = €16.500 + €100.000 = €116.500

Transactieresultaten lifo:

15-2-2016: 4.000 × (€19 − €16,50) =	€10.000
26-6-2016: 3.000 × (€22,50 − €16,50) =	€18.000
5-12-2016: 5.000 × (€23 − €20) =	€15.000
Transactiewinst	€43.000

b

Transactieresultaten		€43.000
Afschrijving inventaris: (€30.000 – €0) : 5 =	€ 6.000	
Interest: 0,1 × €80.000 =	€ 8.000 +	
		€14.000 –
Winst 2016		€29.000

c

Balans 31 december 2016 (bedragen in euro's)

Inventaris	30.000		Eigen vermogen (begin)	150.000
Afschrijving	6.000 –		Winst 2016	29.000
			Banklening	72.000
		24.000		
Voorraad goederen		116.500		
Kas[1]		110.500		
Totaal activa		251.000	Totaal vermogen	251.000

1 Berekening eindsaldo kas:

Beginsaldo kas:		€68.000	
Geldontvangsten:			
4.000 × €19 =	€ 76.000		
3.000 × €22,50 =	€ 67.500		
5.000 × € 23 =	€115.000 +		
		€258.500 +	
			€326.500
Gelduitgaven in verband met:			
inkopen: 10.000 × € 20 =	€200.000		
interest: 2 × €4.000 =	€ 8.000		
aflossing:	€ 8.000		
			€ 216.000 –
			€ 110.500

d Lifo

Verkopen		Voorraad 1-1-2017		Inkoop 31-1-2017
		1.000 × €16,50	5.000 × €20	5.000 × €20,50
8-5-2017	3.000			3.000
Voorraad 30-6-2017		1.000 × €16,50 = €16.500	5.000 × €20 = €100.000	2.000 × €20,50 = €41.000

Voorraadwaardering op basis van de minimumwaarderingsregel:
8.000 × €16 = €128.000

Boekverlies door toepassing van de minimumwaarderingsregel:
1.000 (€16,50 − €16) = € 500
5.000 (€20,00 − €16) = € 20.000
2.000 (€20,50 − €16) = € 9.000 +
€ 29.500

Winst- en verliesrekening over eerste 6 maanden van 2017 (bedragen in euro's)

Afschrijving	3.000	Transactieresultaat[2]	15.000
Interest[1]	3.600	Verlies	21.100
Boekverliezen op voorraden	29.500		
	36.100		36.100

1 (0,1 × €72.000) : 2 = €3.600
2 3.000 (€25,50 − €20,50) = €15.000.

e

Balans 30 juni 2017 (bedragen in euro's)

Inventaris	24.000		Eigen vermogen (begin)	179.000
Afschrijving	3.000		Banklening	72.000
		21.000		
Voorraad goederen		128.000		
Kas[1]		80.900		
Verlies		21.100		
Totaal activa		251.000	Totaal vermogen	251.000

1 Berekening eindsaldo kas:

Beginsaldo kas:	€110.500	
Geldontvangsten: 3.000 × €25,50 =	€ 76.500 +	
		€187.000
Gelduitgaven in verband met:		
• inkopen: 5.000 × €20,50 =	€ 102.500	
• interest: 0,1 × €72.000 × 0,5 =	€ 3.600 +	
		€106.100 −
		€ 80.900

13.12 a Boekwaarde op 2-1-2014 = €100.000
Afschrijving over 2014 en 2015: 2 × €10.000 = € 20.000 –
Boekwaarde op 2-1-2016 (voor herwaardering) € 80.000

b Jaarlijkse afschrijvingen op basis van de vervangingswaarde =

$$\frac{€130.000 - 0}{10} = €13.000.$$

Er had afgeschreven moeten worden: 2 × €13.000 = € 26.000
Er is afgeschreven € 20.000 –
Verlies ten gevolge van inhaalafschrijvingen € 6.000

c De boekwaarde van de nog aanwezige werkeenheden (voor herwaardering) = €80.000. Boekwaarde na herwaardering 1,3 × €80.000 = €104.000.

1 Journaalpost van de herwaardering
Machines (0,3 × €100.000) € 30.000
Aan Afschrijving machines € 6.000
Aan Herwaarderingsreserve € 24.000 (0,3 × €80.000)
2 Verlies door inhaalafschrijving € 6.000
Aan Herwaarderingsreserve € 6.000
3 Grootboekrekening Machines:
Aanschafwaarde € 100.000
Debitering door herwaardering € 30.000 +
€130.000

Grootboekrekening Afschrijving machines:
Afschrijvingen 2014 en 2015: € 20.000
Inhaalafschrijving € 6.000 +
€ 26.000 –
Boekwaarde na herwaardering € 104.000

d €10.000 + 30% = €13.000
of alternatieve berekening: €104.000 : 8 = €13.000.

Numerieke antwoorden
Hoofdstuk 1

1.16 **a** Uitgaande primaire geldstromen €32.060.000
b Ingaande primaire geldstromen €3.220.000
c Uitgaande secundaire geldstromen €250.000
d Ingaande secundaire geldstromen €35.000.000

1.17 **a** Uitgaande primaire geldstromen €42.240.000
b Ingaande primaire geldstromen €38.400.000
c Uitgaande secundaire geldstromen €6.470.000
d Ingaande secundaire geldstromen €10.000.000

Hoofdstuk 2

2.4 **a** €70.000
b €30.000

2.5 **b** Klaas €35.000
Piet €165.000

2.6 **a1** €353.366
2 €289.785

2.7 **a1** €25.766
2 €21.910
c1 €27.910

Hoofdstuk 3

3.2 a Totaal investeringsbedrag €1.903.400

3.3 Balanstotaal = €1.933.000

3.4 Totaal investeringsbedrag = €872.800

3.6 1e kwartaal €355.000
2e kwartaal €284.000
3e kwartaal €345.000
4e kwartaal €376.000

3.7 1e kwartaal €276.000
2e kwartaal €342.000
3e kwartaal €336.000
4e kwartaal €402.000

3.8 d1 €985.200
2 €985.000
3 €56.800
4 €0

3.9 a

(Bedragen in euro's)	1e kw	2e kw	3e kw	4e kw
Geldontvangsten van debiteuren	431.000	384.000	320.000	460.000
Totale gelduitgaven	754.750	278.950	559.180	326.180

d1 €1.624.060
2 €1.595.000
3 €295.000
4 €264.060

3.10

a1
2
b1
2

(Bedragen in euro's)	1e kwartaal	2e kwartaal	3e kwartaal	4e kwartaal
Betaling inkopen	€139.150	€145.200	€157.300	€108.900
Afgedragen btw	€ 35.700	€ 36.750	€ 37.800	€ 44.100
Geldontvangst verkopen	€211.750	€217.800	€254.100	€242.000
Terugontvangen btw	€ 23.100	€ 24.150	€ 25.200	€ 27.300

3.11 Begroot resultaat 1e kwartaal €58.940
2e kwartaal €43.940
3e kwartaal €36.440
4e kwartaal €46.440

3.12 a Verwachte winst €4.200
b Toename Kas € 200
c Toename Kas €8.500
d Winst €5.000
e Balanstotaal €9.000
f Kasmutatie – €4.760
g Verlies €1.060
h Balanstotaal €3.940

3.13 a

(Bedragen in euro's)	januari	februari	maart
Begrote geldontvangsten	145.200	111.320	169.400
Begrote gelduitgaven	233.608	133.120	169.890

b Begrote winst 2017 = €183.620

3.14 a Totale investering = €705.000
b Financiering met rekening-courant = €15.000
c Balanstotaal = €705.000

3.16 b Eindsaldo kas = €215.000
c Begrote winst = €81.000
d Balanstotaal = €1.521.000

3.17 Eindsaldi Bank (rekening-courant) juli t.e.m. september:
– €149.000, – €116.000, – €83.000

3.18 a Brutomarge = €720.000
b EBITDA = €345.000
c EBIT = €315.000
d Resultaat na vennootschapsbelasting = €206.250
e Cashflow = €236.250

3.19 a Vast €118.000, variabel 62% van de omzet
b €310.526,32
c €942.105,26

3.20 a Vast €254.000, variabel 54,6% van de omzet
b €559.471,37
c €1.088.105,73
d1 BEP wordt €625.550,66
2 BEP wordt €717.514,12

Hoofdstuk 4

4.3 **a** Kosten = €16.220
b Gelduitgaven = €17.260

4.4 **a** Kosten = €17.900
b Gelduitgaven = €23.670

4.5 **a** Jaarlijkse onderhoudskosten = €6.000

4.6 **a** Jaarlijkse renovatiekosten = €20.000

4.8 **a** Jaarlijkse kosten groot onderhoud = €300.000

4.9 **b** Winst = €2.200

4.10 **b** Winst = €42.000

4.11 **b1** Kostprijs = €49,50
2 Kostprijs = €57,00

4.13 **b1** Kostprijs = €402,50
2 Kostprijs = €437,00

4.14 **a** Geldontvangsten €372.000
b Saldo debiteuren €60.000
c Gelduitgaven €141.000

4.15 **a** Kostprijs handtas = €43,50
b Jaarlijkse winst = €198.000
c1 Mutatie kas:
2014 = + €290.000 2016 = + €270.000
2015 = + €270.000 1e kw 2017 = + €444.000
2 Eindsaldi crediteuren:
2014 = €40.000 2015 = €40.000 2016 = €20.000
3

Mutatiekas	2014	2015	2016	2017
(× €1.000)	+290	+270	+270	+444

d1 Balanstotaal = €1.334.000
2 Eigen vermogen per 31 maart 2017 = €1.334.000

4.16 **a** Kostprijs bontjas = €530
b Jaarlijkse winst = €612.000
c1 Mutatie kas:
2014 = + €680.000 2016 = + €680.000
2015 = + €680.000 1e kw 2017 = + €436.000
2 Eindsaldi crediteuren:
2014 = €270.000 2015 = €270.000 2016 = €180.000
d1 Balanstotaal = €2.516.000

4.17 **a** Saldo debiteuren = €240.000
Voorraad kristal = €132.000
Saldo crediteuren = €66.000

b1 Begrote inkopen = €1.632.000
2 Geldontvangsten van debiteuren = €2.140.000
Begrote winst = €108.000

4.18 a Eindsaldo liquide middelen (Kas) €480.000
b Winst €30.000
c Balanstotaal €3.900.000
d1 €1.480.000
2 €1.700.000
3 €300.000
4 €360.000

4.19 Kosten rietverbruik per mand = €4,21

4.20 Materiaalkosten per kostuum = €84,44

4.21 Totale kosten tegels = €21.776,60

4.22 Grondstofkosten per pot (eerste keus) = €2,53

4.23 Kostprijs van een goedgekeurd boek = €1,70

4.24 b €445
c €1.285
d €1.705

4.25 a Kostprijs per goedgekeurd product = € 4,50.
b + € 22,50

4.26 a Kosten per goedgekeurd halffabricaat = €30,83
b Kostprijs goedgekeurde tuinstoel = €41,24

4.27 b Kosten per ongekeurd eindproduct = €15,25
c Kostprijs goedgekeurd eindproduct = €18

4.28 Grondstofkosten voor 100 goede pannen = €83,72

4.29 a Grondstofkosten per doos Bruxelles = €10,13
b Kosten nemen toe met €1,11 per doos bonbons

4.31 a Technische voorraad = 120.000
b Economische voorraad = 130.000

4.32 a Economische voorraad = 352
b Technische voorraad = 320
c Economische voorraad = 344

4.33 b €157.800
c 1.200
d €149.800

4.34 a2 Totale bestel- en opslagkosten = €909
b2 Totale bestel- en opslagkosten = €1.284

4.35 Totaal loonkosten €35.945
Totaal uren = 1.626,856
Loonkosten per uur = €22,09

4.36 **a** Werkelijk uurloon = €20
b Werkelijk uurloon = €15

4.37 **a** Werkelijk uurloon = €27
b Werkelijk uurloon = €18
c Werkelijk uurloon = €23,85

4.38 **a** Loon per 4 weken = €1.605,12
d1 Machinaal inpakken kost €920 meer

4.39 **a** 1218,4 uur
b €69.492,16
c €96,62
d €99,94
e €91,65
f €95,82

4.41 **a** 4 jaar
b Jaar 1 = €26.500, jaar 2 = €22.600
c Aan einde 2e jaar
d Verlies = €18.700

4.42

	1e jaar	2e jaar	3e jaar
a	€95.000	€55.000	€25.000
b	€ 9.500	€ 5.500	€ 2.500

c1 €1,575
2 €1,50
3 €1,625
d 2 jaar
e €34.500

4.43 **a** Economische levensduur = 3 jaar (kostprijs exclusief proportioneel variabele kosten = €0,35)
b Afschrijvingen: jaar 1 = €12.000,
jaar 2 = €7.700, jaar 3 = € 5.300. Totaal €25.000.
e2 Afschrijvingen: jaar 1 = €12.000, jaar 2 = €4.100, jaar 3 = €1.800,
jaar 4 = −€5.000. Economische levensduur blijft 3 jaar.
f Verlies = €13.600

4.44 **c** Economische levensduur = 3 jaar (kostprijs exclusief proportioneel variabele kosten = €26,85)
d1 Afschrijvingen: jaar 1 = €337.000,
jaar 2 = €233.500, jaar 3 = €129.500. In totaal €700.000.
e1 Economische levensduur = 4 jaar (kostprijs exclusief proportioneel variabele kosten = €19,04)
2 Economische levensduur wordt 3 jaar
3 Verlies door economische veroudering = €124.960

4.45 b Economische levensduur = 4 jaar (kostprijs exclusief proportioneel variabele kosten = €5,56)

c Afschrijvingen: jaar 1 = €36.200,
jaar 2 = €37.600, jaar 3 = €32.600,
jaar 4 = €23.600. In totaal €130.000.

4.46 a Economische levensduur = 3 jaar (kostprijs exclusief proportioneel variabele kosten = €0,66)

b Economische levensduur blijft 3 jaar

c Afschrijvingen: jaar 2 = €15.800,
jaar 3 = €6.300,jaar 4 = – €3.400,
jaar 5 = – €12.900, jaar 6 = – €22.800

d Verlies door economische veroudering = €74.700

4.47 a Materiaalkosten per ongekeurd product = €43

c Economische levensduur = 3 jaar (machine-uurtarief = €54)

d Machinekosten per ongekeurd product = €27

e Kosten per ongekeurd product = €92

f Kostprijs = €96,75

4.48 b Economische levensduur = 3 jaar (machine-uurtarief = €77,30)

c Machinekosten per kinderzitje = €5,15

d1 Afschrijvingen: jaar 1 = €71.000,
jaar 2 = €55.912,50, jaar 3 = €32.825. In totaal €159.737,50.

3/4 Afrondingsverschil = €262,50.

f Economische levensduur wordt 4 jaar

g Verlies door economische veroudering = €100.025

4.49 a

Jaar	**Afschrijvingen** (in euro's)	**Vermogenskosten** (in euro's)
1	20.000	8.000
2	20.000	6.400
3	20.000	4.800
4	20.000	3.200

b

Jaar	**Afschrijvingen** (in euro's)	**Vermogenskosten** (in euro's)
1	33.126	8.000
2	22.152,68	5.349,92
3	14.814,38	3.577,71
4	9.906,98	2.392,56

c

Jaar	Afschrijvingen (in euro's)	Vermogenskosten (in euro's)
1	26.000	8.000
2	22.000	5.920
3	18.000	4.160
4	14.000	2.720

d Annuïteit (afschrijvingen + vermogenskosten) = €25.753,66

4.50 a

Jaar	Afschrijvingen (in euro's)	Vermogenskosten (in euro's)
1	36.000	20.000
2	36.000	16.400
3	36.000	12.800
4	36.000	9.200
5	36.000	5.600

b

Jaar	Afschrijvingen (in euro's)	Vermogenskosten (in euro's)
1	73.800	20.000
2	46.567,80	12.620
3	29.384,28	7.963,22
4	18.541,48	5.024,79
5	11.699,68	3.170,64

c

Jaar	Afschrijvingen (in euro's)	Vermogenskosten (in euro's)
1	46.000	20.000
2	41.000	15.400
3	36.000	11.300
4	31.000	7.700
5	26.000	4.600

d Jaarlijkse annuïteit = €49.483,55 (afschrijvingen + vermogenskosten)

4.51 a Jaarlijkse annuïteit = €108.649,38 (afschrijvingen + vermogenskosten)

b

Jaar	**Afschrijvingen** (in euro's)	**Vermogenskosten** (in euro's)
1	86.249,38	22.400
2	93.149,33	15.500,05
3	100.601,28	8.048,10
	279.999,99	

4.52 a Jaarlijkse annuïteit = €86.022,41

b

Jaar	**Afschrijvingen** (in euro's)	**Vermogenskosten** (in euro's)
1	56.022,41	30.000
2	61.624,65	24.397,76
3	67.787,12	18.235,29
4	74.565,83	11.456,58
	260.000,01	

4.53 b EBIT = €33.050; EAT = €26.200

Hoofdstuk 5

5.3 **a** Kostprijs = €12,00

5.4 **a** Fabricagekostprijs = €6,35
b Commerciële kostprijs = €7,00
c Verkoopprijs = €10

5.5 **a** Variabele kosten per eenheid = €7,00
b Vaste kosten na uitbreiding = €88.000
c Integrale kostprijs = €13,29

5.6 **a** 1.573 uur
b €35,74/uur
c €50,04/uur

5.7 **a** 1.634 uur
b €39,69/uur
c €53,58/uur

5.8 **b** Integrale kostprijs = €15,95

5.9 **b** Integrale kostprijs = €131,64

5.10 **c** Verwacht resultaat = + €354.000
d Werkelijk resultaat = + €395.000
e Verschil = + €41.000

5.11 **a** 1e kwartaal = 12.000
2e kwartaal = 18.000
3e kwartaal = 24.000
4e kwartaal = 6.000
b Rationele capaciteit = 125.000
c Overcapaciteit = 110.000
d1 Rationele overcapaciteit = 65.000
Irrationele overcapaciteit = 45.000
2 Seizoenen = 36.000
Reserve = 14.400
Technische ondeelbaarheid = 14.600
e Integrale standaardkostprijs = €6.
f Jaarlijks verlies = €50.000

5.12 **a** Rationele capaciteit = 350.000 per kwartaal
c Rationele overcapaciteit = 1.100.000 per jaar
Seizoenen = 540.000
Reserve = 168.000
Technische ondeelbaarheid = 392.000
d Integrale kostprijs = €5

5.13 **a2** Rationele capaciteit = 100.000 eenheden
b Rationele overcapaciteit = 36.000
Seizoenen = 16.000
Reserve = 8.000
Technische ondeelbaarheid = 12.000
c Verlies door irrationele overcapaciteit = €50.000
d Integrale kostprijs = €10

5.14 **a** Vereiste capaciteit = 92.400
c Rationele overcapaciteit = 53.500
Seizoenen = 37.500
Reserve = 8.400
Technische ondeelbaarheid = 7.600
e Irrationele overcapaciteit = 10.000
Verlies door irrationele overcapaciteit = €7.200
f Integrale kostprijs = €2,46

5.15 **b1** Rationele capaciteit machine 1 = 2.800 uur
2 Rationele capaciteit machine 2 = 3.200 uur
c1 Rationele overcapaciteit machine 1 = 800 uur
Seizoenen = 400 uur
Reserve = 240 uur
Technische ondeelbaarheid = 160 uur
c2 Rationele overcapaciteit machine 2 = 800 uur
Seizoenen = 480 uur
Reserve = 288 uur
Technische ondeelbaarheid = 32 uur
d Machine-uurtarief machine 1 = €31,50
Machine-uurtarief machine 2 = €32,18
e Machinekosten per klokje = €5,84(3)

5.16 **a** Grondstofkosten per eenheid:
type 1 = €0,40, type 2 = €1,20, type 3 = €2,50
b Machinekosten per eenheid:
type 1 = €0,25, type 2 = €0,50, type 3 = €1

5.17 **a** Machinekosten per eenheid:
type A = €0,50, type B = €0,60, type C = €0,80, type D = €0,90
b In totaal doorberekende machinekosten per type:
type A = €20.000, type B = €15.000, type C = €12.000, type D = €4.500

5.18 **a** Machinekosten per kledingstuk:
Pantalon = €1, Kostuum = €2,50, Blouse = €1,50, Jurk = €2
b In totaal doorberekende machinekosten per soort:
pantalon = €3.000, kostuum = €2.250, blouse = €5.400, jurk = €3.000

5.19 **a** Opslagpercentage = 36%
b Integrale kostprijs = €11,72
c Integrale kostprijs = €12,35

5.20 **a** Opslagpercentage = 25%
b Integrale kostprijs = €11

c Opslagpercentages op:
directe grondstofkosten = 14%
directe arbeidskosten = 3%
totale directe kosten = 1%
d Integrale kostprijs = €10,72

5.21 a Opslagpercentage = 40%
b Integrale fabricagekostprijs = €1.620
c Verkoopprijs inclusief btw = €3.267
d Opslagpercentage op:
directe materialen = 10%
directe arbeid = 142,66%
e Integrale fabricagekostprijs = €1.633,85

5.22 b Opslagpercentages op:
directe materiaalkosten = 20%
directe loonkosten = 8,33%
totale directe kosten = 12,82%
c Integrale fabricagekostprijs = €62,91
d Verkoopprijs inclusief btw = €138,40

5.23 a Opslag op directe materialen = 50%
b Kostprijs = €42,50
d Opslagpercentages op:
directe materiaalkosten = 15%
directe arbeidskosten = 20%
totale directe kosten = 2%
e Integrale fabricagekostprijs = €41,95

5.24 a Indirecte vaste kosten = €90.000
Indirecte variabele kosten = €80.000
b Totale directe kosten = €261.000
c Opslag op vaste indirecte kosten = 34,48%, opslag variabele indirecte kosten 156,86%
d Fabricagekostprijs Mont Ventoux = €662,29
Fabricagekostprijs Alpe d'Huez = €746,33
e Verkoopprijs inclusief btw Mont Ventoux = €1.144,82

5.25 a Indirecte vaste kosten = €10.500.000
Indirecte variabele kosten = €6.000.000
b Directe kosten = €26.200.000
c Opslagpercentages op:
directe materiaalkosten = 15,65%
directe arbeidskosten = 178,26%
totale directe kosten = 18,78%
d Fabricagekostprijs = €10.622,06
e Verkoopprijs inclusief btw = €19.773,37

5.26 a Doorbelastingstarieven hulpkostenplaatsen:
Energie = €1/kWh
Huisvesting = €20/m^2
b Integrale commerciële kostprijs = €110,90
c Integrale commerciële kostprijs = €100,57

5.27 a Doorbelastingstarieven hulpkostenplaatsen:
Gebouwen en grond = €10/m²
Sociale lasten = €1,56/arbeidsuur
Kantine = €145/werknemer
Administratie = €1/boekingsstuk
Magazijn = €5,40/magazijnafgifte

5.28 a Gebouwen en grond = €16/m²
Lonen en sociale lasten = €300/werknemer
Energie = €26/m²
Administratie = €2/boekingsstuk
d Indirecte kosten per eenheid:
1 Corniche = €17.228
2 Alaska = €11.214
e Verkoopprijs inclusief btw:
1 Corniche = €76.194,51
2 Alaska = €58.425,25

5.29 a1 Doorbelastingstarieven hulpkostenplaatsen:
Huisvesting = €50/m²
Werkplaats = €20/monteursuur
b Doorbelastingstarieven hoofdkostenplaatsen:
Motorenafdeling = €14,15/manuur
Assemblageafdeling = €18,70/machine-uur
Verkoopafdeling = 6,5% van de omzet
c Fabricagekostprijs = €800,20
d1 Verkoopprijs inclusief btw = €1.317,34
2 Winst per skelter = €217,74

5.30 a1 Doorbelastingstarieven hulpkostenplaatsen:
Huisvesting = €12/m²
Energie = €3,50/m³
b Doorbelastingstarieven hoofdkostenplaatsen:
Fabricageafdeling = €0,15/kg
Verkoopafdeling = 15% van de omzet
c Te weinig doorbelast = €112.000
d Fabricagekostprijs = €40
e1 Verkoopprijs inclusief btw = €74,46
2 Winst per 100kg polystyreen = €12,31
f Huisvesting €9.600 verlies
Energie €4.000 verlies
Fabricageafdeling €72.000 verlies
Verkoopafdeling €40.000 verlies

5.31 a Tarieven per cost driver:
Activiteit 1 = €10.000 per vliegtuig
Activiteit 2 = €20.000 per vliegtuig
Activiteit 3 = €50.000 per productieserie
Activiteit 4 = €200 per rompsegment
Activiteit 5 = €0,50 per onderdeel
Activiteit 6 = €1.200 per testvlucht
b Totale productiekosten van 10 vliegtuigen = €2.357.000

5.32 Instelkosten = €0,30
Indirecte machinekosten = €0,45

5.33 a

	Normale uitval	Uitval in aanloopfase
1e maand	111,11	1.000
2e maand	133,33	800
3e maand	155,56	600
4e maand	177,78	400
5e maand	188,89	300
	766,67	3.100

Technische initiële kosten door extra uitval = €116.666,50

b Technische initiële kosten door lager arbeidstempo = €45.750

d Kostprijs inclusief initiële kosten €57,84

Hoofdstuk 6

6.1 **a** Fabricagekostprijs = €560
b Resultaat AC = €5.100.000
c Resultaat VC = €4.470.000
e Verschil in resultaat = €630.000

6.2 **a** Fabricagekostprijs = €50
b Resultaat VC = €250.000
c Resultaat AC = €238.000
d Verschil in resultaat = €12.000

6.3 **a** Fabricagekostprijs = €12
b Verwachte totale kosten = €97.700
c Verkoopprijs = €15,00
d Verwachte totale opbrengsten = €123.000
e Verwacht resultaat voor 2017 = €25.300
f Resultaat AC = €25.300

6.4 **a** Integrale kostprijs = €80
b Winst AC = €625.000
c Winst VC = €605.000

6.5 **a** Winst AC = €2.044.800
b Winst VC = €2.184.000
d BEP = 14.500 (8.700 binnenland; 5.800 buitenland)

6.6 **a1** Winst VC = €6.660.000
2 Winst AC = €7.710.000
b Variabele verkoopkosten = €840.000
Vaste verkoopkosten = €1.600.000

6.7 **a** Fabricagekostprijs = €22
b Commerciële kostprijs = €25,50
c Transactieresultaat = €36.000
d Bezettingsresultaat productie= €25.000 –
Bezettingsresultaat verkoop = €2.000 –
e1 Resultaat AC = + €9.000
2 Resultaat VC = + €14.000
f2 Verschil in resultaat = €5.000
g Break-evenafzet = 7.097 eenheden

6.8 **a** Integrale fabricagekostprijs = €0,88
b Integrale commerciële kostprijs = €1,38
c Verkoopprijs inclusief btw = €1,76
d Winst AC = €661.000
e Winst VC = €766.000
f Waarde van de voorraad op 1-1-2017 en 31-12-2017:
1 volgens AC = €352.000 en €88.000
2 volgens VC = €212.000 en €53.000

h Variabele verkoopkosten = €220.000
Vaste verkoopkosten = €800.000
i1 Variabele verkoopkosten = €220.000
Vaste verkoopkosten = €800.000

6.9 a Verkoopprijs inclusief btw = €6,76
b Werkelijke productie = 1.200.000
Normale productie = 1.250.000
Werkelijke verkopen = 1.270.000
Normale verkopen = 1.250.000
c Winst AC = €1.059.100
d Winst VC = €1.146.600
e Waarde van de voorraad op 1-1-2017 en 31-12-2017:
1 volgens AC = €423.000 en €94.000
2 volgens VC = €310.500 en €69.000
g Variabele verkoopkosten = €762.000
Vaste verkoopkosten = €250.000
h1 Variabele verkoopkosten = €762.000
Vaste verkoopkosten = €250.000

6.10 a €60
b €95
c 8.000 stuks
d 9.000 stuks

6.11 a BEP = 20.000 pakken van 500 gram
b Veiligheidsmarge = 60%

6.12 b Break-evenjaaromzet = €8.000.000
c Veiligheidsmarge = 33,333%
d Break-evenjaaromzet = €8.648.649

6.13 a BEP = 80.000 stuks
b Veiligheidsmarge = 33 1/3%
f 120.000 stuks

6.14 a Winst AC = €629.150
b Winst VC = €637.900
c Waarde van de voorraad op 1-1 en 31-12:
1 volgens AC = €93.000 en €49.600
2 volgens VC = €74.250 en €39.600
d Variabele verkoopkosten = €76.200
Vaste verkoopkosten = €25.000
e Variabele verkoopkosten = €76.200
Vaste verkoopkosten = €25.000

6.15 a Winst VC = €6.240.000
c1 BEP = 3.000 motoren
2 Dekkingsbijdrage = €15.600.000
Vaste kosten = €15.600.000
d Winst = €5.200.000 bij 4.000 motoren

6.16 **a** Break-evenpunt = 69.231
Break-evenbezettingsgraad = 76,93%
b Break-evenpunt = 73.077
Break-even-bezettingsgraad = 81,20%
c Break-evenpunt = 65.714
Break-evenbezettingsgraad = 73,02%

6.17 **a** 78,125%
b Verlies €800.000
d Winst €64.000

6.18 **a** 70%
b Verlies €186.000
d 80,75%

6.21 **a** Integrale standaardkostprijs = €1,27
Winst AC = €207.900
b Winst VC = €209.500
d Break-evenomzet = €94.446
e Veiligheidsmarge = 81,84%
f BEP = 49.074

6.22 **a** Break-evenomzet = €3.600.000
b Integrale standaardfabricagekostprijs = €23
Integrale standaard commerciële kostprijs = €34
c Transactieresultaat = + €200.000
d Bezettingsresultaat = − €200.000
f Voorgecalculeerde winst AC = €240.000
g Voorgecalculeerde winst VC = €120.000
h Voorraadwaardering AC = €460.000
i Voorraadwaardering VC = €340.000
k Veiligheidsmarge = 9,09%

6.23 **a1** Integrale standaardfabricagekostprijs = €105
2 Normale productie = 95.000
b1 Break-evenomzet = €8.261.000
2 Gemiddelde verkoopprijs = €120,59
c Winsttoename = €345.000
d Winsttoename = €1.695.000

6.24 **a** Integrale standaardfabricagekostprijs = €7,75
b Integrale standaard commerciële kostprijs = €12,95
c Winst AC − €63.800
d Winst VC = €85.800
f BEP = 15.081
g Bij een afzet van 17.081 is de winst €24.800
h Veiligheidsmarge = 31,45%

6.25 **a** Break-evenomzet = €500.000
b Bij een omzet van €1.250.000 is de winst €300.000

6.26 **a** Aantal patiënten = 86.000
b Maximum aan variabele kosten per patiënt uit groep 2 = €5
c Vereiste donatie na belasting = €240.000
Vereiste donatie voor belasting = €300.000

6.27 **a1** 70% van de omzet
2 10% van de omzet
b1 Break-evenomzet = €6.000.000
Product 1 = €2.000.000, product 2 = €4.000.000

Hoofdstuk 7

7.2 **a** €23.040
b €24.000
c

Prijsverschil:	Grondstof	+ € 390
	Lonen	− € 240
Efficiencyverschil:	Grondstof	− € 600
	Lonen	+ € 360
		− € 90

7.3 **a** €1.360.000
b €1.224.000
c

Prijsverschil:	Arbeid	− €19.000
	Machinekosten	− € 9.400
	Materiaal	− € 6.800
Efficiencyverschil:	Arbeid	− €30.000
	Machinekosten	− €16.000
	Materiaal	+ €18.000
		− €63.200

7.4 **b1** Budget machineafdeling = €1.350.000
2 Budget fabricageafdeling = €4.046.000

7.5 **a2** Productiebudget = €2.686.000
b Inkoopbudget = €1.410.000
c2 Eindsaldo Kas = €1.389.000

7.6 **a2** Productiebudget = €213.040
b Inkoopbudget = €81.000
c2 Eindsaldo Kas = €489.410

7.7 **a** Begrote transactiewinst = €30.000.000, werkelijke transactiewinst = €28.600.000, verschil = − €1.400.000
b1 Verkoopprijsverschil = − €4.400.000
2 Verkoopomvangverschil = + €3.000.000

7.8 **a** Werkelijk resultaat = €568.200

b	Voordelig verschil in de verkoopsfeer =	+ €38.200
c1	Verkoopprijsverschil =	+ €76.000
2	Verkoopomvangverschil m.b.t. brutomarge =	− €30.000
3	Prijsverschil =	− € 3.800
4	Verkoopomvangverschil m.b.t. variabele verkoopkosten =	+ € 1.000
5	Budgetverschil op vaste verkoopkosten =	− € 5.000
		+ €38.200

7.9 **a** Begrote winst 2016 = €237.000
b Werkelijk resultaat 2016 = €193.400
c Verschil = − €43.600

d1	Verkoopprijsverschil =	− € 85.000
2	Verkoopomvangverschil m.b.t. brutomarge =	+ €101.600
3	Prijsverschil =	− € 10.200

4	Verkoopomvangverschil m.b.t. variabele verkoopkosten =	– € 30.000
5	Budgetverschil vaste verkoopkosten =	– € 20.000
		– € 43.600

7.10	**a**	Integrale standaardfabricagekostprijs = €11	
	b	Winst AC = €29.080	
	c1	Transactieresultaat =	+ €28.200
	2	Efficiencyverschil =	– € 1.200
	3	Prijsverschil =	+ € 1.080
	4	Bezettingsresultaat =	+ € 1.000
			+ €29.080

			7.11	7.12
7.11	**a1**	Verwachte brutomarge	€342.000	€288.000
en	**2**	Verwachte dekkingsbijdrage	€306.000	€252.000
7.12	**3**	Verwachte winst	€146.000	€ 92.000
	b1	Werkelijke brutomarge	€360.750	€302.250
	2	Werkelijke dekkingsbijdrage	€319.800	€261.300
	3	Werkelijke winst	€154.800	€ 96.300
	c	Verschil	**€ 8.800** +	**€ 4.300** +
	d1	Verkoopprijsverschil	€ 9.750 –	€ 9.750 –
	2	Verkoopomvangverschil m.b.t brutomarge	€ 28.500 +	€ 24.000 +
	e1	Prijsverschil var. verkoopkosten	€ 1.950 –	€ 1.950 –
	2	Verkoopomvangverschil m.b.t. var. verkoopkosten.	€ 3.000 –	€ 3.000 –
	3	Prijsverschil vaste verkoopkosten	€ 5.000 –	€ 5.000 –
	f	Som van de verschillen	**€ 8.800** +	**€ 4.300** +
	g1	Verwachte winst prod.afd.	€ 0	€ 54.000 +
	2	Werkelijke winst prod.afd.	€ 218 +	€ 58.718 +
	h	Verschil	**€ 218** +	**€ 4.718** +
	i1	Prijsverschil materialen	€ 4.158 +	€ 4.158 +
	2	Eff.verschil materialen	€ 5.940 –	€ 5.940 –
	3	Prijsverschil vaste prod.kst.	€ 2.000 +	€ 2.000 +
	4	Verkoopprijsverschil prod.afd.		€ 0
	5	Verkoopomvangverschil prod.afd.		€ 4.500 +
			€ 218 +	**€ 4.718** +

7.13	**a1**	Integrale kostprijs €11	
	2	Interne verrekenprijs €15	
	b1	Verwachte brutomarge	€180.000
	2	Verwachte dekkingsbijdrage	€144.000
	3	Verwachte winst verkoopafd.	€ 84.000
	c1	Werkelijke brutomarge	€185.250
	2	Werkelijke dekkingsbijdrage	€144.300
	3	Werkelijke winst verkoopafd.	€ 79.300
	d	Verschil	**€ 4.700** –
	e1	Verkoopprijsverschil	€ 9.750 –
	2	Verkoopomvangverschil m.b.t. brutomarge	€ 15.000 +

f 1	Prijsverschil var. verkoopkosten	€ 1.950 –
2	verkoopomvangverschil m.b.t. var. verkoopkosten	€ 3.000 –
3	Prijsverschil vaste verkoopkosten	€ 5.000 –
g	Som van de verschillen	**€ 4.700** –

h1	Verwacht transactieresultaat	€72.000 +
	Verwacht bezettingsresultaat	€ 5.000 –
	Verwacht resultaat prod.afdeling	€67.000 +
2	Werkelijke winst prod.afdeling	€77.218 +
i	Verschil	**€10.218** +

j1	Prijsverschil materialen	€ 4.158 +
2	Eff.verschil materialen	€ 5.940 –
3	Prijsverschil vaste prod.kst.	€ 2.000 +
4	Verkoopprijsverschil prod.afd.	€ 0
5	Verkoopomvangverschil prod.afd.	€ 6.000 +
6	Verschil tussen werkelijk en verwacht bezettingsresultaat	€ 4.000 +
		€10.218 +

7.14

a Standaardkostprijs = €7,76

b Winst = €15.653

c Transactieresultaat = + €14.256
Fabricageresultaat = + €1.397

d

Prijsverschillen op:	
grondstof =	– € 190
energie =	+ € 17
Efficiencyverschillen op:	
grondstof =	0
energie =	– € 55
Bezettingsresultaat =	+ €1.625
	+ €1.397

7.16

a €195

b Standaard integrale fabricagekostprijs = €245

c Standaard integrale commerciële kostprijs = €275

d BE-omzet = €474.000

e €1.066.500

f Verwacht resultaat volgens AC = €320.000

g Werkelijk resultaat volgens AC = €295.000

h Winst VC = €285.000

i €25.000 (nadelig)

j

Werkelijk resultaat =	€295.000 +
Begroot resultaat =	€320.000 –
Te verklaren verschil	€ 25.000 –

1	Prijsverschil grondstof	€15.000 +
2	Efficiencyverschil grondstof	€ 7.500 –
3	Prijsverschil arbeid	€ 6.000 +
4	Efficiencyverschil arbeid	€12.000 –
5	Verschil in bezettingsresultaat vaste productiekosten	€ 5.000 +
6	Bestedingsverschil vaste productiekosten	€30.000 –

7	Bestedingsverschil vaste verkoopkosten	€ 0
8	Verkoopomvangverschil (m.b.t. brutomarge)	€15.000 –
9	Verkoopprijsverschil	€13.500 +
	Totaal verschil	€25.000 –

7.17 a Vaste kosten = €160.000

b1 Toegestane machinekosten = €360.000

2 Verschil = – €24.240

c	Efficiencyverschil =	– €18.000
d1	Budgetverschil =	– € 5.000
2	Bezettingsverschil =	– € 8.800
3	Prijsverschil =	+ € 7.560
		– €24.240

7.18 a Vaste kosten = €120.000

b1 Toegestane machinekosten = €186.000

2 Verschil = + €7.200

c	Efficiencyverschil =	+ €12.000
d1	Budgetverschil =	+ € 5.000
2	Bezettingsverschil =	– € 4.000
3	Prijsverschil =	– € 5.800
e		+ € 7.200

7.19 b Variabel budget = €798.000

c	Budgetverschil =	+ €3.165
d1	Efficiencyverschillen:	
	• Direct materiaal =	+ € 3.000
	• Directe arbeid =	+ € 1.600
	• Machine-uren =	– € 7.000
2	Prijsverschillen:	
	• Direct materiaal =	+ €13.125
	• Directe arbeid =	– € 7.560
		+ € 3.165

e Ex-post budget machineafdeling = €278.000

f	Prijsverschil op variabele machinekosten =	+ € 7.800	
	Budgetverschil op vaste machinekosten =	– € 10.000	
	Budgetverschil =		– € 2.200
g	Bezettingsresultaat		– € 5.000
			– € 4.035

h1	Toegestane kosten =	€798.000
2	Werkelijke kosten =	€802.035
3	Verschil	– € 4.035

7.20 a Integrale commerciële kostprijs = €365

b Begrote break-evenafzet = 34,67 stoelen (afgerond 35 stoelen)

c Veiligheidsmarge = 65%

d Begroot resultaat volgens Absorption Costing = + €20.600

e Verschil in resultaat AC en VC = €1.000. Resultaat VC = €19.600

f	Begroot resultaat 1e kwartaal 2017 =	€5.150 +
g1	Werkelijk resultaat 1e kwartaal 2017 =	€3.550 +
2	Te verklaren verschil (nadelig)	€1.600 –

h1 Begroot verkoopresultaat = €5.875 +
Werkelijk verkoopresultaat = €4.200 +
2 Verschil (nadelig) €1.675 –
i1 Verkoopprijsverschil = € 600 –
2 Verkoopomvangverschil (m.b.t transactieresultaat) = €1.175 –
3 €1.675 –
j1 Verschil (nadelig) = €150 –
2 Verschil = €0
3 Verschil = €0
k1 Prijsverschil op variabele verkoopkosten = €200 +
2 Verschil (nadelig) = €75 –
3 Budgetverschil op vaste verkoopkosten = €100 +
l – €.675 – €150 + €0 + €0 + €200 – €75 + €100 = – €1.600
n Aantal stoelen door de atelierverkoop = 130 (stoelen)

7.21 a Begrote dekkingsbijdrage = €20
b Break-evenafzet = 50.000
c Verwacht resultaat over 2016 (VC) = + €920.000
d Verwacht resultaat AC = + €860.000
e Gerealiseerd resultaat over 2016 volgens VC = + €907.200
f Nadelig verschil = €12.800 (–)
g1 Verkoopprijsverschil = € 0
2 Verkoopomvangverschil m.b.t. dekkingsbijdrage = €20.000 –
3 Efficiencyverschil op elektriciteitsverbruik = €10.000 –
4 Prijsverschil op elektriciteit = €18.400 +
5 Prijsverschil op halffabricaten = € 8.800 +
6 Nadelig budgetverschil = €10.000 –
h Totaal van de verschillen = €12.800 –

7.22 a Rationele capaciteit = 2.000.000 eenheden
b Irrationele overcapaciteit = 500.000 eenheden
c Rationele overcapaciteit = 1.100.000 eenheden
d C/N + V/W = €2.250.000/900.000 + €17,50 = €20
e Verwacht resultaat 2016 = + €9.800.000
f Verwacht resultaat 2016 = + €9.800.000
g Prijsverschil op grondstoffen = + €200.000
i Efficiencyverschil op grondstoffen = – €250.000
j 1 Werkelijk transactieresultaat = €9.025.000 +
2 Begroot transactieresultaat = €10.000.000 –
Nadelig verschil = € 975.000(–)
k Het verkoopprijsverschil (VPV) = – €475.000
l Het verkoopomvangverschil m.b.t. transactieresultaat = – €500.000
m – €475.000 – €500.000 = – €975.000

7.23 b Variabel budget = €720.000
c Budgetverschil montageafdeling = – € 16.000
d1 Efficiencyverschillen:
- Direct materiaal = + € 8.000
- Directe arbeid = + € 3.000
- Machinekosten = – € 10.000

2 Prijsverschillen:
- Direct materiaal = – € 15.000
- Directe arbeid = – € 2.000

– € 16.000

e	Ex-post budget machineafdeling = €247.000	
f	Budgetverschil = + € 3.600	
	Prijsverschil op:	
	• variabele machinekosten =	+ € 5.600
	• vaste machinekosten =	− € 2.000
g	Bezettingsresultaat	− € 12.000
		− € 24.400
h1	Toegestane kosten =	€ 720.000
	Werkelijke kosten =	€ 744.400
2	Verschil	− € 24.400

7.24	**a1**	Werkelijke materiaalkosten per eenheid = €56,94	
	2	Standaardmateriaalkosten per eenheid = €55	
	b1	Efficiencyverschil = − €33.800	
	2	Prijsverschil = + €7.600	
	c1	Standaardtarief variabele indirecte kosten = €10,10	
	2	Standaardtarief vaste indirecte kosten = €8,33	
	d	Ex-post kostenbudget = €2.856.000	
	e	Bezettingsresultaat = + €33.320	
7.25	**a**	Ex-post budget = €5.084.000	
	b1	Werkelijk doorberekende kosten = €5.259.000	
	2	Verschil = − €175.000	
	c1	Efficiencyverschillen:	
		• Materialen =	− €120.000
		• Arbeid =	+ € 12.000
		• Machine-uren =	− €108.000
	2	Prijsverschillen:	
		• Materialen =	+ € 65.000
		• Arbeid =	− € 24.000
			− €175.000
	d1	Ex-post budget = €2.180.000	
		Werkelijk doorberekende kosten = €2.254.800	
		Verschil = − €74.800	
	2	Budgetverschil =	− € 80.000
		Prijsverschil =	+ € 5.200
			− € 74.800
	e	Bezettingsresultaat =	+ €160.000
	g1	Verschil = − €89.800	
7.26	**b**	Normale productie = 3.000	
	c	Toegestane kosten =	€388.000
		Werkelijke kosten =	€410.851,75
		Te verklaren verschil =	− € 22.851,75
	d	Efficiencyverschillen:	
		• Materialen =	− € 2.587,50
		• Direct loon =	− € 936
		• Machinekosten =	− € 2.200
	e	Prijsverschillen:	
		• Materialen =	− € 5.556,25
		• Direct loon =	− € 2.822
		• Variabele machinekosten =	+ € 2.800

	f	Bezettingsresultaat =	– € 5.800
	g	Budgetverschil =	+ € 2.000
	h	Afvalresultaat =	+ € 250
	i	Uitvalresultaat =	– € 8.000
	j	Totaal van de verschillen =	– € 22.851,75
	k	Toegestane kosten =	€388.000
		Werkelijke kosten =	€412.251,75
		Te verklaren verschil =	– € 24.251,75

De volgende verschillen zijn gewijzigd:
Efficiencyverschil machinekosten = – €6.600
Prijsverschil variabele machinekosten = + €2.900
Bezettingsresultaat op vaste machinekosten = – €2.900

7.27	**a**	Verschil = – €41.300	
	b1	Ex-post budget = €609.000, werkelijke kosten = €593.300, verschil = + €15.700	
	2	Budgetverschil op vaste machinekosten = + €20.000	
		Prijsverschil op variabele machinekosten = – €4.300	
	c1	Ex-post budget = €1.804.800	
	2	Werkelijke fabricagekosten = €1.897.800	
	3	Verschil = – €93.000	
	d1	Efficiencyverschillen:	
		• Materialen =	– € 26.400
		• Arbeid =	+ € 24.000
		• Variabele machinekosten =	– € 69.000
	2	Prijsverschillen:	
		• Materialen =	– € 39.600
		• Arbeid =	+ € 18.000
			– € 93.000
	e	Bezettingsresultaat = + €36.000	
7.28	**a**	Standaardkostprijs = €32,50	
	b1	Verkoopresultaat = + €247.500	
	2	Fabricageresultaat = – €3.442,50	
	c1	Prijsverschillen:	
		• Grondstoffen =	– € 32.800
		• Arbeid =	+ € 12.100
		• Variabele machinekosten =	– € 6.930
	2	Efficiencyverschillen:	
		• Grondstoffen =	– € 12.500
		• Arbeid =	– € 9.350
		• Machinekosten =	+ € 36.562,50
	3	Budgetverschil =	– € 2.000
	4	Bezettingsresultaat =	+ € 9.000
	5	Afvalresultaat =	+ € 2.475
	6	Uitvalresultaat =	0
			– € 3.442,30

7.29 **a** Nettowinst = €36.437,50

b1 Transactieresultaat =	+ € 48.000
2 Bezettingsverschillen op:	
• fabricage =	− € 6.000
• verkoop =	− € 6.000
3 Efficiencyverschillen op:	
• materiaal =	− € 975
• direct loon =	+ € 3.500
• afval =	+ € 150
4 Prijsverschillen op:	
• materiaal =	− € 2.550
• direct loon =	− € 6.000
• afval =	+ € 750
5 Budgetverschillen op:	
• constante indirecte productiekosten =	+ € 5.000
• variabele indirecte productiekosten =	+ € 1.187,50
• constante indirecte verkoopkosten =	− € 7.000
6 Uitvalresultaat =	+ € 6.375
	+ € 36.437,50

Hoofdstuk 8

8.1 Netto-ontvangst = €62.500

8.2 **a** Boekhoudkundige terugverdienperiode = $3\frac{1}{3}$ jaar
b GBR = 18,18%
c Economische terugverdientijd = 5 jaar
d1 NCW = + €16.286,56

8.3 **a1** Netto-ontvangst = €50.000 aan het einde van ieder jaar.
b Boekhoudkundige terugverdienperiode = 4,8 jaar
c GBR = 16,67%
d Economische terugverdientijd is meer dan 8 jaar, project niet uitvoeren
e1 NCW = − €8.056,80

8.4 **a1** Boekhoudkundige terugverdienperiode: XR-1000 = 2 jaar, CB-300 = 3 jaar, FXRS = 3 jaar
2 GBR: XR-1000 = 26,92%, CB-300 = 16,19%, FXRS = 25%
3 XR-1000: economische terugverdientijd = 2 jaar
CB-300: economische terugverdientijd = meer dan 3 jaar, project niet uitvoeren
FXRS: economische terugverdientijd = 3 jaar
4 NCW: XR-1000 = + €257.653,06 , CB-300 = − €18.709, FXRS = + €260.122,09

8.5 **a** Boekhoudkundige terugverdienperiode: project A = 2,78 jaar, project B = 3,03 jaar, project C = 2,86 jaar
b GBR: project A = 30%, project B = 26%, project C = 18,18%
c Economische terugverdientijd van alle projecten = 4 jaar
d NCW: project A = + €6.467,02, project B = + €5.019,20, project C = + €2.189,05

8.7 **a** Kostprijs = €13
b Winst na belastingen = €84.000
c Netto-geldontvangsten jaar 1 t.e.m. 4 = €144.000, jaar 5 = €194.000
e Boekhoudkundige terugverdientijd = 3 jaar
f GBR = 42%
g Economische terugverdientijd − 4 jaar
h NCW = + €122.168,10

8.10 **a** Productieomvang − 35.000 stuks
b1 BEP (A) = 20.000 stuks
BEP (B) = 25.000 stuks

8.11 **a** Productieomvang = 40.000 stuks
b1 BEP (A) = 26.924 stuks
BEP (B) = 18.750 stuks
e Alternatief A: winst €40.000 bij 30.000 stuks, winst €430.000 bij 60.000 stuks
Alternatief B: winst €90.000 bij 30.000 stuks, winst €330.000 bij 60.000 stuks

8.12 **a** Kosten eigen fabricage = €6, kosten uitbesteding €5,40 per stuk
b Aankoopprijs = €91.200

c Afschrijvingen: jaar 1 t.e.m. 4 = €32.000, €31.000, €30.000, €27.000
d Kosten eigen productie = €60.000, kosten uitbesteding = €57.000
e Verlies €12.000

8.13 a Starten geeft een extra winst = €40.000
b Verhuur geeft een extra winst = €10.000

8.14 a1 Techniek A: BEP (EBIT = 0) = 66.667
2 Techniek B: BEP (EBIT = 0) = 85.715
b1 EBIT bij techniek A = €400.000
2 EBIT bij techniek B = €600.000
c1 EBIT bij techniek A = €250.000
2 EBIT bij techniek B = €250.000
d Procentuele verandering in EBIT (techniek A) = 37,5%
Procentuele verandering in EBIT (techniek B) = 58,33%

8.15 a €1.557,50
b €1.474
c Differentiële kostprijs €1.140

8.16 b Extra winst door het accepteren van de order = €12.000.000

Hoofdstuk 9

9.2 a Totale vermogensbehoefte = €672.000

9.3 a Toename liquide middelen = €245.000

9.4 a Maximale vermogensbehoefte = €400.000
b Minimale vermogensbehoefte = €100.000

9.5 Maximale vermogensbehoefte = €2.700.000

9.6 a Omloopsnelheid = 3
b Omloopsnelheid = 4

9.7 d Vermogensbehoefte in 1^e, 2^e, 3^e en 4^e kwartaal: (bedragen × €1.000) 2.260, 2.130, 2.000 en 2.280

9.9 a Op lange termijn kunnen 8 duurzame productiemiddelen aangeschaft worden

9.10 a Afschrijving per jaar = €30.000
b Op lange termijn kunnen 8 knortaxi's aangeschaft worden

9.11 b Op lange termijn kunnen 5 machines aangeschaft worden

9.12 a Geldontvangsten in april t.e.m. juni: €264.000, €274.000, €244.000
b Eind juni van afnemers te vorderen = €176.000

9.13 a1 Vermogensbehoefte = €150.000
2 Vermogensbehoefte = €300.000

9.14 a1 Geldontvangsten in april t.e.m. juni: €348.000, €348.000, €310.000
2 Gelduitgaven in april t.e.m. juni: €99.000, €84.000, €87.000
b Te vorderen van debiteuren = €168.000
c Schuld aan crediteuren = €171.000

Hoofdstuk 10

10.1 **a1** €78.000.000

10.2 **a** Intrinsieke waarde per aandeel = €14,20
b Emmissiekoers = €13 per aandeel
c1 Rentabiliteitswaarde = €7.000.000
2 Goodwill = €1.320.000

10.4 **a** Primair dividend = €360.000
Secundair dividend = €296.000
b Dividendpercentage = 5,5%

10.5 **a** Overwinst = €340.000
b Dividendpercentage = 12,8%
c Dividendpercentage = 5,7%
d1 Primair preferent dividend = €80.000
Primair gewoon dividend = €20.000
2 Dividendpercentage = 0,667%
3 Dividendpercentage = 4%

10.7 **a1** Winstuitkering in 2013: €200.000 (geen overwinst), in 2014: €300.000 (geen overwinst), in 2015: €4.150.000 (€300.000 overwinst), 2016: €5.000.000 (€2.000.000 overwinst)
2 Winstuitkering in 2013: €200.000 (geen overwinst), in 2014: €300.000 (geen overwinst), in 2015: €4.300.000 (geen overwinst), in 2016: €5.000.000 (€2.000.000 overwinst)

10.11 **a** Verwachte beurskoers = €187,50
b Waarde van één claim = €12,50
c Balanstotaal = €65.000.000
d Verwachte beurskoers = €180

10.12 **a** Verwachte beurskoers = €35
b Waarde van één claim = €8
c Balanstotaal = €50.000.000
d Verwachte beurskoers = €32,50

10.13 **b** Theoretische beurswaarde = €14,50
c Waarde van één claim = €0,15
d Balanstotaal = €23.900.000

10.14 **b** Agio = €12,83
c €6.498.993,60
e €0,634

10.16 **b** Nominale waarde = €50 per aandeel
c Balanstotaal = €56.000.000
e Intrinsieke waarde = €105 per aandeel

10.17 **c1** Geëmitteerd nominaal aandelenkapitaal = €10.000.000

2 Emissieprijs = €32
d2 Geschatte beurskoers na emissie = €43

10.18 c Aantal aandelen voor emissie = 25.000
d Aantal aandelen na emissie = 40.000
e Winst per aandeel = €5
f Winst per aandeel = €4,54
h Interestpercentage = 7,8125%

10.19 a Rentabiliteitswaarde = €29.900.000
b Goodwill = €1.400.000
d1 Balanstotaal = €42.800.000
e Beurswaarde = €15,75
f1 Waarde één claim = €0,925
g1 Aantal aandelen = 1.800
2 Nadeel = €2.370
h1 Aantal aandelen = 1.200
2 Nadeel = €2.370
j Beurswaarde = €13

Hoofdstuk 11

11.2		Balanstotaal = €1.430.000
11.5	a	Agio = €4.800.000 (€24 per aandeel)
	b	Conversiekoers = 340% = 340% × €10 = €34
11.6	a	Conversiekoers = 325% = 325% × €100 = €325
	b	Beurswaarde = €375
	c	Agio per acht aandelen = €1.800
11.7	c	Conversiekoers = 280% = 280% × €100 = €280
	d	agio €432.000
11.8	a	Conversiekoers = 260% = 260% × €20 = €52
	b	Verschil = €100
	d	conversiewaarde €1.200
11.9	d1	Conversiekoers = 220% = 220% × €10 = €22
	2	Conversiewaarde = €1.100
11.12	a	Als aandelen meer waard zijn dan €2.250.
	b	Agioreserve €12.500.000
	c	Waarde van 1 warrant = €500
	d	Extra vermogensbehoefte = €1.125.000
11.14		Kosten leverancierskrediet = 18,18%
11.15		Kosten leverancierskrediet = 18,27%
11.16	a	Kosten leverancierskrediet = 35,62%
11.17	a	Eigen vermogen = €20.000.000
		Vreemd vermogen = €19.800.000

Hoofdstuk 12

12.3 **a** Vermogensbehoefte op lange termijn €664.108.000,
EV + VVlt = €391.074.000
f Current ratio = 1,03
Quick ratio = 0,68

12.4 **a** Winst na vennootschapsbelasting = €2.205.000
b Winstreservering = €441.000
c Balanstotaal = €37.416.000

12.5 **a** Geldontvangsten in verband met verkopen = €3.640.000
b Gelduitgaven in verband met inkopen = €2.410.000
c Interest = €3.200
d Eindsaldo liquide middelen = €1.049.740
e Begrote winst = €877.335
f Waarde van de begrote voorraad = €440.000

12.6 **a** Schulden rekening-courant aan einde van 1[e] en 2[e] kwartaal: €29.200, €4.380
b Begrote winst = €105.760

12.7 **a** Voorraad 1-1-2017 = 15.000 stuks × €2 = €30.000
b Debiteuren 1-1-2017 = €2.000
c Crediteuren 1-1-2017 = €16.000
d Balanstotaal = €1.242.000
e Geldontvangsten in januari t.e.m. maart: €14.000, €19.000, €36.000
f Gelduitgaven in verband met inkoop stekjes: januari €16.000, februari €46.000, maart €40.000.
g Totale gelduitgaven in januari t.e.m. maart: €26.000, €56.000, €117.000
Eindsaldi rekening-courant in januari t.e.m. maart (schulden): €138.000, €175.000, €256.000
i Begroot verlies = €51.000
j Waarde van de voorraad = €110.000
k Van debiteuren te vorderen = €8.000
l Aan crediteuren te betalen = €24.000
m Balanstotaal = €1.355.000

12.9 **a** Totale vermogensbehoefte = €806.000
b Eigen vermogen = €340.000
c Beschikbaar vreemd vermogen = €512.000 (wordt niet volledig gebruikt)
d Balanstotaal = €806.000
f Voorgecalculeerde winst = €41.225
g Totale geldontvangsten in januari t.e.m. maart: €42.000, €44.000, €50.000
Totale gelduitgaven in januari t.e.m. maart €81.925, €62.925, €38.925
Eindsaldi rekening-courant in januari t.e.m. maart (schulden): €123.925, €142.850, €131.775
h Balanstotaal = €828.000

12.10 **b** Balanstotaal = €18.100.000

12.13	**d**	Nominale waarde bonusaandelen = €1.000.000
12.14	**c**	Vier oude aandelen voor één nieuw aandeel
	d1	Balanstotaal = €44.000.000
	e	Balanstotaal = €32.000.000
	f1	Rentabiliteitswaarde = €16.000.000
12.15	**a**	REV = 13,27%
	b	KVV = 3,27%
	c	RTV = 12,95%
12.16	**a**	REV = 6,32%
	b	RTV = 11,35%
	c	KVV = 11,76%
12.17	**a**	RTV = 9,25%
	b1	Gemiddelde interestkosten rekening-courant = 13,04%
	2	KVV = 6,69%
	c	REV = 6,86%
	d	Belastingvoet = 0,4
	e1	Dividendpercentage = 9%
12.18	**a**	Vennootschapsbelasting = 0,25 (25%)
	b1	Gemiddeld eigen vermogen = € 8.000.000
	2	Gemiddeld vreemd vermogen = €22.000.000
	3	Gemiddeld totaal vermogen = €30.000.000
	c1	RTV = 0,20 (20%)
	2	KVV = 0,0409 (4,09%)
	3	REV = 0,4781 (47,81%)
	e1	KRVV = 0,075 (7,5%)
	h1	REV = 0,0169 (1,69%)
	i1	EBIT = € 3.900
		RTV = 0,13 (13%)
	2	Procentuele daling van RTV = 0,35 (35%)
12.20	**a1**	RTV = 19,22%
	2	KVV = 13,2%
	3	REV = 12,92%
	d	Netto-winstmarge = 0,053846
		Omloopsnelheid totale vermogen = 1,733333
	f2	Basisrentabiliteit = 0,0555 (5,55%)
	3	Financieringsbijdrage = 0,0131 (1,31%)
12.22	**a**	Nettowerkkapitaal: 1-1 = €125.000
		31-12 = €140.000
	b	Current ratio: 1-1 = 2,32
		31-12 = 2,17
12.23	**a**	Winst na belasting = €250.640
	b	Gemiddeld vreemd vermogen = €2.125.000
	c	KVV = 4,77%
	d	RTV = 10,74%
	e	REV = 10,4%
	f2	Basisrentabiliteit = 0,0698 (6,98%)

3 Financieringsbijdrage = 0,0342 (3,42%)
4 REV = 0,1040 (10,4%)
k1 Debt ratio = 0,47
2 Current ratio = 2,14
3 Nettowerkkapitaal = €1.035.000

12.24	a1	Nettowerkkapitaal:	31-12-2015 = €300.000
			31-12-2016 = €370.000
	2	Current ratio:	31-12-2015 = 2,5
			31-12-2016 = 2,19
	3	Quick ratio:	31-12-2015 = 1,5
			31-12-2016 = 0,84

12.25 a Current ratio = 1,6
b Quick ratio = 0,9
c Debt ratio = 0,5
e Maximaal extra rekening-courantkrediet = €60.000
g1 RTV = 20%
2 Resultaat voor belasting = €160.000
Interestkosten = €40.000
KVV = 8%
3 REV = 21,76%
h2 Basisrentabiliteit = 0,136 (13,6%)
3 Financieringsbijdrage = 0,0816 (8,16%)
4 REV = 0,2176 (21,76%)

12.26 a1 Omloopsnelheid totale vermogen = 0,77
2 Gemiddelde krediettermijn debiteuren = 3,6 maanden

12.27	a1	Current ratio:	31-12-2015 = 0,65
			31-12-2016 = 0,85
	b	Debt ratio:	31-12-2015 = 0,6451
			31-12-2016 = 0,6314

Rentedekkingsfactor = 2,18
c REV = 11,31%
d RTV = 10,38%
e2 Omloopsnelheid totale vermogen = 0,64997
Brutowinstmarge = 0,15976
3 RTV = 0,1038

12.28 a KVV = 3%
b RTV = 10%
d REV = 11,05%
e Koers-winstverhouding = 6,85
f Totale afschrijvingen = €157.000
g Rentedekkingsfactor = 6,67
h Verwachte RTV = 10,8%

12.29 a1 Omloopsnelheid totale vermogen = 1,81 of 1,64
2 Omzetsnelheid van de voorraden = 12,67 of 11,5
3 RTV = 16,67%
4 Gemiddelde duur van het verleende leverancierskrediet = 48 dagen
b Rentedekkingsfactor = 7
f1 Te betalen vennootschapsbelasting = €119.000

2 Dividend per aandeel = €182,73
3 RTV = 16,67%
4 Current ratio = 1,03

12.31 b Nettowerkkapitaal = €85.000
c Current ratio = 1,57
d Quick ratio = 0,5
f Debt ratio = 0,55
h Koers-winstverhouding = 5,71
i Rentabiliteit = 18,88%

12.32 a Nettowerkkapitaal = – €93.000
b Gemiddelde krediettermijn crediteuren = 90 dagen
c Extra bankkrediet = €320.000
d Kosten bankkrediet maximaal 12% per jaar
e Voordeel door factoring = €15.840
f Rentedekkingsfactor = 2,6

12.33 b Eindsaldo liquide middelen = €215.000
c Current ratio = 3,2
e Winst voor belastingen = €81.000
f Balanstotaal = €1.521.000

12.34 a Winst na belasting = €180.000, winst voor belasting = €225.000
b Bedrijfsresultaat = €465.000
c RTV = 7,75%
d KVV = 10,25%
e Omzet op rekening = €1.500.000

12.35 a Totale afschrijvingskosten = €130.000
Gemiddelde voorraad = €1.625.000 of €1.350.000
Gemiddeld debiteurensaldo = €812.500
Gemiddeld crediteurensaldo = €900.000
Balanstotaal = €3.272.500
Saldo winst 2016 = €119.000
c1 Cashflow = €249.000
d1 Current ratio = 1,89

12.36 a Kasstroom op winstbasis €300.000 (+)
Operationele kasstroom €786.000 (+)
Vrije kasstroom €214.000 (–)
Mutatie kas = + €200.000
b1 RTV = 9,75%
c1 Debt-service coverage ratio = – 0,6
d1 DSR = 2,97

12.37 a Kasstroom op winstbasis €1.811.000 (+)
Operationele kasstroom €1.421.000 (+)
Vrije kasstroom €621.000 (+)
Mutatie kas = + €100.000
b1 RTV = 9,54%
d1 Debt-service coverage ratio = 1,27
e1 +1,65
f1 DSR = 3,40

Hoofdstuk 13

13.1 **a1** Fifo = + €500.000
2 Lifo = + €460.000
b1 Fifo = + €420.000
2 Lifo = + €380.000

13.2 **a1** Winst fifo = €85.800
2 Winst lifo = €81.800
3 Winst gemiddelde inkoopprijs = €83.600
b Waarde eindvoorraad fifo = €105.600
Waarde eindvoorraad individuele lifo = €101.600
Waarde eindvoorraad gemiddelde inkoopprijs = €103.400

13.3 **a1** Winst fifo = €77.600
2 Winst lifo = €65.100
b Eindsaldo liquide middelen = €101.600 (bij alle stelsels)
Balanstotaal fifo: €167.600, balanstotaal lifo: €155.100
d1 Winst fifo = €7.250
2 Winst lifo = €11.500

13.4 **a** Winst = €218.400
b1 Aan de fiscus te betalen btw = €43.680
2 Eindsaldo kas = €308.000
c Waarde eindvoorraad = €235.000
d Balanstotaal = €1.198.400

13.5 **a1** Winst fifo = €174.000, waarde eindvoorraad = €260.000
2 Winst lifo = €176.000, waarde eindvoorraad = €262.000
3 Winst gemiddelde inkoopprijs = €178.500, waarde eindvoorraad €264.500
b1 Aan de fiscus te betalen btw = €3.990
2 Eindsaldo liquide middelen (bij alle stelsels) = €99.000
c Balanstotaal: fifo = €1.154.000, lifo = €1.156.000,
gemiddelde inkoopprijs = €1.158.500

13.6 **a**
1 25 januari = €87.000
2 20 februari = €187.000
3 25 maart = €104.000
c Nettowinst = €252.100
d Waarde eindvoorraad = €298.000
e Eindsaldo kas = €160.000
f Balanstotaal = €625.500
g Af te dragen btw = €12.000

13.8 **a** Transactiewinst = €43.000, waarde eindvoorraad = €116.500
b Winst 2016 = €29.000
c Eindsaldo kas = €110.500, balanstotaal = €251.000
d Waarde eindvoorraad (minimumwaarderingsregel) = €128.000, boekverlies t.g.v. minimumwaarderingsregel = €29.500, totaal verlies €21.100
e Eindsaldo kas = €80.900, balanstotaal = €251.000

13.9 **a** Transactiewinst op goederen = €53.600
b Winst = €34.800
c Aan de fiscus te betalen btw = €11.760
d Eindsaldo Kas = €74.700
e Balanstotaal = €166.300, voorraad goederen €51.600

13.10 **a** Totaal transactiewinsten = €16.940, winst = €15.240
b Totaal transactiewinsten = €3.740, winst €2.040
c Transactieresultaten = €11.077,50, winst €9.377,50

13.11 **b1** Totaal transactieresultaten = €138.000
2 Totaal transactieresultaten = €128.000
c Eindsaldo kas = €408.000, balanstotaal: fifo €678.000, lifo €668.000

13.12 **a** Boekwaarde 2-1-2016 = €80.000 (voor herwaardering)
b Verlies t.g.v. inhaalafschrijving = €6.000
c3 Boekwaarde na herwaardering = €104.000
d Jaarlijkse afschrijving vanaf 2016 = €13.000

13.13 **a** Transactiewinst = €220.000, winst 2016 = €40.000
b Eindsaldo kas = €165.000, balanstotaal = €405.000
c Stijging vervangingswaarde = 20%

13.15 **a1** Intrinsieke waarde Hansen nv = €500.000.000
2 Intrinsieke waarde Hendriksen nv = €200.000.000
b1 Rentabiliteitswaarde Hansen nv = €600.000.000
2 Rentabiliteitswaarde Hendriksen nv = €240.000.000
3 Rentabiliteitswaarde H&H nv = €895.238.095,20
4 Synergie-effect = €55.238.095,20
c Goodwill = €40.000.000
e Balanstotaal H&H nv = €903.000.000
Balanstotaal Hendriksen nv = €240.000.000

13.16 **a1** Intrinsieke waarde Jansen nv = €400.000.000
2 Intrinsieke waarde Davids nv = €300.000.000
b1 Rentabiliteitswaarde Davids nv = €360.000.000
2 Aantal nieuwe aandelen Jansen nv 9.000.000
3 Agio = €270.000.000
4 Goodwill = €60.000.000
c Balanstotaal Jansen nv = €1.160.000
Balanstotaal Davids nv = €360.000

Hoofdstuk 14

14.4 a1 Intrinsieke waarde van het eigen vermogen op 1-1-2016 = €20.000.000, op 1-1-2017 = €21.200.000 (na winstverdeling)

2 Rentabiliteitswaarde = €24.000.000

14.5 d Wettelijke reserve = €4.000.000